회계사 · 세무 ... 격을 위한

해커스 경영아카데미
합격 시스템

해커스 경영아카데미 인강

취약 부분 즉시 해결!
**교수님께 질문하기
게시판 운영**

무제한 수강 가능+
**PC 및 모바일
다운로드 무료**

온라인 메모장+
**필수 학습자료
제공**

* 인강 시스템 중 무제한 수강, PC 및 모바일 다운로드 무료 혜택은 일부 종합반/패스/환급반 상품에 한함

해커스 경영아카데미 학원

쾌적한 환경에서 학습 가능!
**개인 좌석 독서실
제공**

철저한 관리 시스템
**미니 퀴즈+출석체크
진행**

복습인강 무제한 수강+
**PC 및 모바일
다운로드 무료**

* 학원 시스템은 모집 시기별로 변경 가능성 있음

회계사 · 세무사 · 경영지도사 단번에 합격! **해커스 경영아카데미 cpa.Hackers.com**

해커스
강경태
CPA 파이널
2차 원가관리회계

해커스 경영아카데미

▌이 책의 저자

강경태

학력

연세대학교 경영학과 졸업

경력

현 │ 해커스 경영아카데미 교수
　　정성세무회계컨설팅 대표

전 │ 삼일회계법인 근무
　　삼일회계법인 교육사업부 외부강사
　　우리경영아카데미 원가관리회계 강사
　　이그잼경영아카데미 원가관리회계 강사

자격증

한국공인회계사, 세무사

저서

해커스 강경태 CPA 파이널 2차 원가관리회계
원가관리회계 원가회계편(기본서)
원가관리회계 관리회계편(기본서)
객관식 원가관리회계 기출 500제
회계사 2차 원가관리회계 연습서
세무사 2차 원가관리회계 연습서

머리말

본서는 공인회계사 2차 시험을 위한 최종정리용 교재이다.

[본서의 특징]

1. 총 35개의 주제를 정하여 관련 이론과 문제를 TOPIC별로 수록하였다.

2. 공인회계사 2차 시험에 필요한 이론을 빠짐없이 수록하였다.

3. 출제가능성 있는 문제와 최종정리에 도움이 되는 문제를 수록하였다.

4. 주의할 사항 및 문제풀이에 필요한 사항은 POINT에서 일목요연하게 정리하였다.

5. 일관된 설명과 풀이를 위하여 모든 내용 설명과 풀이방법을 원가관리회계 기본서 및 회계사 2차 원가관리회계 연습서와 일치시켰다.

[2차 시험대비 학습순서]

| 원가관리회계 기본서 | (기본보다 더 중요한 것은 없음, 이론과 예제 참조) |

↓

| 회계사 2차 원가관리회계 연습서 | (이론 요약 + 다양한 문제 학습) |

↓

| CPA 파이널 2차 원가관리회계 | (이론 요약 + 최종정리용 문제 학습) |

수험생 여러분의 합격을 기원합니다.

강경태

목차

PART 1 원가회계

PART 2　관리회계

공인회계사 2차 원가관리회계 시험 출제현황 분석

연도	번호	배점	내용
2018년	1	24	보조부문원가의 배분, 보조부문의 유지 또는 폐쇄, 제약이론하의 의사결정
	2	16	학습곡선 – CVP분석, 의사결정
	3	10	연속공정, 보조부문원가의 배분, 부(−)의 비정상공손
	4	10	공손 – 검사시점 변경으로 인한 손실
	5	10	전통적 원가계산과 ABC – 목표원가계산, 생산중단여부(성과평가관점)
	6	30	원가차이분석(재공품 존재, 고저점법), 손익분기점, EVPI, EVSI
2019년	1	22	신제품 도입여부 의사결정 – 대안이 여러 개인 경우
	2	28	종합예산(재공품 존재, 표준원가 달라짐), 외부구입여부 의사결정, 원가차이분석
	3	13	복수의 분리점 – 추정, 부산물의 부(−)의 NRV
	4	15	공손 및 감손 – 공손의 원재료 재사용
	5	22	전부원가계산과 변동원가계산의 비교(재공품 존재), 불확실성하의 의사결정(기대효용기준)
2020년	1	15	종합원가계산과 결합원가배분 – 도달수량기준, 복수의 분리점, 부산품 존재
	2	15	복수의 검사시점, 연속공정, 부(−)의 비정상공손
	3	23	복수의 원가동인하의 CVP분석(복수제품), 비선형함수하의 CVP분석
	4	27	종합문제 – 제약이론, 대체가격, 미사용능력, 배합차이와 수율차이
	5	20	품질원가보고서, 품질원가 분석, 품질원가 범주별 분류
2021년	1	12	정상원가계산하의 비교 – 전부 및 변동원가계산
	2	12	공통원가의 배부가 의사결정에 미치는 영향 – 사업부관점과 회사전체관점
	3	28	공손이 있는 표준종합원가계산 – 기초재공품이 전기에 검사를 통과한 경우
	4	23	비선형함수하의 CVP분석, 영업레버리지
	5	25	선형계획법, 외주생산여부 의사결정
2022년	1	26	정상개별원가계산 – 원가요소별 비례배분법(기초재고자산 존재)
	2	26	DOL, 비선형함수하의 CVP분석, 불확실성하의 CVP분석
	3	22	제품라인의 폐지여부(단기의사결정) 및 신제품라인의 증설여부(자본예산)
	4	26	복수제품의 CVP분석, 대체가격의 범위(고정원가가 관련원가인 경우)

원가관리회계의 개관 - 도식적 이해

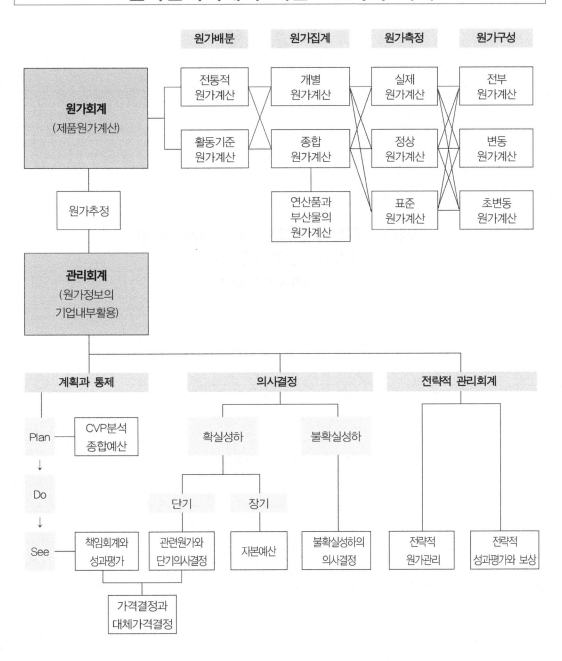

회계사 · 세무사 · 경영지도사 단번에 합격!
해커스 경영아카데미
cpa.Hackers.com

PART 1

원가회계

1 원가의 분류

1. 원가행태에 따른 분류

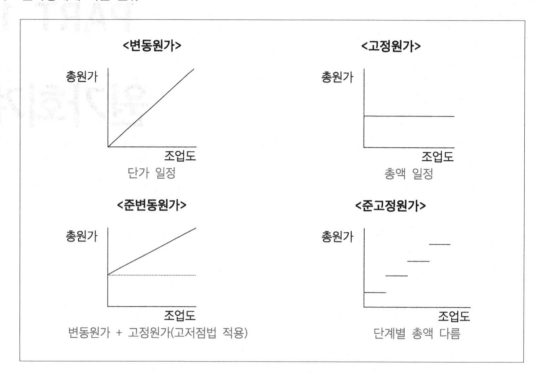

2. 추적가능성에 따른 분류

분류	내용
직접원가 (추적가능원가, 개별원가)	쉽고 용이하게 특정 원가대상에 직접 추적할 수 있는 원가 → 직접 추적
간접원가 (추적불능원가, 공통원가)	쉽고 용이하게 특정 원가대상에 직접 추적할 수 없는 원가 → 원가 배분

직접원가와 간접원가의 구분은 원가대상에 따라 달라짐

3. 기능에 따른 분류

분류	내용
제조원가	제조활동에서 발생하는 원가 → DM, DL, OH
비제조원가	제조활동 이외의 활동에서 발생하는 원가 → 판매관리비

[제조원가의 분류 – 제조원가의 3요소, 기초원가와 가공원가]

* 직접경비는 현실적으로 드물기 때문에 일반적으로 제외하나, 문제에서 제시하면 고려해야 함

[원가의 분류 – 종합정리]

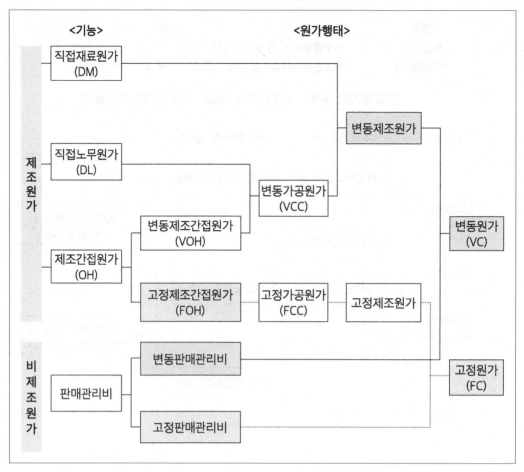

[원가동인에 관하여 특별한 언급이 없는 경우]

구분	원가동인	예시
제조원가	생산량	단위당 고정제조간접원가 = 총고정제조간접원가 ÷ 생산량
판매관리비	판매량	단위당 고정판매관리비 = 총고정판매관리비 ÷ 판매량

4. 자산화 여부에 따른 분류

분류	내용
제품원가 (재고가능원가)	원가의 발생시점에서 재고자산으로 계상하였다가 제품의 판매시점에서 비로소 매출원가로 비용처리하는 원가
기간원가 (재고불능원가)	원가의 발생시점에서 즉시 비용화하는 원가

① 판매관리비는 항상 기간원가임
② 제조원가는 원가계산방법(전부원가계산, 변동원가계산, 초변동원가계산)에 따라 제품원가 또는 기간원가가 됨

2 원가분류가 크게 달라지는 경우

구분	내용	
	원가분류의 시간적 관점	원가분류
전통적 원가계산	단기적 관점	조업도를 기준으로 변동원가와 고정원가의 분류가 중요함
활동기준원가계산	장기적 관점	다양한 원가동인을 사용하며, 단위수준원가, 뱃치수준원가, 제품유지원가, 설비유지원가로 분류함
초변동원가계산과 제약이론	초단기적 관점	직접재료원가와 운영비용(직접재료원가를 제외한 나머지 모든 비용)으로 분류함(단기적으로 직접재료원가만을 진실한 변동원가로 보고, 운영비용은 고정원가로 간주함)

1 배분방법

1. 보조부문 상호 간의 용역수수관계 고려 정도

방법	내용
직접배분법	• 보조부문 상호 간의 용역수수관계를 완전히 무시하고 **보조부문원가를** 제조부문에만 직접 배분하는 **방법**
단계배분법	• 배분순서를 정하여 그 순서에 따라 단계적으로 **보조부문원가를** 후순위 보조부문과 제조부문에 배분하는 **방법**
상호배분법	• 보조부문 상호 간의 용역수수관계를 완전히 인식하여 **보조부문원가를** 다른 보조부문과 제조부문에 배분하는 **방법** • 다른 부문으로의 용역제공비율을 백분율로 구하도록 함

2. 배분기준 수

[단일배분율법과 이중배분율법]

방법	내용
단일배분율법	• 용역의 외부구입여부 의사결정 시 제조부문관점과 회사전체관점이 불일치할 수 있음(준최적화 현상 초래) → ∵ 제조부문에서 보조부문의 고정원가가 변동원가처럼 간주되기 때문
이중배분율법	• 용역의 외부구입여부 의사결정 시 제조부문관점과 회사전체관점이 일치하게 됨(목표일치를 가져옴) • 단일배분율법보다 원가배분에 있어서 인과관계를 더 잘 반영할 수 있는 방법(고정원가는 실제사용량이 아닌 최대사용가능량과 관련하여 발생함)

① 보조부문원가의 배분은 개별원가계산뿐만 아니라 종합원가계산에서도 필요함
② 자기부문 소비용역이 있는 경우 : 자기부문 소비용역을 무시하고 배분하나, 고려하고 배분하나 배분결과가 같으므로 용역제공비율을 계산할 때 자기부문 소비용역을 무시하고 계산하는 것이 간편함

2 예산배분율 - 심화학습

예산배분율에 의하면 실제배분율의 문제점을 극복할 수 있음

1. 실제배분율의 문제점

   ① 제조부문이 회계기간 종료 전에는 실제배분율을 모르기 때문에 배분액을 예상할 수 없음
   ② 보조부문의 비효율로 인한 원가가 제조부문에 전가되어 보조부문에 원가를 통제하려는 유인을 제공하지 못함

2. 예산배분율 계산 시 배분기준으로 사용되는 조업도

구분	내용
실제적 최대조업도(공급가능조업수준, 획득된 능력)	보조부문용역의 공급에 근거, 미사용 능력원가를 계산할 수 있음
정상조업도(장기예산수요량, 최대사용가능량)	보조부문용역의 수요에 근거
예산조업도(예산사용량, 예산수요량)	보조부문용역의 수요에 근거

3. 단일배분율법 + 예산배분율

① 예산배분율

$$예산배분율 = \frac{보조부문원가예산}{배분기준}$$

② 배분액 : 일반적으로 용역의 실제사용량에 근거하여 배분함

$$배분액 = 실제사용량 \times 예산배분율$$

4. 이중배분율법 + 예산배분율

① 예산배분율 : 변동원가 예산배분율은 주어지고, 고정원가 예산배분율은 다음과 같이 구함

$$고정원가\ 예산배분율 = \frac{보조부문\ 고정원가예산}{배분기준}$$

② 배분액 : 일반적으로 변동원가는 용역의 실제사용량에 근거하여 배분하고, 고정원가는 배분기준에 근거하여 배분함

$$변동원가배분액 = 실제사용량 \times 변동원가\ 예산배분율$$
$$고정원가배분액 = 배분기준 \times 고정원가\ 예산배분율$$

문제 01 　이중배분율법 – 예산배분율, 종합원가계산 　CPA 2005

강원회사는 유일한 보조부문인 전력부문과 두 단계의 연속적인 제조부문 A와 제조부문 B로 구성되어 있다. 강원회사는 선입선출법을 사용하여 종합원가계산을 하고 있다. 강원회사의 제조부문 A에서는 공정 초기에 원재료가 전량 투입되며 가공원가는 전 공정에 걸쳐 균등하게 발생한다. 제조부문 A의 20×1년 6월중 생산자료는 다음과 같다.

구분	물량
기초재공품 (완성도 : 60%)	1,000단위
당기착수량	23,580단위
당기완성량	20,000단위
기말재공품 (완성도 : 25%)	4,000단위

검사는 공정의 50%시점에서 이루어지며, 검사시점을 통과한 합격품의 2%를 정상공손으로 간주한다. 20×1년 6월중 제조부문 A의 원가자료는 다음과 같다.

	직접재료원가	가공원가
기초재공품원가	₩3,100	₩4,800
당기발생원가(보조부문원가 배부 전)	70,740	144,830

전력부문의 생산설비용량은 각 제조부문의 예상 전력수요를 감안하여 결정된다. 매 기간마다 예상되는 회사전체의 전력수요는 각 제조부문의 예상 기계가동시간에 의해 추정된다. 전력부문의 예산원가는 각 제조부문에 배부된다.

전력부문의 20×1년 6월 변동예산은 다음과 같다.

> 고정원가 : ₩50,000
> 변동원가 : 기계시간당 ₩0.25

강원회사의 20×1년 6월 정상조업도는 200,000 기계시간이며, 이 중 제조부문 A에서는 75,000 기계시간을 사용할 것으로 예상하였다. 당월 제조부문 A에서는 단위당 3시간의 기계시간이 사용되었다.

(물음 1)　20×1년 6월 제조부문 A에 배부된 전력부문원가의 금액을 구하라.

(물음 2)　20×1년 6월 제조부문 A의 당기완성품원가는 얼마인가? (단, 가공원가의 완성품환산량 단위당 원가는 소수점 셋째 자리에서 반올림하라.)

(물음 1) 보조부문원가의 배분

① 정상공손수량과 비정상공손수량

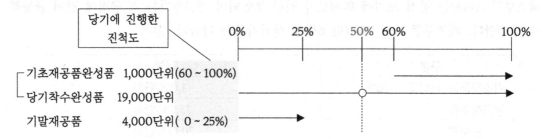

정상공손수량 : 19,000단위 × 2% = 380단위
비정상공손수량 : 580단위 − 380단위 = 200단위

② 가공원가의 당기완성품환산량

선입선출법

	[1] 물량흐름		[2] 당기완성품환산량	
			재료원가(0%)	가공원가
완성품				
┌기초재공품	1,000	(60 ~ 100%)	0	400
└당기착수	19,000		19,000	19,000
정상공손	380	(0 ~ 50%)	380	190
비정상공손	200	(0 ~ 50%)	200	100
기말재공품	4,000	(0 ~ 25%)	4,000	1,000
	24,580단위		23,580단위	20,690단위

③ 예산배분율

변동원가 예산배분율 : @0.25/시간

$$\text{고정원가 예산배분율}\left(=\frac{\text{보조부문 고정원가예산}}{\text{정상조업도}}\right) : \frac{50,000}{200,000\text{시간}} = @0.25/\text{시간}$$

④ 배분액(= 실제기계시간 × 변동원가 예산배분율 + 정상조업도 × 고정원가 예산배분율)

제조부문 A

변동원가 :	20,690단위 × 3시간 × 0.25 =	₩15,517.5
고정원가 :	75,000시간 × 0.25 =	18,750
		₩34,267.5

(물음 2) 완성품원가

[3] 배분할 원가

당기투입	₩70,740	₩179,097.5*
[4] 환산량 단위당 원가	÷ 23,580단위	÷ 20,690단위
	@3	@8.66

* 144,830 + 34,267.5 = ₩179,097.5

정상공손원가 : 380단위 × 3 + 190단위 × 8.66 = ₩2,785.4

완성품원가 : (3,100 + 4,800) + 19,000단위 × 3 + 19,400단위 × 8.66 + 2,785.4* = **₩235,689.4**

* 기말재공품이 검사를 통과하지 않았으므로 정상공손원가를 완성품에만 배분함

POINT

(물음 1) 이중배분율법 + 예산배분율

1. 보조부문원가의 배분방법에 관한 언급이 없는 경우에는 사용가능한 방법 중에서 이론적으로 가장 우수한 방법을 사용하도록 함

2. 변동원가는 실제기계시간에 배분율을 곱하여 배분하고, 고정원가는 정상조업도에 배분율을 곱하여 배분함

3. 실제기계시간 = 가공원가의 당기완성품환산량 × 단위당 기계시간

(물음 2)

1. 보조부문원가의 배분은 종합원가계산에서도 필요함

2. 제조부문 A의 가공원가 = 보조부문원가배분전 가공원가 + 보조부문원가배분액

태백회사는 컴퓨터, 프린터, 전산의 세 개의 부문으로 구성되어 있다. 컴퓨터와 프린터는 제조부문이고 전산은 보조부문이다. 다음은 20×1년도 관련 자료이다.

전산부문의 고정원가 예산액	900,000원
전산부문의 고정원가 실제발생액	1,105,000원
전산부문 시간당 예산변동원가	20원/시간
전산부문 서비스 예산수요량(당기)*	
컴퓨터부문	8,000시간
프린터부문	4,000시간
합계	12,000시간
전산부문 서비스 실제사용시간	
컴퓨터부문	9,000시간
프린터부문	4,000시간
합계	13,000시간

* 전산부문 서비스에 대한 각 제조부문의 장기예산수요량(정상조업도)은 당기와 동일하다.

(물음 1) 회사가 예산배부율과 단일배부율법을 사용하여 전산부문의 비용을 배부하는 경우 각 제조부문에 배부될 전산부문의 비용은 얼마인가?

(물음 2) (물음 1)에서 컴퓨터부문이 외부의 업체로부터 전산부문이 제공하는 서비스와 동일한 서비스를 시간당 40원에 제공하겠다는 제안을 받았을 경우 컴퓨터부문은 어떠한 결정을 내렸을 것으로 예상되는가? 또한 이 결정은 20×1년도 태백회사의 수익성에 어떠한 영향을 미쳤겠는가?

(물음 3) 태백회사가 예산배부율과 이중배부율법을 사용하여 전산부문의 비용을 제조부문에 배부하는 경우 각 제조부문에의 배부금액은 얼마인가? 또한 컴퓨터부문이 외부의 업체로부터 전산부문이 제공하는 서비스와 동일한 서비스를 시간당 40원에 제공하겠다는 제안을 받았을 경우 컴퓨터부문은 어떠한 결정을 내렸을 것으로 예상되는가? 단, 계산근거를 보이시오.

해답

[자료정리]

> 예산수요량(당기) : 예산조업도(예산사용량)
>
> 장기예산수요량 : 정상조업도
>
> 실제사용시간 : 실제사용량
>
> (예산수요량 = 장기예산수요량)

(물음 1) 단일배분율법 + 예산배분율

① 예산배분율(= $\dfrac{\text{보조부문원가예산}}{\text{(장기)예산수요량}}$) : $20 + \dfrac{900,000}{12,000\text{시간}} = $ @95/시간

② 배분액(= 실제사용시간 × 예산배분율)

컴퓨터	프린터
총원가 : 9,000시간 × 95 = **₩855,000**	4,000시간 × 95 = **₩380,000**

(물음 2) 서비스의 외부구입여부 – 단일배분율법

① 컴퓨터부문관점

[서비스 외부구입 시 증분이익]

관련항목	금액	계산내역
(−) 구입원가 증가	(360,000)	= 9,000시간 × 40
(+) 보조부문원가배분액 감소	855,000	= 9,000시간 × 95
	₩495,000	

∴ **컴퓨터부문은 외부업체의 제안을 수락한다.**

② 회사전체관점

[서비스 외부구입 시 증분이익]

관련항목	금액	계산내역
(−) 구입원가 증가	(360,000)	= 9,000시간 × 40
(+) 변동원가 감소	180,000	= 9,000시간 × 20
	₩(180,000)	

∴ **컴퓨터부문의 결정은 태백회사의 이익을 ₩180,000 감소시킨다.**

(물음 3) 이중배분율법 + 예산배분율

① 예산배분율

변동원가 예산배분율 : @20/시간

고정원가 예산배분율(= $\dfrac{\text{보조부문 고정원가예산}}{\text{(장기)예산수요량}}$) : $\dfrac{900,000}{12,000시간}$ = @75/시간

② 배분액(= 실제사용시간 × 변동원가 예산배분율 + (장기)예산수요량 × 고정원가 예산배분율)

	컴퓨터		프린터	
변동원가 :	9,000시간 × 20 =	₩180,000	4,000시간 × 20 =	₩80,000
고정원가 :	8,000시간 × 75 =	600,000	4,000시간 × 75 =	300,000
		₩780,000		₩380,000

③ 컴퓨터부문관점 - 이중배분율법

[서비스 외부구입 시 증분이익]

관련항목	금액	계산내역
(-) 구입원가 증가	(360,000)	= 9,000시간 × 40
(+) 보조부문원가배분액 감소	180,000	= 9,000시간 × 20
	₩(180,000)	

∴ **컴퓨터부문은 외부업체의 제안을 거절한다.**

POINT

(물음 1), (물음 2) 단일배분율법 + 예산배분율

1. 단일배분율법에 의하면, 컴퓨터부문이 서비스를 외부에서 구입하면 실제사용시간이 0이 됨에 따라 보조부문원가배분액이 전액 회피가능함(즉, 보조부문의 고정원가가 변동원가처럼 간주됨)

2. 용역의 외부구입여부 의사결정 시 단일배분율법은 제조부문관점과 회사전체관점이 불일치하는 준최적화 현상을 초래함

(물음 3) 이중배분율법 + 예산배분율

1. 이중배분율법에 의하면, 컴퓨터부문이 서비스를 외부에서 구입하더라도 (장기)예산수요량은 달라지지 않으므로 보조부문 고정원가배분액은 회피불가능함

2. 용역의 외부구입여부 의사결정 시 이중배분율법은 제조부문관점과 회사전체관점이 일치하는 목표일치를 가져옴

㈜매봉은 두 개의 보조부문(전력부, 창고부)과 두 개의 제조부문(조립부, 도색부)을 가진 공장을 건설하여 여러 제품들을 생산해서 판매할 계획을 세우고 있다. 연간 보조부문에서 제조부문으로 제공하는 용역의 양과 보조부문 원가에 대한 정보는 아래와 같다. 공장 건설단계에서는 보조부문의 고정원가를 유발시키는 자산(설비, 시설 등)의 규모를 자유로이 선택할 수 있으며, 고정원가도 제공용역의 규모에 비례하여 조정할 수 있다.

사용부문 / 제공부문	보조부문		제조부문	
	전력부	창고부	조립부	도색부
전력부	-	30kwh	40kwh	30kwh
창고부	40m²	-	100m²	60m²

구분	전력부	창고부
변동원가	6,800원	40,000원
고정원가(감가상각비)	11,200원	11,000원
합계	18,000원	51,000원

(물음 1) ㈜매봉은 공장건설 계획 단계에서 제품수익성 예측과 분석을 위해 보조부문의 원가를 제조부문에 배부하고자 한다.

    (1) 상호배부법을 사용하여 보조부문의 원가를 배부할 경우, 조립부와 도색부에 배부될 금액은 얼마인가?

    (2) ㈜매봉이 아직 공장건설 계획 단계에 있을 때, 전력부를 통해 자체 조달하고자 했던 전력을 외부에서 공급해주겠다는 제안을 받았다. ㈜매봉이 전력 1kwh당 지불할 용의가 있는 최대 금액은 얼마인가? 외부구입 필요 물량과 원가 계산을 통해 그 산출 내역을 보이시오.

(물음 2) ㈜매봉은 전력조달을 외부구매에 의존하지 않고 자체 조달하는 방식으로 공장을 건설하여 위의 계획대로 운영하고 있다고 하자.

(1) ㈜매봉은 외부 전력 단가의 하락과 전력부 운영 여건 변화로 인해 전력 외부구입을 고려하게 되었다. 전력 외부구입 시에는 기존 전력설비의 외부임대를 통해 연간 4,000원의 수익을 얻을 수 있다. 이때 ㈜매봉이 전력을 외부에서 구입할 경우 전력 1kwh당 지불할 용의가 있는 최대 금액은 얼마인가? 외부구입 필요 물량과 원가 계산을 통해 그 산출 내역을 보이시오.

(2) 위 (1)에서 계산한 1kwh당 최대 지불단가를 상호배부법의 계산내역을 이용하여 계산해 보이시오.

(물음 1) 보조부문원가의 배분

(1) 상호배부법에 의한 배부액

| | 보조부문 | | 제조부문 | |
	전력	창고	조립	도색
배부전원가	₩18,000	₩51,000	–	–
전력(30 : 40 : 30)	(30,000)*	9,000	₩12,000	₩9,000
창고(20 : 50 : 30)	12,000	(60,000)*	30,000	18,000
배부후원가	₩0	₩0	**₩42,000**	**₩27,000**

* 전력부, 창고부의 배부할 총원가를 각각 X, Y라 하면,

$$X = 18,000 + 0.2Y$$
$$Y = 51,000 + 0.3X \qquad \therefore X = ₩30,000, \quad Y = ₩60,000$$

(2) 최대 외부구입가격 - 건설단계

① 외부구입량

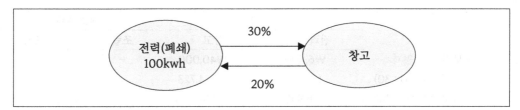

외부구입량(= 자가생산량 - 용역감소량) : 100kwh - 100kwh × $\underset{(폐쇄 \rightarrow 유지 \rightarrow 폐쇄)비율}{\underline{0.3 \times 0.2}}$ = 94kwh

② 최대 외부구입가격(x)

[전력 외부구입 시 증분이익]

관련항목	금액	계산내역
(-) 구입원가 증가	(94x)	= 94kwh × x
(+) 변동원가 감소	14,800	= 6,800 + 40,000 × 0.2
(+) 고정원가 감소	13,400	= 11,200 + 11,000 × 0.2
	-94x + 28,200	

$-94x + 28,200 = 0$ ∴ x = **@300**

(물음 2) 최대 외부구입가격 - 건설 후 운영단계

(1) 최대 외부구입가격(x) - 증분접근법 이용

[전력 외부구입 시 증분이익]

관련항목	금액	계산내역
(-) 외부구입원가 증가	(94x)	= 94kwh × x
(+) 변동원가 감소	14,800	= 6,800 + 40,000 × 0.2
(+) 임대수익 증가	4,000	
	-94x + 18,800	

$-94x + 18,800 = 0$ ∴ x = **@200**

(2) 최대 외부구입가격 – 상호배부법의 계산내역 이용

① 회피가능원가(자가생산량 100kwh 기준) : 전력부의 배부할 총변동원가

| | 보조부문 | | 제조부문 | |
	전력	창고	조립	도색
배부전 변동원가	₩6,800	₩40,000	–	–
전력(30 : 40 : 30)	(15,745)[*]	4,723		
창고(20 : 50 : 30)	8,945	(44,723)[*]		
배부후 변동원가	₩0	₩0		

[*] 전력부, 창고부의 배부할 총변동원가를 각각 X, Y라 하면,

$$X = 6,800 + 0.2Y$$
$$Y = 40,000 + 0.3X \qquad \therefore X = ₩15,745, \qquad Y = ₩44,723$$

② 최대 외부구입가격 : $\dfrac{\text{회피가능원가}}{\text{자가생산량}} + \dfrac{\text{임대수익}}{\text{외부구입량}}$

$$= \dfrac{15,745}{100kwh} + \dfrac{4,000}{94kwh} = @200$$

참고 **(물음 1) 최대 외부구입가격 – 상호배부법의 계산내역 이용**

최대 외부구입가격 : $\dfrac{30,000}{100kwh} = @300$

POINT

(물음 1) (2)

'공장 건설단계에서는 보조부문의 고정원가를 유발시키는 자산(실비, 시설 등)의 규모를 자유로이 선택할 수 있으며, 고정원가도 제공용역의 규모에 비례하여 조정할 수 있다' → 공장 건설단계에서는 보조부문의 고정원가도 용역의 실제사용량에 비례하여 총액이 달라진다는 의미임

(물음 2) (2)

1. 전력부의 배부할 총변동원가 ₩15,745은 전력 100kw을 자가생산하기 위하여 기업전체적으로 발생하는 총변동원가를 의미함 → 전력 외부구입 시 기업전체적으로 회피가능원가를 의미함

2. 최대 외부구입가격 : $\dfrac{\text{회피가능원가}}{\text{자가생산량}} + \dfrac{\text{임대수익}}{\text{외부구입량}}$

종합원가계산 - 공손

1 종합원가계산 5단계

1. 평균법과 선입선출법의 완성품환산량 비교

[재공품계정을 원가와 완성품환산량으로 표현]

재공품

<차변>		<대변>	
원가	환산량	환산량	원가
기초재공품원가	기초재공품의 완성품환산량	완성품수량	완성품원가
당기투입원가	당기완성품환산량	기말재공품의 완성품환산량	기말재공품원가

총완성품환산량(평균법) = 완성품수량 + 기말재공품의 완성품환산량

당기완성품환산량(선입선출법) = 총완성품환산량(평균법) - 기초재공품의 완성품환산량

2. 정리사항

① 기말재공품과 공손의 완성품환산량은 평균법과 선입선출법이 항상 같음

② **보조부문이 존재하는 경우** : 5단계 실시 전에 보조부문원가를 제조공정에 배분하여야 함

제조공정의 가공원가 = 보조부문원가배분전 가공원가 + 보조부문원가배분액

③ 선입선출법에서는 기초재공품원가를 전액 완성품원가에 포함함에 주의

3. 연속공정

① 전공정원가 : 후속공정에 대체되는 앞 공정의 완성품원가

② 투입시기에 관하여 별도 언급이 없는 경우

구분	내용
가공원가	공정 전반에 걸쳐 균등하게 발생하는 것으로 간주함
전공정원가	공정 초기에 전량 투입되는 것으로 간주함

③ 앞 공정과 후속공정의 물량의 단위가 달라지는 경우 : 후속공정의 종합원가계산은 후속공정의 물량단위로 수행함

④ 당기제품제조원가 : 맨 마지막 공정의 완성품원가

2 종합원가계산과 공손

1. 기본가정

① 검사시점에서만 공손이 발생하는 것으로 가정 → 공손의 진척도는 검사시점과 일치함

② 모든 공손품이 당기에 착수한 물량에서 발생하는 것으로 가정 → 모든 공손품에 당기투입원가를 배분(수정된 선입선출법)

2. 공손이 있는 경우의 종합원가계산 절차

다음 사항을 추가로 고려해야 하는 것을 제외하고는 공손이 없는 경우와 동일함

(1) 1단계 - 정상공손수량과 비정상공손수량의 파악

구분		내용
합격품수량기준	정상공손수량	당기합격품수량 × 정상공손허용률(%)
	비정상공손수량	총공손수량 - 정상공손수량
도달수량기준	정상공손수량	(당기합격품수량 + 당기공손품수량) × 정상공손허용률(%)
	비정상공손수량	총공손수량 - 정상공손수량

당기합격품수량은 ① 원가흐름의 가정과 관계없이 동일하고, ② 실제 물량흐름(흐름생산의 경우 기초재공품이 먼저 완성되는 것으로 봄)에 따라서 계산하며, ③ 모든 공손은 당기착수량에서만 발생하는 것으로 가정하고 구함

[실제종합원가계산에서의 부(-)의 비정상공손수량]

구분		내용
정상공손허용수량 > 공손수량	정상공손수량	공손수량 전체
	비정상공손수량	0(부(-)의 비정상공손수량을 인식하지 않음)

(2) 5단계 - 정상공손원가의 배분

[정상공손원가와 비정상공손원가의 처리]

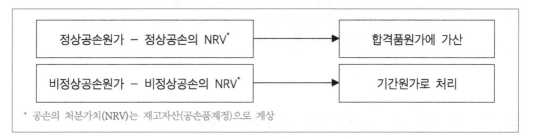

| 정상공손원가 - 정상공손의 NRV* | → | 합격품원가에 가산 |

| 비정상공손원가 - 비정상공손의 NRV* | → | 기간원가로 처리 |

* 공손의 처분가치(NRV)는 재고자산(공손품계정)으로 계상

[정상공손원가의 배분]

평균법	전기정상공손원가와 당기정상공손원가를 합한 총정상공손원가를 당기말까지의 총합격품수량(전기합격품수량 + 당기합격품수량) 기준으로 완성품과 기말재공품에 배분함
선입선출법	당기정상공손원가를 당기합격품수량 기준으로 완성품과 기말재공품에 배분함(선입선출법에서는 기초재공품원가가 전액 완성품에 포함되므로 전기정상공손원가도 완성품에 포함되어 배분대상이 아님)

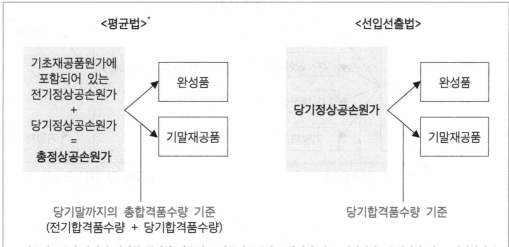

<평균법>*

기초재공품원가에
포함되어 있는
전기정상공손원가
+
당기정상공손원가
=
총정상공손원가

→ 완성품
→ 기말재공품

당기말까지의 총합격품수량 기준
(전기합격품수량 + 당기합격품수량)

<선입선출법>

당기정상공손원가

→ 완성품
→ 기말재공품

당기합격품수량 기준

* 기초재공품이 당기에 검사를 통과한 경우에는 기초재공품에 포함되어 있는 전기정상공손원가가 없고, 전기합격품수량도 없으므로 결과적으로 선입선출법과 동일해짐(일반적인 경우임)

3. 공손이 있는 경우의 회계처리

(차) 제품	××× (완성품원가)	(대) 재공품	×××
비정상공손손실	××× (비정상공손원가)		
공손품	××× (공손의 처분가치)		

4. 복수의 검사시점

(1) 각 검사시점별 정상공손수량과 비정상공손수량의 파악

┌ 1차 정 상 공 손 수 량 : 1차 당기합격품수량(2차 총공손수량 포함) × 1차 정상공손허용률
└ 1차 비정상공손수량 : 1차 총공손수량 – 1차 정상공손수량
┌ 2차 정 상 공 손 수 량 : 2차 당기합격품수량 × 2차 정상공손허용률
└ 2차 비정상공손수량 : 2차 총공손수량 – 2차 정상공손수량

(2) 정상공손원가의 배분

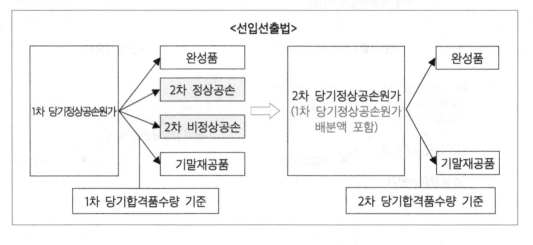

㈜동백은 단일제품을 단일공정에서 대량으로 생산하고 있다. 직접재료원가는 공정 최초에 모두 투입되고, 직접노무원가는 공정 최초부터 공정 60% 시점까지 균등하게 투입되며, 제조간접원가는 공정 전반에 걸쳐서 균등하게 발생한다.

㈜동백은 직접노무원가의 투입이 끝나는 시점에서 품질검사를 실시하는데 품질검사를 합격한 수량의 10%에 해당하는 공손수량은 정상공손으로 간주한다.

① 7월 물량자료 (단위 : 개)

기초재공품	2,000 (진척도 80%)
당기착수량	28,000
당기완성량	26,000
기말재공품	1,000 (진척도 90%)
공손품	3,000

② 7월 원가자료 (단위 : ₩)

	직접재료원가	직접노무원가	제조간접원가	합계
기초재공품원가	143,000	132,000	66,770	341,770
당기투입원가	1,400,000	840,000	542,000	2,782,000

(물음 1) ㈜동백이 재고자산을 선입선출법으로 평가할 경우의 7월 완성품원가, 기말재공품원가, 비정상공손원가를 구하시오.

(물음 2) 기초재공품원가의 세부내역이 다음과 같이 알려졌다고 가정하자.

직접재료원가	₩130,000
직접노무원가	120,000
제조간접원가	60,700
정상공손원가	31,070
	₩341,770

㈜동백이 재고자산을 평균법으로 평가할 경우의 7월 완성품원가, 기말재공품원가, 비정상공손원가를 구하시오. (단, 소수점 아래에서 반올림하여 답하시오.)

(물음 3) 정상공손원가를 합격품의 물량을 기준으로 배분하는 것이 금액을 기준으로 배분하는 것보다 더 합리적인 이유를 간략히 설명하시오.

[정상공손수량과 비정상공손수량]

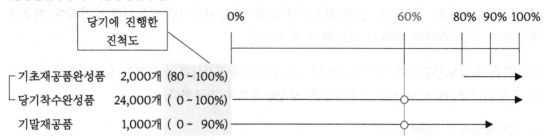

정 상 공 손 수 량 : (24,000개 + 1,000개) × 10% = 2,500개
비정상공손수량 : 3,000개 − 2,500개 = 500개

(물음 1) 선입선출법

선입선출법

	[1] 물량흐름	[2] 당기완성품환산량 DM(0%)	DL(0~60%)	OH
기초재공품	2,000			
당기착수	28,000			
	30,000개			
완성품				
┌ 기초재공품	2,000 (80~100%)	0	0	400
└ 당기착수	24,000	24,000	24,000	24,000
정상공손	2,500 (0~ 60%)	2,500	2,500	1,500
비정상공손	500 (0~ 60%)	500	500	300
기말재공품	1,000 (0~ 90%)	1,000	1,000	900
	30,000개	28,000개	28,000개	27,100개

[3] 배분할 원가   합계

	DM	DL	OH	합계
기초재공품				₩341,770
당기투입	₩1,400,000	₩840,000	₩542,000	2,782,000
				₩3,123,770 ─┐

[4] 환산량 단위당 원가

	÷28,000개	÷28,000개	÷27,100개
	@50	@30	@20

[5] 원가배분

		합계
완성품	341,770 + 24,000개 × 50 + 24,000개 × 30 + 24,400개 × 20 =	₩2,749,770
정상공손	2,500개 × 50 + 2,500개 × 30 + 1,500개 × 20 =	230,000
비정상공손	500개 × 50 + 500개 × 30 + 300개 × 20 =	46,000
기말재공품	1,000개 × 50 + 1,000개 × 30 + 900개 × 20 =	98,000
		₩3,123,770 ─┘

당기정상공손원가

[추가배분]

	배분전원가	정상공손원가배분*	배분후원가
완성품	₩2,749,770	₩220,800	**₩2,970,570**
정상공손	230,000	(230,000)	0
비정상공손	46,000		**46,000**
기말재공품	98,000	9,200	107,200
	₩3,123,770	₩0	₩3,123,770

* 완성품 : 기말재공품 = 24,000 : 1,000 (당기정상공손원가를 당기합격품수량 기준으로 배분함)

(물음 2) 평균법

	[1] 물량흐름		[2] 총완성품환산량 DM(0%)	DL(0 ~ 60%)	OH
기초재공품	2,000				
당기착수	28,000				
	30,000개				
완성품	26,000		26,000	26,000	26,000
정상공손	2,500	(0 ~ 60%)	2,500	2,500	1,500
비정상공손	500	(0 ~ 60%)	500	500	300
기말재공품	1,000	(0 ~ 90%)	1,000	1,000	900
	30,000개		30,000개	30,000개	28,700개

[3] 배분할 원가

	DM(0%)	DL(0~60%)	OH	정상공손원가	합계
기초재공품	₩130,000	₩120,000	₩60,700	₩31,070	₩341,770
당기투입	1,400,000	840,000	542,000	–	2,782,000
	₩1,530,000	₩960,000	₩602,700	₩31,070	₩3,123,770

[4] 환산량 단위당 원가

	÷ 30,000개	÷ 30,000개	÷ 28,700개
	@51	@32	@21

[5] 원가배분

		합계
완성품	26,000개 × (51 + 32 + 21) =	₩2,704,000
정상공손	31,070 + 2,500개 × 51 + 2,500개 × 32 + 1,500개 × 21 =	270,070
비정상공손	500개 × 51 + 500개 × 32 + 300개 × 21 =	47,800
기말재공품	1,000개 × 51 + 1,000개 × 32 + 900개 × 21 =	101,900
		₩3,123,770

전기정상공손원가 당기정상공손원가 총정상공손원가

[추가배분]

	배분전원가	정상공손원가배분[*]	배분후원가
완성품	₩2,704,000	₩260,067	₩2,964,067
정상공손	270,070	(270,070)	0
비정상공손	47,800		47,800
기말재공품	101,900	10,003	111,903
	₩3,123,770	₩0	₩3,123,770

[*] 완성품 : 기말재공품 = 26,000 : 1,000 (총정상공손원가를 총합격품수량 기준으로 배분함)

(물음 3) 정상공손원가를 합격품의 물량 기준으로 배분하는 이유

정상공손의 발생과 인과관계가 있는 것은 합격품의 금액이 아니라 합격품의 물량이기 때문이다.

POINT

(물음 1)

선입선출법에서의 정상공손원가배분 : 수정된 선입선출법에서는 기초재공품원가가 전액 완성품에 포함되므로 항상 당기정상공손원가만 배분대상이 되며, 당기정상공손원가를 당기합격품수량 기준으로 완성품과 기말재공품에 배분함

(물음 2)

1. 평균법에서의 정상공손원가배분 : [5단계]에서 기초재공품원가에 포함되어 있는 전기정상공손원가를 당기정상공손원가에 더하여 총정상공손원가를 도출하고, 도출된 총정상공손원가를 당기말까지의 총합격품수량(전기합격품수량 + 당기합격품수량) 기준으로 완성품과 기말재공품에 배분함
2. 전기합격품수량이란 기초재공품수량을 의미함

㈜신라는 단일공정을 통해 제품 A를 대량생산하고 있다. 직접재료는 X재료와 Y재료로 구성되며, X재료는 공정초기에 모두 투입되고 Y재료는 공정의 60% 시점에서 모두 투입된다. 가공원가는 공정전체를 통해 평균적으로 발생한다. 공정의 80% 시점에서 품질검사가 이루어지며, 정상공손 허용수준은 합격품수량의 10%이다. 공손품의 순실현가치는 없다. ㈜신라는 가중평균법에 의한 종합원가계산을 적용하여 제품원가를 계산하고 있다. 당기의 생산 및 원가자료는 다음과 같다. 비정상공원가는 기간비용으로 처리하고 정상공손원가는 물량단위를 기준으로 합격품에 배부한다. 단, 괄호 안의 수치는 가공원가 완성도를 의미한다.

항목	물량단위	X재료원가	Y재료원가	가공원가
기초재공품	1,000 (30%)	₩82,000	–	₩50,000
당기투입	8,000	746,000	₩846,000	1,310,000
당기완성품	5,000			
기말재공품	3,000 (90%)			

(물음 1)　정상공손원가를 합격품에 배부한 후의 완성품원가와 기말재공품원가를 구하시오.

(물음 2)　공정의 50% 시점에서 품질검사를 실시하여도 공정의 80% 시점에서 품질검사를 한 경우와 동일한 수량의 공손품을 발견할 수 있다고 한다. 품질검사시점을 50%로 변경할 경우에 최대 원가절감액을 구하시오. 단, 가공원가는 모두 변동원가로 간주한다.

(물음 3)　(물음 1)에서 정상공손원가를 배부한 후의 완성품원가는 ₩2,000,000이고, 비정상공손원가는 ₩100,000으로 산출되었으며, 다음과 같이 회계처리하였다고 가정한다.

(차) 제품	2,000,000	(대) 재공품	2,100,000
비정상공손원가(기간비용)	100,000		

만일 공손품의 순실현가치가 다음과 같이 추정되었을 경우, 상기의 자료를 이용하여 올바른 회계처리를 하시오. 다른 조건은 문제에 주어진 것과 동일하다.

항목	단위당 금액		물량단위	순실현가치
	판매가격	판매비		
정상공손	₩250	₩75	800	₩140,000
비정상공손	250	50	200	40,000

(물음 1) 완성품원가와 기말재공품원가

① 정상공손수량과 비정상공손수량

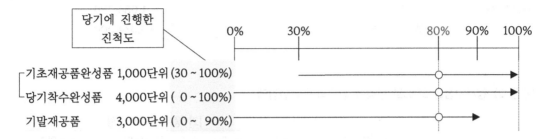

┌ 정상공손수량 : (5,000단위 + 3,000단위) × 10% = 800단위
└ 비정상공손수량 : 1,000단위 − 800단위 = 200단위

② 완성품원가와 기말재공품원가

평균법

	[1] 물량흐름	[2] 총완성품환산량		
		X재료원가(0%)	Y재료원가(60%)	가공원가
기초재공품	1,000			
당기착수	8,000			
	9,000단위			
완성품	5,000	5,000	5,000	5,000
정상공손	800 (0 ~ 80%)	800	800	640
비정상공손	200 (0 ~ 80%)	200	200	160
기말재공품	3,000 (0 ~ 90%)	3,000	3,000	2,700
	9,000단위	9,000단위	9,000단위	8,500단위

				합계
[3] 배분할 원가				
기초재공품	₩82,000	₩0	₩50,000	₩132,000
당기투입	746,000	846,000	1,310,000	2,902,000
	₩828,000	₩846,000	₩1,360,000	₩3,034,000
[4] 환산량 단위당 원가	÷ 9,000단위	÷ 9,000단위	÷ 8,500단위	
	@92	@94	@160	

[5] 원가배분

완성품	5,000단위 × (92 + 94 + 160)	= ₩1,730,000
정상공손	800단위 × 92 + 800단위 × 94 + 640단위 × 160 =	251,200
비정상공손	200단위 × 92 + 200단위 × 94 + 160단위 × 160 =	62,800
기말재공품	3,000단위 × 92 + 3,000단위 × 94 + 2,700단위 × 160 =	990,000
		₩3,034,000

[추가배분]

	배분전원가	정상공손원가배분*	배분후원가
완성품	₩1,730,000	₩157,000	**₩1,887,000**
정상공손	251,200	(251,200)	0
비정상공손	62,800		62,800
기말재공품	990,000	94,200	**1,084,200**
	₩3,034,000	₩0	₩3,034,000

* 완성품 : 기말재공품 = 5,000 : 3,000 (총정상공손원가를 총합격품수량 기준으로 배분함)

(물음 2) 검사시점을 50%로 변경할 경우의 원가절감액

	[1] 물량흐름		[2] 총완성품환산량		
			X재료원가(0%)	Y재료원가(60%)	가공원가
완성품	5,000		5,000	5,000	5,000
정상공손	800	(0 ~ 50%)	800	0	400
비정상공손	200	(0 ~ 50%)	200	0	100
기말재공품	3,000	(0 ~ 90%)	3,000	3,000	2,700
	9,000단위		9,000단위	8,000단위	8,200단위

원가절감액 : $\underbrace{(9,000단위 - 8,000단위) \times 94}_{\text{Y재료원가}}$ + $\underbrace{(8,500단위 - 8,200단위) \times 160}_{\text{가공원가}}$ = **₩142,000**

(물음 3) 공손의 처분가치가 있는 경우의 회계처리

① 완성품원가(제품)

: $\underbrace{2,000,000}_{\substack{\text{정상공손의 처분가치 차감 전} \\ \text{정상공손원가배분 후 완성품원가}}}$ − $\underbrace{140,000}_{\text{정상공손의 처분가치}}$ × $\underbrace{5,000단위/8,000단위}_{\substack{\text{완성품으로의} \\ \text{정상공손원가 배분비율}}}$ = ₩1,912,500

② 비정상공손원가(비정상공손손실) : 100,000 − 40,000 = ₩60,000

③ 공손의 처분가치(공손품) : 140,000 + 40,000 = ₩180,000

④ 올바른 회계처리

(차) 제품	1,912,500	(대) 재공품	2,152,500
비정상공손원가	60,000		
공손품	180,000		

별해 **(물음 2) 검사시점을 50%로 변경할 경우의 원가절감액**

① 검사시점 80%일 때의 공손원가 : 251,200 + 62,800 = ₩314,000

② 검사시점 50%일 때의 공손원가

| | [1] 물량흐름 | | [2] 총완성품환산량 | | |
			X재료원가(0%)	Y재료원가(60%)	가공원가
정상공손	800	(0 ~ 50%)	800	0	400
비정상공손	200	(0 ~ 50%)	200	0	100

$$\underbrace{(800단위 \times 92 + 400단위 \times 160)}_{정상공손원가} + \underbrace{(200단위 \times 92 + 100단위 \times 160)}_{비정상공손원가} = ₩172,000$$

③ 원가절감액 : 314,000 − 172,000 = **₩142,000**

참고 **(물음 3) 관련 [추가배분]**

① 공손의 처분가치가 없는 경우

	배분전원가	정상공손원가배분*	배분후원가
완성품	y	$0.625x$	₩2,000,000
정상공손	x	(x)	0
비정상공손	100,000		100,000
기말재공품	?	$0.375x$	934,000
	₩3,034,000	₩0	₩3,034,000

* 완성품 : 기말재공품 = 5,000 : 3,000 = 0.625 : 0.375 (총정상공손원가를 총합격품수량 기준으로 배분함)

② 공손의 처분가치가 있는 경우

	배분전원가	공손처분가치계상	정상공손원가배분[1]	배분후원가
완성품	y		$0.625x - 87,500$	₩1,912,500[2]
정상공손	x	(140,000)	$(x - 140,000)$	0
비정상공손	100,000	(40,000)		60,000
기말재공품	?		$0.375x - 52,500$	881,500
공손품	−	180,000		180,000
	₩3,034,000	₩0	₩0	₩3,034,000

[1] 완성품 : 기말재공품 = 5,000 : 3,000 = 0.625 : 0.375 (총정상공손원가를 총합격품수량 기준으로 배분함)
[2] '$y + 0.625x = 2,000,000$'이므로 $y + 0.625x - 87,500 = 2,000,000 - 87,500 = ₩1,912,500$임

(물음 2)

1. 가공원가는 모두 변동원가로 간주하였으므로 검사시점에 관계없이 가공원가 완성품환산량 단위당 원가는 동일함

2. 검사시점이 80%에서 50%로 변경됨에 따라 Y재료원가(60% 시점에서 모두 투입)와 가공원가가 절감됨 → 해답

3. 검사시점이 80%에서 50%로 변경됨에 따라 공손원가가 절감됨 → 별해

(물음 3)

1. 정상공손의 처분가치(NRV)를 차감한 후의 순정상공손원가를 합격품에 배분함

2. 비정상공손의 처분가치(NRV)를 차감한 후의 순비정상공손원가를 비정상공손손실로 처리함

3. 공손의 처분가치(NRV)는 재고자산(공손품계정)으로 계상함

㈜대한은 두 개의 연속공정인 제1공정과 제2공정을 통해 제품을 생산하고 있다. 제1공정의 완성품은 제2공정으로 전량 대체된다. ㈜대한은 실제원가에 의한 종합원가계산을 사용하고 있다. ㈜대한은 정상공손원가를 당월에 검사시점을 통과한 합격품의 물량단위에 비례하여 배부한다. 다음은 20×2년 6월 각 공정에 관한 설명이다.

제1공정에서는 원가흐름으로 선입선출법을 가정하고, 직접재료는 공정의 시작 시점에서 전량 투입되며, 전환원가는 공정전반에 걸쳐 균등하게 발생한다. 기초재공품 600단위(전환원가 완성도 40%), 당기투입 9,000단위, 당기완성량 9,000단위, 기말재공품 450단위(전환원가 완성도 40%)이며, 공손수량은 150단위이다. 품질검사는 제1공정의 종료시점에 한번 실시하며, 검사를 통과한 합격품의 3%를 정상공손으로 허용하고 있다. 공손품은 발생 즉시 추가비용 없이 폐기된다. 기초재공품원가는 ₩60,000(직접재료원가 : ₩40,000, 전환원가 : ₩20,000)이며, 당기투입원가는 ₩407,250(직접재료원가 : ₩180,000, 전환원가 : ₩227,250)이다.

제2공정에서는 원가흐름으로 선입선출법을 가정하고, 직접재료는 공정의 70% 시점에서 전량 투입되며, 전환원가는 공정전반에 걸쳐 균등하게 발생한다. 기초재공품 800단위(전환원가 완성도 60%), 당기완성량 8,000단위, 기말재공품 1,000단위(전환원가 완성도 40%), 1차 공손수량 400단위, 2차 공손수량 400단위이다. 품질검사는 두 차례 실시하는데 공정의 50% 시점에서 1차검사를 하고, 공정의 종료시점에서 2차검사를 한다. ㈜대한의 정상공손수량은 1차검사에서는 검사시점을 통과한 합격품의 5%, 2차검사에서는 검사시점을 통과한 합격품의 2.5%이다. 공손품은 발생 즉시 추가비용 없이 폐기된다.

제2공정의 기초재공품원가는 ₩69,400(전공정대체원가 : ₩33,000, 전환원가 : ₩36,400)이며, 당기투입원가는 직접재료원가 ₩252,000과 전환원가 ₩596,400이다.

※ 위에 주어진 자료를 이용하여 다음 각 물음에 답하시오.

(물음 1) 제1공정의 정상공손원가 배부 후 완성품원가와 기말재공품원가를 각각 계산하시오.

(물음 2) 만약 ㈜대한이 제1공정의 공손원가 계산 시, 정상공손허용량에 미달하는 수량만큼을 부(−)의 비정상공손으로 인식하는 경우, 제1공정의 정상공손원가 배부 후 완성품원가, 기말재공품원가, 그리고 부(−)의 비정상공손원가를 각각 계산하시오.

(물음 3) 제2공정의 1차 검사시점과 2차 검사시점의 정상공손수량을 각각 계산하시오.

(물음 4) 제2공정의 원가요소별 완성품환산량 단위당 원가를 각각 계산하시오. 단, 소수점 첫째 자리에서 반올림하시오.

(물음 5) 제2공정의 정상공손원가 배부 후 완성품원가, 기말재공품원가, 비정상공손원가를 각각 계산하고 이와 관련된 분개를 하시오.

(물음 6) 만약 제2공정의 종료시점에서 정상공손 허용률이 2.5%가 아닌 1%였다면, 발생할 수 있는 문제점을 제품원가와 공손원가 측면에서 설명하시오. (3줄 이내로 답하시오.)

(물음 1) 1공정 완성품원가와 기말재공품원가

① 정상공손수량과 비정상공손수량

정상공손수량 : 9,000단위 × 3% = 270단위 > 150단위 → ∴ 150단위
비정상공손수량 : 0단위

② 완성품원가와 기말재공품원가

선입선출법

	[1단계] 물량흐름	[2단계] 당기완성품환산량	
		재료원가(0%)	전환원가
기초재공품	600		
당기착수	9,000		
	9,600단위		
완성품			
┌ 기초재공품	600	(40 ~ 100%)	0	360
└ 당기착수	8,400		8,400	8,400
정상공손	150	(0 ~ 100%)	150	150
기말재공품	450	(0 ~ 40%)	450	180
	9,600단위		9,000단위	9,090단위

[3단계] 배분할 원가			합계
기초재공품			₩60,000
당기투입	₩180,000	₩227,250	407,250
			₩467,250
[4단계] 환산량 단위당 원가	÷ 9,000단위	÷ 9,090단위	
	@20	@25	

[5단계] 원가배분

		합계
완성품	60,000 + 8,400단위 × 20 + 8,760단위 × 25 =	₩447,000
정상공손	150단위 × 20 + 150단위 × 25 =	6,750
기말재공품	450단위 × 20 + 180단위 × 25 =	13,500
		₩467,250

∴ 완성품원가 : 447,000 + 6,750* = **₩453,750**, 기말재공품원가 : **₩13,500**

  * 기말재공품이 검사를 통과하지 않았으므로 정상공손원가를 완성품에만 배분함

(물음 2) 부(-)의 비정상공손

① 정상공손수량과 비정상공손수량

 ┌ 정상공손수량 : 9,000단위 × 3% = 270단위
 └ 비정상공손수량 : 150단위 - 270단위 = (120)단위

② 완성품원가 등

[5단계] 원가배분

완성품		₩447,000
정상공손	270단위 × 20 + 270단위 × 25 =	12,150
비정상공손	(120)단위 × 20 + (120)단위 × 25 =	(5,400)
기말재공품		13,500
		₩467,250

∴ 완성품원가 : 447,000 + 12,150* = **₩459,150**, 기말재공품원가 : **₩13,500**
  부(-)의 비정상공손원가 : **₩(5,400)**

　 * 기말재공품이 검사를 통과하지 않았으므로 정상공손원가를 완성품에만 배분함

(물음 3) 2공정 정상공손수량 - 복수의 검사시점

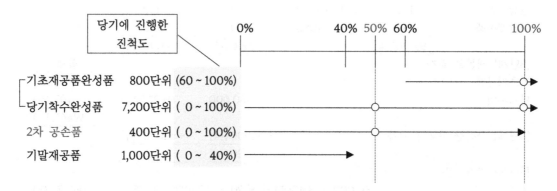

∴ ┌ 1차 정상공손수량 : (7,200단위 + 400단위) × 5% = **380단위**
　 └ 1차 비정상공손수량 : 400단위 - 380단위 = 20단위
　 ┌ 2차 정상공손수량 : 8,000단위 × 2.5% = **200단위**
　 └ 2차 비정상공손수량 : 400단위 - 200단위 = 200단위

(물음 4) 2공정 완성품환산량 단위당 원가

선입선출법

	[1단계] 물량흐름		[2단계] 당기완성품환산량		
			전공정원가(0%)	재료원가(70%)	전환원가
완성품					
┌ 기초재공품	800	(60 ~ 100%)	0	800	320
└ 당기착수	7,200		7,200	7,200	7,200
1차정상공손	80	(0 ~ 50%)	380	0	190
1차비정상공손	20	(0 ~ 50%)	20	0	10
2차정상공손	200	(0 ~ 100%)	200	200	200
2차비정상공손	200	(0 ~ 100%)	200	200	200
기말재공품	1,000	(0 ~ 40%)	1,000	0	400
	9,800단위		9,000단위	8,400단위	8,520단위

[3단계] 배분할 원가				합계
기초재공품				₩69,400
당기투입	₩453,750	₩252,000	₩596,400	1,302,150
				₩1,371,550
[4단계] 환산량 단위당 원가	÷ 9,000단위	÷ 8,400단위	÷ 8,520단위	
	@50	@30	@70	

(물음 5) 2공정 완성품원가 등

[5단계] 원가배분

완성품	69,400 + 7,200단위 × 50 + 8,000단위 × 30 + 7,520단위 × 70 =	₩1,195,800
1차정상공손	380단위 × 50 + 190단위 × 70 =	32,300
1차비정상공손	20단위 × 50 + 10단위 × 70 =	1,700
2차정상공손	200단위 × 50 + 200단위 × 30 + 200단위 × 70 =	30,000
2차비정상공손	200단위 × 50 + 200단위 × 30 + 200단위 × 70 =	30,000
기말재공품	1,000단위 × 50 + 400단위 × 70 =	78,000
		₩1,367,800*

* 완성품환산량 단위당 원가 반올림으로 인하여 배분할 원가와 차이가 남

[추가배분]

	배분전원가	1차정상공손원가배분[*1]	2차정상공손원가배분[*2]	배분후원가
완성품	₩1,195,800	₩30,600	₩30,850	₩1,257,250
1차정상공손	32,300	(32,300)		0
1차비정상공손	1,700			1,700
2차정상공손	30,000	850	(30,850)	0
2차비정상공손	30,000	850		30,850
기말재공품	78,000			78,000
	₩1,367,800	₩0	₩0	₩1,367,800

[*1] 완성품 : 2차 정상공손 : 2차 비정상공손 = 7,200 : 200 : 200 (1차 당기정상공손원가를 1차 당기합격품수량 기준으로 배분함)
[*2] 기말재공품이 검사를 통과하지 않았으므로 2차 정상공손원가를 완성품에만 배분함

(차) 제품	1,257,250	(대) 재공품(2공정)	1,289,800
비정상공손손실	32,550*		

* 1,700 + 30,850 = ₩32,550

(물음 6) 정상공손허용률이 너무 낮은 경우 문제점

정상공손허용률이 너무 낮으면 정상공손원가가 너무 적어서 제품원가는 과소계상되고 상대적으로 비정상공손원가는 너무 많아서 기간원가는 과대계상되는 문제점이 있다.

POINT

(물음 1)

실제종합원가계산에서의 부(−)의 비정상공손수량 : 원칙적으로 인정하지 않음

구분		내용
정상공손허용수량 > 공손수량	정상공손수량	공손수량 전체
	비정상공손수량	0(부(−)의 비정상공손수량을 인식하지 않음)

(물음 2)

만일 부(−)의 비정상공손수량을 인정한다면,

구분		내용
정상공손허용수량 > 공손수량	정상공손수량	정상공손허용수량과 일치
	비정상공손수량	부(−)의 비정상공손수량

[4단계] 완성품환산량 단위당 원가는 (물음 1)과 동일하므로 곧바로 [5단계] 원가배분을 실시하면 됨

(물음 3)

검사시점이 복수인 경우에는 [흐름도] 작성 시 2차 공손도 포함하여 작성하도록 함

(물음 5)

1. 선입선출법이므로 1차 정상공손원가는 1차 당기합격품수량 기준으로, 2차 정상공손원가는 2차 당기 합격품수량 기준으로 배분함
2. 2차 공손품은 1차 검사시점에서는 당기합격품이므로 1차 정상공손원가가 2차 정상공손 및 2차 비정상공손에도 배분되며, 그 결과 배분할 2차 정상공손원가에는 1차 정상공손원가배분액도 포함됨에 주의

TOPIC 4 종합원가계산 - 재작업, 감손, 재사용

1 종합원가계산과 재작업

1. 재작업의 의의

① 재작업이란 재작업여부 검사 시 불합격품을 합격품으로 만들기 위하여 다시 작업하는 것을 말함

② 재작업수량은 완성품, 공손품, 기말재공품과 같은 산출량이 아니라 산출량이 다시 재작업되는 것일 뿐이나 정상재작업원가와 비정상재작업원가를 파악하기 위하여 정상재작업수량과 비정상재작업수량을 별도로 파악해야 함

2. 재작업의 유형

구분	내용
재작업을 별도 공정에서 수행하는지 여부	
재작업을 별도 공정에서 수행하는 경우	재작업원가(재작업공정에서 발생한 원가)를 별도로 알 수 있음
재작업을 동일 공정에서 수행하는 경우	동일 공정의 일정시점으로 되돌려져서 재작업하는 경우로서 재작업원가를 별도로 알 수 없고, 스스로 계산하여야 함
재작업검사와 품질검사를 별도로 실시하는지 여부	
재작업검사만 실시하는 경우	모든 공손을 재작업하는 경우로서 재작업만 존재함
재작업검사와 품질검사를 별도로 실시하는 경우	재작업검사 이외에 별도로 품질검사를 또 실시하는 경우로서 재작업과 공손이 모두 존재함

3. 재작업을 별도 공정에서 수행하는 경우

① 재작업원가를 별도로 집계함

② 집계된 재작업원가를 총재작업수량으로 나누어 단위당 재작업원가를 구함

③ 정상재작업원가(= 정상재작업수량 × 단위당 재작업원가)와 비정상재작업원가(= 비정상재작업수량 × 단위당 재작업원가)를 계산한 후 정상재작업원가는 재작업합격품원가에 가산하고 비정상재작업원가는 기간원가로 처리함

4. 재작업을 동일 공정에서 수행 + 재작업검사만 실시하는 경우

공손이 있는 경우의 종합원가계산 5단계 절차와 유사함

(1) 1단계

① 총재작업수량 = 재작업검사수량 − 재작업검사합격수량

② 정상재작업수량과 비정상재작업수량의 파악

구분	내용
정상재작업수량	당기재작업검사합격수량 × 정상재작업허용률(%)
비정상재작업수량	**총재작업수량 − 정상재작업수량**

③ **재작업의 가공원가완성도** : 되돌린 시점 ~ 재작업검사시점

(2) 5단계 − 정상재작업원가의 배분

정상공손원가의 배분논리와 동일함

[정상재작업원가와 비정상재작업원가의 처리]

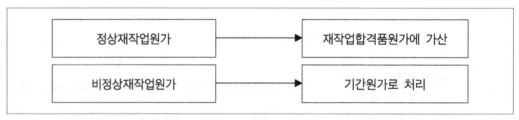

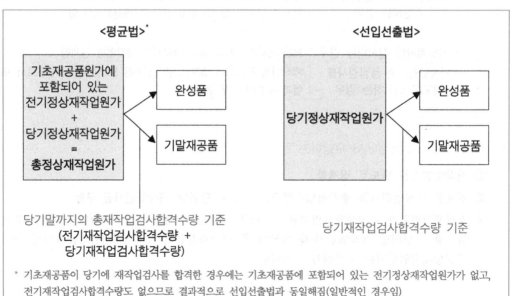

5. 재작업을 동일 공정에서 수행 + 재작업검사와 품질검사를 별도로 실시하는 경우

① **재작업검사를 먼저 실시하는 경우** : 당기재작업검사합격수량을 계산할 때 공손수량을 포함하여 계산하며, 정상재작업원가를 공손에도 배분함(복수의 검사시점과 유사함)

② **품질검사를 먼저 실시하는 경우** : 당기합격품수량을 계산할 때 재작업수량을 포함하지 않고 계산하며, 정상공손원가를 재작업에 배분하지 않음(∵ 재작업은 산출량이 아니라 산출량이 다시 작업되는 것이기 때문)

2 종합원가계산과 감손

1. **감손의 의의**

감손이란 증발, 소실 등으로 인한 원재료투입량의 감소분을 말함

2. **감손이 공정 전반에 걸쳐서 균등하게 발생하는 경우**

이 경우는 제조공정의 특성상 정상감손만 발생하는 것으로 가정함

[감손율과 수율]

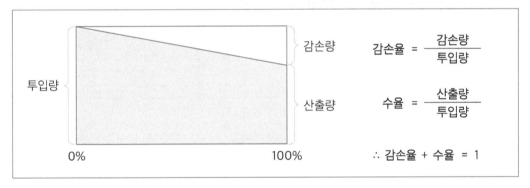

$$감손율 = \frac{감손량}{투입량}$$

$$수율 = \frac{산출량}{투입량}$$

$$∴ 감손율 + 수율 = 1$$

(1) 1단계 : 물량흐름의 요약

물량흐름을 투입량으로 요약함(∵ 정상감손의 진척도를 파악하기가 어렵기 때문)

[재공품의 물량 중 산출량]

재공품

기초재공품수량 (산출량 → 투입량)	완성품수량 (산출량 → 투입량)
당기착수량 (투입량)	기말재공품수량 (산출량 → 투입량)

[산출량을 투입량으로 바꾸는 방법][1]

$$수율 = \frac{산출량}{투입량} \Rightarrow 투입량 = \frac{산출량}{수율} = \frac{산출량}{1 - 감손율^*}$$

* 감손율은 공정의 진척도에 따라서 달라지므로 공정 중에 있는 진척도의 감손율은 '공정 말의 감손율 × 진척도'를 적용함(예를 들어 공정 말의 감손율이 20%라면, 공정의 60% 시점에서의 감손율은 0.2 × 0.6 = 12%임)

(2) 2단계 : 완성품환산량의 계산

[가공원가의 완성품환산량을 계산하는 방법]

구분	내용
비분리계산법	가공원가의 완성품환산량을 계산할 때 감손량이 포함된 투입량을 기준으로 계산하는 방법(일반적인 방법으로서 감손량에도 가공원가가 투입된다고 가정한 것)
분리계산법	가공원가의 완성품환산량을 계산할 때 감손량을 제외하고 산출량(실제가공량)을 기준으로 계산하는 방법(감손량에는 가공원가가 투입되지 않는다고 가정한 것)

(3) 3단계 ~ 5단계

공손이 없는 종합원가계산과 동일함

---

1) 그림을 이용하여 바꾸는 것이 더 쉬울 수 있음(후술하는 문제 해답 참조 바람)

㈜탐라는 등산화를 생산·판매하는 회사이다. 등산화 생산 시 직접재료 A와 B가 투입된다. 직접재료A는 공정 시작시점에, 직접재료B는 공정 종료시점에 전량 투입되며, 전환원가는 공정 전반에 걸쳐 균등하게 발생한다. 회사는 1개월 주기로 가중평균법에 의한 종합원가계산을 실시하고 있다.

(1) 20×1년 5월 등산화의 생산 및 원가자료는 다음과 같다.

구분	물량단위	직접재료A	직접재료B	전환원가
기초재공품	1,000 (30%)*	₩8,000	₩4,000	₩6,000
당기투입	10,500	₩107,000	₩66,000	₩50,750
재작업	500			
공손품	500		* 전환원가 완성도를 나타냄	
기말재공품	1,000 (80%)*			

(2) 회사는 제품의 품질관리를 위해 전환원가 완성도 60%시점에서 재작업여부를 검사하며, 불합격된 재공품은 전환원가 완성도 20%시점으로 되돌려 보내져 재작업을 받게 된다. 회사는 재작업검사를 합격한 물량의 4%를 정상재작업으로 간주하고 있다. 재작업된 물량은 추가적인 재작업여부를 검사하지 않는다.

(3) 공손검사는 전환원가 완성도 70%시점에서 실시하고, 정상공손수량은 검사시점을 통과한 합격품의 3%로 설정한다.

(4) 정상재작업원가와 정상공손원가는 해당 검사시점을 통과한 물량단위에 비례하여 안분한다.

(물음 1) 20×1년 5월 정상재작업수량과 비정상재작업수량을 각각 구하시오.

구분	수량
정상재작업	
비정상재작업	

(물음 2) 20×1년 5월 정상공손수량과 비정상공손수량을 각각 구하시오.

구분	수량
정상공손	
비정상공손	

(물음 3) 20×1년 5월말 정상재작업원가를 아래 <작성 예시>와 같이 배부하시오.

<작성 예시>

계정과목	배부전금액	정상재작업원가배부액	배부후금액

(물음 4) 20×1년 5월말 정상공손원가를 아래 <작성 예시>와 같이 배부하시오.

<작성 예시>

계정과목	배부전금액	정상공손원가배부액	배부후금액

(물음 5) 20×1년 5월말 재공품계정에서 제품계정으로 대체하는 분개를 하시오.

[흐름도]

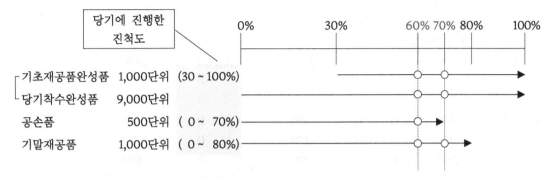

∴ 당기재작업검사합격수량 : 10,000단위 + 500단위 + 1,000단위 = 11,500단위
　당기합격품수량 : 10,000단위 + 1,000단위 = 11,000단위

(물음 1) 정상재작업수량과 비정상재작업수량

구분	수량
정상재작업	11,500단위 × 4% = **460단위**
비정상재작업	500단위 − 460단위 = **40단위**

(물음 2) 정상공손수량과 비정상공손수량

구분	수량
정상공손	11,000단위 × 3% = **330단위**
비정상공손	500단위 − 330단위 = **170단위**

(물음 3) 정상재작업원가배부

평균법

	[1] 물량흐름		[2] 총완성품환산량		
			재료원가A(0%)	재료원가B(100%)	전환원가
기초재공품	1,000				
당기착수	10,500				
	11,500단위				
완성품	10,000		10,000	10,000	10,000
정상재작업	460*	(20 ~ 60%)	0	0	184
비정상재작업	40*	(20 ~ 60%)	0	0	16
정상공손	330	(0 ~ 70%)	330	0	231
비정상공손	170	(0 ~ 70%)	170	0	119
기말재공품	1,000	(0 ~ 80%)	1,000	0	800
	11,500단위*		11,500단위	10,000단위	11,350단위

[3] 배분할 원가					합계
기초재공품		₩8,000	₩4,000	₩6,000	₩18,000
당기투입		107,000	66,000	50,750	223,750
		₩115,000	₩70,000	₩56,750	₩241,750
[4] 환산량 단위당 원가		÷ 11,500단위	÷ 10,000단위	÷ 11,350단위	
		@10	@7	@5	

[5] 원가배분

				합계
완성품		10,000단위 × (10 + 7 + 5)	=	₩220,000
정상재작업			184단위 × 5 =	920
비정상재작업			16단위 × 5 =	80
정상공손	330단위 × 10	+	231단위 × 5 =	4,455
비정상공손	170단위 × 10	+	119단위 × 5 =	2,295
기말재공품	1,000단위 × 10	+	800단위 × 5 =	14,000
				₩241,750

* 재작업의 전환원가 완성품환산량을 계산하기 위하여 표시하였으나 재작업은 산출량이 아니므로 합계에서는 포함하지 않음

계정과목	배부전금액	정상재작업원가배부액*	배부후금액
완성품	₩220,000	₩800	₩220,800
정상재작업	920	(920)	0
비정상재작업	80		80
정상공손	4,455	26.4	4,481.4
비정상공손	2,295	13.6	2,308.6
기말재공품	14,000	80	14,080
합계	₩241,750	₩0	₩241,750

* 완성품 : 정상공손 : 비정상공손 : 기말재공품 = 10,000 : 330 : 170 : 1,000 (총정상재작업원가를 총재작업검사합격수량 기준으로 배분)

(물음 4) 정상공손원가배부

계정과목	배부전금액	정상공손원가배부액*	배부후금액
완성품	₩220,800	₩4,074	₩224,874
비정상재작업	80		80
정상공손	4,481.4	(4,481.4)	0
비정상공손	2,308.6		2,308.6
기말재공품	14,080	407.4	14,487.4
합계	₩241,750	₩0	₩241,750

* 완성품 : 기말재공품 = 10,000 : 1,000 (총정상공손원가를 총합격품수량 기준으로 배분)

(물음 5) 재공품계정에서 제품계정으로 대체하는 분개

(차) 제품	₩224,874	(대) 재공품	₩227,262.6
비정상재작업손실	80		
비정상공손손실	2,308.6		

재작업을 동일 공정에서 수행하고, 재작업검사와 품질검사를 별도로 실시하는 경우임

(물음 1), (물음 2)
재작업은 산출량이 아니라 **산출량이 다시 작업되는 것일 뿐임**

(물음 3)
1. 재작업물량은 전환원가 완성도 20% ~ 60% 구간을 한 번 더 작업하는 것임
2. 직접재료A는 공정 시작시점에, 직접재료B는 공정 종료시점에 전량 투입되므로 재작업원가에는 전환원가만 포함됨
3. 평균법이므로 총정상재작업원가를 당기말까지의 총재작업검사합격수량 기준으로 배분함 → 기초재공품이 당기에 재작업검사를 합격한 경우이므로 전기정상재작업원가와 전기재작업검사합격수량이 없기 때문에 결과적으로 선입선출법과 동일하게 당기정상재작업원가를 당기재작업검사합격수량 기준으로 배분하면 됨
4. 정상재작업원가는 공손에도 배분됨

(물음 4)
1. 정상공손원가에는 정상재작업원가배분액이 포함되어 있음
2. 평균법이므로 총정상공손원가를 당기말까지의 총합격품수량 기준으로 배분함 → 기초재공품이 당기에 품질검사를 합격한 경우이므로 전기정상공손원가와 전기합격수량이 없기 때문에 결과적으로 선입선출법과 동일하게 당기정상공손원가를 당기합격수량 기준으로 배분하면 됨

(물음 5)
재공품계정에서 제품계정으로 대체하는 분개에 비정상재작업손실과 비정상공손손실로 대체하는 사항도 표시하도록 함

㈜한국의 갑 사업부에서는 단일공정에서 단일제품을 생산하고 있다. 공정의 특성상 공손은 발생하지 않으나 감손이 공정 전반에 걸쳐서 균등하게 발생한다. 갑 사업부의 원가계산부서에서는 공정의 최종시점까지 원재료투입량(단위 : ℓ)의 20%가 정상적으로 증발하는 것으로 보고 있다. 원재료투입량 1ℓ로부터 10개의 제품이 생산되며, 재료원가는 공정 최초에 모두 투입되고, 전환원가는 공정 전반에 걸쳐서 균등하게 발생한다. 다음은 20×1년도 물량 및 원가자료이다.

① 물량자료

구분	물량(투입량 또는 산출량)
기초재공품	1,320ℓ (전환원가완성도 : ?)
당기착수량	4,500ℓ
당기완성량	50,000개
기말재공품	840ℓ (전환원가완성도 : 80%)

② 원가자료

구분	금액
기초재공품원가	₩85,000
당기총제조원가	
재료원가	₩90,000
가공원가	₩245,000

갑 사업부는 선입선출법을 적용하여 제품원가계산을 하고 있다.

(물음 1) 기초재공품의 전환원가완성도를 구하시오.

(물음 2) 전환원가의 완성품환산량을 계산할 때 비분리계산법을 사용하여 완성품원가와 기말재공품원가를 구하시오.

(물음 3) 전환원가의 완성품환산량을 계산할 때 분리계산법을 사용하여 완성품원가와 기말재공품원가를 구하시오. (단, 전환원가 완성품환산량 단위당 원가는 소수점 이하에서 반올림하시오.)

(물음 1) 기초재공품의 전환원가완성도

재공품(투입량)

④ 기초재공품수량 : $\dfrac{1,320\ell}{1 - 0.2 \times 0.6} = 1,500\ell^{*2}$	② 완성품수량 : $50,000개 \times 0.1\ell^{*1}$ $= 5,000\ell$
① 당기착수량 : 4,500ℓ	③ 기말재공품수량 : $\dfrac{840\ell}{1 - 0.2 \times 0.8} = 1,000\ell$
6,000ℓ	6,000ℓ

^{*1} 1ℓ ÷ 10개 = 0.1ℓ/개 $\qquad$ ^{*2} 역산(6,000ℓ − 4,500ℓ = 1,500ℓ)

기초재공품의 전환원가완성도 : **60%**

별해 **그림으로 투입량 구하기**

(1) 기말재공품

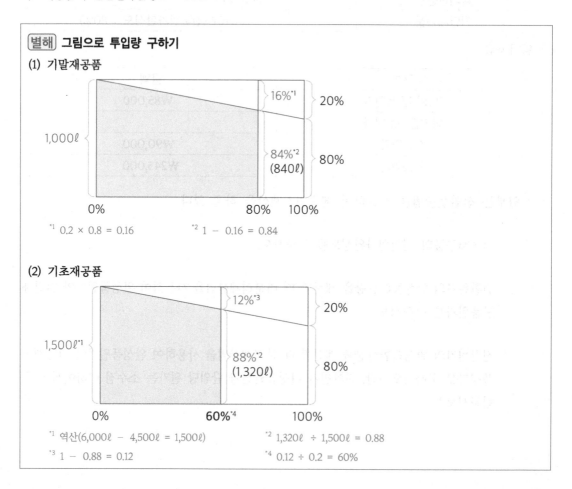

^{*1} 0.2 × 0.8 = 0.16 $\qquad$ ^{*2} 1 − 0.16 = 0.84

(2) 기초재공품

^{*1} 역산(6,000ℓ − 4,500ℓ = 1,500ℓ) $\qquad$ ^{*2} 1,320ℓ ÷ 1,500ℓ = 0.88

^{*3} 1 − 0.88 = 0.12 $\qquad$ ^{*4} 0.12 ÷ 0.2 = 60%

(물음 2) 비분리계산법

<u>선입선출법</u>

	[1] 물량흐름	[2] 당기완성품환산량 재료원가(0%)	전환원가
기초재공품	1,500		
당기착수	4,500		
	6,000ℓ		
완성품			
┌ 기초재공품	1,500 (60 ~ 100%)	0	600
└ 당기착수	3,500	3,500	3,500
기말재공품	1,000 (0 ~ 80%)	1,000	800
	6,000ℓ	4,500ℓ	4,900ℓ

[3] 배분할 원가			합계
기초재공품			₩85,000
당기투입	₩90,000	₩245,000	335,000
			₩420,000
[4] 환산량 단위당 원가	÷ 4,500ℓ	÷ 4,900ℓ	
	@20	@50	

[5] 원가배분

완성품   85,000 + 3,500ℓ × 20 + 4,100ℓ × 50 = **₩360,000**

기말재공품   1,000ℓ × 20 + 800ℓ × 50 = **60,000**

₩420,000

(물음 3) 분리계산법

<u>선입선출법</u>

	[1] 물량흐름	[2] 당기완성품환산량	
		재료원가(0%)	전환원가[*1]
기초재공품	1,500		
당기착수	4,500		
	6,000ℓ		
완성품			
┌ 기초재공품	1,500 (60~100%)	0	504
└ 당기착수	3,500	3,500	3,150
기말재공품	1,000 (0~ 80%)	1,000	736
	6,000ℓ	4,500ℓ	4,390ℓ

[3] 배분할 원가			합계
기초재공품			₩85,000
당기투입	₩90,000	₩245,000	335,000
			₩420,000
[4] 환산량 단위당 원가	÷4,500ℓ	÷4,390ℓ	
	@20	@56	

[5] 원가배분

완성품   85,000 + 3,500ℓ × 20 + 3,654ℓ × 56 = **₩359,624**

기말재공품   1,000ℓ × 20 + 736ℓ × 56 = **61,216**

  ₩420,840[*2]

[*1] 전환원가 당기완성품환산량

<기초재공품완성품>

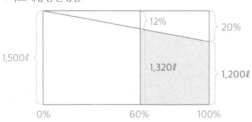

$$\frac{1,320ℓ + 1,200ℓ}{2} \times 40\% = 504ℓ$$

<당기착수완성품>

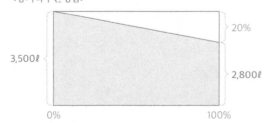

$$\frac{3,500ℓ + 2,800ℓ}{2} \times 100\% = 3,150ℓ$$

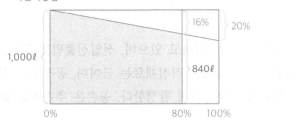

<기말재공품>

$$\frac{1,000\ell + 840\ell}{2} \times 80\% = 736\ell$$

[2] 완성품환산량 단위당 원가 반올림으로 인하여 배분할 원가와 차이가 남

POINT

(물음 1)
1. 원재료투입량 1ℓ로부터 10개의 제품이 생산 → 완성품 1개당 원재료투입량이 0.1ℓ라는 의미 → 완성품 50,000개에 대한 원재료투입량은 50,000개 × 0.1ℓ = 5,000ℓ임
2. 번호 순으로 투입량을 구하도록 함

(물음 2) 비분리계산법
가공원가의 완성품환산량을 계산할 때 감손량이 포함된 투입량을 기준으로 계산하는 방법(일반적인 방법으로서 감손량에도 가공원가가 투입된다고 가정한 것)

(물음 3) 분리계산법
1. 가공원가의 완성품환산량을 계산할 때 감손량을 제외하고 산출량(실제가공량)을 기준으로 계산하는 방법(감손량에는 가공원가가 투입되지 않는다고 가정한 것)
2. 분리계산법은 상대적으로 중요성이 떨어지는 방법임

반지제조기업인 ㈜한국쥬얼리는 종합원가계산제도를 채택하고 있으며, 선입선출법(FIFO)을 이용하여 제조원가를 계산한다. 반지를 생산할 때 투입되는 직접재료는 금이며, 공정초에 전량투입된다. 가공원가(전환원가)는 공정전반에 걸쳐 균등하게 발생한다. 공손은 추가비용 없이 전량 원재료(금)로 재사용된다.

㈜한국쥬얼리는 품질검사를 완성도 60%시점에서 실시하며, 검사를 통과한 합격품의 10%를 정상공손으로 설정한다. 공손에 대한 회계처리는 공손인식법으로 한다. 다음은 20×1년 1월 ㈜한국쥬얼리의 생산에 관한 자료이다(괄호 안은 전환원가 완성도를 의미함).

구분	물량 (완성도)
기초재공품	200개 (80%)
당기투입량	380개
기말재공품	80개 (30%)

구분	원가
기초재공품 직접재료원가	₩15,200,000
기초재공품 가공원가	32,490,000
당기투입 직접재료원가	25,194,000
당기투입 가공원가	87,000,000

(물음 1) 당기에 투입한 가공원가의 완성품환산량이 당기에 투입한 직접재료원가의 완성품환산량(공손에 대한 직접재료원가의 완성품환산량은 0)보다 8개 더 많다. 당기에 착수하여 완성한 제품의 수량과 공손의 수량을 구하시오.

<답안작성양식>

구분	수량
당기착수 완성품	
공손	

(물음 2) 당기완성품원가와 기말재공품원가를 구하시오.

<답안작성양식>

구분	원가
완성품원가	
기말재공품원가	

(물음 3) ㈜한국쥬얼리에서 정상공손은 검사를 통과한 합격품의 5%로 설정하고, 다른 상황은 모두 동일하다고 가정한다. 이때 1월말 작업 종료와 관련된 분개를 실시하시오.

해답

(물음 1) 당기착수완성품수량 및 공손수량 추정

선입선출법

	[1단계] 물량흐름	[2단계] 당기완성품환산량	
		재료원가(0%)	가공원가
기초재공품	200		
당기착수	380		
	580개		
완성품			
┌기초재공품	200 (80~100%)	0	40
└당기착수	x	x	x
공손	y (0~ 60%)	0	$0.6y$
기말재공품	80 (0~ 30%)	80	24
	580개	$x + 80$	$x + 0.6y + 64$

$x + 80 + 8 = x + 0.6y + 64 \rightarrow 0.6y = 24$ $\therefore y = \textbf{40개}$

$200 + x + 40 + 80 = 580$ $\therefore x = \textbf{260개}$

구분	수량
당기착수 완성품	260개
공손	40개

(물음 2) 당기완성품원가와 기말재공품원가

① 정상공손수량과 비정상공손수량

┌ 정상공손수량 : 260개 × 10% = 26개
└ 비정상공손수량 : 40개 − 26개 = 14개

② 당기완성품원가와 기말재공품원가

선입선출법

	[1단계] 물량흐름		[2단계] 당기완성품환산량	
			재료원가(0%)	가공원가
완성품				
┌ 기초재공품	200	(80 ~ 100%)	0	40
└ 당기착수	260		260	260
정상공손	26	(0 ~ 60%)	0	15.6
비정상공손	14	(0 ~ 60%)	0	8.4
기말재공품	80	(0 ~ 30%)	80	24
	580개		340개	348개

[3단계] 배분할 원가			합계
기초재공품			₩47,690,000*
당기투입	₩25,194,000	₩87,000,000	112,194,000
			₩158,884,000

[4단계] 환산량 단위당 원가	÷ 340개	÷ 348개
	@74,100	@250,000

[5단계] 원가배분

완성품	47,690,000 + 260개 × 74,100 + 300개 × 250,000 =	**₩141,956,000**
정상공손	15.6개 × 250,000 =	**3,900,000**
비정상공손	8.4개 × 250,000 =	2,100,000
기말재공품	80개 × 74,100 + 24개 × 250,000 =	**11,928,000**
		₩158,884,000

* 15,200,000 + 32,490,000 = ₩47,690,000

구분	원가
완성품원가	141,956,000 + 3,900,000* = **₩145,856,000**
기말재공품원가	**₩11,928,000**

* 기말재공품이 검사를 통과하지 않았으므로 정상공손원가를 완성품에만 배분함

(물음 3) 당기제품제조원가 계상 분개

① 정상공손수량과 비정상공손수량

┌ 정상공손수량 : 260개 × 5% = 13개
└ 비정상공손수량 : 40개 − 13개 = 27개

② 분개

(차) 제품	143,906,000[*1]	(대) 재공품	147,956,000
비정상공손손실	4,050,000[*2]		

[*1] 완성품원가 : 141,956,000 + 13개 × 0.6 × 250,000(정상공손원가) = ₩143,906,000

[*2] 비정상공손원가 : 27개 × 0.6 × 250,000 = ₩4,050,000

POINT

(물음 1), (물음 2)

1. 당기에 원재료로 재사용되는 공손의 원재료(금)에 대한 처리 : 공손의 재료원가를 당기총제조원가에 포함시키지 않음(공손의 재료원가 당기완성품환산량이 0개이고, 공손의 재료원가가 ₩0임)

2. 공손의 원재료(금)가 언제 재사용되는지 특별한 언급이 없으나 (물음 1)에서 '공손에 대한 직접재료원가의 완성품환산량은 0'이라고 하였으므로 당기에 재사용되는 경우로 봄

혼합원가계산 - 작업공정별원가계산

1. 의의

① 공통적인 특성과 개별적인 특성을 함께 가진 유사제품들을 주로 묶음(batch)별로 생산하는 형태에 적용되는 원가계산제도(예를 들어 가구 제조업, 의류 제조업, 자동차 제조업 등)

② 직접재료원가는 제품별로 직접 추적하여 집계하고(개별원가계산방식), 가공원가는 작업공정별로 집계[1]하여 그 작업공정을 통과한 물량을 기준으로 각 제품에 배부하는(종합원가계산방식) 원가계산제도

③ 각 작업공정에서는 제품의 종류에 관계없이 모든 제품이 동일한 양의 자원을 소비하면서 동일한 가공과정을 거친다고 가정함

2. 작업공정별 원가계산의 절차

(1) 개별원가계산 방식으로 풀이

① 작업공정별 단위당 가공원가 계산

$$작업공정별\ 단위당\ 가공원가 = \frac{작업공정별\ 가공원가}{작업공정별\ 산출량}$$

산출량 → (재공품이 없는 경우 : 생산량, 재공품이 있는 경우 : 가공원가 완성품환산량)

② 제품별 제조원가 계산

직접재료원가 : 원가추적

가공원가 : 작업공정으로부터 원가배부

(2) 종합원가계산 방식(5단계)으로 풀이

작업공정에 재공품뿐만 아니라 공손이 있는 복잡한 경우에 사용함

[방법 1] 직접재료원가와 가공원가를 전부 포함하여 5단계 적용

[방법 2] 가공원가만 포함하여 5단계 적용(직접재료원가는 완성품과 기말재공품에 직접 추적)

---

1) 제조원가를 작업공정별로 집계하는 경우도 있음

㈜한라는 트래킹용, 산악용, 선수용 세 가지 종류의 운동복을 생산·판매하고 있다. 트래킹용 운동복은 제1공정에서 완성되며, 산악용 운동복은 제1공정을 거친 후 제2공정에서 완성된다. 선수용 운동복은 제1공정 및 제2공정을 거친 후 제3공정에서 완성된다. 각 제품의 생산을 위해 제1공정 시작시점에 제품별로 상이한 직접재료 A1, A2, A3가 전량 투입되며, 각 공정별 가공작업은 제품별로 차이가 없다. 선수용 운동복의 경우 제3공정 종료시점에 직접재료B가 전량 투입된다.

(1) 20×1년 5월 제품별 생산량과 직접재료원가는 다음과 같다. 월초 및 월말재고는 없으며 공손 및 감손은 발생하지 않는다.

구분	트래킹용	산악용	선수용
생산량(단위)	400	200	100
직접재료A1	₩100,000	-	-
직접재료A2	-	₩64,000	-
직접재료A3	-	-	₩60,000
직접재료B	-	-	₩10,000

(2) 20×1년 5월 공정별 전환원가(conversion costs : 가공원가) 자료는 다음과 같다.

구분	제1공정	제2공정	제3공정
전환원가	₩140,000	₩45,000	₩14,400

(물음 1) 공정별 완성품 단위당 전환원가를 각각 계산하시오.

(물음 2) 제품별 완성품원가와 완성품 단위당 원가를 각각 계산하시오.

(물음 3) 위에 주어진 자료와 별도로, 제3공정에 월말재고가 존재한다고 가정하고 다음 물음에 답하시오. 20×1년 5월 중 제3공정에서 착수된 선수용 운동복 100단위 중 20단위(전환원가 완성도 : 80%)가 월말재공품으로 남아 있다. 이 경우 월말재공품 재고액을 계산하시오.

(물음 4) 어떠한 제조환경에서 혼합원가계산(hybrid costing)을 적용할 수 있는지 설명하시오. (3줄 이내로 답하시오)

[흐름도]

	1공정	2공정	3공정	생산량
트래킹용	→			400단위
산악용	────→			200
선수용	──────────→			100
공정별 생산량	700단위	300단위	100단위	

(물음 1) 공정별 단위당 전환원가

	1공정	2공정	3공정
전환원가	₩140,000	₩45,000	₩14,400
생산량	÷700단위	÷300단위	÷100단위
단위당 전환원가	**@200**	**@150**	**@144**

(물음 2) 제품별 완성품원가와 완성품 단위당 원가

① 완성품 단위당 원가

	단위당 직접재료원가	단위당 전환원가	단위당 원가
트래킹용 :	$\frac{100,000}{400단위}$	+ 200	= **@450**
산 악 용 :	$\frac{64,000}{200단위}$	+ 200 + 150	= **@670**
선 수 용 :	$\frac{60,000 + 10,000}{100단위}$	+ 200 + 150 + 144	= **@1,194**

② 완성품원가

- 트래킹용 : 400단위 × 450 = **₩180,000**
- 산 악 용 : 200단위 × 670 = **₩134,000**
- 선 수 용 : 100단위 × 1,194 = **₩119,400**

(물음 3) 월말재공품재고액

① 공정별 단위당 전환원가

	1공정	2공정	3공정
전환원가	₩140,000	₩45,000	₩14,400
전환원가 완성품환산량	÷700단위	÷300단위	÷96단위*
단위당 전환원가	@200	@150	@150

 * 80단위 + 20단위 × 80% = 96단위

② 월말재공품재고액 : $20단위 \times (\dfrac{60,000}{100단위} + 200 + 150) + 20단위 \times 80\% \times 150 = ₩21,400$

  A3 (60,000/100단위) 1공정(200) 2공정(150) 3공정(20단위 × 80% × 150)

(물음 4) 혼합원가계산을 적용할 수 있는 제조환경

공통적인 특성과 개별적인 특성을 함께 가진 유사제품들을 주로 묶음(batch)별로 생산하는 형태에 적용할 수 있다.

별해

(물음 2) 제품별 완성품원가와 완성품 단위당 원가

	트래킹용	산악용	선수용
직접재료원가	₩100,000	₩64,000	₩70,000*
전환원가			
1공정(@200)	80,000	40,000	20,000
2공정(@150)	—	30,000	15,000
3공정(@144)	—	—	14,400
완성품원가	₩180,000	₩134,000	₩119,400
생산량	÷400단위	÷200단위	÷100단위
단위당 원가	@450	@670	@1,194

 * 60,000(직접재료A3) + 10,000(직접재료B) = ₩70,000

(물음 3) 월말재공품재고액

[방법 1] 직접재료원가와 가공원가를 전부 포함하여 5단계 적용

	[1] 물량흐름	[2] 완성품환산량		
		전공정원가(0%)	재료원가(100%)	전환원가
기초재공품	0			
당기착수	100			
	100단위			
완성품	80	80	80	80
기말재공품	20 (0 ~ 80%)	20	0	16
	100단위	100단위	80단위	96단위

[3] 배분할 원가					합계
기초재공품		₩0	₩0	₩0	₩0
당기투입		95,000*	10,000	14,400	119,400
		₩95,000	₩10,000	₩14,400	₩119,400
[4] 환산량 단위당 원가		÷100단위	÷80단위	÷96단위	
		@950	@125	@150	

[5] 원가배분

완성품	80단위 × (950 + 125 + 150)	=	₩98,000
기말재공품	20단위 × 950 + 16단위 × 150	=	21,400
			₩119,400

* 60,000(직접재료A3) + 100단위 × 200(1공정 전환원가) + 100단위 × 150(2공정 전환원가) = ₩95,000

[방법 2] 가공원가만 포함하여 5단계 적용(직접재료원가는 직접 추적)

① 가공원가 공정별원가계산

	[1] 물량흐름	[2] 완성품환산량	
		전공정원가(0%)	전환원가
기초재공품	0		
당기착수	100		
	100단위		
완성품	80	80	80
기말재공품	20 (0 ~ 80%)	20	16
	100단위	100단위	96단위

[3] 배분할 원가

			합계
기초재공품	₩0	₩0	₩0
당기투입	35,000*	14,400	49,400
	₩35,000	₩14,400	₩49,400

[4] 환산량 단위당 원가

÷100단위	÷96단위
@350	@150

[5] 원가배분

완성품	80단위 × (350 + 150)	=	₩40,000
기말재공품	20단위 × 350 + 16단위 × 150	=	9,400
			₩49,400

* 100단위 × 200(1공정 전환원가) + 100단위 × 150(2공정 전환원가) = ₩35,000

② 월말재공품재고액 : 20단위 × $\dfrac{60,000}{100단위}$ + 9,400 = **₩21,400**

　　　　　　　　　　　　　　 직접재료원가 　　전환원가

POINT

(물음 2)

선수용의 직접재료원가는 직접재료A3와 B 두 가지임

(물음 3)

1. 3공정의 전공정원가는 직접재료A3, 1공정 전환원가, 2공정 전환원가의 합계임

2. 3공정의 재료원가는 직접재료B로서 3공정 종료시점에서 전량 투입됨

3. 재공품이 있는 경우에 이 문제처럼 간단하다면 해답처럼 풀이하고, 복잡한 경우에는 별해 종합원가계산 5단계를 적용하여 풀이함

4. 종합원가계산 5단계를 적용하여 풀이 시 다음의 두 가지 방법이 있음

　[방법 1] 직접재료원가와 가공원가를 전부 포함하여 5단계 적용

　[방법 2] 가공원가만 포함하여 5단계 적용(직접재료원가는 직접 추적)

1 연산품과 부산물의 의의

1. 용어정의

구분	내용
결합제품	동일한 원재료를 투입하여 동일공정에서 생산되는 서로 다른 종류의 제품(연산품)
주산물	상대적으로 높은 판매가치를 가지는 결합제품(주산품)
부산물	상대적으로 낮은 판매가치(간혹 부(-)의 판매가치)를 가지는 결합제품(부산품)
작업폐물	결합제품과 같이 산출되는 판매가치가 없거나 폐기비용이 발생하는 찌꺼기나 조각(폐품)
분리점	결합제품을 개별제품으로 식별할 수 있는 제조과정의 일정시점
결합원가	분리점까지 발생한 모든 제조원가
개별원가 (추가가공원가)	분리점 이후에 각각의 개별제품을 추가가공하는 과정에서 발생한 모든 제조원가

2. 결합제품의 특징

① **결합제품은** 제품구성(product mix) 및 생산량을 인위적으로 정하기가 어려움(즉, 생산량배합이 일정함)

② **결합원가의 발생과 결합제품** 간의 인과관계 파악이 곤란함

2 결합원가의 배분방법

1. 배분방법

방법	내용
물량기준법	• 분리점에서의 물량을 기준으로 결합원가를 배분하는 방법
분리점에서의 판매가치법	• 분리점에서의 상대적 판매가치(= 분리점에서의 생산량 × 분리점에서의 단위당 판매가격)를 기준으로 결합원가를 배분하는 방법
순실현가치법	• 분리점에서의 순실현가치(NRV)를 기준으로 결합원가를 배분하는 방법 • 분리점에서의 NRV = 최종판매가치 − 추가가공원가[1] − 판매비 • 부(−)의 NRV를 갖는 결합제품은 그 NRV를 ₩0으로 보고 결합원가를 배분하지 않음 • 결합원가만이 이익을 창출하고 개별원가는 이익을 창출하지 못한다고 봄
균등매출총이익률법	• 최종적으로 판매되는 개별제품의 매출총이익률이 모두 동일하도록 결합원가를 배분하는 방법 • 부(−)의 결합원가가 배분되는 경우가 발생할 수 있음

결합원가는 결합공정의 생산량으로 인하여 발생하는 원가이므로 분리점에서의 생산량을 기준으로 배분기준을 계산함

2. 균등매출총이익률법의 배분 절차

[1단계] 개별제품의 최종판매가치와 최종판매가치합계를 계산

$$\text{최종판매가치} = \text{분리점에서의 생산량} \times \text{단위당 최종판매가격}$$

[2단계] 매출총이익합계를 계산

$$\text{매출총이익합계} = \text{최종판매가치합계} - \text{결합원가합계} - \text{개별원가합계}$$

[3단계] 기업전체의 평균매출총이익률을 계산

$$\text{평균매출총이익률} = \frac{\text{매출총이익합계}}{\text{최종판매가치합계}}$$

[4단계] 개별제품의 매출총이익을 계산

$$\text{개별제품의 매출총이익} = \text{최종판매가치} \times \text{평균매출총이익률}$$

---

1) 추가가공원가라고 함은 개별제품을 추가가공함에 따라 발생하는 재료원가와 가공원가의 합을 말함

[5단계] 개별제품의 결합원가배분액을 계산

결합원가배분액 = 최종판매가치 − 매출총이익 − 개별원가

3 복수의 분리점

[흐름도 예시]

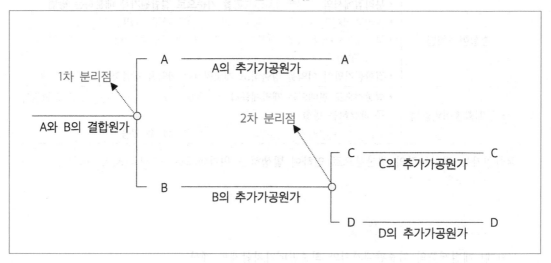

1. 순실현가치법

(1) 분리점에서의 순실현가치 계산

분리점에서의 순실현가치는 역순으로(2차 분리점 → 1차 분리점) 계산함

중간제품 B의 NRV = C와 D의 NRV합계(최종판매가치) − B의 추가가공원가(추가가공원가)

(2) 결합원가의 배분

순차적으로(1차 분리점 → 2차 분리점) 결합원가를 배분함

C와 D에 배분할 결합원가 = B에 배분된 결합원가 + B의 추가가공원가

2. 균등매출총이익률법

복수의 분리점의 경우에도 분리점이 하나인 경우와 결합원가를 배분하는 절차는 동일하나 평균매출총이익률 계산 시 매출총이익합계는 다음과 같이 계산함

> **매출총이익합계 = 최종판매가치합계 − 결합원가합계 − 개별원가합계**

단, • 최종판매가치합계 : A, C, D의 최종판매가치의 합계
    • 결 합 원 가 합 계 : A와 B의 결합원가 + B의 추가가공원가
    • 개 별 원 가 합 계 : A, C, D의 추가가공원가의 합계

---

4 부산물과 작업폐물의 회계처리

1. 부산물의 회계처리방법

방법	내용

생산기준법
(순실현가치법)
	• 부산물의 생산시점에서 부산물의 NRV를 결합원가에서 차감하여 재고자산(부산물계정)으로 인식하는 방법
	• 부산물에 그 NRV만큼 결합원가가 배분됨
	
	       주산물에 배분될 결합원가 = 결합원가 − 부산물의 NRV
	
	• 회계처리(결합원가 ₩1,000, 부산물의 NRV ₩100)
	
	   <생산시점> (차) 제품 900 (대) 재공품 1,000
	                 부산물 100
	   <판매시점> (차) 현금 100 (대) 부산물 100

판매기준법
(잡이익법)
	• 부산물의 생산시점에서는 아무런 회계처리를 하지 않고, 판매시점에서 부산물의 순수익(판매가액에서 판매비를 차감)을 잡이익으로 처리하는 방법
	• 부산물에는 결합원가가 전혀 배분되지 않음
	
	       주산물에 배분될 결합원가 = 결합원가
	
	• 회계처리(결합원가 ₩1,000, 부산물의 순수익 ₩100)
	
	   <생산시점> (차) 제품 1,000 (대) 재공품 1,000
	   <판매시점> (차) 현금 100 (대) 잡이익 100

2. 작업폐물의 회계처리방법

방법	내용
생산기준법	• 작업폐물의 생산시점에서 작업폐물의 폐기비용을 결합원가에 가산하는 방법 주산물에 배분될 결합원가 = 결합원가 + 작업폐물의 폐기비용
판매기준법	• 작업폐물의 생산시점에서는 아무런 회계처리를 하지 않으며, 폐기시점에서 작업폐물의 폐기비용을 잡손실로 처리하는 방법 주산물에 배분될 결합원가 = 결합원가

① 부산물과 작업폐물의 회계처리방법에 따라 주산물에 배분될 결합원가가 달라짐에 주의
② 회계처리방법에 관하여 별도 언급이 없는 경우에는 생산기준법에 따름

5 심화학습(복수의 분리점 + 부산물)

[흐름도 예시]

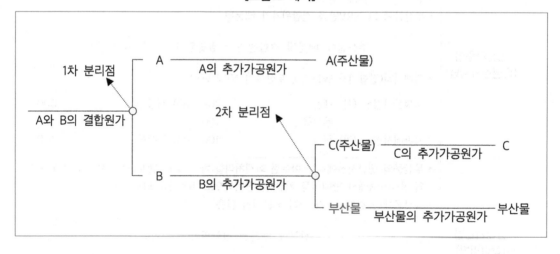

1. 순실현가치법에 의한 결합원가배분

중간제품 B의 NRV = C와 부산물의 NRV합계(최종판매가치) − B의 추가가공원가(추가가공원가)

(NRV는 부산물도 포함하여 계산하고, 부산물의 회계처리방법과 관계없이 동일하게 계산됨)

(1) 생산기준법

C에 배분할 결합원가 = (B에 배분된 결합원가 + B의 추가가공원가) − 부산물의 NRV

(2) 판매기준법

C에 배분할 결합원가 = B에 배분된 결합원가 + B의 추가가공원가

2. 균등매출총이익률법에 의한 결합원가배분

(1) 생산기준법

매출총이익합계 = 최종판매가치합계 − 주산물에 배분될 결합원가[*] − 개별원가합계

[*] 결합원가합계 − 부산물의 NRV

(2) 판매기준법

매출총이익합계 = 최종판매가치합계 − 주산물에 배분될 결합원가[*] − 개별원가합계

[*] 결합원가합계

단, • 최종판매가치합계 : A, C의 최종판매가치의 합계
   • 결 합 원 가 합 계 : A와 B의 결합원가 + B의 추가가공원가
   • 개 별 원 가 합 계 : A, C의 추가가공원가의 합계

20×1년 초에 설립된 ㈜한국은 주산품 A, C와 부산품 D를 생산하고 있다. 다음은 ㈜한국의 20×1년 생산 및 판매자료이다.

(1) ㈜한국은 20×1년 중 직접재료 X 1,000kg을 제1공정에 투입하여 주산품 A 250단위와 중간제품 B 1,750단위를 생산하였고, 중간제품 B 1,750단위를 제3공정에 모두 투입하여 주산품 C 750단위와 부산품 D 1,000단위를 생산하였다. 또한 주산품 A 250단위를 제2공정에서, 주산품 C 750단위를 제4공정에서 추가가공하여 최종 완성하였다.

(2) 제1공정에서 20×1년 중 발생한 제조원가는 다음과 같다.

직접재료원가	₩400,000
가공원가	₩350,000

(3) 제2공정에서 20×1년 중 발생한 제조원가 및 판매가치 관련 자료는 다음과 같다.

가공원가	₩500,000
주산품 A 1단위당 판매가치	₩4,000

(4) 제3공정에서 20×1년 중 발생한 제조원가 및 판매가치 관련 자료는 다음과 같다(부산품 D는 제3공정과 관련하여 발생한 것으로 본다).

가공원가	₩400,000
주산품 C 1단위당 판매가치	₩0
부산품 D 1단위당 판매가치	₩100

(5) 제4공정에서 20×1년 중 발생한 제조원가 및 판매가치 관련 자료는 다음과 같다.

가공원가	₩200,000
주산품 C 1단위당 판매가치	₩2,000

(6) 각 물음에서 별도의 가정이 없는 한 모든 생산공정에서 기말재공품은 없고, 공손품은 발생하지 않으며, 모든 제품에 대해 생산하는 만큼 판매할 수 있다고 가정한다.

※ 다음 물음은 서로 독립적이다.

(물음 1) 결합원가는 순실현가치법을 사용하여 배분하고, 부산품은 생산기준법을 사용하여 회계처리할 경우 주산품 A, C의 총제조원가는 각각 얼마인가?

(물음 2) 결합원가는 순실현가치법을 사용하여 배분하고, 부산품은 판매기준법을 사용하여 회계처리할 경우 주산품 A, C의 총제조원가는 각각 얼마인가?

(물음 3) 결합원가는 균등매출총이익률법을 사용하여 배분하고, 부산품은 생산기준법을 사용하여 회계처리할 경우 주산품 A, C의 총제조원가는 각각 얼마인가?

(물음 4) 결합원가는 균등매출총이익률법을 사용하여 배분하고, 부산품은 판매기준법을 사용하여 회계처리할 경우 주산품 A, C의 총제조원가는 각각 얼마인가?

[흐름도]

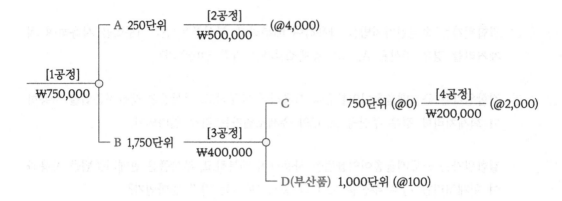

(물음 1) 순실현가치법 + 생산기준법

① 순실현가치

<2차분리점>

C : 750단위 × 2,000 − 200,000 = ₩1,300,000

D : 1,000단위 × 100 = ₩100,000(부산품의 NRV)

<1차분리점>

A : 250단위 × 4,000 − 500,000 = ₩500,000

B : (1,300,000 + 100,000)(최종판매가치) − 400,000(추가가공원가) = ₩1,000,000

② 총제조원가

	NRV	배분비율	결합원가배분액	개별원가	총제조원가
<2차분리점>					
C	₩1,300,000	1	₩800,000	₩200,000	**₩1,000,000**
D(부산품)			100,000		100,000
			₩900,000*		
<1차분리점>					
A	₩500,000	1/3	₩250,000	500,000	**750,000**
B	1,000,000	2/3	500,000		
	₩1,500,000	1	₩750,000	₩700,000	₩1,850,000

* C와 D에 배분할 결합원가 : 500,000(B에 배분된 결합원가) + 400,000(B의 추가가공원가)

(물음 2) 순실현가치법 + 판매기준법

	NRV	배분비율	결합원가배분액	개별원가	총제조원가
<2차분리점>					
C	₩1,300,000	1	₩900,000	₩200,000	**₩1,100,000**
D(부산품)			−		−
			₩900,000*		
<1차분리점>					
A	₩500,000	1/3	₩250,000	500,000	**750,000**
B	1,000,000	2/3	500,000		
	₩1,500,000	1	₩750,000	₩700,000	₩1,850,000

* C와 D에 배분할 결합원가 : 500,000(B에 배분된 결합원가) + 400,000(B의 추가가공원가)

(물음 3) 균등매출총이익률법 + 생산기준법

	최종판매가치	매출총이익	개별원가	결합원가배분액	총제조원가
A	250단위 × 4,000 = ₩1,000,000	₩300,000	₩500,000	₩200,000	**₩700,000**
C	750단위 × 2,000 = 1,500,000	450,000	200,000	850,000	**1,050,000**
	₩2,500,000	₩750,000*2	700,000	1,050,000	1,750,000
D(부산품)			−	100,000	100,000
			₩700,000	₩1,150,000*1	₩1,850,000

평균매출총이익률 : $\dfrac{750,000}{2,500,000}$ = 30%

*1 결합원가합계 : 750,000(1공정) + 400,000(3공정) = ₩1,150,000

*2 매출총이익합계 : 2,500,000(최종판매가치합계) − {1,150,000(결합원가합계) − 100,000(부산품의 NRV)} − 700,000(주산품의 개별원가합계) = ₩750,000

(물음 4) 균등매출총이익률법 + 판매기준법

	최종판매가치	매출총이익	개별원가	결합원가배분액	총제조원가
A	250단위 × 4,000 = ₩1,000,000	₩260,000	₩500,000	₩240,000	**₩740,000**
C	750단위 × 2,000 = 1,500,000	390,000	200,000	910,000	**1,110,000**
	₩2,500,000	₩650,000*2	700,000	1,150,000	1,850,000
D(부산품)			−	−	−
			₩700,000	₩1,150,000*1	₩1,850,000

평균매출총이익률 : $\dfrac{650,000}{2,500,000}$ = 26%

*1 결합원가합계 : 750,000(1공정) + 400,000(3공정) = ₩1,150,000

*2 매출총이익합계 : 2,500,000(최종판매가치합계) − 1,150,000(결합원가합계) − 700,000(주산품의 개별원가합계)
= ₩650,000

별해

(물음 1) 순실현가치법 + 생산기준법

② 총제조원가

	NRV	배분비율	결합원가배분액	개별원가	총제조원가
<2차분리점>					
C	₩1,300,000	1	₩800,000*	₩200,000	**₩1,000,000**
<1차분리점>					
A	₩500,000	1/3	₩250,000	500,000	**750,000**
B	1,000,000	2/3	500,000		
	₩1,500,000	1	₩750,000		

* C에 배분할 결합원가 : 500,000(B에 배분된 결합원가) + 400,000(B의 추가가공원가) − 100,000(부산품의 NRV)

(물음 2) 순실현가치법 + 판매기준법

	NRV	배분비율	결합원가배분액	개별원가	총제조원가
<2차분리점>					
C	₩1,300,000	1	₩900,000*	₩200,000	**₩1,100,000**
<1차분리점>					
A	₩500,000	1/3	₩250,000	500,000	**750,000**
B	1,000,000	2/3	500,000		
	₩1,500,000	1	₩750,000		

* C에 배분할 결합원가 : 500,000(B에 배분된 결합원가) + 400,000(B의 추가가공원가)

(물음 3) 균등매출총이익률법 + 생산기준법

	최종판매가치		매출총이익	개별원가	결합원가배분액	총제조원가
A 250단위 × 4,000 =	₩1,000,000		₩300,000	₩500,000	₩200,000	**₩700,000**
C 750단위 × 2,000 =	1,500,000		450,000	200,000	850,000	**1,050,000**
	₩2,500,000		₩750,000[*2]	₩700,000	₩1,050,000[*1]	

평균매출총이익률 : $\dfrac{750,000}{2,500,000}$ = 30%

[*1] 주산물에 배분될 결합원가 : {750,000(1공정) + 400,000(3공정)}(결합원가합계) − 100,000(부산품의 NRV)
= ₩1,050,000

[*2] 매출총이익합계 : 2,500,000(최종판매가치합계) − {1,150,000(결합원가합계) − 100,000(부산품의 NRV)}
− 700,000(주산품의 개별원가합계) = ₩750,000

(물음 4) 균등매출총이익률법 + 판매기준법

	최종판매가치		매출총이익	개별원가	결합원가배분액	총제조원가
A	250단위 × 4,000 =	₩1,000,000	₩260,000	₩500,000	₩240,000	**₩740,000**
C	750단위 × 2,000 =	1,500,000	390,000	200,000	910,000	**1,110,000**
		₩2,500,000	₩650,000[*2]	₩700,000	₩1,150,000[*1]	

$$\text{평균매출총이익률}: \frac{650,000}{2,500,000} = 26\%$$

[*1] 주산물에 배분될 결합원가 : 750,000(1공정) + 400,000(3공정) = ₩1,150,000(결합원가합계)

[*2] 매출총이익합계 : 2,500,000(최종판매가치합계) − 1,150,000(결합원가합계) − 700,000(주산품의 개별원가합계)
= ₩650,000

POINT

해답 : 부산품을 포함하여 배분표 작성함

별해 : 부산품을 제외하고 배분표 작성함

(물음 1), (물음 2)

> **중간제품 B의 NRV = C의 NRV + 부산품의 NRV**(최종판매가치) **− B의 추가가공원가**(추가가공원가)

(NRV는 부산품도 포함하여 계산하고, 부산품의 회계처리방법과 관계없이 동일하게 계산됨)

㈜한국도축은 돼지를 여러 부위별(주산품)로 도축한 후, 추가가공을 거쳐 제품을 판매한다. 도축은 제1공정과 제2공정에서 이루어진다. 제1공정에서는 돼지를 다리살부위와 몸통부위로 분해한다. 다리살부위는 분해된 후 추가가공을 거쳐 판매하는데, 제1공정에서 분리된 다리살부위를 판매하기 위해 발생하는 추가가공원가는 ₩18,400,000이다. 몸통부위는 제2공정에서 다시 가공되어 삼겹살부위, 갈비살부위, 껍데기부위로 나눠진다. 제2공정에서 발생하는 가공원가는 ₩18,400,000이다. 삼겹살부위와 갈비살부위는 다시 추가가공을 거쳐 판매되며 각각 추가가공원가가 발생한다. 삼겹살부위를 판매하기 위해 발생하는 추가가공원가는 ₩27,600,000이다. 껍데기부위는 추가가공 없이 판매된다. 다음은 ㈜한국도축의 돼지 한 마리에 대한 원가 및 생산에 관한 자료이다.

구분	원가
마리당 총원가(제1공정발생)	₩200,000
마리당 구입원가	150,000
마리당 가공원가	50,000

구분	생산량
마리당 무게	23kg
마리당 다리살부위	9kg
마리당 삼겹살부위	4kg
마리당 갈비살부위	5kg
마리당 껍데기부위	5kg

20×1년 1월 ㈜한국도축은 230마리의 돼지를 도축하여 판매하였다. ㈜한국도축이 판매할 수 있는 각 부위별 판매가치는 다음과 같다.

구분		kg당 판매가치
다리살부위		₩20,000
몸통 부위	삼겹살부위	80,000
	갈비살부위	90,000
	껍데기부위	10,000

㈜한국도축의 회계담당자가 균등매출액이익률법을 이용하여 각 부위별로 결합원가를 배부한 결과, 껍데기부위에 ₩8,970,000의 원가가 배부되었다.

공손과 감손은 발생하지 않았으며, 재공품과 제품의 기초재고는 없는 것으로 가정한다. 원재료 돼지는 마리기준으로 구입한다. 다음 물음에 답하시오.

(물음 1) 균등매출액이익률법을 이용하여 배부할 때, 각 부위별 추가가공원가와 배부된 결합원가(제1공정과 제2공정 합산)를 구하시오.

<답안작성양식>

구분	추가가공원가	배부된 결합원가
다리살부위	₩18,400,000	
삼겹살부위	27,600,000	
갈비살부위		

(물음 2) ㈜한국도축의 A팀장은 당기 껍데기부위의 매출총이익을 기준으로 성과급을 받는다. ㈜여의도는 A팀장에게 껍데기부위를 구워서 kg당 ₩14,000에 전량 납품해 줄 것을 요청하였다. 껍데기부위를 굽기 위해서는 추가가공원가 ₩5,934,000이 발생한다. 껍데기부위를 구워서 판매할 경우, 결합원가의 배부는 최종판매제품(구운 껍데기부위)에 대해 균등매출액이익률법으로 재계산한다. A팀장이 개인의 이익만을 생각할 경우 ㈜여의도의 요청을 수락할지를 결정하고, 그 근거를 제시하시오.

(물음 3) 20×1년 1월 ㈜한국도축은 균등매출액이익률법 대신 순실현가능액법(NRV)을 이용하여 원가를 배부하기로 하였다. 시장상황이 급변하여 당초 예상과 달리 껍데기부위의 시장가치가 없는 것으로 판명되었다. ㈜한국도축은 껍데기부위를 부산물(혹은 작업폐물)로 분류하고, 생산기준법(원가차감법)을 이용하여 부산물을 회계처리한다. ㈜여의도는 기존의 제안을 철회하고 구운 껍데기부위를 전량 ₩4,734,000에 매입하겠다는 새로운 제안을 하였다. 껍데기부위 추가가공원가는 위 (물음 2)와 동일하게 ₩5,934,000이 발생한다. 만약, 껍데기부위를 추가가공하지 않고 폐기할 경우 처리비용이 kg당 ₩1,200 발생한다. 회사의 최고경영자 입장에서 ㈜여의도의 제안을 받아들일지 말지를 선택하시오. 그리고 순실현가능액법(NRV)을 이용하여 다리살부위, 삼겹살부위, 갈비살부위에 배부될 결합원가를 구하시오. 단, 소수점 아래 셋째 자리에서 반올림하여 둘째 자리까지 표시한다.

<답안작성양식>

구분	제1공정 결합원가 배부액	제2공정 결합원가 배부액
다리살부위		
삼겹살부위		
갈비살부위		

[흐름도]

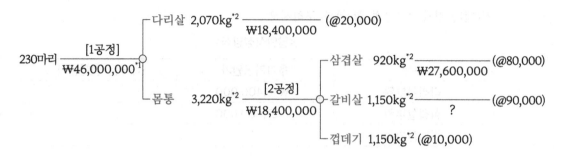

^{*1} 230마리 × 200,000 = ₩46,000,000

^{*2} 다리살 : 230마리 × 9kg = 2,070kg,   몸통 : 230마리 × 14kg = 3,220kg
　　삼겹살 : 230마리 × 4kg = 920kg,   갈비살 & 껍데기 : 230마리 × 5kg = 1,150kg

(물음 1) 결합원가배분 및 추정 – 균등매출총이익률법

	최종판매가치		매출총이익		개별원가		결합원가배분액
다리살	2,070kg × 20,000 =	₩41,400,000	⑦	₩9,108,000	₩18,400,000	⑧	**₩13,892,000**
삼겹살	920kg × 80,000 =	73,600,000	⑦	16,192,000	27,600,000	⑧	**29,808,000**
갈비살	1,150kg × 90,000 =	103,500,000	⑦	22,770,000	⑥ **69,000,000**	⑧	**11,730,000**
껍데기	1,150kg × 10,000 =	11,500,000	②	2,530,000	–		8,970,000
		₩230,000,000	④	₩50,600,000	⑤ ₩115,000,000	①	₩64,400,000

③ 평균매출총이익률 : $\dfrac{2,530,000}{11,500,000}$ = 22%

① 46,000,000[1공정] + 18,400,000[2공정] = ₩64,400,000

② 11,500,000 − 8,970,000 = ₩2,530,000

④ 230,000,000 × 0.22 = ₩50,600,000

⑤ 230,000,000 − 50,600,000 − 64,400,000 = ₩115,000,000

⑥ 115,000,000 − (18,400,000 + 27,600,000) = ₩69,000,000

구분	추가가공원가	배부된 결합원가
다리살부위	₩18,400,000	**₩13,892,000**
삼겹살부위	27,600,000	**29,808,000**
갈비살부위	**69,000,000**	**11,730,000**

(물음 2) A팀장 관점(성과급 극대화)에 의한 추가가공여부

	최종판매가치	매출총이익	개별원가	결합원가배분액
다리살	₩41,400,000		₩18,400,000	
삼겹살	73,600,000		27,600,000	
갈비살	103,500,000		69,000,000	
껍데기 1,150kg × 14,000 =	16,100,000	③ 3,381,000	5,934,000	
	₩234,600,000	① ₩49,266,000	₩120,934,000	₩64,400,000

② 평균매출총이익률 : $\dfrac{49,266,000}{234,600,000}$ = 21%

① 매출총이익합계 : 234,600,000(최종판매가치합계) − 64,400,000(결합원가합계) − 120,934,000
   (개별원가합계) = ₩49,266,000

③ 16,100,000 × 0.21 = ₩3,381,000

∴ 껍데기부위를 구워서 판매할 경우, **매출총이익이 3,381,000 − 2,530,000(물음 1) = ₩851,000만큼
증가하므로 A팀장은 ㈜여의도의 요청을 수락할 것이다.**

(물음 3) 회사전체관점에 의한 추가가공여부, 결합원가배분

① 추가가공여부 − 회사전체관점

[㈜여의도 제안 수락 시 증분이익]

관련항목	금액	계산내역
(+) 부산물 매각	4,734,000	
(−) 추가가공원가 증가	(5,934,000)	
(+) 폐기비용 감소	1,380,000	= 1,150kg × 1,200
	₩180,000	

∴ **최고경영자 입장에서는 ㈜여의도의 제안을 받아들일 것이다.**

② 순실현가치

<2차분리점>

삼겹살 : 920kg × 80,000 − 27,600,000 = ₩46,000,000

갈비살 : 1,150kg × 90,000 − 69,000,000 = ₩34,500,000

부산물 : 4,734,000 − 5,934,000 = ₩(1,200,000) → 부(−)의 NRV

<1차분리점>

다리살 : 2,070kg × 20,000 − 18,400,000 = ₩23,000,000

몸 통 : (46,000,000 + 34,500,000 − 1,200,000)(최종판매가치) − 18,400,000(추가가공원가)
   = ₩60,900,000

③ 결합원가배분

	NRV	배분비율	1공정 결합원가배분액	2공정 결합원가배분액
<2차분리점>				
삼겹살	₩46,000,000	460/805	**₩19,079,856.97**	**₩11,200,000**
갈비살	34,500,000	345/805	14,309,892.73	8,400,000
	₩80,500,000	1	₩33,389,749.70	₩19,600,000[*]
<1차분리점>				
다리살	₩23,000,000	230/839	**₩12,610,250.30**	—
몸통	60,900,000	609/839	33,389,749.70	—
	₩83,900,000	1	₩46,000,000	—

[*] 18,400,000(2공정의 가공원가) + 1,200,000(부산물의 부(−)의 NRV) = ₩19,600,000

구분	제1공정 결합원가 배부액	제2공정 결합원가 배부액
다리살부위	**₩12,610,250.30**	—
삼겹살부위	19,079,856.97	**₩11,200,000**
갈비살부위	14,309,892.73	8,400,000

참고 **(물음 3) 결합원가배분**

③ 결합원가배분

	NRV	배분비율	결합원가배분액
<2차분리점>			
삼겹살	₩46,000,000	460/805	**₩30,279,857**
갈비살	34,500,000	345/805	22,709,893
	₩80,500,000	1	₩52,989,750[*]
<1차분리점>			
다리살	₩23,000,000	230/839	**₩12,610,250**
몸통	60,900,000	609/839	33,389,750
	₩83,900,000	1	₩46,000,000

[*] 33,389,750(몸통에 배분된 결합원가) + 18,400,000(2공정의 가공원가) + 1,200,000(부산물의 부(−)의 NRV)
= ₩52,989,750

(물음 1)

껍데기를 이용하여 평균매출총이익률을 구하는 것이 핵심임

(물음 3)

1. 중간제품(몸통)의 NRV

   = (삼겹살의 NRV + 갈비살의 NRV + 부산물의 NRV)(최종판매가치) − 2공정의 가공원가(추가가공원가)

2. 위 1에서 부산물의 NRV가 부(−)인 경우에는 부(−) 그대로 대입하여 계산함

3. 생산기준법은 부산물의 부(−)의 NRV를 결합원가에 가산한 금액을 주산물에 배분함(작업폐물의 폐기 비용과 동일한 처리)

   > 주산물에 배분될 결합원가 = 결합원가 + 부산물의 부(−)의 NRV

4. 참고로 2차 분리점에서 결합원가배분 시 1공정 결합원가배분액과 2공정 결합원가배분액을 구분하여 계산하지 않고 보통은 합하여 계산함

[흐름도 예시]

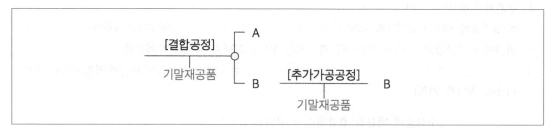

1. 결합공정에 재공품이 존재하는 경우

결합제품은 결합공정에서 완성되기 전에는 개별제품으로 식별할 수 없으므로 단일제품으로 취급하여 결합공정의 제조원가보고서를 작성함(종합원가계산 5단계 실시함)

> 결합공정의 완성품원가 → A와 B의 결합원가

2. 추가가공공정에 재공품이 존재하는 경우(순실현가치법)

[1단계] 종합원가계산 5단계

> 추가가공공정의 제조원가보고서 일부 작성 → 완성품환산량 단위당 재료원가와 가공원가 계산

[2단계] 결합원가배분

> 중간제품 B의 NRV = 중간제품 B의 생산량
> × (최종판매단가 − 완성품환산량 단위당 재료원가와 가공원가)

[3단계] 종합원가계산 5단계

> 추가가공공정의 제조원가보고서 완성 →
> B에 배분되는 결합원가가 추가가공공정의 당기투입전공정원가가 됨

한국회사의 부문 X는 결합생산공정으로, 동일한 원재료 A를 가공처리하여 연산품 B와 C를 생산한다. 연산품 B는 부문 Y에서 추가 가공처리된 후 단위당 ₩15에 판매된다. 연산품 C는 부문 Z에서 추가 가공처리된 후 단위당 ₩13.5에 판매된다. 한국회사의 세 부문 X, Y, Z 모두 실제원가를 이용하여 월별 주기로 가중평균법에 입각한 종합원가계산을 적용하고 있으며, 결합원가는 순실현가능가치법에 의해 각 연산품에 배부된다.

부문 X에서 모든 원가는 공정 전반에 걸쳐 균등하게 발생한다. 공손품 검사는 공정의 80% 완성시점에서 실시하며, 검사를 통과한 합격품의 2%를 정상공손으로 간주한다. 20×1년 6월 중 부문 X에서 발견된 공손품은 추가가공 없이 처분하며, 처분가치는 없다. 한국회사는 정상 공손원가를 당월에 검사시점을 통과한 합격품에 배부한다.

한국회사의 20×1년 6월 부문 X의 생산 및 원가 자료는 다음과 같다. 단, 괄호 안은 총원가의 완성도를 의미한다.

구분	물량단위	총원가
기초재공품(50%)	20,000	₩41,000
당기투입	135,000	₩495,000
당기완성품	80,000 (연산품 B)	
	40,000 (연산품 C)	
공손품	5,000	
기말재공품(33⅓%*)	30,000	

* 33⅓%는 총원가의 $\frac{1}{3}$의 완성도를 의미한다.

부문 Y와 부문 Z에서는 전환원가만 발생하며, 전환원가는 두 공정 전반에 걸쳐 균등하게 발생한다. 부문 Y와 부문 Z에서는 공손 및 감손이 발생하지 않는다.

한국회사의 20×1년 6월 부문 Y의 생산 및 원가 자료는 다음과 같다. 단, 괄호 안은 전환원가의 완성도를 의미한다.

구분	물량단위	전공정원가	전환원가
기초재공품(40%)	10,000	₩39,240	₩56,000
당기투입	?	?	₩670,000
기말재공품(60%)	5,000		

연산품 C에 대해 20×1년 6월 부문 Z에서 발생한 완성품환산량 단위당 전환원가는 ₩9이었다.

※ 위에 주어진 자료를 이용하여 다음 각 물음에 답하시오.

(물음 1) 한국회사의 부문 X가 20×1년 6월에 연산품 B와 C에 배부해야 할 결합원가 총액을 계산하시오.

(물음 2) 한국회사의 부문 X에서 20×1년 6월에 발생한 결합원가를 연산품 B와 C 각각에 대해 얼마만큼 배부하여야 하는지 계산하시오.

(물음 3) 한국회사의 부문 X가 수행하여야 하는 20×1년 6월말 분개를 하시오.

(물음 4) 한국회사 부문 Y의 20×1년 6월 완성품원가를 계산하시오.

※ 다음은 (물음 5) 및 (물음 6)에 관한 추가자료이다.

<추가자료>
부문 Y의 경영자는 자신이 맡고 있는 부문의 원가효율성을 개선하는데 노력한 결과 부문 Y의 제조원가를 상당한 정도 지속적으로 절감하는데 성공하였다고 확신하고 있다. 그러나 그는 부문 Y에서 달성한 원가효율성 개선이 부문 Y의 이익에 온전히 반영되고 있지 못하다고 불만을 토로하고 있다. 왜냐하면 그는 현행 결합원가 배부방법이 부문의 원가효율성을 개선하기 보다는 오히려 원가의 비효율성을 부추기고 있다고 믿고 있기 때문이다. 그는 부문 Z가 다소 비효율적으로 운영되고 있다고 여기고 있다.

(물음 5) 한국회사의 현행 원가회계시스템이 어떻게 원가의 비효율성을 조장하고 있는지에 대해 실명하시오. (3줄 이내로 답하시오)

(물음 6) (물음 5)에서 제기된 문제점을 완화하기 위한 방안을 제시하시오. (3줄 이내로 답하시오)

[흐름도]

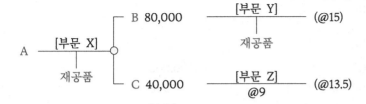

(물음 1) 배부해야 할 결합원가 총액

① 정상공손수량과 비정상공손수량

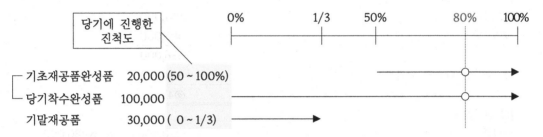

┌ 정상공손수량 : 120,000 × 2% = 2,400
└ 비정상공손수량 : 5,000 − 2,400 = 2,600

② 완성품원가

평균법

	[1] 물량흐름	[2] 총완성품환산량 재료원가 + 전환원가
기초재공품	20,000	
당기착수	135,000	
	155,000	
완성품	120,000	120,000
정상공손	2,400 (0 ~ 80%)	1,920
비정상공손	2,600 (0 ~ 80%)	2,080
기말재공품	30,000 (0 ~ 1/3)	10,000
	155,000	134,000

[3] 배분할 원가

기초재공품	₩41,000
당기투입	495,000
	₩536,000

[4] 환산량 단위당 원가   ÷134,000

@4

[5] 원가배분

완성품	120,000 × 4 = ₩480,000
정상공손	1,920 × 4 = 7,680

∴ 배부해야 할 결합원가 총액(완성품원가) : 480,000 + 7,680[*] = **₩487,680**

   [*] 기말재공품이 검사를 통과하지 않았으므로 정상공손원가를 완성품에만 배분함

(물음 2) 결합원가배분 – 추가가공공정에 재공품이 존재하는 경우

① 부문 Y의 완성품환산량 단위당 전환원가

평균법

	[1] 물량흐름	[2] 총완성품환산량 전공정원가(0%)	전환원가
기초재공품	10,000		
당기착수	80,000		
	90,000		
완성품	85,000	85,000	85,000
기말재공품	5,000 (0 ~ 60%)	5,000	3,000
	90,000	90,000	88,000
[3] 배분할 원가			
기초재공품		₩39,240	₩56,000
당기투입		365,760 ◄	670,000
		₩405,000	₩726,000
[4] 환산량 단위당 원가		÷ 90,000	÷ 88,000
		@4.5	@8.25

② 결합원가배분

	NRV		배분비율	결합원가배분액
B	80,000 × (15 - 8.25) =	₩540,000	75%	₩365,760
C	40,000 × (13.5 - 9) =	180,000	25	**121,920**
		₩720,000	100%	₩487,680

• 음영부분 : 결합원가배분 전에 작성함
• 음영 이외 부분 : 결합원가배분 후에 작성함

(물음 3) 부문 X의 6월말 분개

(차) 재공품(부문 Y)	365,760	(대) 재공품(부문 X)	496,000
재공품(부문 Z)	121,920		
비정상공손손실	8,320*		

* 비정상공손원가 : 2,080 × 4 = ₩8,320

(물음 4) 부문 Y의 완성품원가

85,000 × (4.5 + 8.25) = **₩1,083,750**

(물음 5) 순실현가치법의 문제점

현행 원가회계시스템에 의하면 원가효율성이 개선된 부문은 추가가공원가가 작아져서 순실현가능가치가 커지고 결합원가배분액이 커져서 불리해지고, 원가의 비효율성이 큰 부문은 결합원가배분액이 작아져서 유리해지므로 원가의 비효율성을 조장하고 있는 문제점이 있다.

(물음 6) 문제점을 완화하기 위한 방안

추가가공부문의 성과평가 시에 결합원가배분액은 통제불가능한 원가이므로 제외한다. 만일 결합원가배분액을 포함하려면 표준원가를 사용하여 순실현가능가치를 계산하며, 실제원가와 표준원가의 차이분석을 실시하여 원가효율성의 개선을 유도한다.

㈜대한은 결합제품 A, B, C를 생산·판매하고 있다. 공정1에서 반제품이 생산되는데 그 가운데 일부는 제품 A라는 이름만 붙여 외부에 판매되며, 또 일부는 공정2를 거쳐 제품 B가 생산되고, 나머지는 공정3을 거쳐 제품 C와 폐물 F가 생산된다. 20×1년 생산 및 원가자료는 다음과 같다.

(1) 공정1의 기초재공품은 100kg(완성도 40%), 당기투입수량은 1,300kg이며, 당기완성량은 1,000kg, 기말재공품은 300kg(완성도 60%), 나머지는 공손이다. 공정1에서 재료원가와 가공원가는 모두 공정전반에 걸쳐 균등하게 발생한다. 공정1에서 품질검사는 완성도 70%에서 이루어지며, 품질검사를 통과한 정상품의 6%를 정상공손으로 간주한다. 20×1년 공정1의 기초재공품원가는 ₩28,000이며, 당기투입원가는 ₩1,149,500이다. 원가흐름은 선입선출법을 가정한다.

(2) 제품 A는 200kg이 생산되었고 추가가공원가는 발생하지 않는다. 공정2에서는 제품 B가 300kg 생산되었으며 추가가공원가는 총 ₩152,000 발생하였다. 공정3에서는 제품 C가 400kg, 폐물 F가 100kg이 생산되었으며 추가가공원가는 총 ₩200,000 발생하였다. 폐물 F는 공정3의 특성상 발생한 것이며, 공정1, 2와는 관계가 없다. 공정2와 3에서 재료의 투입은 이루어지지 않으며, 재공품과 공손 및 감손은 없었다.

(3) 폐물 F를 폐기처리하는데 kg당 ₩150의 비용이 소요되며, 부산물과 폐물에 대한 회계처리는 생산기준법(순실현가치)을 적용하고 있다. 20×1년 각 제품의 판매 관련 자료는 다음과 같다.

	kg당 가격	판매비(총액)
제품 A	₩2,100	₩70,000
제품 B	2,100	240,000
제품 C	2,800	108,000
합계	₩7,000	₩418,000

TOPIC 7

해커스 김강태 CPA 파이널 2차 원가관리회계

(물음 1) 20×1년 공정1에서 결합제품에 배부되어야 할 결합원가는 얼마인가?

(물음 2) (물음 1)에서 산출된 결합원가가 ₩1,000,000이라고 가정한다. 순실현가치법을 이용하여 제품 A, B, C의 제품원가를 각각 구하시오. (단, 배분비율은 소수점 셋째 자리에서 반올림하여 둘째 자리까지 계산하시오.)

(물음 3) ㈜대한의 경영진은 제품 B의 수익성이 상대적으로 낮기 때문에 공정2를 폐쇄하고 이것을 추가가공 이전인 제품 A의 형태로 판매하는 대안을 고민하고 있다. ㈜대한의 경영진은 회계팀에게 20×1년의 자료를 이용하여 대안의 수락여부를 판단할 수 있는 정보를 요청하였다. 회계팀에서 필요한 자료를 수집한 결과는 다음과 같다. 20×1년 각 제품의 재고는 없으며, 폐물 F도 모두 처리되었고, 제품 A의 시장수요는 충분하다. 공정2에서 발생한 추가가공원가 가운데 1/2은 고정원가이다. 공정2를 폐쇄할 경우 공정2의 변동제조원가는 더 이상 발생하지 않으며, 공정2의 생산라인을 다른 기업에 장기 임대하여 연간 ₩30,000의 임대수익을 얻을 수 있다. 총판매비 ₩418,000 가운데 ₩120,000은 고정판매비이며, 이는 각 제품의 'kg당 가격'에 비례적으로 배분되었다. 또한 제품 A의 판매량이 증가함에 따라 제품 B의 변동판매비 가운데 1/3은 계속 발생할 것으로 예상된다. 이 대안을 수락하는 경우 ㈜대한의 연간 이익은 20×1년보다 얼마나 증가하는가? (단, (물음 2)의 결과를 이용하며, ㈜대한의 20×1년도 이익은 ₩385,000이다.)

[흐름도]

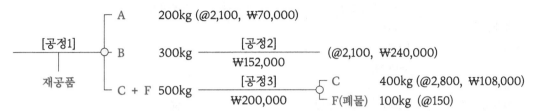

(물음 1) 결합제품에 배부되어야 할 결합원가

① 정상공손수량과 비정상공손수량

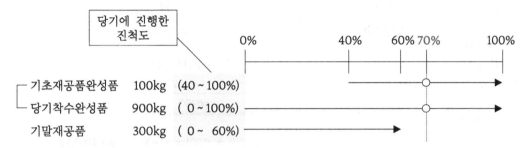

┌ 정상공손수량 : 1,000kg × 6% = 60kg
└ 비정상공손수량 : 100kg − 60kg = 40kg

② 완성품원가

선입선출법

	[1] 물량흐름		[2] 당기완성품환산량 재료원가 + 가공원가
기초재공품	100		
당기착수	1,300		
	1,400kg		
완성품			
┌ 기초재공품	100	(40 ~ 100%)	60
└ 당기착수	900		900
정상공손	60	(0 ~ 70%)	42
비정상공손	40	(0 ~ 70%)	28
기말재공품	300	(0 ~ 60%)	180
	1,400kg		1,210kg
[3] 배분할 원가			
당기투입원가			₩1,149,500
[4] 환산량 단위당 원가			÷ 1,210kg
			@950
[5] 원가배분			
완성품			28,000 + 960kg × 950 = ₩940,000
정상공손			42kg × 950 = ₩39,900

∴ 결합제품에 배부되어야 할 결합원가(완성품원가) : 940,000 + 39,900* = **₩979,900**

   * 기말재공품이 검사를 통과하지 않았으므로 정상공손원가를 완성품에만 배분함

(물음 2) 결합원가배분

① 순실현가치

  <2차분리점>

    C : 400kg × 2,800 − 108,000 = ₩1,012,000

    F : 100kg × 150 = ₩15,000(폐물의 폐기비용)

  <1차분리점>

    A : 200kg × 2,100 − 70,000 = ₩350,000

    B : 300kg × 2,100 − 152,000 − 240,000 = ₩238,000

    C + F : (1,012,000 − 15,000)(최종판매가치) − 200,000(추가가공원가) = ₩797,000

② 총제조원가

	NRV	배분비율	결합원가배분액	개별원가	총제조원가
<2차분리점>					
C	₩1,012,000	100%	₩790,500		**₩790,500**
F(폐물)			(15,000)		
			₩775,500*		
<1차분리점>					
A	₩350,000	25.27%	₩252,700		**252,700**
B	238,000	17.18	171,800	₩152,000	**323,800**
C + F	797,000	57.55	575,500		
	₩1,385,000	100%	₩1,000,000	₩152,000	₩1,367,000

* C와 F에 배분할 결합원가 : 575,500(C + F에 배분된 결합원가) + 200,000(C + F의 추가가공원가)

(물음 3) 추가가공공정 폐쇄여부

[공정2 폐쇄 시 증분이익]

	관련항목	금액	계산내역
(+)	제품 A 매출액 증가	630,000	= 300kg × 2,100
(−)	제품 B 매출액 감소	(630,000)	= 300kg × 2,100
(+)	공정2 변동제조원가 감소	76,000	= 152,000 × 1/2
(+)	임대수익 증가	30,000	
(+)	변동판매비 감소	136,000	= (240,000 − 120,000 × 2,100/7,000) × 2/3
		₩242,000	

별해 (물음 2) 결합원가배분

② 총제조원가

	NRV	배분비율	결합원가배분액	개별원가	총제조원가
<2차분리점>					
C	₩1,012,000	100%	₩790,500*		**₩790,500**
<1차분리점>					
A	₩350,000	25.27%	₩252,700		**252,700**
B	238,000	17.18	171,800	₩152,000	**323,800**
C + F	797,000	57.55	575,500		
	₩1,385,000	100%	₩1,000,000		

* C에 배분할 결합원가 : 575,500(C + F에 배분된 결합원가) + 200,000(C + F의 추가가공원가) + 15,000(폐물의 폐기비용)

(물음 2)

1. **반제품(C + F)의 NRV**

   = (C의 NRV − **폐물의 폐기비용**)(최종판매가치) − **공정3의 추가가공원가**(추가가공원가)

   (폐물의 폐기비용을 차감하여 계산함)

2. 해답 : 폐물을 포함하여 배분표 작성함

   별해 : 폐물을 제외하고 배분표 작성함

(물음 3)

1. 고정판매비의 제품별 배분기준이 특이하게 각 제품의 'kg당 가격'임에 주의

2. '제품 A의 판매량이 증가함에 따라 제품 B의 변동판매비 가운데 1/3은 계속 발생할 것으로 예상된다.' → 제품 B를 더 이상 판매하지 않으므로 제품 B의 변동판매비가 발생하는 것이 아니라, 제품 A의 판매량이 증가함에 따라 변동판매비가 증가하게 되는데 그 증가금액이 기존 제품 B 변동판매비의 1/3만큼에 해당하는 금액이라는 의미임

   → ∴ 기업전체적으로 변동판매비가 기존 제품 B 변동판매비의 2/3만큼 감소함

3. 제품 B 변동판매비 = 제품 B 총판매비 − 제품 B 고정판매비배분액

정상원가계산

1 정상원가계산의 의의

1. 정상원가계산의 정의

직접재료원가와 직접노무원가는 실제원가로 측정하고, 제조간접원가는 예정배부액으로 측정하는
원가계산방법(평준화원가계산)

[정상원가계산의 정의]

재공품

<차변>		<대변>
직접재료원가	실제원가	
직접노무원가	실제원가	
제조간접원가	예정배부액	

2. 실제원가계산의 문제점

정상원가계산은 실제원가계산의 다음 두 가지 문제점을 극복할 수 있음

① 제조간접원가로 인해 제품원가계산이 기말까지 지연되는 문제점

② 월별로 제품원가계산을 하면 동일한 제품의 단위당 원가가 기간별로 달라지는 문제점

2 정상개별원가계산과 정상종합원가계산의 절차

[정상개별원가계산과 정상종합원가계산의 절차 비교]

구분	정상개별원가계산		정상종합원가계산	
제조간접원가배부율 (사전에 계산)	제조간접원가 예정배부율[*] = $\dfrac{\text{제조간접원가예산}}{\text{예정조업도(기준조업도)}}$			
제조원가의 집계	<작업별 정상원가 집계>		<공정별 정상원가 집계>	
	DM	실제원가	DM	실제원가
	DL	실제원가	CC : DL	실제원가
	OH	예정배부액	CC : OH	예정배부액
실제원가와의 차이원인	제조간접원가 배부차이			
실제원가와의 차이조정	제조간접원가 배부차이조정			

* 제조간접원가 예정배부율은 공장전체, 부문별 또는 활동별 예정배부율이 존재함

> 제조간접원가예산 = 고정제조간접원가예산 + 예정조업도 × 변동제조간접원가 예정배부율

> 제조간접원가 예정배부액 = 실제조업도 × 제조간접원가 예정배부율

3 제조간접원가 배부차이

제조간접원가 배부차이 = 실제제조간접원가 − 제조간접원가 예정배부액

[제조간접원가 배부차이]

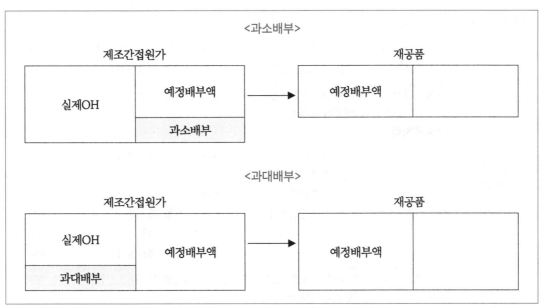

[제조간접원가 배부차이의 상세분석]

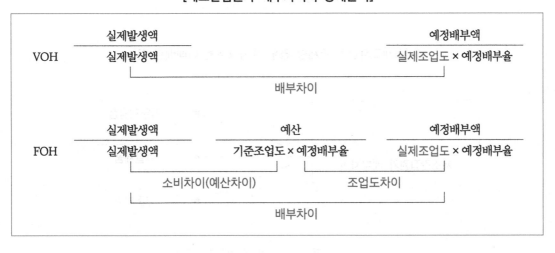

4 제조간접원가 배부차이조정

방법	내용
매출원가조정법	• 제조간접원가 과소배부액은 매출원가에 가산하고, 과대배부액은 매출원가에서 차감하는 방법 • 제조간접원가 배부차이조정 후에도 기말재고자산은 여전히 정상원가로 기록됨 • 회계처리 <과소배부> (차) 매출원가　　　×××　(대) 제조간접원가　　　××× <과대배부> (차) 제조간접원가　　×××　(대) 매출원가　　　　×××
총원가 비례배분법	• 제조간접원가 배부차이를 기말재공품, 기말제품 및 매출원가의 총원가(기말잔액)의 상대적 비율에 따라 배분하는 방법 • 회계처리 <과소배부> (차) 재공품　　　×××　(대) 제조간접원가　　　××× 　　　　　　　　　제품　　　××× 　　　　　　　　　매출원가　××× <과대배부> (차) 제조간접원가　×××　(대) 재공품　　　　××× 　　　　　　　　　　　　　　　　　　　제품　　　　××× 　　　　　　　　　　　　　　　　　　　매출원가　　×××
원가요소별 비례배분법	• 제조간접원가 배부차이를 기말재공품, 기말제품 및 매출원가의 제조간접원가 예정배부액의 상대적 비율에 따라 배분하는 방법 • 제조간접원가 배부차이조정 후의 기말재고자산과 매출원가가 실제원가계산과 동일한 금액으로 기록됨 • 회계처리는 총원가 비례배분법과 동일함

[기초재고자산이 존재할 경우 원가요소별 비례배분법]

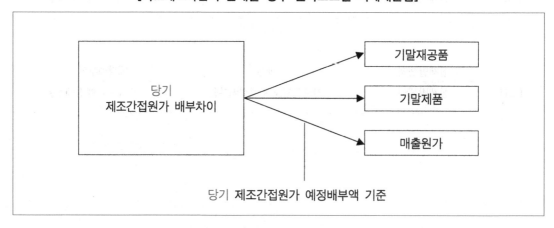

당기 제조간접원가 배부차이를 기말재공품, 기말제품 및 매출원가의 당기 제조간접원가 예정배부액의 상대적 비율에 따라 배분함(∵ 실제원가계산과 완전히 동일한 결론을 얻기 위함)

㈜한국은 A제품, B제품 및 C제품을 각각 생산하여 판매하고 있다. ㈜한국은 각 작업별로 정상개별원가계산(평준화개별원가계산 : normal job - order costing)을 적용하며, 선입선출법으로 재고자산을 평가하고 있다.

㈜한국은 두 개의 제조부문인 절단부문과 조립부문을 운영하고 있다. 제조간접원가의 부문별 배부기준으로 절단부문에 대해서는 기계가동시간, 조립부문에 대해서는 직접노무시간을 사용한다.

㈜한국은 20×1년 말에 제조간접원가 배부차이를 재공품과 제품 및 매출원가에 포함된 원가요소(제조간접원가 예정배부액)의 비율에 따라 조정한다.

- 20×0년 12월 31일 재공품 ₩617,000의 내역은 다음과 같다.

작업	수량	항목	총원가
#101	4,000단위	A제품	₩259,000
#102	4,800단위	B제품	₩358,000

- 20×0년 12월 31일 제품 ₩1,032,500은 다음의 2가지 항목으로 구성되어 있다.

항목	수량	총원가
A제품	11,500단위	₩977,500
B제품	500단위	₩55,000

- 20×1년 1월 초에 예측한 당기 회계연도의 각 제조부문에 대한 원가 및 생산 자료는 다음과 같다.

구분	절단부문	조립부문
직접노무원가	₩65,000	₩100,000
제조간접원가	₩40,000	₩75,000
기계가동시간	500시간	180시간
직접노무시간	1,000시간	2,000시간

- 20×1년에 ㈜한국은 C제품 1,000단위를 생산하기 위해 새롭게 작업 #103을 착수하였다.

- 20×1년 말 현재 #101은 작업이 진행 중이며, 나머지 작업은 완료되었다.

- 20×1년의 각 작업별 제조원가 발생액은 다음과 같다.

구분	#101	#102	#103
직접재료원가	₩30,000	₩105,000	₩46,000
직접노무원가	₩39,000	₩84,000	₩37,500

총 제조간접원가 : ₩137,400

- 20×1년의 각 제조부문에서 사용된 기계가동시간과 직접노무시간은 다음과 같다.

작업	절단부문	
	기계가동시간	직접노무시간
#101	200시간	300시간
#102	100시간	250시간
#103	100시간	150시간

작업	조립부문	
	기계가동시간	직접노무시간
#101	50시간	400시간
#102	90시간	1,200시간
#103	60시간	600시간

- 20×1년의 A제품 판매량은 10,000단위, B제품 판매량은 4,400단위, 그리고 C제품 판매량은 1,000단위이다.

(물음 1) 20×1년의 각 제조부문별 제조간접원가 예정배부율을 구하시오.

(물음 2) 20×1년 말 제조간접원가 배부차이 조정 전에 다음 각 계정의 잔액은 얼마인가?

계정과목	잔액
재공품	
제품	
매출원가	

(물음 3) 20×1년 말 제조간접원가 배부차이 금액을 계산하고, 그 배부차이가 과대배부 또는 과소배부인지 밝히시오.

(물음 4) 20×1년 말 제조간접원가 배부차이조정에 대한 분개를 하시오.

(물음 5) ㈜한국이 재고자산 평가를 위해 선입선출법 대신 평균법을 사용할 경우, 20×1년 말 제조간접원가 배부차이 조정 전 재공품, 제품 및 매출원가의 잔액이 각각 증가, 동일 또는 감소하는가를 밝히고, 그 논리적 근거를 4줄 이내로 서술하시오. 다만, 계산할 필요는 없음.

※ 위 (물음)과 관계없이 다음 (물음)에 답하시오.

(물음 6) ㈜한국은 절단부문과 조립부문을 운영하고 있다. 절단부문은 자동화가 많이 되었으며, 조립부문은 수작업에 의존하고 있다. 20×1년의 각 부서별 제조간접원가 예상액과 예상활동수준은 아래와 같다.

구분	절단부문	조립부문
제조간접원가 예상액	₩1,400,000	₩1,000,000
기계가동시간	1,000시간	0시간
직접노무시간	200시간	1,000시간

㈜한국은 20×1년 작업 #101과 #102를 착수하여 완료시켰으며, 작업별로 각 생산부서의 활동량은 다음과 같다.

작업	절단부문	
	기계가동시간	직접노무시간
#101	20시간	4시간
#102	4시간	2시간

작업	조립부문	
	기계가동시간	직접노무시간
#101	0시간	10시간
#102	0시간	24시간

㈜한국은 작업 #101과 #102에 제조간접원가를 어떻게 배부할 지를 고민하고 있다. 제조간접원가를 단일배부기준으로 배부할 경우와 복수배부기준으로 배부할 경우, 각각에 대해 제조간접원가 배부기준을 결정하시오. 아울러 ㈜한국이 복수배부기준을 선택하였다면, 그 이유에 대해 4줄 이내로 서술하시오.

(물음 1) 부문별 제조간접원가 예정배부율

절단부문 : $\dfrac{40,000}{500\text{시간}}$ = **@80**/절단부문 기계가동시간

조립부문 : $\dfrac{75,000}{2,000\text{시간}}$ = **@37.5**/조립부문 직접노무시간

(물음 2) 계정별 기말잔액(조정 전)

① 작업별 제조원가(기말재공품)

	#101(A제품)	#102(B제품)	#103(C제품)
기초재공품원가	₩259,000	₩358,000	–
당기총제조원가			
직접재료원가	30,000	105,000	₩46,000
직접노무원가	39,000	84,000	37,500
제조간접원가			
절단(@80)	16,000	8,000	8,000
조립(@37.5)	15,000	45,000	22,500
	31,000	53,000	30,500
	₩359,000	**₩600,000**	**₩114,000**
	기말재공품재고액	당기제품제조원가	당기제품제조원가

② 기말제품과 매출원가

<table>
<tr><th colspan="7" style="text-align:center">제품^{*1}</th></tr>
<tr><td colspan="3">기초</td><td colspan="4">매출원가</td></tr>
<tr><td>A</td><td>11,500단위 × 85 =</td><td>977,500</td><td>A</td><td>977,500 − 127,500 =</td><td>850,000</td></tr>
<tr><td>B</td><td>500단위 × 110 =</td><td>55,000</td><td>B</td><td>(55,000 + 600,000) − 112,500 =</td><td>542,500</td></tr>
<tr><td></td><td></td><td></td><td>C</td><td></td><td>114,000</td></tr>
<tr><td></td><td></td><td></td><td></td><td></td><td>**1,506,500**</td></tr>
<tr><td colspan="3">당기제품제조원가</td><td colspan="3">기말</td></tr>
<tr><td>B(#102)</td><td>4,800단위 × 125 =</td><td>600,000</td><td>A</td><td>1,500단위^{*2} × 85 =</td><td>127,500</td></tr>
<tr><td>C(#103)</td><td>1,000단위 × 114 =</td><td>114,000</td><td>B</td><td>900단위^{*2} × 125 =</td><td>112,500</td></tr>
<tr><td></td><td></td><td></td><td></td><td></td><td>**240,000**</td></tr>
<tr><td></td><td></td><td>1,746,500</td><td></td><td></td><td>1,746,500</td></tr>
</table>

^{*1} 기초제품재고액과 당기제품제조원가의 단가는 역산함

^{*2} 기말제품재고량

    A : 11,500단위 − 10,000단위 = 1,500단위

    B : (500단위 + 4,800단위) − 4,400단위 = 900단위

계정과목	잔액
재공품	₩359,000
제품	₩240,000
매출원가	₩1,506,500

(물음 3) 당기 제조간접원가 배부차이

제조간접원가

실제OH ₩137,400	예정배부액 400시간* × 80 + 2,200시간* × 37.5 = ₩114,500
	과소배부 **₩22,900**

* 실제조업도

　20×1년 절단부문의 기계가동시간 : 200시간 +　100시간 + 100시간 =　400시간

　20×1년 조립부문의 직접노무시간 : 400시간 + 1,200시간 + 600시간 = 2,200시간

(물음 4) 제조간접원가 배부차이조정 분개 – 원가요소별 비례배분법

① 당기 OH 예정배부액

재 공 품 (#101)　　　　　　　　　　:　　　　　　　　　　　　　　　₩31,000

제　　품 (#102 중 900단위)　　　:　　　　　53,000 × 900/4,800 =　₩9,937.5

매출원가 (#102 중 3,900단위와 #103) : 53,000 × 3,900/4,800 + 30,500 =　₩73,562.5

② 당기 제조간접원가 배부차이조정

	당기 OH 예정배부액	비율	조정액
재 공 품	₩31,000	31,000/114,500	₩6,200
제　　품	9,937.5	9,937.5/114,500	1,987.5
매출원가	73,562.5	73,562.5/114,500	14,712.5
	₩114,500	1	₩22,900*

* 당기 제조간접원가 배부차이

③ 분개

(차)	재공품	6,200	(대)	제조간접원가	22,900
	제품	1,987.5			
	매출원가	14,712.5			

(물음 5) 평균법일 경우 제조간접원가 배부차이 조정 전 잔액

재 공 품 : 작업 #101의 제조원가(정상원가)는 그대로이므로 **동일**하다.

제　　품 : B제품의 기초단가(@110)가 당기단가(@125)보다 더 낮으므로 **감소**한다.

매출원가 : 기말제품재고액이 감소하므로 매출원가는 **증가**한다.

(물음 6) 단일배부기준 배부와 복수배부기준 배부

① 제조간접원가를 단일배부기준으로 배부 시 배부기준으로 **기계가동시간과 직접노무시간을 합한 시간을** 사용한다.

② 제조간접원가를 복수배부기준으로 배부 시 배부기준으로 **절단부문은 기계가동시간, 조립부문은 직접노무시간을** 사용한다.

③ ㈜한국이 복수배부기준을 선택하였다면, 그 이유는 절단부문은 자동화가 많이 되었으므로 기계가동시간이, 조립부문은 수작업에 의존하므로 직접노무시간이 인과관계적으로 더 타당하기 때문이다.

POINT

(물음 2) 원가흐름의 가정

재공품계정 : 개별법(∵ 개별원가계산 : 개별작업별로 제조원가 집계)

제 품 계 정 : 선입선출법

(물음 4)

1. 이 문제는 제조간접원가 배부차이를 제조부문별로 구분하여 계산할 수 없으므로 배부차이조정도 제조부문별로 구분하여 조정할 수 없으며 합쳐서 실시하여야 함

2. 기초재고자산이 존재할 경우 원가요소별 비례배분법 : 당기 제조간접원가 배부차이를 기말재공품, 기말제품 및 매출원가의 당기 제조간접원가 예정배부액의 상대적 비율에 따라 배분함(∵ 실제원가계산과 완전히 동일한 결론을 얻기 위함)

TOPIC 9 표준원가계산과 원가차이분석

1 표준원가계산의 의의

1. 표준원가계산의 정의

직접재료원가, 직접노무원가, 제조간접원가를 사전에 정해 놓은 표준원가로 측정하는 원가계산방법

[표준원가계산의 정의]

재공품

<차변>		<대변>
직접재료원가	표준원가(SQ × SP)	
직접노무원가	표준원가(SQ × SP)	
변동제조간접원가	표준배부액(SQ × SP)	
고정제조간접원가	표준배부액(SQ × SP)	

[제품원가의 측정방법에 따른 원가계산제도 비교]

재공품

<차변>				<대변>
<원가요소>	<실제원가계산>	<정상원가계산>	<표준원가계산>	
DM	실제원가	실제원가	**표준원가**	
DL	실제원가	실제원가	**표준원가**	
VOH	실제배부액	**예정배부액**	**표준배부액**	
FOH	실제배부액	**예정배부액**	**표준배부액**	

2. 표준원가계산의 유용성

구분	내용
제품원가계산	제품원가계산과 회계처리가 신속하고 간단해짐
계획	예산편성이 용이해지고 예산의 신뢰성이 높아짐
원가통제	실제원가와 표준원가의 차이분석을 통하여 원가통제가 가능해지고, 제조부문의 성과평가에 유용한 정보를 제공하며, 경영자로 하여금 예외에 의한 관리를 수행할 수 있게 함
원가절감	제조단계에서 원가절감을 얻을 수 있게 함

2 제품 단위당 표준원가 설정

1. 제품 단위당 표준원가 설정

원가요소	제품 단위당 표준원가 설정
표준직접재료원가	제품 단위당 표준원재료사용량 × 원재료 단위당 표준가격
표준직접노무원가	제품 단위당 표준직접노무시간 × 직접노무시간당 표준임률
표준변동제조간접원가	제품 단위당 표준조업도 × 조업도 단위당 변동제조간접원가 표준배부율
표준고정제조간접원가*	제품 단위당 표준조업도 × 조업도 단위당 고정제조간접원가 표준배부율

* 표준원가계산에서 제품원가계산 시에는 고정제조간접원가를 마치 변동원가처럼 취급함

2. 기준조업도

기준조업도(분모조업도)란 고정제조간접원가 표준배부율을 산정할 때 기준이 되는 조업도

$$\text{고정제조간접원가 표준배부율}^*(SP) = \frac{\text{고정제조간접원가예산}}{\text{기준조업도}}$$

* 고정제조간접원가 예정배부율이라고도 함

[기준조업도로 사용되는 조업도]

구분	내용
이론적 최대조업도	최상의 작업환경 하에서 생산설비를 최대로 가동할 경우에 달성가능한 조업도
실제적 최대조업도	실질적으로 달성가능한 최대조업도
정상조업도	보통 3년 ~ 5년에 걸쳐 평균한 조업도(평준화조업도)
연간 기대조업도	올해 1년 동안에 예상되는 조업도(예산조업도, 종합예산조업도)

3 원가차이분석

1. 원가차이분석의 목적

① **성과평가목적(원가통제목적)** : 원가통제를 실시하고, 제조부문의 성과평가에 유용한 정보를 제공하려는 목적

② **원가차이조정목적(제품원가계산목적)** : 외부보고용 재무제표의 작성을 위해 표준원가를 실제원가로 조정하여 재고자산과 매출원가의 총액이 실제원가를 반영하도록 하려는 목적

2. 고정예산과 변동예산

구분	내용
고정예산	• 특정조업도(기준조업도)를 기준으로 작성되는 최초 예산 | 구분	변동제조원가	고정제조간접원가 | |---|---|---|
고정예산	기준조업도 × SP	고정제조간접원가예산	 • 문제에서 특별히 다른 언급이 없으면 '예산'은 고정예산을 의미함
변동예산	• 조업도의 변동에 따라 조정되어 작성되는 예산(근거하는 조업도마다 변동예산이 존재함) • 원가차이분석 시에 이용되는 변동예산 | 구분	변동제조원가	고정제조간접원가 | |---|---|---|
실제산출량 변동예산	SQ × SP	고정제조간접원가예산
실제투입량 변동예산	AQ × SP	고정제조간접원가예산	 • 문제에서 특별히 다른 언급이 없으면 '변동예산'은 실제산출량 변동예산을 의미함 • 고정제조간접원가는 '고정예산 = 실제산출량 변동예산 = 실제투입량 변동예산'임

[SQ의 의미]

SQ × SP	실제산출량에 허용된 표준사용량 × 표준가격 : 4,000개 × 2kg × 10 = ₩80,000
	실제산출량 × 제품 단위당 표준직접재료원가 : 4,000개 × 20 = ₩80,000

3. 원가요소별 원가차이분석

(1) 직접재료원가차이

① 직접재료원가 가격차이를 사용시점에서 분리 시

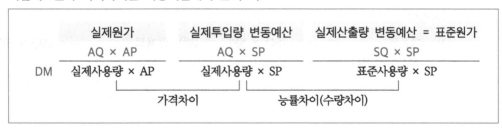

\<회계처리\>

[구입시점]

(차) 원재료 　　　　××× (AQ$_p$ × AP)　　(대) 매입채무 　　　　××× (AQ$_p$ × AP)

→ 원재료계정은 실제원가(AP)로 기록됨

[사용시점]

(차) 재공품	××× (SQ × SP)	(대) 원재료	××× (AQ × AP)
DM 가격차이	××× (불리)		
DM 능률차이	××× (불리)		

② **직접재료원가 가격차이를 구입시점에서 분리 시**

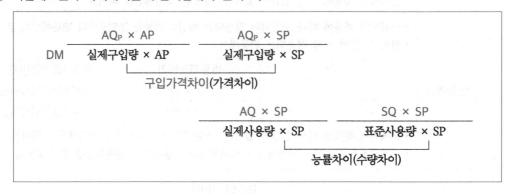

<회계처리>

[구입시점]

(차) 원재료	××× (AQ$_p$ × SP)	(대) 매입채무	××× (AQ$_p$ × AP)
DM 구입가격차이	××× (불리)		

→ 원재료계정은 표준원가(SP)로 기록됨

[사용시점]

(차) 재공품	××× (SQ × SP)	(대) 원재료	××× (AQ × SP)
DM 능률차이	××× (불리)		

(2) 직접노무원가차이

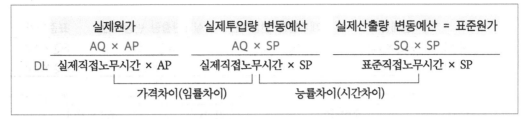

	실제원가 AQ × AP	실제투입량 변동예산 AQ × SP	실제산출량 변동예산 = 표준원가 SQ × SP
DL	실제직접노무시간 × AP	실제직접노무시간 × SP	표준직접노무시간 × SP

가격차이(임률차이)　　　　능률차이(시간차이)

(3) 변동제조간접원가차이

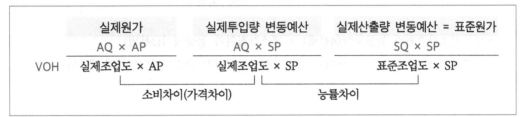

	실제원가 AQ × AP	실제투입량 변동예산 AQ × SP	실제산출량 변동예산 = 표준원가 SQ × SP
VOH	실제조업도 × AP	실제조업도 × SP	표준조업도 × SP

소비차이(가격차이)　　　　능률차이

① 변동제조간접원가 소비차이 : 변동제조간접원가를 구성하는 개별항목들의 가격과 수량 차이에 모두 영향을 받는 차이

② 변동제조간접원가 능률차이 : 배부기준인 조업도의 능률성에 영향을 받는 차이일 뿐

③ 제조간접원가 배부기준이 직접노무시간인 경우

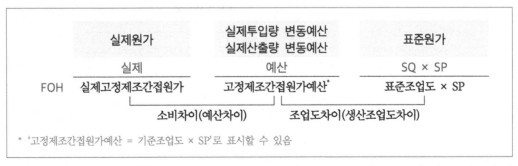

$$변동제조간접원가 능률차이 = 직접노무원가 능률차이 × \frac{변동제조간접원가 표준배부율}{직접노무시간당 표준임률}$$

(4) 고정제조간접원가차이

	실제원가 실제 실제고정제조간접원가	실제투입량 변동예산 실제산출량 변동예산 예산 고정제조간접원가예산*	표준원가 SQ × SP 표준조업도 × SP
FOH			

소비차이(예산차이)　　　　조업도차이(생산조업도차이)

* '고정제조간접원가예산 = 기준조업도 × SP'로 표시할 수 있음

일반적으로 고정제조간접원가 조업도차이는 제조부문이 통제할 수 없는 요소인 기준조업도의 산정과 판매량에 따라 좌우되므로 제조부문의 성과평가 시에 제외되어야 함(즉, 일반적으로 원가통제목적이 없는 차이로 봄)

(5) 제조간접원가의 다양한 차이분석

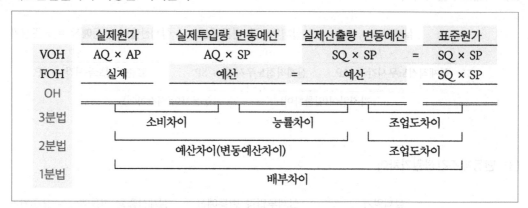

- 변동제조간접원가 능률차이(4분법) = 제조간접원가 능률차이(3분법)
- 고정제조간접원가 조업도차이(4분법) = 제조간접원가 조업도차이(3분법, 2분법)

4. 변동예산차이와 총차이

(1) 변동예산차이

성과평가를 위하여 계산하는 차이로서 실제원가와 실제산출량에 근거한 변동예산의 차이

[변동예산차이]

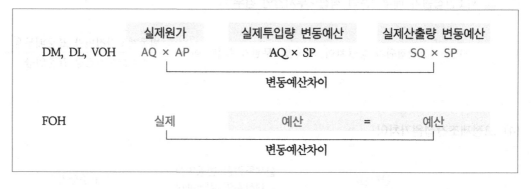

(2) 총차이

원가차이조정을 위하여 계산하는 차이로서 실제원가와 실제산출량에 허용된 표준원가의 차이

[총차이]

	실제원가		표준원가
DM, DL, VOH	AQ × AP		SQ × SP
		총차이	
FOH	실제		SQ × SP
		총차이	

- DM, DL, VOH : 변동예산차이 = 총차이
- FOH : 변동예산차이 ≠ 총차이

5. 불리한 차이와 유리한 차이

구분	내용
불리한 차이 (U)	실제원가 > 표준원가 → 이익에 불리한 영향(불리한 성과평가) → 원가차이조정 시 가산 조정
유리한 차이 (F)	실제원가 < 표준원가 → 이익에 유리한 영향(유리한 성과평가) → 원가차이조정 시 차감 조정

제조기업인 ㈜키다리는 변동예산과 표준원가계산제도를 사용하고 있으며, 원가계산주기는 1달이다. 원가계산과 관리 목적으로 4가지 원가그룹(직접재료원가, 직접노무원가, 변동제조간접원가, 고정제조간접원가)을 설정하고 있으며, 직접노동시간을 변동제조간접원가와 고정제조간접원가의 배부기준으로 사용하고 있다. 20×1년도에 ㈜키다리의 제품 한 단위당 표준은 다음과 같다.

원가그룹	투입물량	물량 한 단위당 표준가격
직접재료원가	5kg	₩300
직접노무원가	?	₩1,000
변동제조간접원가	?	?
고정제조간접원가	?	?

20×1년도 연간 예상 변동제조간접원가 총액은 ₩6,000,000으로서 예상 직접노동시간 12,000시간을 기준으로 설정되었다. 연간 예상 고정제조간접원가 총액은 ₩12,000,000이며, 표준배부율은 기준조업도(생산량) 7,500개를 기초로 계산한다. 원가관리 목적상, 고정제조간접원가 예산은 월별로 균등하게 배분한다.

20×1년도 5월초 직접재료와 재공품 재고는 없었으며, 5월말 재공품 재고도 없었다. 5월 중에 제품의 실제생산량은 500개이며, 원가그룹별로 발생한 구체적인 내역은 다음과 같다.

구매당시 직접재료원가 가격차이	₩200,000(불리)
직접재료 kg당 가격차이	₩50
직접재료원가 능률차이	₩150,000(유리)
직접노무원가 발생액	₩960,000
직접노무원가 임률차이	₩160,000(불리)
변동제조간접원가 발생액	₩450,000
변동제조간접원가 능률차이	₩100,000(유리)
고정제조간접원가 소비차이	₩100,000(불리)

(물음 1) 다음 물음에 답하시오.

    (1) 5월 중 직접재료 구매량과 직접재료 실제사용량은?

    (2) 직접재료원가 가격차이를 구매시점에서 분리할 경우, 5월 중 직접재료 사용시점에서의 분개는?

    (3) 직접재료원가 가격차이를 사용시점에서 분리할 경우, 5월 중 직접재료 사용시점에서의 분개는?

(물음 2) 다음 물음에 답하시오.

    (1) 5월 중 직접노동시간 실제투입시간은?

    (2) 5월 중 직접노무원가 능률차이는?

(물음 3) 5월 중 변동제조간접원가와 관련된 분개는? (발생부터 단계별로 반드시 구분하여 작성하되, 변동제조간접원가 발생 분개 시 상대계정으로는 미지급비용을 사용할 것)

(물음 4) 5월 중 고정제조간접원가 실제발생액과 조업도차이는?

(물음 5) ㈜키다리의 변동제조간접원가 항목 중 윤활유가 있는데, 5월 중에 윤활유를 리터당 표준가격보다 비싸게 구입한 결과, 수량은 예상(표준)보다 적게 투입되었으며, 이로 인해 직접노동시간(변동, 고정제조간접원가의 배부기준)이 표준시간보다 적게 투입되었다고 하자. 이 경우, 다음 표에서 각 차이에 미치는 영향에 대해 적합한 란에 "O" 표시를 하고, 그 이유를 간략히 설명하시오. (각 차이별로 반드시 2줄 이내로 쓸 것!)

구분	유리	불리	무관	불확실
변동제조간접원가 소비차이				
변동제조간접원가 능률차이				
고정제조간접원가 소비차이				
고정제조간접원가 조업도차이				

(물음 1) 직접재료원가 차이분석

(1) 직접재료 구매량과 직접재료 실제사용량

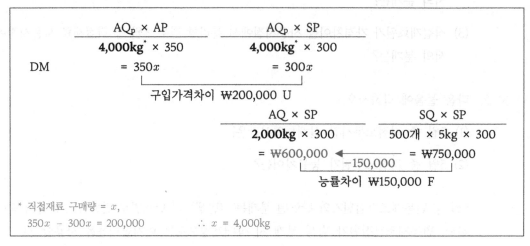

∴ **직접재료 구매량 : 4,000kg, 직접재료 실제사용량 : 2,000kg**

(2) 가격차이를 구입시점에서 분리 시 사용시점에서의 분개

(차) 재공품	750,000	(대) 직접재료	600,000[*]
		직접재료원가 능률차이	150,000

* 직접재료 실제사용량 × 표준가격(AQ × SP)

(3) 가격차이를 사용시점에서 분리 시 사용시점에서의 분개

$$
\begin{array}{ccc}
\underline{\text{AQ} \times \text{AP}} & \underline{\text{AQ} \times \text{SP}} & \underline{\text{SQ} \times \text{SP}} \\
2{,}000\text{kg} \times 350 & 2{,}000\text{kg} \times 300 & \\
\text{DM} \qquad = ₩700{,}000 & - ₩600{,}000 &
\end{array}
$$

가격차이 ₩100,000 U

(차) 재공품	750,000	(대) 직접재료	700,000[*]
직접재료원가 가격차이	100,000	직접재료원가 능률차이	150,000

* 직접재료 실제사용량 × 실제가격(AQ × AP)

(물음 2) 직접노무원가 차이분석

	AQ × AP	AQ × SP	SQ × SP
		800시간 × 1,000	500개 × 2시간 × 1,000
DL	₩960,000 →	= ₩800,000 →	= ₩1,000,000
	−160,000	+200,000	
	임률차이 ₩160,000 U	능률차이 ₩200,000 F*	

* 직접노동시간당 변동제조간접원가 표준배부율 : 6,000,000 ÷ 12,000시간 = @500

∴ 직접노무원가 능률차이(= 변동제조간접원가 능률차이 × $\dfrac{\text{직접노동시간당 표준임률}}{\text{직접노동시간당 표준배부율}}$)

$$= 100,000 \text{ F} \times \frac{1,000}{500} = ₩200,000 \text{ F}$$

(1) 직접노동시간 실제투입시간 : 800시간

(2) 직접노무원가 능률차이 : ₩200,000 F

(물음 3) 변동제조간접원가 분개

① 변동제조간접원가 발생

(차) 제비용	450,000	(대) 미지급비용	450,000

② 변동제조간접원가 집계

(차) 변동제조간접원가	450,000	(대) 제비용	450,000

③ 변동제조간접원가 대체

	AQ × AP	AQ × SP	SQ × SP
		800시간 × 500	500개 × 2시간 × 500
VOH	₩450,000	= ₩400,000	= ₩500,000
	소비차이 ₩50,000 U	능률차이 ₩100,000 F	

(차) 재공품	500,000	(대) 변동제조간접원가	450,000
변동제조간접원가 소비차이	50,000	변동제조간접원가 능률차이	100,000

(물음 4) 고정제조간접원가 차이분석

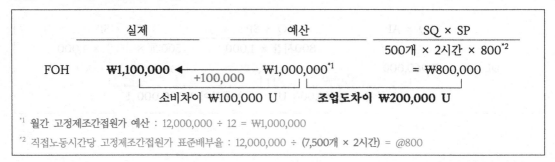

	실제	예산	SQ × SP
			500개 × 2시간 × 800[2]
FOH	₩1,100,000 ◄─── +100,000 ─── ₩1,000,000[1]		= ₩800,000
	소비차이 ₩100,000 U		조업도차이 ₩200,000 U

[1] 월간 고정제조간접원가 예산 : 12,000,000 ÷ 12 = ₩1,000,000
[2] 직접노동시간당 고정제조간접원가 표준배부율 : 12,000,000 ÷ (7,500개 × 2시간) = @800

∴ 고정제조간접원가 실제발생액 : ₩1,100,000, 고정제조간접원가 조업도차이 : ₩200,000 U

(물음 5) 제조간접원가 차이분석의 세부적 고찰

구분	유리	불리	무관	불확실
변동제조간접원가 소비차이				O
변동제조간접원가 능률차이	O			
고정제조간접원가 소비차이			O	
고정제조간접원가 조업도차이			O	

① 변동제조간접원가 소비차이

윤활유의 가격 상승 효과와 수량 감소 효과가 동시에 발생하여 실제변동제조간접원가(AQ × AP)에 미치는 영향이 불확실하기 때문이다.

② 변동제조간접원가 능률차이

실제직접노동시간이 표준직접노동시간보다 적게 투입되었으므로 'AQ × SP'가 'SQ × SP'보다 작기 때문이다.

③ 고정제조간접원가 소비차이

실제고정제조간접원가와 고정제조간접원가예산에 미치는 영향이 없기 때문이다.

④ 고정제조간접원가 조업도차이

고정제조간접원가예산과 고정제조간접원가 표준배부액(SQ × SP)에 미치는 영향이 없기 때문이다.

POINT

(물음 1)

1. 원가차이분석표 안의 파란색 숫자는 표에서 곧바로 추정할 수 있는 것임

2. 불리한 원가차이는 왼쪽 수치가 그만큼 더 크고, 유리한 원가차이는 왼쪽 수치가 그만큼 더 작음

(물음 2)

조업도가 직접노동시간인 경우에는 직접노무원가와 변동제조간접원가의 AQ와 SQ가 같기 때문에 다음이 성립함

$$직접노무원가\ 능률차이 = 변동제조간접원가\ 능률차이 \times \frac{직접노동시간당\ 표준임률}{직접노동시간당\ 표준배부율}$$

(물음 4)

₩12,000,000은 연간 고정제조간접원가 예산임에 주의

1. 매출원가조정법

① 불리한 차이는 매출원가에 가산하고, 유리한 차이는 매출원가에서 차감하는 방법

② 원가차이조정 후에도 기말재고자산은 여전히 표준원가로 기록됨(단, 원재료는 구입가격차이일 경우)

③ 회계처리

<불리한 차이>	(차) 매출원가	×××	(대) 불리한 원가차이	×××
<유리한 차이>	(차) 유리한 원가차이	×××	(대) 매출원가	×××

2. 총원가 비례배분법

① 원가차이를 다음 계정의 총원가(기말잔액)의 상대적 비율에 따라 배분하는 방법(다만, 총원가 비례배분법은 간편법이므로 직접재료원가 구입가격차이를 직접재료원가 능률차이에 배분하지 않음)

구분	배분대상
직접재료원가 구입가격차이	원재료, 재공품, 제품, 매출원가
그 밖의 원가차이	재공품, 제품, 매출원가

② 회계처리

<불리한 차이>	(차) 원재료	×××	(대) 불리한 원가차이	×××
	재공품	×××		
	제품	×××		
	매출원가	×××		
<유리한 차이>	(차) 유리한 원가차이	×××	(대) 원재료	×××
			재공품	×××
			제품	×××
			매출원가	×××

3. 원가요소별 비례배분법

① 원가차이를 다음 계정의 해당되는 원가요소의 상대적 비율에 따라 배분하는 방법

구분	배분대상
직접재료원가 구입가격차이	원재료, 직접재료원가 능률차이, 재공품, 제품, 매출원가(직접재료원가의 상대적 비율)
직접재료원가 능률차이 (직접재료원가 가격차이)	재공품, 제품, 매출원가(직접재료원가의 상대적 비율)
가공원가 총차이*	재공품, 제품, 매출원가(가공원가의 상대적 비율)

* 제조간접원가 배부기준이 직접노무시간인 경우

② 원가차이조정 후의 기말재고자산과 매출원가가 실제원가계산과 동일한 금액으로 기록됨

③ 회계처리는 총원가 비례배분법과 동일함

당기에 설립된 ㈜헌인은 표준원가계산을 채택하고 있다. 다음은 표준원가로 기록된 계정과목별 당기의 기말잔액이다.

	원재료	재공품	제품	매출원가	합계
직접재료원가	₩100,000	₩80,000	₩160,000	₩560,000	₩900,000
가공원가	–	110,000	220,000	770,000	1,100,000
합계	₩100,000	₩190,000	₩380,000	₩1,330,000	₩2,000,000

가공원가는 원가차이가 발생하지 않았다.

※ 다음 각 물음은 서로 독립적이다.

(물음 1) 직접재료원가 구입가격차이가 ₩200,000 유리한 차이이고, 직접재료원가 능률차이가 ₩100,000 불리한 차이일 경우에 총원가 비례배분법에 의하여 원가차이를 조정하는 회계처리를 하시오.

(물음 2) 다음 각 경우에 원가요소별 비례배분법에 의하여 원가차이를 조정하시오.

	직접재료원가 구입가격차이	직접재료원가 능률차이
(1)	₩200,000 불리	₩100,000 불리
(2)	₩200,000 유리	₩100,000 불리
(3)	₩200,000 불리	₩100,000 유리
(4)	₩200,000 유리	₩100,000 유리

(물음 1) 총원가 비례배분법

① 비율

	원재료	재공품	제품	매출원가	합계
DM 구입가격차이	₩100,000	₩190,000	₩380,000	₩1,330,000	₩2,000,000
	5%	9.5%	19%	66.5%	100%
DM 능률차이	–	₩190,000	₩380,000	₩1,330,000	₩1,900,000
	–	10%	20%	70%	100%

② 조정액

	원재료	재공품	제품	매출원가	합계
DM 구입가격차이	₩(10,000)	₩(19,000)	₩(38,000)	₩(133,000)	₩(200,000)
DM 능률차이	–	10,000	20,000	70,000	100,000
	₩(10,000)	₩(9,000)	₩(18,000)	₩(63,000)	₩(100,000)

③ 회계처리

(차)	DM 구입가격차이	200,000	(대)	**원재료**	10,000
				재공품	9,000
				제품	18,000
				매출원가	63,000
				DM 능률차이	100,000

(물음 2) 원가요소별 비례배분법

(1) 구입가격차이 ₩200,000 U, 능률차이 ₩100,000 U

① 비율

	원재료	DM 능률차이	재공품	제품	매출원가	합계
DM 구입가격차이 [	₩100,000	₩100,000	₩80,000	₩160,000	₩560,000	₩1,000,000
	10%	10%	8%	16%	56%	100%
DM 능률차이 [	–	–	₩80,000	₩160,000	₩560,000	₩800,000
	–	–	10%	20%	70%	100%

② 조정액

	부호 반대				

	원재료	DM 능률차이	재공품	제품	매출원가	합계*1
DM 구입가격차이	₩20,000	₩20,000	₩16,000	₩32,000	₩112,000	₩200,000
DM 능률차이*2	–	(20,000)	12,000	24,000	84,000	100,000
	₩20,000	₩0	₩28,000	₩56,000	₩196,000	₩300,000

*1 우선적으로 불리한 차이는 양수(+)로, 유리한 차이는 음수(−)로 합계에 표기한 이후에 조정함

*2 배분할 DM 능률차이
  : 100,000(본래의 DM 능률차이) + 20,000(DM 구입가격차이로부터 배분된 금액) = ₩120,000

(2) 구입가격차이 ₩200,000 F, 능률차이 ₩100,000 U

① 비율

	원재료	DM 능률차이	재공품	제품	매출원가	합계
DM 구입가격차이 [	₩100,000	₩100,000	₩80,000	₩160,000	₩560,000	₩1,000,000
	10%	10%	8%	16%	56%	100%
DM 능률차이 [	–	–	₩80,000	₩160,000	₩560,000	₩800,000
	–	–	10%	20%	70%	100%

② 조정액

	부호 반대				

	원재료	DM 능률차이	재공품	제품	매출원가	합계
DM 구입가격차이	₩(20,000)	₩(20,000)	₩(16,000)	₩(32,000)	₩(112,000)	₩(200,000)
DM 능률차이*	–	20,000	8,000	16,000	56,000	100,000
	₩(20,000)	₩0	₩(8,000)	₩(16,000)	₩(56,000)	₩(100,000)

* 배분할 DM 능률차이
  : 100,000(본래의 DM 능률차이) + (20,000)(DM 구입가격차이로부터 배분된 금액) = ₩80,000

(3) 구입가격차이 ₩200,000 U, 능률차이 ₩100,000 F

① 비율

	원재료	DM 능률차이	재공품	제품	매출원가	합계
DM 구입가격차이	₩100,000	₩(100,000)	₩80,000	₩160,000	₩560,000	₩800,000
	12.5%	(12.5)%	10%	20%	70%	100%
DM 능률차이	–	–	₩80,000	₩160,000	₩560,000	₩800,000
	–	–	10%	20%	70%	100%

부호 반대

② 조정액

	원재료	DM 능률차이	재공품	제품	매출원가	합계
DM 구입가격차이	₩25,000	₩(25,000)	₩20,000	₩40,000	₩140,000	₩200,000
DM 능률차이*	–	25,000	(12,500)	(25,000)	(87,500)	(100,000)
	₩25,000	₩0	₩7,500	₩15,000	₩52,500	₩100,000

* 배분할 DM 능률차이
 : (100,000)(본래의 DM 능률차이) + (25,000)(DM 구입가격차이로부터 배분된 금액) = ₩(125,000)

(4) 구입가격차이 ₩200,000 F, 능률차이 ₩100,000 F

① 비율

	원재료	DM 능률차이	재공품	제품	매출원가	합계
DM 구입가격차이	₩100,000	₩(100,000)	₩80,000	₩160,000	₩560,000	₩800,000
	12.5%	(12.5)%	10%	20%	70%	100%
DM 능률차이	–	–	₩80,000	₩160,000	₩560,000	₩800,000
	–	–	10%	20%	70%	100%

부호 반대

② 조정액

	원재료	DM 능률차이	재공품	제품	매출원가	합계
DM 구입가격차이	₩(25,000)	₩25,000	₩(20,000)	₩(40,000)	₩(140,000)	₩(200,000)
DM 능률차이*	–	(25,000)	(7,500)	(15,000)	(52,500)	(100,000)
	₩(25,000)	₩0	₩(27,500)	₩(55,000)	₩(192,500)	₩(300,000)

* 배분할 DM 능률차이
 : (100,000)(본래의 DM 능률차이) + 25,000(DM 구입가격차이로부터 배분된 금액) = ₩(75,000)

참고 **(물음 2) (1) 구입가격차이 ₩200,000 U, 능률차이 ₩100,000 U**

(원재료 단위당 SP가 ₩10이라고 가정하면, 제조원가의 흐름은 다음과 같음)

[원가흐름]

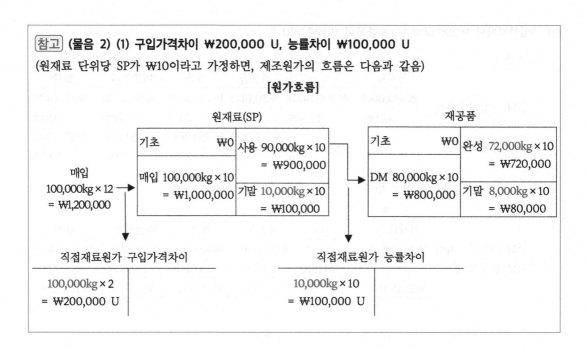

POINT

(물음 1) 총원가 비례배분법에 의한 직접재료원가 차이조정

구분	배분대상
DM 구입가격차이	원재료, 재공품, 제품, 매출원가(총원가의 상대적 비율)
DM 능률차이	재공품, 제품, 매출원가(총원가의 상대적 비율)

(물음 2) 원가요소별 비례배분법에 의한 직접재료원가 차이조정

1. 배분대상

구분	배분대상
DM 구입가격차이	원재료, DM 능률차이, 재공품, 제품, 매출원가(DM의 상대적 비율)
DM 능률차이	재공품, 제품, 매출원가(DM의 상대적 비율)

2. DM 능률차이는 조정 후 원가가 ₩0이어야 하므로 DM 구입가격차이로부터 배분된 금액이 양수면 아래 칸에 음수로, 음수면 아래 칸에 양수로 동일한 금액을 기록함

3. 배분할 DM 능률차이 = 본래의 DM 능률차이 + DM 구입가격차이로부터 배분된 금액

4. DM 능률차이가 유리한 차이면 'AQ < SQ'를 의미이므로 DM 구입가격차이의 배분비율을 계산할 때 DM 능률차이로의 배분비율은 (−)비율로 계산하여야 함

TOPIC 11 표준종합원가계산

1 표준종합원가계산 절차

1. 제품 단위당 표준원가가 매기 일정한 경우

① 원가흐름의 가정과 관계없이 완성품원가와 기말재공품원가가 동일할 것이므로 원가흐름의 가정이 불필요함

② 원가차이란 당기의 원가차이를 의미하며, 당기투입원가의 실제원가(AQ × AP 또는 실제FOH)와 허용된 표준원가(SQ × SP)의 차이임 → SQ는 재공품재고가 없는 경우에는 실제생산량을 의미하지만, 재공품재고가 있는 경우에는 당기완성품환산량을 의미함 → 표준종합원가계산은 당기완성품환산량에 관한 정보를 필요로 하므로 제품 단위당 표준원가가 매기 일정한 경우에는 선입선출법을 사용하여 제조원가보고서를 작성하도록 함

[제품 단위당 표준원가가 매기 일정한 경우 5단계]

구분	내용
[1단계] 물량흐름의 요약	선입선출법에 따름
[2단계] 완성품환산량 계산	당기완성품환산량(SQ)
[3단계] 배분할 원가 요약	• 생략가능함 • 기초재공품표준원가 = 기초재공품의 완성품환산량 × SP • 당기투입표준원가 = SQ × SP(즉, 2단계 × 4단계)
[4단계] 환산량 단위당 원가 계산	제품 단위당 표준원가(SP)
[5단계] 원가배분	
완성품표준원가*	완성품수량 × 제품 단위당 표준원가
기말재공품표준원가	기말재공품의 완성품환산량 × SP

* 선입선출법에 의한 완성품원가 계산방식으로 구하여도 됨
  완성품표준원가 = 기초재공품표준원가 + 완성품의 당기완성품환산량 × SP

2. 제품 단위당 표준원가가 매기 달라지는 경우

① 원가흐름의 가정이 필요함
② 원가흐름의 가정(평균법과 선입선출법)에 따라 제조원가보고서를 작성함
③ 표준종합원가계산은 원가차이분석을 위하여 당기완성품환산량에 관한 정보를 필요로 하므로 평균법에 따라 제조원가보고서를 작성할 경우에도 선입선출법에 의한 당기완성품환산량을 별도로 계산하여야 함

2 공손이 있는 표준종합원가계산

1. 정상제품 단위당 표준원가

> • 정상공손 단위당 표준원가 = 단위당 표준직접재료원가 × 재료원가완성도
>   + 단위당 표준가공원가 × 가공원가완성도(검사시점)
> • 정상제품 단위당 정상공손허용액 = 정상공손 단위당 표준원가 × 정상공손허용률
> • 정상제품 단위당 표준원가 = 제품 단위당 표준원가 + 정상제품 단위당 정상공손허용액

• **정상제품 단위당 정상공손허용액** : 정상제품 1개에 배분되는 정상공손표준원가(또는 정상제품 1개로 인해 발생하는 정상공손표준원가)를 의미함
• **정상제품 단위당 표준원가** : 정상공손원가배분 후 정상제품 단위당 표준원가를 의미함

예제

• 제품 단위당 표준원가 : @1,000(표준직접재료원가 : @600, 표준가공원가 : @400)
• 원재료는 공정의 초기에 모두 투입, 가공원가는 공정 전반에 걸쳐 균등하게 발생
• 검사시점 : 70%
• 정상공손허용률 : 합격품의 10%

풀이

1. 정상공손 단위당 표준원가 : 600 × 100% + 400 × 70% = @880
2. 정상제품 단위당 정상공손허용액 : 880 × 10% = @88
3. 정상제품 단위당 표준원가 : 1,000 + 88 = @1,088

---

2. 정상공손수량과 비정상공손수량

공손수량이 정상공손허용수량보다 적은 경우에는 실제종합원가계산과 표준종합원가계산의 정상공손수량과 비정상공손수량이 차이가 발생함

[실제종합원가계산에서의 부(−)의 비정상공손수량]

구분		내용
공손수량 < 정상공손허용수량	정상공손수량	공손수량 전체
	비정상공손수량	0(부(−)의 비정상공손수량을 인식하지 않음)

[표준종합원가계산에서의 부(−)의 비정상공손수량]

구분		내용
공손수량 < 정상공손허용수량	정상공손수량	정상공손허용수량과 일치
	비정상공손수량	부(−)의 비정상공손수량 (정상공손허용수량에 미달한 수량)

3. 공손원가를 별도로 계산하는 방법(분리계산법 − 일반적인 방법)

(1) 제품 단위당 표준원가가 매기 일정한 경우

표준종합원가계산의 논리(제품 단위당 표준원가가 매기 일정한 경우) + 공손이 있는 실제종합원가계산의 논리

[제품 단위당 표준원가가 매기 일정한 경우 5단계 − 공손 존재]

구분	내용
[1단계] 물량흐름의 요약	사전에 정상공손수량과 비정상공손수량을 파악하며, 선입선출법에 따라 요약함
[2단계] 완성품환산량 계산	당기완성품환산량(SQ)
[3단계] 배분할 원가 요약	• 생략가능함 • 기초재공품표준원가(①) = 기초재공품의 완성품환산량 × SP • 당기투입표준원가 = SQ × SP(즉, 2단계 × 4단계)
[4단계] 환산량 단위당 원가 계산	제품 단위당 표준원가(SP)
[5단계] 원가배분	
완성품표준원가(②)	완성품수량 × 제품 단위당 표준원가
정상공손표준원가	정상공손의 완성품환산량 × SP
비정상공손표준원가(④)	비정상공손의 완성품환산량 × SP
기말재공품표준원가	기말재공품의 완성품환산량 × SP
	원가배분 후 정상공손원가의 추가배분이 필요함(③)

① 기초재공품이 전기에 검사를 통과한 경우에는 기초재공품표준원가에 전기정상공손원가배분액을 포함하여야 함에 주의(심화학습)

$$\text{기초재공품표준원가 = 기초재공품의 완성품환산량 × SP}$$
$$\text{+ 기초재공품수량 × 정상제품 단위당 정상공손허용액}$$

② 기초재공품이 전기에 검사를 통과한 경우에는 정상공손원가배분 전 완성품표준원가는 다음과 같이 선입선출법에 의한 완성품원가 계산방식으로 구하여야 함에 주의

$$\text{정상공손원가배분 전 완성품표준원가 = 기초재공품표준원가}$$
$$\text{+ 완성품의 당기완성품환산량 × SP}$$

③ 제품 단위당 표준원가가 매기 일정한 경우에 정상공손원가배분 후 완성품표준원가를 구하는 간편법

$$\text{정상공손원가배분 후 완성품표준원가 = 완성품수량 × 정상제품 단위당 표준원가}$$

④ (+)의 비정상공손표준원가는 비정상공손차이계정 차변에 대체(불리한 비정상공손차이)되어 영업외비용(기타비용)으로 처리되고, (−)의 비정상공손표준원가는 비정상공손차이계정 대변에 대체(유리한 비정상공손차이)되어 영업외수익(기타수익)으로 처리됨

(2) 제품 단위당 표준원가가 매기 달라지는 경우

표준종합원가계산의 논리(제품 단위당 표준원가가 매기 달라지는 경우) + 공손이 있는 실제종합원가계산의 논리

4. 공손원가를 별도로 계산하지 않는 방법(비분리계산법)

① 정상공손원가와 비정상공손원가를 별도로 계산하지 않는 방법

② [2단계]에서 공손의 완성품환산량을 계산하지 않으며, [4단계]에서 완성품환산량 단위당 원가로 정상제품 단위당 표준원가를 사용함

③ 비정상공손원가가 별도로 분리되지 않고 원가차이 중에서 직접재료원가 능률차이, 직접노무원가 능률차이, 변동제조간접원가 능률차이 및 고정제조간접원가 조업도차이에 포함됨(∵ 비정상공손의 완성품환산량만큼 SQ가 감소하기 때문)

④ 문제점

ㄱ. 검사시점을 통과하지 않은 기말재공품에도 정상공손원가가 배분되는 결과가 발생함(∵ 정상제품 단위당 표준원가를 사용하여 원가배분을 하기 때문)

ㄴ. 기간원가로 처리해야 할 비정상공손원가가 제품원가로 처리됨(∵ 비정상공손원가를 별도로 계산하지 않기 때문)

㈜대한은 단일공정에서 단일제품을 생산하며, 직접노무시간을 기준으로 제조간접원가를 배부하는 표준종합원가계산을 채택하고 있다. 직접재료는 공정 초기에 전량 투입되고 가공원가는 공정 전반에 걸쳐서 균등하게 발생한다. 당기 원가계산과 관련된 자료는 다음과 같다.

① 제품 단위당 표준원가(매기 일정함)

	표준수량	표준가격	표준원가
직접재료원가	2ℓ	₩25/ℓ	₩50
직접노무원가	4시간	₩2/시간	8
변동제조간접원가	4시간	₩4/시간	16
고정제조간접원가	4시간	₩4/시간	16
제품 단위당 표준원가			₩90

② 물량 자료

	물량	
기초재공품	1,000개	(가공원가완성도 40%)
당기착수량	9,000개	
당기완성량	7,500개	
공손품	1,000개	
기말재공품	1,500개	(가공원가완성도 90%)

③ 기타 자료

직접재료 실제사용량	20,000ℓ
실제직접노무시간	38,000시간
기준조업도	40,000시간

④ 품질검사는 공정의 75% 완성시점에서 이루어지는데 품질검사를 합격한 수량의 10%에 해당하는 공손수량은 정상적인 것으로 간주한다.

⑤ 당기에 직접재료원가 가격차이, 직접노무원가 가격차이, 변동제조간접원가 소비차이, 고정제조간접원가 소비차이는 발생하지 않았다.

⑥ 재고자산은 선입선출법을 적용하여 평가하고 있다.

(물음 1) 정상제품 단위당 정상공손허용액과 정상제품 단위당 표준원가를 구하시오.

(물음 2) 공손원가를 별도로 계산하는 표준종합원가계산방법에 의하여 다음을 구하시오.

    (1) 기초재공품표준원가

    (2) 완성품표준원가

    (3) 기말재공품표준원가

    (4) 비정상공손표준원가

    (5) 변동제조원가의 각 능률차이 및 고정제조간접원가의 조업도차이

(물음 3) 공손원가를 별도로 계산하지 않는 표준종합원가계산방법에 의하여 다음을 구하시오.

    (1) 기초재공품표준원가

    (2) 완성품표준원가

    (3) 기말재공품표준원가

    (4) 변동제조원가의 각 능률차이 및 고정제조간접원가의 조업도차이

(물음 4) 공손원가를 별도로 계산하지 않는 표준종합원가계산방법에 의할 경우 다음을 간략히 서술하시오.

    (1) 비정상공손원가는 어디에 포함되는가?

    (2) 이 방법의 문제점은 무엇인가?

해커스 강경태 CPA 파이널 2차 원가관리회계

(물음 1) 정상제품 단위당 표준원가

① 정상공손 단위당 표준원가 : 50 × 100% + 40 × 75% = 50 + 30 = @80

② 정상제품 단위당 정상공손허용액 : 80 × 10% = **@8**

③ 정상제품 단위당 표준원가 : 90 + 8 = **@98**

   (재료원가 : 50 + 50 × 10% = @55, 가공원가 : 40 + 30 × 10% = @43)

(물음 2) 공손원가를 별도로 계산하는 방법(분리계산법)

① 정상공손수량과 비정상공손수량

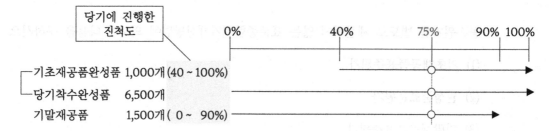

  정상공손수량 : (7,500개 + 1,500개) × 10% = 900개

  비정상공손수량 : 1,000개 − 900개 = 100개

② 완성품원가 등

<u>선입선출법</u>

	[1] 물량흐름		[2] 당기완성품환산량(SQ)	
			재료원가(0%)	가공원가
기초재공품	1,000			
당기착수	9,000			
	10,000개			
완성품				
┌ 기초재공품	1,000	(40 ~ 100%)	0	600
└ 당기착수	6,500		6,500	6,500
정상공손	900	(0 ~ 75%)	900	675
비정상공손	100	(0 ~ 75%)	100	75
기말재공품	1,500	(0 ~ 90%)	1,500	1,350
	10,000개		9,000개	9,200개

[3] 배분할 원가(표준원가)			합계
기초재공품[2]			₩66,000
당기투입[1]	₩450,000	₩368,000	818,000
			₩884,000
[4] 환산량 단위당 원가(SP)	@50	@40	

[5] 원가배분(표준원가)

완성품	7,500개 × 90		=	₩675,000
정상공손	900개 × 50	+ 675개 × 40	=	72,000
비정상공손	100개 × 50	+ 75개 × 40	=	8,000
기말재공품	1,500개 × 50	+ 1,350개 × 40	=	129,000
				₩884,000

[추가배분]

	배분전원가	정상공손원가배분[3]	배분후원가
완성품	₩675,000	₩60,000	₩735,000
정상공손	72,000	(72,000)	0
비정상공손	8,000		8,000
기말재공품	129,000	12,000	141,000
	₩884,000	₩0	₩884,000

[1] 당기투입표준원가는 'SQ × SP'이므로 다음과 같이 역산함

　재료원가 : 9,000개 × 50 = ₩450,000

　가공원가 : 9,200개 × 40 = ₩368,000

[2] 기초재공품표준원가(= 기초재공품의 완성품환산량 × SP)

　: (1,000개 - 0개) × 50 + (1,000개 - 600개) × 40 = ₩66,000

[3] 완성품 : 기말재공품 = 7,500 : 1,500(당기정상공손원가를 당기합격품수량 기준으로 배분함)

(1) 기초재공품표준원가 : ₩66,000

(2) 완성품표준원가 : ₩735,000*

(3) 기말재공품표준원가 : ₩141,000

(4) 비정상공손표준원가 : ₩8,000

　　* 다음과 같이 구할 수도 있음(간편법)

　　　정상공손원가배분 후 완성품표준원가 : 7,500개 × 98(정상제품 단위당 표준원가) = ₩735,000

(5) 원가차이분석

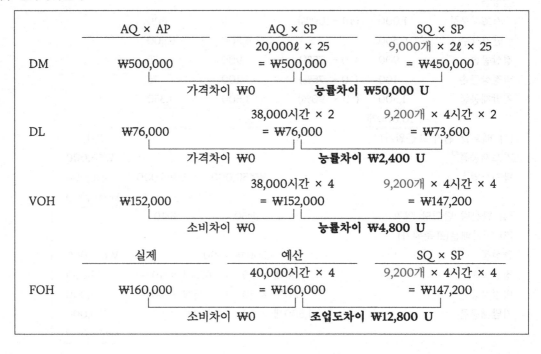

	AQ × AP	AQ × SP	SQ × SP
DM	₩500,000	20,000ℓ × 25 = ₩500,000	9,000개 × 2ℓ × 25 = ₩450,000
		가격차이 ₩0　　**능률차이 ₩50,000 U**	
DL	₩76,000	38,000시간 × 2 = ₩76,000	9,200개 × 4시간 × 2 = ₩73,600
		가격차이 ₩0　　**능률차이 ₩2,400 U**	
VOH	₩152,000	38,000시간 × 4 = ₩152,000	9,200개 × 4시간 × 4 = ₩147,200
		소비차이 ₩0　　**능률차이 ₩4,800 U**	
	실제	예산	SQ × SP
FOH	₩160,000	40,000시간 × 4 = ₩160,000	9,200개 × 4시간 × 4 = ₩147,200
		소비차이 ₩0　　**조업도차이 ₩12,800 U**	

(물음 3) 공손원가를 별도로 계산하지 않는 방법(비분리계산법)

선입선출법

	[1] 물량흐름	[2] 당기완성품환산량(SQ)	
		재료원가(0%)	가공원가
기초재공품	1,000		
당기착수	9,000		
	10,000개		
완성품			
┌ 기초재공품	1,000 (40 ~ 100%)	0	600
└ 당기착수	6,500	6,500	6,500
정상공손	900 (0 ~ 75%)	—	—
비정상공손	100 (0 ~ 75%)	—	—
기말재공품	1,500 (0 ~ 90%)	1,500	1,350
	10,000개	8,000개	8,450개

				합계
[3] 배분할 원가(표준원가)				
기초재공품*2				₩72,200
당기투입*1		₩440,000	₩363,350	803,350
				₩875,550 ┐
[4] 환산량 단위당 원가(SP)		@55	@43	
[5] 원가배분(표준원가)				
완성품		7,500개 × 98	=	₩735,000
기말재공품	1,500개 × 55 + 1,350개 × 43 =			140,550
				₩875,550 ┘

*1 당기투입표준원가는 'SQ × SP'이므로 다음과 같이 역산함
   재료원가 : 8,000개 × 55 = ₩440,000
   가공원가 : 8,450개 × 43 = ₩363,350
*2 기초재공품표준원가(= 기초재공품의 완성품환산량 × SP)
   : (1,000개 − 0개) × 55 + (1,000개 − 600개) × 43 = ₩72,200

(1) **기초재공품표준원가 : ₩72,200**

(2) **완성품표준원가 : ₩735,000**

(3) **기말재공품표준원가 : ₩140,550**

(4) 원가차이분석

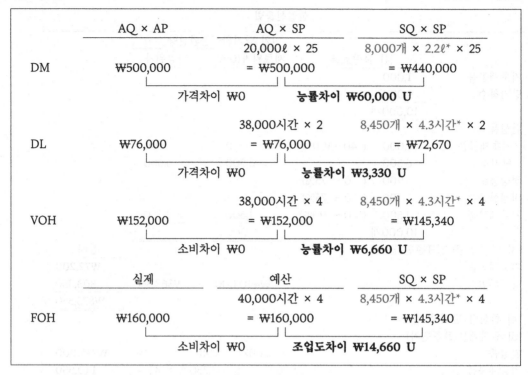

	AQ × AP	AQ × SP	SQ × SP
DM	₩500,000	20,000ℓ × 25 = ₩500,000	8,000개 × 2.2ℓ* × 25 = ₩440,000

가격차이 ₩0 　　 **능률차이 ₩60,000 U**

DL	₩76,000	38,000시간 × 2 = ₩76,000	8,450개 × 4.3시간* × 2 = ₩72,670

가격차이 ₩0 　　 **능률차이 ₩3,330 U**

VOH	₩152,000	38,000시간 × 4 = ₩152,000	8,450개 × 4.3시간* × 4 = ₩145,340

소비차이 ₩0 　　 **능률차이 ₩6,660 U**

	실제	예산	SQ × SP
FOH	₩160,000	40,000시간 × 4 = ₩160,000	8,450개 × 4.3시간* × 4 = ₩145,340

소비차이 ₩0 　　 **조업도차이 ₩14,660 U**

* 공손원가를 별도로 계산하지 않는 방법에서는 SQ 계산 시 정상공손허용량을 포함한 정상제품 단위당 표준수량을 적용함
　재료원가 : 2ℓ + 2ℓ × 100% × 10% = 2.2ℓ
　가공원가 : 4시간 + 4시간 × 75% × 10% = 4.3시간

(물음 4) 공손원가를 별도로 계산하지 않는 방법

(1) 비정상공손원가

비정상공손원가가 별도로 분리되지 않고 원가차이 중에서 직접재료원가 능률차이, 직접노무원가 능률차이, 변동제조간접원가 능률차이 및 고정제조간접원가 조업도차이에 포함된다(비정상공손의 완성품환산량만큼 SQ가 감소하고 그만큼 불리한 능률차이와 조업도차이가 커지게 됨).

(2) 문제점

① 검사시점을 통과하지 않은 기말재공품에도 정상공손원가가 배분되는 결과가 발생한다.
② 기간원가로 처리해야 할 비정상공손원가가 제품원가로 처리된다.

<공손원가를 별도로 계산하는 방법>

재공품			
기초	66,000	당기제품제조원가	735,000
직접재료원가	450,000	비정상공손손실	8,000
가공원가	368,000	기말	141,000
	884,000		884,000

<공손원가를 별도로 계산하지 않는 방법>

재공품			
기초	72,200	당기제품제조원가	735,000
직접재료원가	440,000		
가공원가	363,350	기말	140,550
	875,550		875,550

POINT

(물음 2), (물음 3)

[SQ의 의미]

구분	SQ
재공품이 없는 경우	실제생산량(또는 실제생산량에 허용된 표준수량)
재공품이 있는 경우	당기완성품환산량(또는 당기완성품환산량에 허용된 표준수량)

(물음 2) 공손원가를 별도로 계산하는 방법

1. 원칙적으로 '표준종합원가계산의 논리 + 공손이 있는 실제종합원가계산의 논리'를 적용함

2. [2단계]에서 공손의 완성품환산량을 계산하며, [4단계]에서 완성품환산량 단위당 원가로 제품 단위당 표준원가를 사용함

3. 선입선출법을 적용하여 재고자산을 평가하므로 정상공손원가배분 시 선입선출법에 따라 배분함

4. 기초재공품이 당기에 검사를 통과하고, 단위당 표준원가가 매기 일정한 경우에는 정상공손원가배분 전 완성품표준원가를 다음과 같은 간편법으로 쉽게 구할 수 있음

> 정상공손원가배분 전 완성품표준원가 = 완성품수량 × 제품 단위당 표준원가

5. 제품 단위당 표준원가가 매기 일정한 경우에는 정상공손원가배분 후 완성품표준원가를 다음과 같은 간편법으로 쉽게 구할 수 있음

> 정상공손원가배분 후 완성품표준원가 = 완성품수량 × 정상제품 단위당 표준원가

(물음 3) 공손원가를 별도로 계산하지 않는 방법

1. [2단계]에서 공손의 완성품환산량을 계산하지 않으며, [4단계]에서 완성품환산량 단위당 원가로 정상제품 단위당 표준원가를 사용함

2. SQ는 '당기완성품환산량 × 정상공손허용량을 포함한 정상제품 단위당 표준수량'임

단일공정을 통해 제품을 생산하는 ㈜한국은 표준원가를 이용한 종합원가계산제도를 사용하고 있다. 전기와 당기에 설정한 ㈜한국의 제품단위당 표준원가는 다음과 같다.

<전기의 제품단위당 표준원가>

구분	표준수량	표준가격	표준원가
직접재료원가	4kg	₩20	₩80
직접노무원가	2시간	20	40
변동제조간접원가	2시간	20	40
고정제조간접원가	2시간	40	80
			₩240

<당기의 제품단위당 표준원가>

구분	표준수량	표준가격	표준원가
직접재료원가	4kg	₩25	₩100
직접노무원가	2시간	20	40
변동제조간접원가	2시간	20	40
고정제조간접원가	2시간	50	100
			₩280

직접재료는 공정초기에 40%가 투입되고, 나머지는 공정전반에 걸쳐 균등하게 투입된다. 가공원가는 공정전반에 걸쳐서 균등하게 발생한다. ㈜한국은 선입선출법을 적용하며, 당기의 생산과 관련된 자료는 다음과 같다. 단, 괄호 안의 수치는 가공원가의 완성도를 의미한다.

구분	물량단위
기초재공품	2,000단위 (50%)
당기투입	12,000단위
완성품	10,000단위
기말재공품	4,000단위 (20%)

(물음 1) 당기의 완성품원가와 기말재공품원가를 구하시오.

(물음 2) 당기에 실제발생한 직접재료와 관련된 원가자료 및 차이분석 결과가 다음과 같을 때, 당기의 직접재료 실제사용량과 단위당 실제구입가격을 구하시오. (단, 전기에 구입된 직접재료는 전기에 다 사용되어, 당기로 이월되지 않았음을 가정한다.)

직접재료 당기구입량	: 당기사용량의 1.2배
직접재료원가 수량차이(사용시점에서 분리)	: ₩82,000 (불리한 차이)
직접재료원가 가격차이(구입시점에서 분리)	: ₩110,400 (유리한 차이)

(물음 3) ㈜한국은 당기 제조간접원가를 직접노무시간을 기준으로 배부한다. 당기의 기준조업도는 12,000개이며, 실제 제조간접원가 발생액은 ₩1,580,000이었다. 위의 자료를 이용하여 제조간접원가의 예산차이와 조업도차이를 계산하시오. (단, 유리한 차이 또는 불리한 차이를 표시하시오.)

(물음 1) 완성품원가와 기말재공품원가

<u>선입선출법</u>

	[1] 물량흐름		[2] 당기완성품환산량(SQ)	
			재료원가	가공원가
기초재공품	2,000			
당기착수	12,000			
	14,000단위			
완성품				
┌ 기초재공품	2,000	(50 ~ 100%)	600[*1]	1,000
└ 당기착수	8,000		8,000	8,000
기말재공품	4,000	(0 ~ 20%)	2,080[*2]	800
	14,000단위		10,680단위	9,800단위

[3] 배분할 원가(표준원가)			합계
기초재공품[*4]			₩272,000
당기투입[*3]	₩1,068,000	₩1,764,000	2,832,000
			₩3,104,000

[4] 환산량 단위당 원가(당기 SP)　　　　@100　　　　@180

[5] 원가배분(표준원가)

완성품　　　272,000 + 8,600단위 × 100 + 9,000단위 × 180 = **₩2,752,000**

기말재공품　　　　　　　2,080단위 × 100 +　800단위 × 180 = **352,000**

　　　　　　　　　　　　　　　　　　　　　　　　　　₩3,104,000

[*1] 2,000단위 × (0.6 × 0.5) = 600단위

[*2] 4,000단위 × (0.4 + 0.6 × 0.2) = 2,080단위

[*3] 당기투입표준원가는 'SQ × SP'이므로 다음과 같이 역산한다.

　　재료원가 : 10,680단위 × 100 = ₩1,068,000

　　가공원가 :　9,800단위 × 180 = ₩1,764,000

[*4] 기초재공품표준원가(= 기초재공품의 완성품환산량 × 전기 SP)

　　 : (2,000단위 − 600단위) × 80 + (2,000단위 − 1,000단위) × 160 = ₩272,000

(물음 2) 직접재료원가 차이분석

	$AQ_p \times AP$	$AQ_p \times SP$
	46,000kg × 1.2 × **23**	46,000kg × 1.2 × 25
DM	= ₩1,269,600 ←	= ₩1,380,000
	−110,400	
	구입가격차이 ₩110,400 F	

	$AQ \times SP$	$SQ \times SP$
	46,000kg × 25	10,680단위 × 4kg × 25
	= ₩1,150,000 ←	= ₩1,068,000
	+82,000	
	능률차이 ₩82,000 U	

∴ **직접재료 실제사용량 : 46,000kg, 단위당 실제구입가격 : @23**

(물음 3) 제조간접원가 차이분석 − 2분법

	실제원가	실제투입량 변동예산	실제산출량 변동예산	표준원가
VOH	?	?	9,800단위 × 2시간 × 20 = ₩392,000	= 9,800단위 × 2시간 × 20 = ₩392,000
FOH	?	?	= 12,000단위 × 2시간 × 50 = ₩1,200,000	9,800단위 × 2시간 × 50 = ₩980,000
OH	₩1,580,000	?	₩1,592,000	₩1,372,000
2분법	예산차이 ₩12,000 F		조업도차이 ₩220,000 U	

POINT

(물음 1) 단위당 표준원가가 매기 달라지는 경우

1. 원가흐름의 가정(여기서는 선입선출법)에 따라 제조원가보고서를 작성함

2. 만일 원가흐름의 가정이 평균법이었다면, 원가차이분석을 위하여 선입선출법에 의한 당기완성품환산량을 별도로 계산하여야 함

3. 전기와 당기의 단위당 표준원가가 다르므로 완성품표준원가는 다음과 같이 선입선출법에 의한 완성품원가 계산방식으로 구하여야 함에 주의

> 완성품표준원가 = 기초재공품표준원가 + 완성품의 당기완성품환산량 × SP

4. 직접재료의 투입시기가 일반적이지 않음에 주의

㈜한국은 단일공정을 통해 단일제품 X를 생산하여 판매하고 있다. 회사는 전부원가계산에 의한 표준원가계산제도를 채택하고 있으며, 분리계산법을 적용하고 있다. 20×1년 제품 단위당 표준원가를 설정하기 위한 예산자료는 다음과 같다.

- 직접재료원가 : 제품 1단위를 생산하기 위해서는 5kg의 직접재료가 공정의 50% 시점에서 전량 투입되어 가공된다. 직접재료 1kg당 표준가격은 ₩10이다. 제품에 대한 공손검사는 공정의 60% 시점에서 이루어지며, 검사를 통과한 합격품의 10%에 해당하는 공손수량은 정상적인 것으로 간주한다. 공손품은 발생 즉시 처분가치 없이 전량 폐기된다.

- 직접노무원가 : 직접노무인력은 숙련공과 미숙련공으로 구분된다. 제품 1단위를 생산하는데 숙련공 직접노무시간 2시간과 미숙련공 직접노무시간 2시간이 필요하다. 숙련공과 미숙련공의 표준임률은 각각 시간당 ₩12과 ₩8이다. 직접노무원가는 공정 전반에 걸쳐 균등하게 발생한다.

- 제조간접원가 : 제조간접원가는 직접노무시간을 기준으로 배부한다. 변동제조간접원가 표준배부율은 직접노무원가 표준임률의 50%이다. 20×1년 고정제조간접원가 예산은 ₩24,000이며, 연간 기준조업도는 2,400직접노무시간이다. 제조간접원가는 공정 전반에 걸쳐 균등하게 발생한다.

㈜한국의 20×1년 실제 생산 및 원가자료는 다음과 같다.

- 기초재공품 : 100단위(전환원가 완성도 80%)
  완 성 품 : 800단위
  공 손 수 량 : 100단위
  기말재공품 : 100단위(전환원가 완성도 40%)
  판 매 량 : 600단위
  기초제품재고는 없다.

- 실제직접재료구입원가는 ₩48,000(= 6,000kg × ₩8)이었으며, 당기에 실제사용직접재료원가는 ₩40,000이었다. 직접재료 가격차이는 구입시점에서 분리한다. 기초직접재료는 없으며, 직접재료는 외상으로 매입하였다.

- 직접노무인력별 실제직접노무시간과 실제직접노무원가는 다음과 같다.

구분	실제직접노무시간	실제직접노무원가
숙련공	2,100시간	₩23,100
미숙련공	1,900시간	₩17,100
합계	4,000시간	₩40,200

- 실제변동제조간접원가는 ₩21,000이었고, 실제고정제조간접원가는 ₩25,000이었다.

(물음 1) 아래 양식을 완성하시오. (단, 제조간접원가는 숙련공과 미숙련공의 직접노무시간을 구분하지 않고 작성하도록 한다.)

구분		표준수량	표준가격	표준원가
직접재료원가				
직접노무원가	숙련공			
	미숙련공			
변동제조간접원가				
고정제조간접원가				
제품 단위당 표준원가				
정상품 단위당 정상공손허용액				
정상품 단위당 표준원가				

※ 위의 (물음 1)을 이용하여 다음 물음에 답하시오. (단, 전기와 당기의 단위당 표준원가는 동일하며, 원가차이에 대해 유리한 차이는 F, 불리한 차이는 U로 표시하시오.)

(물음 2) 기초재공품원가, 완성품원가, 기말재공품원가, 비정상공손원가를 각각 계산하시오.

(물음 3) 직접재료원가의 구입가격차이와 수량차이를 각각 계산하시오.

(물음 4) (물음 3)에서 계산된 직접재료원가차이를 원가요소별 비례배분법을 통해 배분할 경우, 이를 조정하기 위한 분개를 각각 제시하시오.

(물음 5) 직접노무원가의 임률차이, 배합차이, 수율차이를 각각 계산하시오.

(물음 6) 변동제조간접원가의 소비차이와 능률차이, 고정제조간접원가의 예산차이와 조업도차이를 각각 계산하시오.

(물음 1) 정상품 단위당 표준원가

구분		표준수량	표준가격	표준원가
직접재료원가		5kg	@10	@50
직접노무원가	숙련공	2시간	@12	24
	미숙련공	2시간	@8	16
변동제조간접원가		4시간	@5[*1]	20
고정제조간접원가		4시간	@10[*2]	40
제품 단위당 표준원가				@150
정상품 단위당 정상공손허용액				11[*3]
정상품 단위당 표준원가				@161

[*1] 변동제조간접원가 표준배부율 : $\dfrac{(2시간 \times 12 + 2시간 \times 8) \times 50\%}{4시간}$ = @5

[*2] 고정제조간접원가 표준배부율 : $\dfrac{24,000}{2,400시간}$ = @10

[*3] 정상공손 단위당 표준원가 : 50 × 100% + (24 + 16 + 20 + 40) × 60% = @110
　　정상품 단위당 정상공손허용액 : 110 × 10% = @11

(물음 2) 완성품원가 등

① 정상공손수량과 비정상공손수량

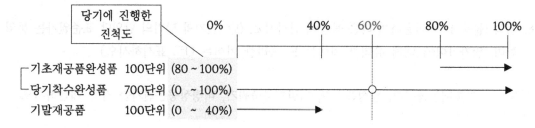

　정상공손수량 : 700단위 × 10% = 70단위
　비정상공손수량 : 100단위 - 70단위 = 30단위

② 완성품원가 등

<u>선입선출법</u>

	[1단계] 물량흐름		[2단계] 당기완성품환산량(SQ)	
			재료원가(50%)	전환원가
완성품				
┌기초재공품	100	(80 ~ 100%)	0	20
└당기착수	700		700	700
정상공손	70	(0 ~ 60%)	70	42
비정상공손	30	(0 ~ 60%)	30	18
기말재공품	100	(0 ~ 40%)	0	40
	1,000단위		800단위	820단위

[3단계] 배분할 원가(표준원가)			합계
기초재공품[*2]			**₩14,100**
당기투입[*1]	₩40,000	₩82,000	122,000
			₩136,100 ┐
[4단계] 환산량 단위당 원가(SP)	@50	@100	

[5단계] 원가배분(표준원가)

완성품	14,100 + 700단위 × 50 + 720단위 × 100 =	₩121,100
정상공손	70단위 × 50 + 42단위 × 100 =	7,700
비정상공손	30단위 × 50 + 18단위 × 100 =	**3,300**
기말재공품	40단위 × 100 =	**4,000**
		₩136,100 ┘

[*1] 당기투입표준원가는 'SQ × SP'이므로 다음과 같이 역산한다.
　재료원가 : 800단위 × 50 = ₩40,000
　가공원가 : 820단위 × 100 = ₩82,000
[*2] 기초재공품표준원가(= 기초재공품의 완성품환산량 × SP + 전기정상공손원가배분액)
　: (100단위 − 0단위) × 50 + (100단위 − 20단위) × 100 + 100단위 × 11 = ₩14,100

∴ **기초재공품원가 : ₩14,100, 완성품원가 : 121,100 + 7,700[*1] = ₩128,800[*2]**
　기말재공품원가 : ₩4,000, 비정상공손원가 : ₩3,300

[*1] 기말재공품이 검사를 통과하지 않았으므로 정상공손원가를 완성품에만 배분함
[*2] 다음과 같이 구할 수도 있음(간편법)
　정상공손원가배분 후 완성품표준원가 : 800단위 × 161(정상품 단위당 표준원가) = ₩128,800

(물음 3) 직접재료원가 차이분석

$$
\begin{array}{ccc}
& \underline{AQ_p \times AP} & \underline{AQ_p \times SP} \\
& 6{,}000\text{kg} \times 8 & 6{,}000\text{kg} \times 10 \\
\text{DM} & = ₩48{,}000 & = ₩60{,}000
\end{array}
$$

구입가격차이 ₩12,000 F

$$
\begin{array}{cc}
\underline{AQ \times SP} & \underline{SQ \times SP} \\
5{,}000\text{kg}^* \times 10 & 800\text{단위} \times 5\text{kg} \times 10 \\
= ₩50{,}000 & = ₩40{,}000
\end{array}
$$

수량차이 ₩10,000 U

* 40,000 ÷ 8 = 5,000kg

(물음 4) 원가차이조정

원가요소별 비례배분법에 의한 당기 직접재료원가차이의 조정이므로 당기 표준직접재료원가의 상대적 비율에 따라 배분하여야 하며, 기초재공품은 당기에 모두 판매되었다고 가정한다.

① 비율

	원재료[1]	DM 수량차이	비정상공손[2]	제품[3]	매출원가[4]	합계
DM 구입가격차이	₩10,000	₩10,000	₩1,500	₩11,000	₩27,500	₩60,000
	10/60	10/60	1.5/60	11/60	27.5/60	1
DM 수량차이	–	–	₩1,500	₩11,000	₩27,500	₩40,000
	–	–	1.5/40	11/40	27.5/40	1

[1] (6,000kg − 5,000kg) × 10 = ₩10,000

[2] 30단위 × 50 = ₩1,500

[3] 200단위 × (50 + 50 × 10%) = ₩11,000

[4] (600단위 − 100단위) × (50 + 50 × 10%) = ₩27,500

② 조정액

부호 반대

	원재료	DM 수량차이	비정상공손	제품	매출원가	합계[1]
DM 구입가격차이	₩(2,000)	₩(2,000)	₩(300)	₩(2,200)	₩(5,500)	₩(12,000)
DM 수량차이[2]	–	2,000	300	2,200	5,500	10,000
	₩(2,000)	₩0	₩0	₩0	₩0	₩(2,000)

[1] 우선적으로 불리한 차이는 양수(+)로, 유리한 차이는 음수(-)로 합계에 표기한 이후에 조정한다.

[2] 배분할 직접재료원가 수량차이
: 10,000(본래의 DM 수량차이) + (2,000)(DM 구입가격차이로부터 배분된 금액) = ₩8,000

③ 회계처리

[직접재료원가 구입가격차이]

(차) 직접재료원가 구입가격차이	12,000	(대) 원재료	2,000
		직접재료원가 수량차이	2,000
		비정상공손	300
		제품	2,200
		매출원가	5,500

[직접재료원가 수량차이]

(차) 비정상공손	300	(대) 직접재료원가 수량차이	8,000
제품	2,200		
매출원가	5,500		

(물음 5) 직접노무원가 차이분석

<표준배합> 숙련공 : 미숙련공 = 2시간 : 2시간 = 50% : 50%

	AQ × AP	AQ × SP	AQ′ × SP	SQ × SP
숙련공	₩23,100	2,100시간 × 12 = ₩25,200	4,000시간* × 0.5 × 12 = ₩24,000	820단위 × 2시간 × 12 = ₩19,680
미숙련공	₩17,100	1,900시간 × 8 = ₩15,200	4,000시간* × 0.5 × 8 = ₩16,000	820단위 × 2시간 × 8 = ₩13,120
	₩40,200	₩40,400	₩40,000	₩32,800

임률차이 ₩200 F　　배합차이 ₩400 U　　수율차이 ₩7,200 U

능률차이 ₩7,600 U

* 총실제직접노무시간 : 2,100시간 + 1,900시간 = 4,000시간

(물음 6) 변동제조간접원가 및 고정제조간접원가 차이분석

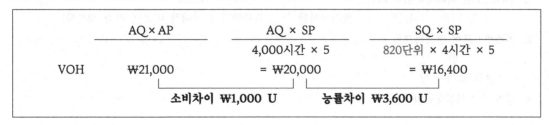

	AQ × AP	AQ × SP	SQ × SP
VOH	₩21,000	4,000시간 × 5 = ₩20,000	820단위 × 4시간 × 5 = ₩16,400

소비차이 ₩1,000 U　　능률차이 ₩3,600 U

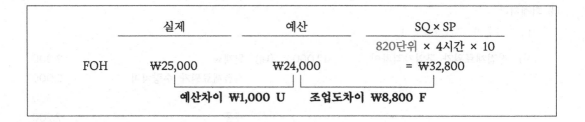

	실제	예산	SQ × SP
FOH	₩25,000	₩24,000	820단위 × 4시간 × 10 = ₩32,800
	예산차이 ₩1,000 U		조업도차이 ₩8,800 F

POINT

(물음 2)

1. 분리계산법 : 공손원가를 별도로 계산하는 일반적인 방법(이 경우 4단계 SP는 정상제품 단위당 표준원가가 아니고 제품 단위당 표준원가임)

2. 기초재공품이 전기에 검사를 통과한 경우에는 기초재공품표준원가에 전기정상공손원가배분액(= 기초재공품수량 × 제품 단위당 정상공손허용액)을 포함하여야 함에 주의

3. 기초재공품이 전기에 검사를 통과한 경우에는 정상공손원가배분 전 완성품표준원가는 선입선출법에 의한 완성품원가 계산방식(기초재공품표준원가 + 완성품의 당기완성품환산량 × SP)으로 구하여야 함에 주의

4. 기초재공품의 완성품환산량 = 기초재공품수량 − 기초재공품의 당기완성품환산량

5. 제품 단위당 표준원가가 매기 일정한 경우에는 정상공손원가배분 후 완성품표준원가를 다음과 같은 간편법으로 쉽게 구할 수 있음

> 정상공손원가배분 후 완성품표준원가 = 완성품수량 × 정상품 단위당 표준원가

(물음 3)

자료에 제시된 실제사용직접재료원가 ₩40,000은 '실제사용량 × kg당 실제가격'임에 주의

(물음 4)

1. 원가요소별 비례배분법에 의한 당기 직접재료원가차이의 조정이므로 당기 표준직접재료원가의 상대적 비율에 따라 배분함(즉, 당기 원가차이를 당기 표준원가의 상대적 비율에 따라 배분함)

2. 기초재공품이 존재하므로 당기 표준직접재료원가를 계산하기 위해서는 기초재공품에 대한 추가적인 가정이 필요함 → 문제에서 특별한 언급이 없으므로 기초재공품은 당기에 모두 판매되었다고 가정한 문제라고 보아야 함

3. 당기 표준직접재료원가를 계산할 때 당기정상공손원가배분액을 포함하여 계산함

TOPIC 12 변동원가계산과 초변동원가계산 - 종합원가계산

1 변동원가계산과 초변동원가계산의 의의

1. 전부·변동·초변동원가계산의 정의

[제품원가의 구성방법에 따른 원가계산제도 비교]

기능	원가요소	전부원가계산	변동원가계산	초변동원가계산
제조원가	직접재료원가	제품원가	제품원가	제품원가
	직접노무원가			기간원가
	변동제조간접원가			
	고정제조간접원가		기간원가	
비제조원가	변동판매관리비	기간원가	기간원가	
	고정판매관리비			

2. 차이점

① 전부원가계산과 변동원가계산 : 고정제조간접원가 처리가 다름

② 변동원가계산과 초변동원가계산 : 변동가공원가(직접노무원가와 변동제조간접원가) 처리가 다름

③ 전부원가계산과 초변동원가계산 : 가공원가 처리가 다름

3. 재고자산의 비교

전부원가계산의 재고자산금액 (DM + DL + VOH + FOH)	≥	변동원가계산의 재고자산금액 (DM + DL + VOH)	≥	초변동원가계산의 재고자산금액 (DM)

4. 초변동원가계산의 도입배경

① 최근에 제조원가 중 가공원가는 대부분 고정원가 성격으로서 초단기적으로는 변화시킬 수 없는 원가로 보임

② 불필요한 재고자산의 보유를 더 강력히 억제하기 위함

2 영업이익 비교

1. 손익계산서 비교

전부원가계산		변동원가계산(공헌이익 I/S)			초변동원가계산		
매출액	xxx	매출액		xxx	매출액		xxx
매출원가	xxx	변동원가			직접재료매출원가		xxx
매출총이익	xxx	변동매출원가	xxx		재료처리량 공헌이익		xxx
판매관리비	xxx	변동판매관리비	xxx	xxx	운영비용		
영업이익	xxx	공헌이익		xxx	직접노무원가	xxx	
		고정원가			변동제조간접원가	xxx	
		고정제조간접원가	xxx		고정제조간접원가	xxx	
		고정판매관리비	xxx	xxx	변동판매관리비	xxx	
		영업이익		xxx	고정판매관리비	xxx	xxx
					영업이익		xxx

① **매출원가, 변동매출원가, 직접재료매출원가** : 제품원가 중 비용화되는 금액

구분	계산법
원가요소별 단위당 원가가 매기 일정한 경우	판매량 × 단위당 제품원가
원가요소별 단위당 원가가 매기 달라지는 경우	기초제품재고액 (+) 당기제품제조원가 (-) 기말제품재고액

② **① 이외의 원가** : 기간원가(당기 실제발생액을 전액 당기 비용으로 처리)

③ **당기 발생액**

구분	당기 실제발생액 계산법
변동가공원가 (직접노무원가와 변동제조간접원가)	생산량(또는 가공원가 당기완성품환산량) × 단가
변동판매관리비	판매량 × 단가

2. 재고수준의 변동에 따른 영업이익 비교

구분	비교
생산량 > 판매량	전부원가계산의 영업이익 > 변동원가계산의 영업이익 > 초변동원가계산의 영업이익
생산량 = 판매량	전부원가계산의 영업이익 = 변동원가계산의 영업이익 = 초변동원가계산의 영업이익
생산량 < 판매량	전부원가계산의 영업이익 < 변동원가계산의 영업이익 < 초변동원가계산의 영업이익

(단, 원가요소별 단위당 원가가 매기 일정한 경우(또는 기초재고가 없는 경우)라면 항상 성립하나, 원가요소별 단위당 원가가 매기 달라진다면 성립하지 않을 수도 있음에 주의)

재고수준의 변동(또는 생산량 변동)에 따라 전부원가계산은 비용화되는 고정제조간접원가가 달라짐
① 재고수준 증가(또는 생산량 많음) : 비용화되는 고정제조간접원가 감소 → 이익 증가
② 재고수준 감소(또는 생산량 적음) : 비용화되는 고정제조간접원가 증가 → 이익 감소

3. 생산량과 영업이익의 관계

[영업이익 함수]

구분	내용
전부원가계산	영업이익 = f(판매량, 생산량) → 생산량이 많을수록 영업이익은 증가함
변동원가계산	영업이익 = f(판매량) → 생산량이 영업이익에 영향을 미치지 않음
초변동원가계산	영업이익 = f(판매량, 생산량) → 생산량이 많을수록 영업이익은 감소함

[전부원가계산의 문제점]

생산량 증가 → 단위당 고정제조간접원가 감소 → 제품 단위당 원가 감소 → 영업이익 증가 → 전부원가계산은 생산량이 많을수록 영업이익이 증가하므로 **경영자로 하여금 과잉생산을 통한 이익 조작 및 불필요한 재고자산을 보유하게 하는 잘못된 유인을 제공**할 수 있다는 문제점이 있음

3 이익차이조정

[이익차이조정 틀]

초변동·변동·전부원가계산의 이익차이조정		초변동·전부원가계산의 이익차이조정	
초변동원가계산의 이익	×××	초변동원가계산의 이익	×××
(+) 기말재고의 **변동가공원가**	×××		
(-) 기초재고의 **변동가공원가**	(×××)		
변동원가계산의 이익	×××		
(+) 기말재고의 **고정제조간접원가**	×××	(+) 기말재고의 **가공원가**	×××
(-) 기초재고의 **고정제조간접원가**	(×××)	(-) 기초재고의 **가공원가**	(×××)
전부원가계산의 이익	×××	전부원가계산의 이익	×××

① 변동원가계산과 전부원가계산의 당기 영업이익이 차이가 나는 원인은 당기 비용화되는 고정제조간접원가(FOH)가 다르기 때문

② 초변동원가계산과 변동원가계산의 당기 영업이익이 차이가 나는 원인은 당기 비용화되는 변동가공원가(VCC)가 다르기 때문

③ 초변동원가계산과 전부원가계산의 당기 영업이익이 차이가 나는 원인은 당기 비용화되는 가공원가(CC)가 다르기 때문

④ 법인세는 세 가지 방법 모두 전부원가계산에 의한 법인세로 동일하므로 영업이익 차이금액과 당기순이익 차이금액이 일치함

4 종합원가계산하의 비교

[종합원가계산 5단계 중 3단계 배분할 원가의 비교]

구분	[3단계] 배분할 원가의 요약	
전부종합원가계산	재료원가	가공원가
변동종합원가계산	재료원가	변동가공원가
초변동종합원가계산	재료원가	–

[재공품이 존재하는 경우의 이익차이조정 − 단일공정]

초변동원가계산의 이익

(+) 기말재고의 VCC

(기말재공품의 가공원가 완성품환산량 + 기말제품수량) × 완성품환산량 단위당 VCC

(−) 기초재고의 VCC

(기초재공품의 가공원가 완성품환산량 + 기초제품수량) × 완성품환산량 단위당 VCC

변동원가계산의 이익

(+) 기말재고의 FOH

(기말재공품의 가공원가 완성품환산량 + 기말제품수량) × 완성품환산량 단위당 FOH

(−) 기초재고의 FOH

(기초재공품의 가공원가 완성품환산량 + 기초제품수량) × 완성품환산량 단위당 FOH

전부원가계산의 이익

[재공품이 존재하는 경우의 이익차이조정 − 연속공정]

변동원가계산의 이익

(+) 기말재고의 FOH

　　　1공정 기말재공품의 가공원가 완성품환산량　 × 1공정 완성품환산량 단위당 FOH

　+ 2공정 기말재공품의 전공정원가 완성품환산량 × 1공정 완성품환산량 단위당 FOH

　+ 2공정 기말재공품의 가공원가 완성품환산량　 × 2공정 완성품환산량 단위당 FOH

(−) 기초재고의 FOH

전부원가계산의 이익

(단, 선입선출법 적용, 기말재공품만 존재한다고 가정 시)

㈜한국은 전기에 설립되었으며, 단일공정에서 단일제품을 생산하고 있다. 원재료는 공정 초기에 전량 투입되고, 가공원가는 공정 전반에 걸쳐 균등하게 발생한다. 당기의 생산 및 판매와 관련된 자료는 다음과 같다.

(1) 물량자료

기초재공품	200개	(가공원가완성도 80%)
당기착수량	600개	
완성품수량	500개	
기말재공품	300개	(가공원가완성도 20%)

(2) 원가자료

	직접재료원가	변동가공원가	고정제조간접원가	합계
기초재공품원가	₩20,000	₩8,000	₩4,000	₩32,000
당기투입원가	60,000	20,000	10,000	90,000
	₩80,000	₩28,000	₩14,000	₩122,000

전기와 당기의 원가요소별 완성품환산량 단위당 원가는 동일하다.

(3) 회사는 재공품재고를 제외한 어떠한 재고도 보유하지 않고 있다.

(4) 단위당 판매가격은 ₩240이고, 단위당 변동판매관리비는 ₩20이며, 연간 고정판매관리비는 ₩5,000이다.

(5) 회사는 선입선출법을 사용하여 재고자산을 평가한다.

(물음 1) 전부원가계산에 의하여 다음을 구하시오.

    (1) 완성품원가와 기말재공품원가

    (2) 손익계산서 작성

(물음 2) 변동원가계산에 의하여 다음을 구하시오.

    (1) 완성품원가와 기말재공품원가

    (2) 손익계산서 작성

(물음 3) 초변동원가계산에 의하여 다음을 구하시오.

    (1) 완성품원가와 기말재공품원가

    (2) 손익계산서 작성

(물음 4) 전부원가계산, 변동원가계산 및 초변동원가계산의 영업이익차이를 조정하시오(단, 구체적인 계산내역을 표시하시오).

(물음 1) 전부종합원가계산

(1) 완성품원가와 기말재공품원가

선입선출법

	[1단계]	[2단계] 당기완성품환산량	
	물량흐름	재료원가(0%)	가공원가
기초재공품	200		
당기착수	600		
	800개		
완성품			
┌기초재공품	200 (80 ~ 100%)	0	40
└당기착수	300 (0 ~ 100%)	300	300
기말재공품	300 (0 ~ 20%)	300	60
	800개	600개	400개

[3단계] 배분할 원가			합계
기초재공품			₩32,000
당기투입	₩60,000	₩30,000*	90,000
			₩122,000 ┐
[4단계] 환산량 단위당 원가	÷ 600개	÷ 400개	
	@100	@75	
[5단계] 원가배분			
완성품	32,000 + 300개 × 100 + 340개 × 75 =		**₩87,500**
기말재공품	300개 × 100 + 60개 × 75 =		34,500
			₩122,000 ┘

* 20,000(당기 VCC) + 10,000(당기 FOH) = ₩30,000

(2) 손익계산서

전부원가계산

매출액	500개 × 240 =	₩120,000
매출원가		87,500
매출총이익		32,500
판매관리비	500개 × 20 + 5,000 =	15,000
영업이익		₩17,500

(물음 2) 변동종합원가계산

(1) 완성품원가와 기말재공품원가

선입선출법

	[1단계] 물량흐름	[2단계] 당기완성품환산량		
		재료원가(0%)	변동가공원가	
	800개	600개	400개	
[3단계] 배분할 원가				합계
기초재공품				₩28,000*
당기투입		₩60,000	₩20,000	80,000
				₩108,000
[4단계] 환산량 단위당 원가		÷ 600개	÷ 400개	
		@100	@50	
[5단계] 원가배분				
완성품		28,000 + 300개 × 100 + 340개 × 50 =		**₩75,000**
기말재공품		300개 × 100 + 60개 × 50 =		**33,000**
				₩108,000

* 기초재공품원가 : 20,000(기초 DM) + 8,000(기초 VCC) = ₩28,000

(2) 손익계산서

변동원가계산

매출액	500개 × 240 =		₩120,000
변동원가			
변동매출원가		₩75,000	
변동판매관리비	500개 × 20 =	10,000	85,000
공헌이익			35,000
고정원가	10,000 + 5,000 =		15,000
영업이익			₩20,000

(물음 3) 초변동종합원가계산

(1) 완성품원가와 기말재공품원가

선입선출법

	[1단계]	[2단계] 당기완성품환산량		
	물량흐름	재료원가(0%)	—	
	800개	600개	—	
[3단계] 배분할 원가				합계
기초재공품				₩20,000
당기투입		₩60,000		60,000
				₩80,000
[4단계] 환산량 단위당 원가				
		÷ 600개		
		@100	—	
[5단계] 원가배분				
완성품	20,000 + 300개 × 100		=	**₩50,000**
기말재공품	300개 × 100		=	**30,000**
				₩80,000

(2) 손익계산서

초변동원가계산

매출액	500개 × 240 =		₩120,000
직접재료매출원가			50,000
재료처리량 공헌이익			70,000
운영비용			
변동가공원가*	400개 × 50 =	₩20,000	
고정제조간접원가		10,000	
판매관리비	500개 × 20 + 5,000 =	15,000	45,000
영업이익			₩25,000

* 400개(가공원가 당기완성품환산량) × 50(완성품환산량 단위당 변동가공원가)

(물음 4) 이익차이조정

① 가공원가 완성품환산량

기말재공품의 완성품환산량 : 60개

기초재공품의 완성품환산량 : 200개(기초재공품수량) − 40개(기초재공품의 당기완성품환산량) = 160개

② 완성품환산량 단위당 원가

완성품환산량 단위당 변동가공원가 : @50

완성품환산량 단위당 고정제조간접원가 : 75(단위당 가공원가) − 50(단위당 변동가공원가) = @25

③ 이익차이조정

초변동원가계산의 영업이익		₩25,000
(+) 기말재고의 변동가공원가	60개 × 50 =	**3,000**
(−) 기초재고의 변동가공원가	160개 × 50 =	**(8,000)**
변동원가계산의 영업이익		₩20,000
(+) 기말재고의 고정제조간접원가	60개 × 25 =	**1,500**
(−) 기초재고의 고정제조간접원가	160개 × 25 =	**(4,000)**
전부원가계산의 영업이익		₩17,500

POINT

(물음 1)

1. 전기와 당기의 원가요소별 완성품환산량 단위당 원가가 동일한 문제임 → 일반적으로 출제되는 방식임

2. 재공품재고를 제외한 어떠한 재고도 보유하지 않으므로 완성품원가가 그대로 매출원가가 됨

(물음 2), (물음 3)

전부종합원가계산에 의하여 제조원가보고서를 작성하였다면, 변동종합원가계산과 초변동종합원가계산의 제조원가보고서는 작성을 생략하고, 전부종합원가계산과 차이가 나는 부분(음영부분과 파란색)을 고려하여 곧바로 완성품원가와 기말재공품원가를 계산하여도 됨

(물음 3)

이 문제는 변동가공원가 발생총액이 제시되었으나 만일 발생총액을 모른다면 다음과 같이 구함

→ 변동가공원가 = 가공원가 당기완성품환산량 × 완성품환산량 단위당 변동가공원가

(물음 4)

이익차이조정 시에 기말재공품과 기초재공품의 가공원가 완성품환산량 및 완성품환산량 단위당 변동가공원가와 고정제조간접원가를 알아야 함

㈜에코벽지는 옥수수 전분을 이용한 친환경 벽지를 생산한다. 이 회사의 제1공정에서는 옥수수 전분을 투입하여 중간제품인 코팅재를 생산하며, 이를 모두 제2공정으로 대체한다. 제2공정은 중간제품에 종이와 염료를 추가하여 최종제품으로 가공한다. 최근 친환경 제품에 대한 소비자들의 관심이 크게 증가하고 있어서 당사 제품의 수요는 무한하다. 회사의 친환경 벽지는 단위당 ₩800에 판매되고 있다.

각 공정의 직접재료(옥수수 전분, 종이, 염료)는 공정 초기에 모두 투입된다. 제조원가 중 직접재료원가만이 유일한 변동원가이다. 회사는 각 공정의 완료시점에 품질검사를 실시하며, 발견된 공손품은 모두 비정상공손으로 간주한다.

당기와 전기의 완성품환산량 단위당 원가는 동일하다고 가정한다. 회사의 재고자산 평가방법은 선입선출법이고, 비정상공손원가는 기간비용으로 처리한다.

20×1년의 공정별 생산 및 원가자료는 다음과 같다. 단, 괄호안의 수치는 가공원가 완성도를 의미한다.

[제1공정]

구분	물량단위	직접재료원가	가공원가
기초재공품	100 (10%)	?	?
당기착수	4,900	₩1,470,000	₩992,000
제2공정 대체	4,800		
기말재공품	150 (80%)		

[제2공정]

구분	물량단위	전공정원가	직접재료원가	가공원가
기초재공품	200 (40%)	?	?	?
당기착수	?	?	₩384,000	₩194,400
완성품	4,500			
기말재공품	300 (80%)			

(물음 1) 전부원가계산에 의하여 다음을 구하시오.

    (1) 당기제품제조원가

    (2) 기말재공품원가

    (3) 당기순이익

(물음 2) 초변동원가계산에 의하여 다음을 구하시오.

    (1) 재료처리량 공헌이익(throughput contribution)

    (2) 당기순이익

(물음 3) (물음 1)과 (물음 2)의 당기순이익이 차이가 나는 원인을 계산과정을 통해 설명하시오.

(물음 1) 전부종합원가계산

① 1공정

<u>선입선출법</u>

	[1] 물량흐름	[2] 당기완성품환산량	
		재료원가(0%)	가공원가
기초재공품	100		
당기착수	4,900		
	5,000단위		
완성품			
┌ 기초재공품	100 (10~100%)	0	90
└ 당기착수	4,700	4,700	4,700
비정상공손	50 (0~100%)	50	50
기말재공품	150 (0~ 80%)	150	120
	5,000단위	4,900단위	4,960단위

[3] 배분할 원가 ... 합계

	재료원가(0%)	가공원가	합계
기초재공품			₩32,000*
당기투입	₩1,470,000	₩992,000	2,462,000
			₩2,494,000

[4] 환산량 단위당 원가

	재료원가	가공원가
	÷4,900단위	÷4,960단위
	@300	@200

[5] 원가배분

		합계
완성품	32,000 + 4,700단위 × 300 + 4,790단위 × 200 =	₩2,400,000
비정상공손	50단위 × 300 + 50단위 × 200 =	25,000
기말재공품	150단위 × 300 + 120단위 × 200 =	69,000
		₩2,494,000

* (100단위 − 0단위) × 300 + (100단위 − 90단위) × 200 = ₩32,000

② 2공정

선입선출법

| | [1] 물량흐름 | [2] 당기완성품환산량 | | |
		전공정원가(0%)	재료원가(0%)	가공원가
기초재공품	200			
당기착수	4,800			
	5,000단위			
완성품				
┌ 기초재공품	200 (40 ~ 100%)	0	0	120
└ 당기착수	4,300	4,300	4,300	4,300
비정상공손	200 (0 ~ 100%)	200	200	200
기말재공품	300 (0 ~ 80%)	300	300	240
	5,000단위	4,800단위	4,800단위	4,860단위

[3] 배분할 원가				합계
기초재공품				₩119,200[*2]
당기투입	₩2,400,000[*1]	₩384,000	₩194,400	2,978,400
				₩3,097,600 ┐

[4] 환산량 단위당 원가	÷ 4,800단위	÷ 4,800단위	÷ 4,860단위	
	@500	@80	@40	

[5] 원가배분

완성품	119,200 + 4,300단위 × 500 + 4,300단위 × 80 + 4,420단위 × 40 =			**₩2,790,000**
비정상공손	200단위 × 500 + 200단위 × 80 + 200단위 × 40 =			124,000
기말재공품	300단위 × 500 + 300단위 × 80 + 240단위 × 40 =			183,600
				₩3,097,600 ┘

[*1] 1공정의 완성품원가
[*2] (200단위 − 0단위) × 500 + (200단위 − 0단위) × 80 + (200단위 − 120단위) × 40 = ₩119,200

(1) **당기제품제조원가** : **₩2,790,000**

(2) **기말재공품원가** : 69,000 + 183,600 = **₩252,600**

(3) **당기순이익** : $\underline{4,500단위 × 800}$ − $\underline{2,790,000}$ − $\underline{(25,000 + 124,000)}$ = **₩661,000**

                매출액   매출원가   비정상공손손실

(물음 2) 초변동종합원가계산

(1) 재료처리량 공헌이익 : $\underbrace{4,500\text{단위} \times 800}_{\text{매출액}} - \underbrace{4,500\text{단위} \times (300 + 80)}_{\text{직접재료매출원가}} = \textbf{₩1,890,000}$

(2) 당기순이익 : $\underbrace{1,890,000}_{\text{재료처리량 공헌이익}} - \underbrace{(992,000 + 194,400)}_{\text{운영비용}} - \underbrace{\{50\text{단위} \times 300 + 200\text{단위} \times (300 + 80)\}}_{\text{비정상공손손실}}$

$\qquad = \textbf{₩612,600}$

(물음 3) 이익차이조정

초변동원가계산의 당기순이익		₩612,600
(+) 기말재고의 가공원가		
┌재공품(1공정)	$120^{*1} \times 200^{*7} = $ ₩24,000	
└재공품(2공정)	$300\text{단위}^{*2} \times 200^{*7} + 240\text{단위}^{*3} \times 40^{*8} = $ 69,600	**93,600**
(−) 기초재고의 가공원가		
┌재공품(1공정)	$10\text{단위}^{*4} \times 200^{*7} = $ 2,000	
└재공품(2공정)	$200\text{단위}^{*5} \times 200^{*7} + 80\text{단위}^{*6} \times 40^{*8} = $ 43,200	**(45,200)**
전부원가계산의 당기순이익		₩661,000

[*1] 1공정 기말재공품의 가공원가 완성품환산량

[*2] 2공정 기말재공품의 전공정원가 완성품환산량

[*3] 2공정 기말재공품의 가공원가 완성품환산량

[*4] 1공정 기초재공품의 가공원가 완성품환산량 : 100단위 − 90단위 = 10단위

[*5] 2공정 기초재공품의 전공정원가 완성품환산량 : 200단위 − 0단위 = 200단위

[*6] 2공정 기초재공품의 가공원가 완성품환산량 : 200단위 − 120단위 = 80단위

[*7] 1공정 완성품환산량 단위당 가공원가

[*8] 2공정 완성품환산량 단위당 가공원가

참고 (물음 2) 초변동종합원가계산

① 1공정

선입선출법

	[1] 물량흐름	[2] 당기완성품환산량 재료원가(0%)	합계
	5,000단위	4,900단위	
[3] 배분할 원가			
기초재공품			₩30,000*
당기투입		₩1,470,000	1,470,000
			₩1,500,000
[4] 환산량 단위당 원가		÷ 4,900단위	
		@300	
[5] 원가배분			
완성품		30,000 + 4,700단위 × 300 =	₩1,440,000
비정상공손		50단위 × 300 =	15,000
기말재공품		150단위 × 300 =	45,000
			₩1,500,000

* (100단위 − 0단위) × 300 = ₩30,000

② 2공정

선입선출법

	[1] 물량흐름	[2] 당기완성품환산량 전공정원가(0%)	재료원가(0%)	합계
	5,000단위	4,800단위	4,800단위	
[3] 배분할 원가				
기초재공품				₩76,000*2
당기투입		₩1,440,000*1	₩384,000	1,824,000
				₩1,900,000
[4] 환산량 단위당 원가		÷ 4,800단위	÷ 4,800단위	
		@300	@80	
[5] 원가배분				
완성품		76,000 + 4,300단위 × (300 + 80) =		**₩1,710,000**
비정상공손		200단위 × (300 + 80) =		76,000
기말재공품		300단위 × (300 + 80) =		114,000
				₩1,900,000

*1 1공정의 완성품원가(재료원가만 포함)

*2 (200단위 − 0단위) × 300 + (200단위 − 0단위) × 80 = ₩76,000

(1) 재료처리량 공헌이익 : $\underline{4,500단위 \times 800}$ $-$ $\underline{1,710,000}$ = **₩1,890,000**

　　　　　　　　　　매출액　　　　직접재료매출원가

(2) 당기순이익 : $\underline{1,890,000}$ $-$ $\underline{(992,000 + 194,400)}$ $-$ $\underline{(15,000 + 76,000)}$ = **₩612,600**

　　　재료처리량 공헌이익　　　운영비용　　　　비정상공손손실

POINT

(물음 1)

1. 1공정에서는 중간제품인 코팅재를 생산하며, 이를 모두 2공정으로 대체하므로 2공정의 당기착수량은 1공정의 완성품수량과 같음

2. 당기와 전기의 완성품환산량 단위당 원가는 동일하다고 가정하였으므로 기초재공품원가도 당기완성품환산량 단위당 원가를 이용하여 구함

3. 기초재공품의 완성품환산량 = 기초재공품수량 − 기초재공품의 당기완성품환산량

(물음 2) 초변동종합원가계산

1. 완성품환산량의 수치는 전부종합원가계산과 동일함

2. 2공정의 전공정원가는 2공정에 투입한 1공정의 재료원가임에 주의

(물음 3) 이익차이조정

1. 1공정 기말(기초)재공품의 가공원가

   = 1공정 기말(기초)재공품의 가공원가 완성품환산량 × 1공정 완성품환산량 단위당 가공원가

2. 연속공정의 경우 2공정의 기말(기초)재공품에는 2공정의 가공원가뿐만 아니라 1공정의 가공원가가 전공정원가에 포함되어 있음에 주의

3. 2공정 기말(기초)재공품의 가공원가

   = 2공정 기말(기초)재공품의 전공정원가 완성품환산량 × 1공정 완성품환산량 단위당 가공원가

   + 2공정 기말(기초)재공품의 가공원가 완성품환산량 × 2공정 완성품환산량 단위당 가공원가

TOPIC 13 변동원가계산과 초변동원가계산 - 정상원가계산, 표준원가계산

1 정상원가계산하의 비교

1. 정의

	<차변>		재공품
			<대변>
<전부정상원가계산>	<변동정상원가계산>	<초변동정상원가계산>[1]	
DM 실제원가	DM 실제원가	DM 실제원가	
DL 실제원가	DL 실제원가	–	
VOH 예정배부액	VOH 예정배부액	–	
FOH 예정배부액	–	–	

2. 실제원가와의 차이조정

전부정상원가계산	변동정상원가계산	초변동정상원가계산
제조간접원가 배부차이조정	변동제조간접원가 배부차이조정	차이 없음

제조간접원가 배부차이 = 실제제조간접원가 – 제조간접원가 예정배부액
변동제조간접원가 배부차이 = 실제변동제조간접원가 – 변동제조간접원가 예정배부액

3. 손익계산서의 매출원가금액

구분	매출원가금액
전부정상원가계산	조정 후 매출원가 = 조정 전 매출원가 + 제조간접원가 과소배부액[*]
변동정상원가계산	조정 후 변동매출원가 = 조정 전 변동매출원가 + 변동제조간접원가 과소배부액[*]
초변동정상원가계산	직접재료매출원가(조정사항 없음)

[*] 과대배부액은 차감 조정

---

[1] **초변동정상원가계산**은 직접재료원가만을 제품원가에 포함시키고, 이를 정상원가(직접재료원가를 실제원가로 측정)로 측정하는 원가계산방법이므로 **초변동실제원가계산**과 차이가 없음

4. 이익차이조정

[배부차이의 조정방법에 따른 조정 후 재고자산금액]

방법	내용
매출원가조정법	제조간접원가 배부차이조정 후에도 기말재고자산은 여전히 정상원가로 기록됨
원가요소별 비례배분법	제조간접원가 배부차이조정 후의 기말재고자산은 실제원가계산과 동일한 금액으로 기록됨

[배부차이의 조정방법에 따른 이익차이조정 시 적용할 금액]

방법	내용
매출원가조정법	기말재고(기초재고)의 고정제조간접원가(변동가공원가)를 정상원가로 계산함 • FOH : 수량 × @고정제조간접원가 예정배부율 • VCC : 수량 × (@실제직접노무원가 + @변동제조간접원가 예정배부율)
원가요소별 비례배분법	기말재고(기초재고)의 고정제조간접원가(변동가공원가)를 실제원가로 계산함 • FOH : 수량 × @고정제조간접원가 실제배부율 • VCC : 수량 × (@실제직접노무원가 + @변동제조간접원가 실제배부율)

2 표준원가계산하의 비교

1. 정의

		재공품		
	<차변>			<대변>
<전부표준원가계산>	<변동표준원가계산>	<초변동표준원가계산>		
DM 표준원가	DM 표준원가	DM 표준원가		
DL 표준원가	DL 표준원가	−		
VOH 표준배부액	VOH 표준배부액	−		
FOH 표준배부액	−	−		

2. 실제원가와의 차이조정

전부표준원가계산	변동표준원가계산	초변동표준원가계산
모든 원가차이조정	변동제조원가차이조정	직접재료원가차이조정

3. 손익계산서의 매출원가금액

구분	매출원가금액
전부표준원가계산	조정 후 매출원가 = 조정 전 매출원가 + 불리한 원가차이[*]
변동표준원가계산	조정 후 변동매출원가 = 조정 전 변동매출원가 + 불리한 변동제조원가차이[*]
초변동표준원가계산	조정 후 직접재료매출원가 = 조정 전 직접재료매출원가 + 불리한 직접재료원가차이[*]

[*] 유리한 차이는 차감 조정

4. 이익차이조정

[원가차이의 조정방법에 따른 조정 후 재고자산금액]

방법	내용
매출원가조정법	원가차이조정 후에도 기말재고자산은 여전히 표준원가로 기록됨
원가요소별 비례배분법	원가차이조정 후의 기말재고자산은 실제원가계산과 동일한 금액으로 기록됨

[원가차이의 조정방법에 따른 이익차이조정 시 적용할 금액]

방법	내용
매출원가조정법	기말재고(기초재고)의 고정제조간접원가(변동가공원가)를 표준원가로 구함 • FOH : 수량 × @고정제조간접원가 표준배부율 • VCC : 수량 × (@표준직접노무원가 + @변동제조간접원가 표준배부율)
원가요소별 비례배분법	기말재고(기초재고)의 고정제조간접원가(변동가공원가)를 실제원가로 구함 • FOH : 수량 × @고정제조간접원가 실제배부율 • VCC : 수량 × (@실제직접노무원가 + @변동제조간접원가 실제배부율)

㈜대한은 원가흐름에 대해 선입선출법(FIFO)을 사용하고 있으며, 월초와 월말의 재공품재고는 없다. 이 회사의 20×1년도 5월, 6월, 7월의 생산과 판매 및 실제 발생원가에 관한 자료는 다음과 같다.

	5월	6월	7월
수량(개)			
기초재고	0	500	1,500
당기생산	2,000	2,500	1,000
당기판매	1,500	1,500	2,500
제조원가(₩)			
직접재료원가(단위당)	50	50	50
직접노무원가(단위당)	20	20	20
변동제조간접원가(단위당)	10	10	10
고정제조간접원가(월)	50,000	50,000	50,000
판매관리비(₩)			
변동판매관리비(단위당)	5	5	5
고정판매관리비(월)	10,000	10,000	10,000
가격(단위당 : ₩)	200	200	200

(물음 1) ㈜대한은 실제원가계산제도(actual costing system)를 사용하고 있다. 다음 질문에 답하시오.

    (1) 실제전부원가계산 손익계산서(매출총이익 표시)를 5월과 6월에 대해 다음 표와 같은 형태로 작성하시오.

	5월	6월
매출액		
…….		
매출총이익		
……..		
영업이익		

(2) 실제변동원가계산 손익계산서(공헌이익 표시)를 5월과 6월에 대해 다음 표와 같은 형태로 작성하시오.

구분	5월	6월
매출액		
....		
공헌이익		
....		
영업이익		

(3) 위의 두 원가계산제도에서 영업이익을 비교하여 설명하시오. 이 과정에서 경영자가 어느 원가계산제도에서 어떤 잘못된 유인을 가질 수 있는지에 대해서도 본 문제를 이용하여 설명하시오. (5줄 이내로 답하시오)

(4) ㈜대한의 6월 실제전부원가계산제도와 실제변동원가계산제도에서의 영업이익의 차이를 계산하고, 이 차이가 재고자산 금액과 어떻게 관련되어 있는지 설명하시오. (고정제조간접원가의 영향에 주안점을 두어 설명하시오) (5줄 이내로 답하시오)

(물음 2) 위 (물음 1)과 달리, ㈜대한이 정상원가계산제도(평준화원가계산제도 : normal costing system)를 사용하고 있다고 하자. 모든 원가차이는 매월 말 매출원가에서 조정한다고 가정한다. 변동제조간접원가의 배부기준은 기계시간으로 5월, 6월, 7월에 기계시간당 예정배부율은 ₩4이다. 실제 기계시간은 5월, 6월, 7월에 각각 4,000시간, 5,000시간, 2,000시간이다. 고정제조간접원가 배부를 위한 기준조업도는 생산량 기준으로 매월 2,000개이며, 월별 고정제조간접원가 예산과 실제발생액은 동일하게 ₩50,000이다.

(1) 월별 제조간접원가 배부차이를 다음 표와 같은 형태로 작성하시오. (과다, 과소배부 여부를 함께 나타내시오. 예로서, ₩2,000 과다)

구분	5월	6월	7월
변동제조간접원가			
고정제조간접원가			

(2) 정상전부원가계산 손익계산서(매출총이익 표시)를 5월, 6월, 7월에 대해 다음 표와 같은 형태로 작성하시오. (원가차이 조정내역을 표시할 것)

	5월	6월	7월
매출액			
....			
매출총이익			
....			
영업이익			

(3) 정상변동원가계산 손익계산서(공헌이익 표시)를 5월, 6월, 7월에 대해 다음 표와 같은 형태로 작성하시오. (원가차이 조정내역을 표시할 것)

	5월	6월	7월
매출액			
....			
공헌이익			
....			
영업이익			

(4) ㈜대한의 6월 정상원가계산제도에서 전부원가계산제도와 변동원가계산제도에서의 영업이익 차이를 계산하고, 이 차이가 재고자산 금액과 어떻게 관련되어 있는지 설명하시오. (고정제조간접원가의 영향에 주안점을 두어 설명하시오) (3줄 이내로 답하시오) 또한, 만약 월말에 제조간접원가 배부차이를 안분법(proration method)을 이용하여 배분하는 경우, 위의 영업이익 차이에 대한 설명이 어떻게 달라지는가? (3줄 이내로 답하시오)

(5) 위의 정상전부원가계산에서 3개월 동안의 영업이익 합계와 정상변동원가계산에서 3개월 동안의 영업이익 합계를 계산해서 비교하시오. 합계의 차이가 발생하는 경우(또는 발생하지 않는 경우) 그 이유를 설명하시오. (3줄 이내로 답하시오)

(물음 1) 실제원가계산

(1) 실제전부원가계산 손익계산서

	5월		6월	
매출액	1,500개 × 200 =	₩300,000	1,500개 × 200 =	₩300,000
매출원가	1,500개 × 105^{*1} =	157,500		152,500^{*2}
매출총이익		142,500		147,500
판매관리비	1,500개 × 5 + 10,000 =	17,500	1,500개 × 5 + 10,000 =	17,500
영업이익		₩125,000		₩130,000

^{*1} 단위당 제조원가(5월) : $50 + 20 + 10 + \dfrac{50,000}{2,000개} = @105$

^{*2} 단위당 제조원가(6월) : $50 + 20 + 10 + \dfrac{50,000}{2,500개} = @100$

매출원가(6월) : 500개 × 105 + 2,500개 × 100 − 1,500개 × 100 = ₩152,500

(2) 실제변동원가계산 손익계산서

	5월		6월	
매출액		₩300,000		₩300,000
변동원가	1,500개 × 85* =	127,500	1,500개 × 85* =	127,500
공헌이익		172,500		172,500
고정원가	50,000 + 10,000 =	60,000	50,000 + 10,000 =	60,000
영업이익		₩112,500		₩112,500

* 단위당 변동원가(5월 및 6월) : 50 + 20 + 10 + 5 = @85

(3) 생산량과 영업이익의 관계 및 전부원가계산의 문제점

변동원가계산제도는 판매량만이 영업이익에 영향을 미치고, 생산량이 영업이익에 영향을 미치지 않으므로 판매량이 동일할 경우 영업이익이 동일해진다. 반면에 전부원가계산제도는 판매량뿐만 아니라 생산량도 영업이익에 영향을 미치며, 판매량이 일정할 경우 생산량이 증가할수록 영업이익이 커진다(따라서 5월보다 6월의 영업이익이 더 크다). 경영자는 전부원가계산제도에서 생산량을 증가시켜 영업이익을 높이려는 잘못된 유인을 가질 수 있다.

(4) 6월 영업이익의 차이 및 재고자산금액과의 관련성

실제전부원가계산제도의 영업이익이 실제변동원가계산제도의 영업이익보다 130,000 − 112,500 = ₩17,500만큼 더 크다. 그 이유는 실제전부원가계산제도에 의할 경우 기말재고에 포함된 고정제조간접원가가 기초재고에 포함된 고정제조간접원가보다 1,500개 × 20 − 500개 × 25 = ₩17,500만큼 더 커서 그만큼 6월에 고정제조간접원가가 덜 비용화되기 때문이다.

(물음 2) 정상원가계산

(1) 제조간접원가 배부차이

① 변동제조간접원가 배부차이

5월 : 2,000개 × 10 − 4,000시간 × 4 = ₩4,000 과소

6월 : 2,500개 × 10 − 5,000시간 × 4 = ₩5,000 과소

7월 : 1,000개 × 10 − 2,000시간 × 4 = ₩2,000 과소
　　　　　　실제발생액　　　　예정배부액

② 고정제조간접원가 배부차이

5월 : 50,000 − 2,000개 × 25* = ₩0

6월 : 50,000 − 2,500개 × 25* = ₩(12,500) 과다

7월 : 50,000 − 1,000개 × 25* = ₩25,000 과소
　　　실제발생액　　　예정배부액

* 고정제조간접원가 예정배부율 : 50,000 ÷ 2,000개 = @25

③ 제조간접원가 배부차이

	5월	6월	7월
변동제조간접원가	₩4,000 과소	₩5,000 과소	₩2,000 과소
고정제조간접원가	₩0	₩12,500 과다	₩25,000 과소

(2) 정상전부원가계산 손익계산서

① 단위당 제조원가(정상원가)

$$5월 : 50 + 20 + \frac{4,000시간 × 4}{2,000개} + 25 = @103$$

$$6월 : 50 + 20 + \frac{5,000시간 × 4}{2,500개} + 25 = @103$$

$$7월 : 50 + 20 + \frac{2,000시간 × 4}{1,000개} + 25 = @103$$

② 조정 후 매출원가

5월 : 1,500개 × 103 + (4,000 + 0) = ₩158,500

6월 : 1,500개 × 103 + (5,000 − 12,500) = ₩147,000

7월 : 2,500개 × 103 + (2,000 + 25,000) = ₩284,500
　　　조정 전 매출원가　　제조간접원가 배부차이

③ 손익계산서

	5월	6월	7월
매출액	₩300,000	₩300,000	₩500,000
매출원가	158,500	147,000	284,500
매출총이익	141,500	153,000	215,500
판매관리비	17,500	17,500	22,500
영업이익	₩124,000	₩135,500	₩193,000

(3) 정상변동원가계산 손익계산서

① 단위당 변동제조원가(정상원가) : 103 − 25 = @78

② 변동원가(= 조정 후 변동매출원가 + 변동판매관리비)

5월 : (1,500개 × 78 + 4,000) + 1,500개 × 5 = ₩128,500
6월 : (1,500개 × 78 + 5,000) + 1,500개 × 5 = ₩129,500
7월 : (2,500개 × 78 + 2,000) + 2,500개 × 5 = ₩209,500

　　　　조정 전 변동매출원가　　변동제조간접원가 배부차이　　변동판매관리비

③ 손익계산서

	5월	6월	7월
매출액	₩300,000	₩300,000	₩500,000
변동원가	128,500	129,500	209,500
공헌이익	171,500	170,500	290,500
고정원가	60,000	60,000	60,000
영업이익	₩111,500	₩110,500	₩230,500

(4) 6월 영업이익의 차이 및 재고자산금액과의 관련성

정상전부원가계산제도의 영업이익이 정상변동원가계산제도의 영업이익보다 135,500 − 110,500 = ₩25,000만큼 더 크다. 그 이유는 정상전부원가계산제도에 의할 경우 기말재고에 포함된 고정제조간접원가가 기초재고에 포함된 고정제조간접원가보다 1,500개 × 25 − 500개 × 25 = ₩25,000만큼 더 커서 그만큼 6월에 고정제조간접원가가 덜 비용화되기 때문이다.

만약 제조간접원가 배부차이를 안분법(원가요소별 비례배분법)을 이용하여 배분하는 경우 실제전부원가계산제도의 영업이익과 실제변동원가계산제도의 영업이익 차이만큼 차이가 발생한다.

(5) 3개월간 영업이익 합계 비교

정상전부원가계산	124,000 + 135,500 + 193,000 =	₩452,500
정상변동원가계산	111,500 + 110,500 + 230,500 =	452,500
차이액		₩0

합계의 차이가 발생하지 않는 이유는 5월초 기초재고와 7월말 기말재고가 없기(3개월간 생산량과 판매량이 일치하기) 때문이다.

POINT

(물음 2) (4)

[배부차이의 조정방법에 따른 조정 후 재고자산금액]

방법	내용
매출원가조정법	제조간접원가 배부차이조정 후에도 기말재고자산은 여전히 정상원가로 기록됨
원가요소별 비례배분법	제조간접원가 배부차이조정 후의 기말재고자산은 실제원가계산과 동일한 금액으로 기록됨

㈜한국은 전부표준원가계산제도를 사용하고 있다. 회사가 생산하는 제품의 단위당 표준원가는 매기 동일하며 다음과 같다.

	표준수량	표준가격	표준원가
직접재료원가	5kg	₩10/kg	₩50
직접노무원가	2시간	₩10/시간	20
제조간접원가	2시간	₩15/시간	30
제품 단위당 표준원가			₩100

제조간접원가에 대한 표준원가는 연간 40,000직접노무시간을 기준으로 하여 결정되었으며, 변동제조간접원가는 직접노무시간당 ₩5으로 추정되었다. 회사는 단일공정에서 단일제품을 생산하고 있으며, 20×1년 중 원재료, 재공품, 제품계정의 물량흐름은 다음과 같다.

원재료(kg)			
기초	10,000	사용	91,800
매입	100,000	기말	18,200
	110,000		110,000

재공품(개)			
기초	2,000	완성	16,000
착수	18,000	기말	4,000
	20,000		20,000

제품(개)			
기초	1,000	판매	14,000
생산	16,000	기말	3,000
	17,000		17,000

원재료는 공정 초기에 전량 투입되고 가공원가는 공정 전반에 걸쳐 균등하게 발생한다. 기초재공품의 가공원가 완성도는 40%이고, 기말재공품의 가공원가 완성도는 80%이다.

<추가자료>
① 20×1년 중 직접재료원가와 직접노무원가의 가격차이 및 변동제조간접원가와 고정제조간접원가의 소비차이는 발생하지 않았다.
② 회사는 원가차이를 전액 매출원가에서 조정하고 있다.
③ 20×1년도 실제직접노무시간은 36,000시간이었다.
④ 제품 단위당 판매가격은 ₩150이고, 단위당 변동판매관리비는 ₩25, 연간 고정판매관리비는 ₩250,000이다.

(물음 1) 표준원가로 기록된 완성품원가와 기말재공품원가를 구하시오.

(물음 2) 직접재료원가, 직접노무원가, 변동제조간접원가 능률차이 및 고정제조간접원가 조업도 차이를 구하시오.

(물음 3) 20×1년도 전부표준원가계산에 의한 손익계산서를 다음 표와 같은 형태로 작성하시오. 단, 원가차이 조정내역을 표시하시오.

	20×1년
매출액	
매출원가	
매출총이익	
판매관리비	
영업이익	

(물음 4) 20×1년도 변동표준원가계산에 의한 손익계산서를 다음 표와 같은 형태로 작성하시오. 단, 원가차이 조정내역을 표시하시오.

	20×1년
매출액	
변동원가	
공헌이익	
고정원가	
영업이익	

(물음 5) 20×1년도 (물음 4)에 의한 영업이익으로부터 (물음 3)에 의한 영업이익으로 차이를 조정하시오.

(물음 6) 20×1년도 초변동표준원가계산에 의한 손익계산서를 다음 표와 같은 형태로 작성하시오. 단, 원가차이 조정내역을 표시하시오.

	20×1년
매출액	
직접재료매출원가	
재료처리량 공헌이익	
운영비용	
영업이익	

[자료정리]

		전부	변동	초변동
직접재료원가		@50	@50	@50
직접노무원가		20	20	–
변동제조간접원가	2시간 × 5 =	10	10	–
고정제조간접원가	2시간 × 10* =	20	–	–
단위당 제품원가(표준원가)		@100	@80	@50

* 고정제조간접원가 표준배부율 : 15 − 5 = @10/시간

(물음 1) 완성품원가와 기말재공품원가

선입선출법

	[1] 물량흐름		[2] 당기완성품환산량(SQ)	
			재료원가(0%)	가공원가
완성품				
┌ 기초재공품	2,000	(40 ~ 100%)	0	1,200
└ 당기착수	14,000		14,000	14,000
기말재공품	4,000	(0 ~ 80%)	4,000	3,200
	20,000개		18,000개	18,400개

[4] 환산량 단위당 원가(SP)		@50	@50

[5] 원가배분(표준원가)

완성품	16,000개 × 100	=	₩1,600,000
기말재공품	4,000개 × 50 + 3,200개 × 50 =		360,000
			₩1,960,000

(물음 2) 원가차이분석

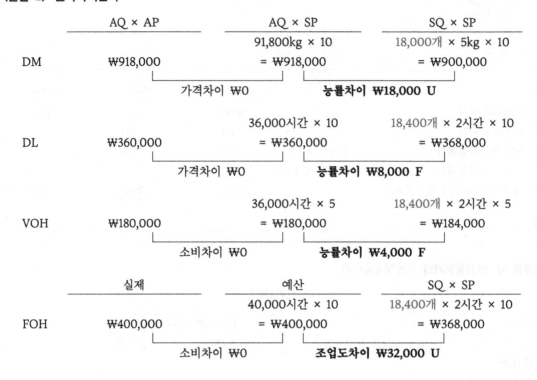

	AQ × AP	AQ × SP	SQ × SP
DM	₩918,000	91,800kg × 10 = ₩918,000	18,000개 × 5kg × 10 = ₩900,000

가격차이 ₩0　　　　능률차이 **₩18,000 U**

		AQ × SP	SQ × SP
DL	₩360,000	36,000시간 × 10 = ₩360,000	18,400개 × 2시간 × 10 = ₩368,000

가격차이 ₩0　　　　능률차이 **₩8,000 F**

		AQ × SP	SQ × SP
VOH	₩180,000	36,000시간 × 5 = ₩180,000	18,400개 × 2시간 × 5 = ₩184,000

소비차이 ₩0　　　　능률차이 **₩4,000 F**

	실제	예산	SQ × SP
FOH	₩400,000	40,000시간 × 10 = ₩400,000	18,400개 × 2시간 × 10 = ₩368,000

소비차이 ₩0　　　　조업도차이 **₩32,000 U**

(물음 3) 전부표준원가계산

전부원가계산(20×1년)

매출액	14,000개 × 150 =	₩2,100,000
매출원가*	14,000개 × 100 + 38,000 =	1,438,000
매출총이익		662,000
판매관리비	14,000개 × 25 + 250,000 =	600,000
영업이익		₩62,000

* 불리한 원가차이 : 18,000 − 8,000 − 4,000 + 32,000 = ₩38,000 U
　조정 후 매출원가 : 14,000개 × 100(조정 전 매출원가) + 38,000(불리한 원가차이)

(물음 4) 변동표준원가계산

변동원가계산(20×1년)

매출액		₩2,100,000
변동원가	(14,000개 × 80 + 6,000)* + 14,000개 × 25 =	1,476,000
공헌이익		624,000
고정원가	400,000 + 250,000 =	650,000
영업이익		₩(26,000)

* 불리한 변동제조원가차이 : 18,000 − 8,000 − 4,000 = ₩6,000 U

　조정 후 변동매출원가 : 14,000개 × 80(조정 전 변동매출원가) + 6,000(불리한 변동제조원가차이)

(물음 5) 이익차이조정

변동원가계산의 영업이익		₩(26,000)
(+) 기말재고의 고정제조간접원가	(3,200개[1] + 3,000개) × 20[3] =	**124,000**
(−) 기초재고의 고정제조간접원가	(800개[2] + 1,000개) × 20[3] =	**(36,000)**
전부원가계산의 영업이익		₩62,000

[1] 기말재공품의 가공원가 완성품환산량

[2] 기초재공품의 가공원가 완성품환산량 : 2,000개 − 1,200개 = 800개

[3] 완성품환산량 단위당 고정제조간접원가 표준배부율

(물음 6) 초변동표준원가계산

초변동원가계산(20×1년)

매출액		₩2,100,000
직접재료매출원가[1]	14,000개 × 50 + 18,000 =	718,000
재료처리량 공헌이익		1,382,000
운영비용[2]	360,000 + 180,000 + 400,000 + 600,000 =	1,540,000
영업이익		₩(158,000)

[1] 불리한 직접재료원가차이 : ₩18,000 U

　조정 후 직접재료매출원가 : 14,000개 × 50(조정 전 직접재료매출원가) + 18,000(불리한 직접재료원가차이)

[2] 'DL + VOH + FOH + 판매관리비' 실제발생액

(물음 3) 전부표준원가계산

1. 조정 후 매출원가 = 조정 전 매출원가 + 불리한 원가차이[*]

   [*] 유리한 원가차이는 차감 조정(이하 동일)

2. 판매관리비 : 기간원가로서 실제발생액

(물음 4) 변동표준원가계산

1. 조정 후 변동매출원가 = 조정 전 변동매출원가 + 불리한 변동제조원가차이

2. 변동판매관리비와 고정원가 : 기간원가로서 실제발생액

(물음 5)

매출원가조정법이므로 원가차이조정 후에도 기말재고자산은 여전히 표준원가로 기록됨

→ ∴ 이익차이조정 시

　　　기말(기초)재고의 고정제조간접원가 = 수량 × 단위당 고정제조간접원가 표준배부율

(물음 6) 초변동표준원가계산

1. 조정 후 직접재료매출원가 = 조정 전 직접재료매출원가 + 불리한 직접재료원가차이

2. 운영비용 : 기간원가로서 실제발생액

전통적 원가계산과
활동기준원가계산의 비교

1 전통적 원가계산

1. 전통적 원가계산의 정의

전통적 원가계산이란 생산량과 관련 있는 조업도(직접노무시간, 기계시간 등)를 기준으로 제조간접원가를 배부하는 활동기준원가계산 이전의 원가계산제도를 말함(조업도기준원가계산)

2. 전통적 원가계산의 제품원가 왜곡현상

조업도만을 기준으로 획일적으로 제조간접원가를 배부하기 때문에 제품원가의 왜곡을 초래한다는 문제점이 생김

> [예시]
> 1. 제조간접원가를 과소배부한 결과
>   제품원가 과소평가 → 판매가격 낮게 책정 → 판매는 잘 되나 수익성이 낮아지는 현상
>
> 2. 제조간접원가를 과대배부한 결과
>   제품원가 과대평가 → 판매가격 높게 책정 → 가격경쟁력 상실로 인하여 판매량 감소 → 생산량 감소
>   → 제품 단위당 원가 상승(전부원가계산에 의하면 생산량이 적을수록 제품 단위당 원가가 커짐)
>   → 판매가격 더 높게 책정 → 판매량 감소 … (이러한 현상을 수요의 하향악순환이라고 함)

2 활동기준원가계산의 의의

1. 활동기준원가계산의 정의

활동기준원가계산(ABC)은 '제품은 활동을 소비하고, 활동은 자원을 소비한다'는 사고에 근거하여 자원의 소비결과 발생하는 자원의 원가를 자원동인에 의해 활동에 추적하거나 배분하여 활동원가를 집계하고, 집계된 활동원가를 다양한 원가동인에 의해 제품에 배부함으로써 제품원가를 보다 정확하게 계산하려는 원가계산제도임

[활동기준원가계산의 사고]

2. 활동기준원가계산의 도입배경

1980년 중반부터 시장 및 제조환경의 변화 등으로 인하여 전통적 원가계산의 제품원가 왜곡현상이 두드러짐에 따라 활동기준원가계산이 도입될 필요성이 커짐

① 공장자동화 및 기계화로 인하여 제조간접원가가 차지하는 비중이 높아짐

② 고객들의 요구가 다양해지고 경쟁이 치열해짐에 따라 다품종 소량생산체제로 전환한 결과 생산량 이외의 원인으로 인해 발생하는 제조간접원가가 증가함

③ 최근에는 제조원가뿐만 아니라 제조이전단계의 원가(연구개발, 설계)와 제조이후단계의 원가(마케팅, 유통, 고객서비스)도 필요하게 됨

④ 최근에는 정보수집기술의 발달로 원가·효익 관점에서 활동기준원가계산의 도입이 가능해짐

3. 활동기준원가계산의 효익이 큰 경우

① 제조간접원가의 비중이 높은 경우

② 다양한 제품을 생산하고, 제품별로 상이한 점이 많은 경우

③ 기존의 원가자료 및 이익자료를 신뢰할 수 없는 경우

4. 활동유형과 원가계층

유형	의의	원가동인	예시	장기적 관점	단기적 관점
단위수준활동	생산량에 비례하여 수행되는 활동	조업도	소모품비, 전수검사원가	변동원가	변동원가
뱃치수준활동 (묶음수준활동)	뱃치수(묶음수)에 비례하여 수행되는 활동	횟수, 시간 등	작업준비원가, 표본검사원가	변동원가	준변동원가
제품유지활동	제품종류수에 비례하여 수행되는 활동	종류수, 횟수 등	제품설계원가, 제품설계변경원가	변동원가	준변동원가
설비유지활동	장기적으로 공장전체의 능력과 규모에 비례하여 수행되는 활동	명확하지 않음 → 자의적인 배부 (조업도)	공장관리비	변동원가	고정원가

3 활동기준원가계산의 절차

절차	내용
활동분석	활동을 확인 및 기술하고, 그 가치평가를 체계적으로 수행하는 것
활동별 제조간접원가 집계	자원 소비결과 발생한 제조간접원가를 자원동인을 기준으로 활동별로 집계함
원가동인의 결정	횟수동인(건수동인)보다 시간동인이 더 정확함 (작업준비횟수보다 작업준비시간이 더 정확함)
활동별 제조간접원가배부율 계산	$\dfrac{\text{활동별 제조간접원가}}{\text{활동별 원가동인수}}$
제품별 제조간접원가배부	제품별 원가동인수 × 활동별 제조간접원가배부율**(활동별로 배부)**

4 전통적 원가계산과 활동기준원가계산의 비교

1. 비교

[제조간접원가배부 과정 비교]

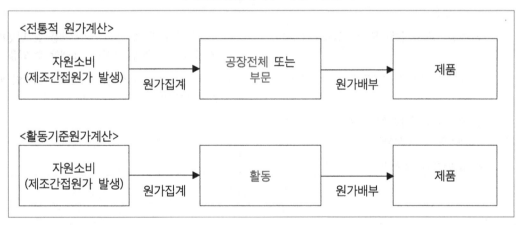

[전통적 원가계산과 활동기준원가계산의 비교]

구분	전통적 원가계산	활동기준원가계산
제조간접원가배부 과정	자원 → 공장전체(부문) → 제품	자원 → 활동 → 제품
배부기준	조업도 (원가발생과의 인과관계가 상대적으로 낮음)	조업도뿐만 아니라 조업도 이외의 다양한 원가동인 사용 (원가발생과의 인과관계가 상대적으로 높음)
제조간접원가배부율	공장전체 제조간접원가배부율 부문별 제조간접원가배부율	활동별 제조간접원가배부율
원가대상	주로 제품	제품, 고객, 유통경로 등 다양함

2. 활동기준원가계산의 장단점

장점	단점
① 원가의 추적가능성이 향상되어 정확한 원가계산이 가능함	① 도입 및 적용에 많은 비용과 노력이 소요됨
② 다양한 원가대상(고객 등)의 원가정보를 획득할 수 있음	② 활동분석의 타당성 입증이 어렵고, 활동을 명확하게 정의하고 구분하는 기준이 존재하지 않음
③ 활동별로 원가통제를 실시함으로써 보다 효과적인 원가통제가 가능함	③ 원가동인이 원가발생의 인과관계를 잘 반영하지 못하는 경우 원가왜곡을 초래할 수 있음
④ 다양한 성과평가기준을 사용할 수 있게 되어 피평가자의 성과평가에 대한 신뢰성이 높아짐	④ 설비유지원가에 대해서는 여전히 자의적인 배부가 필요함
⑤ 경영자의 의사결정에 보다 유용한 원가정보를 제공할 수 있으므로 의사결정의 효과가 향상됨	
⑥ 활동관리를 통하여 원가절감이 가능함	

5 활동기준원가계산하의 제조간접원가 차이분석

1. 의의

전통적인 표준원가계산에서는 제조간접원가의 모든 항목을 합하여 단일의 배부기준(조업도)에 의하여 원가차이를 분석하는데 반하여 활동기준원가계산은 개별활동별로 구분하여 각 활동별 원가동인에 의하여 원가차이를 분석함

2. 제조간접원가 차이분석의 틀

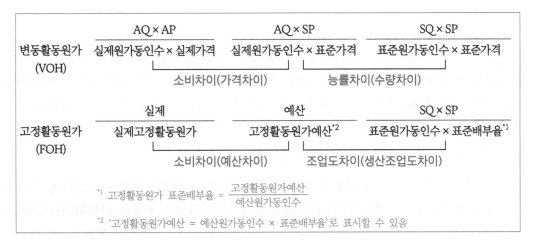

차이분석의 틀은 전통적인 표준원가계산과 동일하나, 변동활동원가(VOH)의 소비차이와 능률차이의 의미는 달라짐에 주의

(1) 변동제조간접원가 소비차이

전통적인 표준원가계산에서는 실제조업도(AQ)를 전제로 계산한 실제배부율과 표준배부율의 차이로서 개별항목들의 가격과 수량 차이에 모두 영향을 받는 차이인데 반하여 활동기준원가계산에서는 실제원가동인수(AQ)를 전제로 계산한 활동별 원가동인의 가격차이를 의미함

(2) 변동제조간접원가 능률차이

전통적인 표준원가계산에서는 배부기준인 조업도의 능률성에 영향을 받는 차이일 뿐인데 반하여 활동기준원가계산에서는 활동별 원가동인의 수량차이(능률성 차이)를 의미하므로 원가통제에 유용한 정보를 제공해 줌

3. 뱃치수준원가 차이분석

① 단기적 관점에 의하면, 뱃치수준원가는 준변동원가(뱃치수에 비례하는 변동원가와 장기적으로는 뱃치수에 비례하지만 단기적으로는 일정하게 발생하는 고정원가가 둘 다 존재함)로 볼 수 있음

② 뱃치수가 소수점 이하로 계산되면 '올림 정수 값'으로 환산하여 원가동인수를 계산하여야 함(뱃치크기보다 적은 생산량일지라도 1뱃치로 생산하는 것으로 보기 때문에 1뱃치당 원가동인수가 발생함)

㈜OK금융은 펀드상품을 개발하고 판매하며 펀드 판매에 대한 수수료가 주요 수입원이다. ㈜OK금융은 실버펀드, 골드펀드 두 종류의 펀드상품을 판매하다가 3년 전부터 백금펀드를 신규 개발하여 판매하고 있다. 신규 상품인 백금펀드는 판매개시 이후 꾸준한 판매 증가세를 보이는 등 성공적인 판매실적을 기록하고 있다. 그러나 ㈜OK금융은 지난 3년 동안 수익이 감소하고 있어 이에 대한 원인을 파악 중이다.

회사 경영진은 수익 감소의 원인을 분석하기 위해 활동기준원가계산을 도입하여 펀드판매 수수료의 적정성을 검토하고 있다. 활동분석 결과, ㈜OK금융의 활동은 다음의 5가지이다. 먼저 펀드 상품개발 부서와 관련해서는 ① 주식부 노동활동, ② 채권부 노동활동, ③ 파생상품부 노동활동이 있다. 다음 지원부서와 관련해서는 ④ 회의보고활동이 있다. 마지막으로 상품개발부서와 지원부서 각각의 ⑤ 작업준비활동이 있다.

활동별 원가동인은 다음과 같다.

① 주식부, ② 채권부, ③ 파생상품부 3개부서 노동활동의 원가동인은 직접노동시간이다. ④ 회의보고활동의 원가동인은 회의보고횟수이다. ⑤ 작업준비활동의 원가동인은 각 부서별 작업준비횟수이다.

원가분석을 위한 다음 자료를 이용하여 물음에 답하시오.

※ 소수 셋째 자리에서 반올림하여 소수 둘째 자리까지 표기하시오.

<자료 1>
부서별 간접원가

부서	상품개발부서			시원부서		
	주식부	채권부	파생상품부	전산부	기획부	검사부
간접원가	₩40,000	₩50,000	₩20,000	₩50,000	₩100,000	₩100,000

<자료 2>

부서별 간접원가의 원가활동별 배분비율

부서 / 활동	상품개발부서			지원부서		
	주식부	채권부	파생상품부	전산부	기획부	검사부
상품개발부 노동활동	25%	50%	50%			
부서별 작업 준비활동	75%	50%	50%	40%	70%	60%
지원부서 회의보고활동				60%	30%	40%

<자료 3>

펀드상품별 직접노동시간 (단위 : 시간)

부서 / 펀드	상품개발부서			지원부서		
	주식부	채권부	파생상품부	전산부	기획부	검사부
실버펀드	5,000	2,000	2,000	2,000	2,000	2,000
골드펀드	2,500	1,500	1,500	2,000	2,000	2,000
백금펀드	2,500	1,500	1,500	2,000	1,000	1,000
계	10,000	5,000	5,000	6,000	5,000	5,000

<자료 4>

펀드상품별 작업준비 및 회의보고횟수

구분 / 펀드	작업준비횟수	회의보고횟수
실버펀드	30회	25회
골드펀드	10회	15회
백금펀드	60회	60회
계	100회	100회

<자료 5>

펀드상품별 계좌당 전산투자원가, 펀드수수료, 판매계좌수

구분 / 펀드	계좌당 전산투자원가			계좌당 펀드수수료	판매 계좌수
	주식부	채권부	파생상품부		
실버펀드	₩20	₩10	₩10	₩100	5,000개
골드펀드	₩15	₩10	₩10	₩122	2,000개
백금펀드	₩20	₩10	₩10	₩150	2,000개

<자료 6>

> 직접노동시간당 임률은 ₩10이다. 펀드원가는 전산투자원가, 직접노무원가, 간접원가로 구성되어 있다.

(물음 1) 새로 도입한 활동기준원가계산을 이용하여 펀드상품별 계좌당 원가를 계산하시오.

(물음 2) 기존 원가계산에서는 전체 간접원가를 직접노동시간 기준의 단일 배부율에 따라 펀드 상품별로 배분하였다.

  (1) 기존 원가계산 하에서 백금펀드의 계좌당 원가를 계산하시오.

  (2) 기존 원가계산과 새로 도입한 활동기준원가계산을 각각 적용한 백금펀드의 계좌당

  수익성(영업이익률 $= \dfrac{\text{계좌당 영업이익}}{\text{계좌당 펀드수수료}}$)을 비교하시오.

(물음 3) 새로 도입한 활동기준원가계산과 기존 원가계산의 수익성 결과에 차이가 있다면 그러한 차이가 발생하는 이유를 간략히 기술하시오. (4줄 이내로 기술할 것)

(물음 4) 골드펀드Ⅱ 계좌 1,000개에 대한 판매 요청이 신규로 발생하였다. 골드펀드Ⅱ를 신규로 개발하여 판매하면 ₩10,000의 비용이 추가로 발생한다. 그리고 골드펀드Ⅱ에 대한 판매 요청을 수락할 경우 1,000개 모두를 판매하여야 하며, 이 경우 기존 골드펀드 판매량은 300계좌 감소한다.
활동기준원가계산에 의한 골드펀드와 골드펀드Ⅱ의 계좌당 변동원가는 ₩102으로 동일하다고 가정할 때, 활동기준원가계산 하에서 골드펀드Ⅱ 추가 판매에 대해 계좌당 최소한 받아야 할 수수료는 얼마인가?

(물음 1) 활동기준원가계산

① 활동별 간접원가 집계와 활동별 간접원가배부율

	주식부 노동활동	채권부 노동활동	파생상품부 노동활동	회의보고활동	작업준비활동
주식부(25 : 0 : 0 : 0 : 75)	₩10,000	–	–	–	₩30,000
채권부(0 : 50 : 0 : 0 : 50)	–	₩25,000	–	–	25,000
파생부(0 : 0 : 50 : 0 : 50)	–	–	₩10,000	–	10,000
전산부(0 : 0 : 0 : 60 : 40)	–	–	–	₩30,000	20,000
기획부(0 : 0 : 0 : 30 : 70)	–	–	–	30,000	70,000
검사부(0 : 0 : 0 : 40 : 60)	–	–	–	40,000	60,000
활동별 간접원가	₩10,000	₩25,000	₩10,000	₩100,000	₩215,000
활동별 원가동인수	÷10,000시간	÷5,000시간	÷5,000시간	÷100회	÷100회
활동별 간접원가배부율	@1/시간	@5/시간	@2/시간	@1,000/횟수	@2,150/횟수

② 계좌당 원가

	실버펀드		골드펀드		백금펀드	
전산투자원가	5,000개 × 40 =	₩200,000	2,000개 × 35 =	₩70,000	2,000개 × 40 =	₩80,000
직접노무원가	15,000시간 × 10 =	150,000	11,500시간 × 10 =	115,000	9,500시간 × 10 =	95,000
간접원가						
주식부노동	5,000시간 × 1 =	5,000	2,500시간 × 1 =	2,500	2,500시간 × 1 =	2,500
채권부노동	2,000시간 × 5 =	10,000	1,500시간 × 5 =	7,500	1,500시간 × 5 =	7,500
파생부노동	2,000시간 × 2 =	4,000	1,500시간 × 2 =	3,000	1,500시간 × 2 =	3,000
회의보고	25회 × 1,000 =	25,000	15회 × 1,000 =	15,000	60회 × 1,000 =	60,000
작업준비	30회 × 2,150 =	64,500	10회 × 2,150 =	21,500	60회 × 2,150 =	129,000
총원가		₩458,500		₩234,500		₩377,000
계좌수		÷5,000개		÷2,000개		÷2,000개
계좌당 원가		**@91.7**		**@117.25**		**@188.5**

(물음 2) 기존 원가계산

(1) 백금펀드의 계좌당 원가

① 간접원가배부율 : $\dfrac{₩360,000^{*1}}{36,000시간^{*2}}$ = @10/직접노동시간

[*1] 총간접원가 : 40,000 + 50,000 + 20,000 + 50,000 + 100,000 + 100,000 = ₩360,000

[*2] 총직접노동시간 : 10,000시간 + 5,000시간 + 5,000시간 + 6,000시간 + 5,000시간 + 5,000시간 = 36,000시간
(또는 해답 1 : 15,000시간 + 11,500시간 + 9,500시간 = 36,000시간)

② 계좌당 원가

	백금펀드
전산투자원가	₩80,000
직접노무원가	95,000
간접원가 9,500시간 × 10 =	95,000
총원가	₩270,000
계좌수	÷ 2,000개
계좌당 원가	@135

(2) 수익성 비교

	기존 원가계산	활동기준원가계산
영업이익률 :	$\dfrac{150 - 135}{150}$ = **10%**	$\dfrac{150 - 188.5}{150}$ = △**25.67%**

∴ 백금펀드는 기존 원가계산에 의할 경우가 수익성이 더 높다.

(물음 3) 수익성의 차이원인

기존 원가계산은 회의보고 및 작업준비활동의 원가동인을 무시하고 모든 간접원가를 단일의 조업도(직접노동시간)를 기준으로 획일적으로 펀드상품에 배부함으로써 조업도는 낮으면서 이들 활동을 많이 소비하는 백금펀드의 계좌당 원가를 과소평가하였기 때문이다.

(물음 4) 최소판매가격

골드펀드Ⅱ 계좌당 최소수수료 = x,
[골드펀드Ⅱ 추가 판매 시 증분이익]

관련항목	금액	계산내역
(+) 골드펀드Ⅱ 공헌이익 증가	$1,000x - 102,000$	= 1,000개 × (x − 102)
(−) 골드펀드 공헌이익 감소	(6,000)	= 300개 × (122 − 102)
( ) 추가비용 증가	(10,000)	
	$1,000x - 118,000$	

$1,000x - 118,000 = 0$ ∴ x = **@118**

[별해] **(물음 4) 최소판매가격**

최소수수료 : $\underbrace{(102 + \dfrac{10,000}{1,000개})}_{@증분지출원가}$ + $\underbrace{\dfrac{300개 × (122 - 102)}{1,000개}}_{@기회원가}$ = **@118**

(물음 1)

1. 우선적으로 6개 부서별 간접원가를 5개 활동별 간접원가로 집계하고, 활동별 간접원가배부율을 계산하여야 함

2. '① 주식부, ② 채권부, ③ 파생상품부 3개부서 노동활동의 원가동인은 직접노동시간'

   → 각 부서별 노동활동은 별개의 활동이고, 원가동인은 각 부서별 직접노동시간임에 주의

(물음 2)

1. 간접원가배부율 : $\dfrac{총간접원가}{총직접노동시간}$

2. 총직접노동시간은 상품개발부서뿐만 아니라 지원부서의 직접노동시간까지 포함하여 계산하여야 함에 주의

(물음 4)

골드펀드Ⅱ 추가 판매에 대해 계좌당 최소한 받아야 할 수수료란 새로운 주문을 수락할 수 있는 최소판매가격을 구하는 것과 같음

제품 M을 생산, 판매하는 ㈜LAN은 20×1년도 1월에 영업활동을 개시했으며, 표준원가계산제도를 채택하고 있다. 표준은 연초에 수립되며 1년 동안 유지된다. 이 회사의 직접재료원가와 변동제조간접원가에 관한 자료는 아래와 같다.

<직접재료원가 자료>

이 회사의 20×1년도 말 현재 표준원가로 기록된 각 계정별 직접재료원가 기말잔액은 다음과 같다.

	직접재료원가잔액
직접재료	₩19,500
재공품	13,000
제품	13,000
매출원가	78,000
합계	₩123,500

20×1년도 기초재고자산은 없으며, 직접재료원가 가격차이를 재료구입시점에서 분리하고, 능률차이는 재료투입시점에서 분리한다. 직접재료 가격차이는 ₩6,000(유리)이며, 능률차이는 ₩6,500(불리)이다.

<변동제조간접원가 자료>

㈜LAN은 활동기준원가계산을 이용하여 제조간접원가 예산을 설정하고 있다. 이 회사의 변동제조간접원가는 전부 기계작업준비(setup)로 인해 발생하는 원가로서, 기계작업준비에 투입되는 자원은 간접노무, 소모품, 전력 등이며, 기계작업준비시간이 원가동인이다. 기계작업준비는 생산의 최종 단계에서 이루어진다. 기계작업준비와 관련된 20×1년도 연간 예산자료는 다음과 같다.

	연초 설정예산	실제
1. 생산량(단위)	264,000	260,000
2. 뱃치규모(뱃치당 단위수)	110	100
3. 뱃치당 기계작업준비시간	3	4
4. 작업준비시간당 변동제조간접원가	₩4	₩5

(물음 1) 다음 질문에 답하시오.

    (1) ㈜LAN이 당기에 구입한 직접재료의 표준금액(당기구입물량 × 단위당 표준가격)은 얼마인가?

    (2) 이 회사가 실제원가계산제도를 택했을 경우 20×1년도 말 현재 직접재료, 재공품, 제품, 매출원가 각 계정별 기말잔액에 포함될 직접재료원가는 얼마인가?

(물음 2) 변동제조간접원가 소비차이와 능률차이를 계산하시오.

(물음 3) 만약 ㈜LAN이 변동제조간접원가 배부기준으로서 기계작업준비시간이 아닌 직접재료물량(kg)을 사용하고, 다음의 관계가 성립하는 경우, 변동제조간접원가 능률차이는 얼마가 되는지를 계산하시오.

$$\frac{\text{직접재료 1kg당 표준변동제조간접원가}}{\text{직접재료 1kg당 표준직접재료원가}} = 0.5$$

(물음 4) 전통적으로 변동제조간접원가 예산은 일반적으로 배부기준(예 : 기계시간)을 이용하여 설정하지만, ㈜LAN은 활동기준접근법에 기초하여 원가동인(여기서, 기계작업준비시간)을 이용하였다. 활동기준접근법을 이용할 경우 원가동인이 해당 원가집합(cost pool)의 자원소비량을 정확히 측정할 수 있다고 볼 때, 활동기준접근법에 의한 변동제조간접원가 소비차이의 의미가 전통적인 변동제조간접원가 소비차이와 비교하여 어떻게 달라지는지를 소비차이 발생원인을 통해서 설명하시오. 또 이 경우 변동제조간접원가 능률차이의 의미는 어떻게 달라지는지 간략히 설명하시오. 답안은 총 7줄 이내로 쓰되, 반드시 다음의 순서대로 쓰시오.

① 전통적인 변동제조간접원가 소비차이가 발생하는 원인
② 활동기준접근법을 사용할 경우 소비차이의 의미 변화와 그 원인
③ 능률차이의 의미 변화와 그 원인

(물음 5) ㈜LAN은 상기의 대량생산품 M 이외에 추가로 소량생산품 N을 동일한 공장에서 생산할 계획을 세우고 있다. 활동기준원가계산에 의하면 전통적인 원가계산제도는 두 제품 간에 원가왜곡을 초래 할 가능성이 높다. 활동기준원가계산의 네 가지 원가계층(cost hierarchy) 각각에 대해 전통적인 원가계산제도가 원가왜곡을 초래하는지, 초래한다면 그 원인이 무엇인지, 그리고 원가계층별로 원가왜곡의 상대적 크기는 어떠한지를 설명하시오. 답안은 네 가지 원가계층 각각에 대해 전통적원가계산과 활동기준원가계산을 비교, 설명하는 방식으로 작성하되, 6줄 이내로 쓰시오.

[자료정리]

각 계정별 직접재료원가를 T계정에 표시하면 다음과 같다.

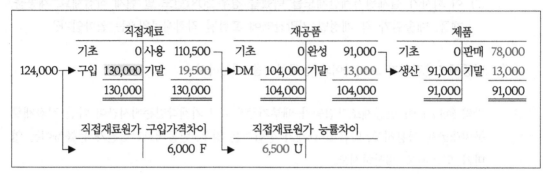

직접재료				재공품				제품			
기초	0	사용	110,500	기초	0	완성	91,000	기초	0	판매	78,000
124,000 → 구입	130,000	기말	19,500	→ DM	104,000	기말	13,000	→ 생산	91,000	기말	13,000
	130,000		130,000		104,000		104,000		91,000		91,000

직접재료원가 구입가격차이 6,000 F

직접재료원가 능률차이 6,500 U

(물음 1) 전통적 원가계산 – 원가차이조정

(1) 당기에 구입한 직접재료의 표준금액

$$\underbrace{78,000}_{\text{매출원가}} + \underbrace{13,000}_{\text{기말제품}} + \underbrace{13,000}_{\text{기말재공품}} + \underbrace{6,500}_{\text{불리한 능률차이}} + \underbrace{19,500}_{\text{기말원재료}} = ₩130,000$$

(2) 원가차이조정 – 원가요소별 비례배분법

① 비율

	직접재료	DM 능률차이	재공품	제품	매출원가	합계
DM 구입가격차이	₩19,500	₩6,500	₩13,000	₩13,000	₩78,000	₩130,000
	15%	5%	10%	10%	60%	100%
DM 능률차이	–	–	₩13,000	₩13,000	₩78,000	₩104,000
	–	–	12.5%	12.5%	75%	100%

② 조정액

	직접재료	DM 능률차이	재공품	제품	매출원가	합계[1]
DM 구입가격차이	₩(900)	₩(300)	₩(600)	₩(600)	₩(3,600)	₩(6,000)
DM 능률차이[2]		300	775	775	4,650	6,500
	₩(900)	₩0	₩175	₩175	₩1,050	₩500

[1] 우선적으로 불리한 차이는 양수(+)로, 유리한 차이는 음수(-)로 합계에 표기한 이후에 조정함

[2] 배분할 DM 능률차이
  : 6,500(본래의 DM 능률차이) + (300)(DM 구입가격차이로부터 배분된 금액) = ₩6,200

③ 계정별 기말잔액에 포함될 직접재료원가

	직접재료	재공품	제품	매출원가	합계
조정전원가(표준원가)	₩19,500	₩13,000	₩13,000	₩78,000	₩123,500
원가차이	(900)	175	175	1,050	500
조정후원가(실제원가)	**₩18,600**	**₩13,175**	**₩13,175**	**₩79,050**	**₩124,000**

(물음 2) 활동기준원가계산 - 뱃치수준원가 차이분석

	AQ × AP	AQ × SP	SQ × SP
	10,400시간[*] × 5	10,400시간[*] × 4	7,092시간[*] × 4
VOH	= ₩52,000	= ₩41,600	= ₩28,368

소비차이 ₩10,400 U   **능률차이 ₩13,232 U**

[*]	실제		변동예산		고정예산(참고용)
생산량	260,000개	⇒	260,000개		264,000개
뱃치규모	÷ 100개		÷ 110개	⇐	÷ 110개
뱃치수	2,600뱃치		2,364뱃치[**]		2,400뱃치
뱃치당 기계작업준비시간	× 4시간		× 3시간	⇐	× 3시간
기계작업준비시간	10,400시간		7,092시간		7,200시간
	AQ		SQ		예산원가동인수

[**] 260,000개 ÷ 110개 = 2,363.63뱃치 → 2,364뱃치
('올림 정수 값'으로 환산하여 원가동인수를 계산하여야 한다. 그 이유는 110개씩 묶어서 2,363뱃치를 생산하면 259,930개가 생산되고, 70개가 남게 되는데, 이때 70개를 0.64뱃치로 생산하는 것이 아니라 70개를 1뱃치로 생산하는 것이기 때문이다.)

(물음 3) 전통적 원가계산 - 변동제조간접원가 능률차이

변동제조간접원가 능률차이(= 직접재료원가 능률차이 × 0.5)
: ₩6,500 U × 0.5 = **₩3,250 U**

(물음 4) 변동제조간접원가 차이의 의미 변화

① 전통적인 변동제조간접원가 소비차이는 실제조업도(AQ)를 전제로 계산한 실제배부율과 표준배부율의 차이로서 개별항목들의 가격과 수량 차이에 모두 영향을 받는 차이인데 반하여 ② 활동기준접근법을 사용할 경우 소비차이는 실제원가동인수(AQ)를 전제로 계산한 활동별 원가동인의 가격차이를 의미한다. ③ 전통적인 변동제조간접원가 능률차이는 배부기준인 조업도의 능률성에 영향을 받는 차이인데 반하여, 활동기준접근법에서는 활동별 원가동인의 수량차이(능률성 차이)를 의미하므로 원가통제에 유용한 정보를 제공해준다.

(물음 5) 원가계층별 원가왜곡의 정도

단위수준원가는 조업도에 비례하여 발생하므로 전통적원가계산에서도 원가왜곡을 초래하지 않는다. 뱃치수준원가 및 제품유지원가는 조업도와 무관한 뱃치수 및 제품종류수에 비례하여 발생하므로 전통적원가계산에서 가장 크게 원가왜곡을 초래한다. 설비유지원가는 장기적으로는 능력에 비례하여 발생하나 단기적으로는 고정된 금액으로서 활동기준원가계산에서도 보통 조업도를 기준으로 자의적인 원가배부가 이루어지기 때문에 전통적원가계산에 의하더라도 크게 원가왜곡을 초래하지 않는다.

별해

(물음 1) (2) ②와 ③을 동시에 풀이

② 원가차이조정

	직접재료	DM 능률차이	재공품	제품	매출원가	합계[*1]
조정전원가(표준원가)	₩19,500	–	₩13,000	₩13,000	₩78,000	₩123,500
DM 구입가격차이	(900)	₩(300)	(600)	(600)	(3,600)	(6,000)
DM 능률차이[*2]		300	775	775	4,650	6,500
조정후원가(실제원가)	₩18,600	₩0	₩13,175	₩13,175	₩79,050	₩124,000

[*1] 우선적으로 불리한 차이는 양수(+)로, 유리한 차이는 음수(−)로 합계에 표기한 이후에 조정함

[*2] 배분할 DM 능률차이
: 6,500(본래의 DM 능률차이) + (300)(DM 구입가격차이로부터 배분된 금액) = ₩6,200

(물음 3) 전통적 원가계산 – 변동제조간접원가 능률차이

	AQ × AP	AQ × SP	SQ × SP
		$110,500^{*1} \times 0.5$	$104,000^{*2} \times 0.5$
VOH		= ₩55,250	= ₩52,000

능률차이 ₩3,250 U

[*1] 직접재료 실제사용량 × 표준가격 : 78,000 + 13,000 + 13,000 + 6,500 = ₩110,500(직접재료원가의 AQ × SP)

[*2] 직접재료 표준사용량 × 표준가격 : 78,000 + 13,000 + 13,000 = ₩104,000(직접재료원가의 SQ × SP)

(물음 1)

1. (1)은 해답의 앞부분에서 제시한 [자료정리]를 참조하기 바람

2. (2)는 원가요소별 비례배분법을 사용하면, 원가차이조정 후의 기말재고자산과 매출원가가 실제원가 계산과 동일해짐을 알아야 풀 수 있음

3. 분리시점별 직접재료원가 가격차이의 배분대상

┌ 구입시점에서 분리 시 : 직접재료, 직접재료 능률차이, 재공품, 제품, 매출원가

└ 사용시점에서 분리 시 : 재공품, 제품, 매출원가

(물음 2)

뱃치 단위로만 생산한다는 언급이 없으므로 뱃치 내 부분생산이 가능하다고 보아야 하며, 이때 뱃치규모보다 적은 생산량(70개)일지라도 1뱃치로 생산하는 것이므로 뱃치수가 소수점 이하로 계산 시 '올림 정수 값'으로 환산하여 뱃치수를 구하여야 함

(물음 3)

	AQ × AP	AQ × SP	SQ × SP
DM		실제사용량 × SP	표준사용량 × SP

능률차이 ₩6,500 U

		실제조업도 × SP′	표준조업도 × SP′
VOH		= 실제사용량 × SP × 0.5	= 표준사용량 × SP × 0.5

능률차이 : 6,500 U × 0.5 = ₩3,250 U

단, SP : 직접재료 단위당 표준가격

SP′ : 변동제조간접원가 표준배부율 → SP′ = SP × 0.5

1. 의의

활동기준원가계산을 이용하여 고객별 영업이익을 계산한 후 어떤 고객의 수익성이 가장 좋은지, 수익성이 나쁜 고객의 수익성을 개선하기 위하여 어떤 조치를 취해야 하는지 등에 대한 방안을 강구하는 것을 말함

2. 고객별 판매관리비배부 절차

① 활동별 판매관리비 집계

② 활동별 판매관리비배부율 계산

$$활동별\ 판매관리비배부율 = \frac{활동별\ 판매관리비}{활동별\ 원가동인수}$$

③ 고객별 판매관리비배부

[고객별 판매관리비배부 과정]

3. 고객별 영업이익

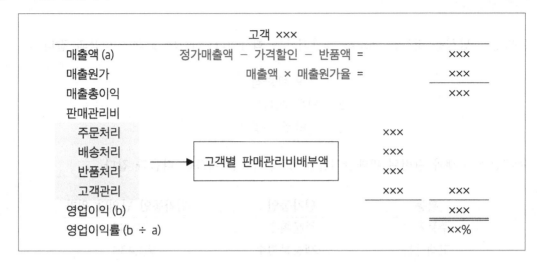

고객 ×××			
매출액 (a)	정가매출액 − 가격할인 − 반품액 =		×××
매출원가	매출액 × 매출원가율 =		×××
매출총이익			×××
판매관리비			
주문처리		×××	
배송처리	고객별 판매관리비배부액	×××	
반품처리		×××	
고객관리		×××	×××
영업이익 (b)			×××
영업이익률 (b ÷ a)			××%

4. 수익성개선을 위한 방안

① 수익성이 좋은 고객에 대한 판촉을 강화함
② 수익성이 나쁜 고객의 판매관리활동 원가동인수를 줄이는 노력을 기울임
③ 수익성이 나쁜 고객의 가격할인을 줄이고, 잦은 반품에 대하여 제재를 가함
④ 수익성이 나쁜 고객의 판매가격을 인상함

㈜대한은 남성용 정장을 제조하여 판매하는 회사이다. 회사의 고객은 다음과 같다.

> A : 대형 백화점
> B : 의류체인점
> C : 인터넷 쇼핑몰

㈜대한의 고객과 관련된 판매관리활동 및 원가동인 자료는 다음과 같다.

활동	원가동인	원가동인 단위당 원가
주문처리	주문횟수	₩245
고객방문	고객방문횟수	₩1,430
정기배달	정기배달횟수	₩300
긴급배달	긴급배달횟수	₩850
반품처리	반품횟수	₩185

정장은 반품이 가능하다. 반품된 정장은 매출액에서 차감하고, 제조원가를 다시 재고로 계상하는데, 위의 활동원가 이외에 별도로 반품된 정장 1벌당 ₩5의 반품보관비용이 추가로 발생한다.

㈜대한의 경영자는 수익성을 향상시키는 방안을 모색하기 위하여 회계사인 당신에게 고객수익성분석을 요청하였다. 고객별 자료는 다음과 같다.

	A	B	C
주문 1회당 평균 주문수량	400벌	200벌	30벌
1벌당 정가*	₩200	₩200	₩200
1벌당 실제판매가격	₩140	₩160	₩170
1벌당 제조원가	₩110	₩110	₩110
고객관련 판매관리활동			
주문횟수	44회	62회	212회
고객방문횟수	8회	12회	22회
정기배달횟수	41회	48회	166회
긴급배달횟수	3회	14회	46회
반품횟수	4회	6회	16회
반품수량	880벌	960벌	1,280벌

* 정가란 가격할인(price discounting)을 하기 전의 판매가격을 말한다.

※ 이하에서 비율(%)은 소수점 둘째 자리에서 반올림하시오.

(물음 1) 고객별 순매출액을 구하시오.

(물음 2) 고객별 영업이익을 구하시오.

(물음 3) 고객별 영업이익률을 계산하고 수익성이 가장 좋은 고객을 선정하시오.

(물음 4) 고객별 정가 매출액대비 가격할인, 반품, 판매관리비가 차지하는 비율을 계산하고, 계산된 비율을 이용하여 회사의 수익성을 향상시키기 위해서 경영자에게 권고할 사항을 두 가지만 서술하시오.

(물음 1) 고객별 순매출액

	A	B	C
총매출액(정가)[*1]	₩3,520,000	₩2,480,000	₩1,272,000
가격할인[*2]	1,056,000	496,000	190,800
반품[*3]	123,200	153,600	217,600
순매출액	**₩2,340,800**	**₩1,830,400**	**₩863,600**

	A	B	C
[*1]	44회 × 400벌 × 200	62회 × 200벌 × 200	212회 × 30벌 × 200
[*2]	44회 × 400벌 × (200 − 140)	62회 × 200벌 × (200 − 160)	212회 × 30벌 × (200 − 170)
[*3]	880벌 × 140	960벌 × 160	1,280벌 × 170

(물음 2) 고객별 영업이익

	A	B	C
순매출액	₩2,340,800	₩1,830,400	₩863,600
매출원가[*]	1,839,200	1,258,400	558,800
매출총이익	₩501,600	₩572,000	₩304,800
판매관리비			
주문처리(@245)	10,780	15,190	51,940
고객방문(@1,430)	11,440	17,160	31,460
정기배달(@300)	12,300	14,400	49,800
긴급배달(@850)	2,550	11,900	39,100
반품처리(@185)	740	1,110	2,960
반품보관(@5)	4,400	4,800	6,400
	42,210	64,560	181,660
영업이익	**₩459,390**	**₩507,440**	**₩123,140**

[*] A : (44회 × 400벌 − 880벌) × 110, B : (62회 × 200벌 − 960벌) × 110, C : (212회 × 30벌 − 1,280벌) × 110

(물음 3) 고객수익성

	A	B	C
영업이익률	$\dfrac{459,390}{2,340,800}$	$\dfrac{507,440}{1,830,400}$	$\dfrac{123,140}{863,600}$
	= 19.6%	= 27.7%	= 14.3%

∴ 수익성이 가장 좋은 고객은 B이다.

(물음 4) 수익성개선을 위한 방안

<비율>

	A	B	C
가격할인	30.0%	20.0%	15.0%
반품	3.5	6.2	17.1
판매관리비	1.2	2.6	14.3

<권고사항>

① A와 협의하여 가격할인수준을 낮추도록 한다.

② C에게 과다주문을 자제할 것을 요청하여 반품을 줄이고, C와 협의하여 판매관리활동의 원가동인수를 감소시키도록 한다.

회계사 · 세무사 · 경영지도사 단번에 합격!
해커스 경영아카데미
cpa.Hackers.com

PART 2

관리회계

1. 의의

학습효과(생산량이 증가함에 따라 단위당 노무시간 또는 단위당 노무원가가 체계적으로 감소하는 현상)를 고려하여 추정한 원가함수

[학습곡선이 적용될 경우]

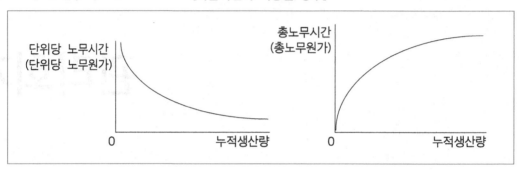

2. 학습곡선모형

(1) 누적평균시간 학습모형

누적생산량이 2배가 될 때마다 단위당 누적평균시간(단위당 누적평균원가)이 바로 전의 학습률 수준으로 감소하는 학습곡선 모형

[90% 누적평균시간 학습모형] – 2배수법

누적생산량(x)		단위당 누적평균시간(y)		총누적시간(xy)
1	⌐	100시간 ⌐		100시간
2	⌐ × 2 ┘	90	× 90% ┘	180
3	⌐ × 2 ┘	?	× 90% ┘	?
4	┘	81	┘	324

[학습곡선 식]

$$y = ax^{-b}$$

$$\begin{pmatrix} x : \text{누적생산량} & a : \text{첫 단위 노무시간(원가)} \\ y : \text{단위당 누적평균시간(원가)} & b : \text{학습지수} \end{pmatrix}$$

2배수법으로 풀이할 수 없는 경우(x가 3인 경우)에는 학습곡선 식에 대입하여 y를 계산함
→ $y = ax^{-b} = a \times 3^{-b}$(단, 3^{-b} 계산 값은 표로 주어짐)

(2) 증분단위시간 학습모형

누적생산량이 2배가 될 때마다 증분단위시간(증분단위원가)이 바로 전의 학습률 수준으로 감소하는 학습곡선 모형

[90% 증분단위시간 학습모형] – 2배수법

누적생산량(x)	증분단위시간(m)	총누적시간(Σm)
1	100시간	100시간
2	90	190
3	?	?
4	81	? (계산복잡)

1 → 2 (× 2), 3 → 4 (× 2); 100시간 → 90 (× 90%), ? → 81 (× 90%)

[학습곡선 식]

$$m = ax^{-b}$$

$$\begin{pmatrix} x : \text{누적생산량} & a : \text{첫 단위 노무시간(원가)} \\ m : \text{증분단위시간(원가)} & b : \text{학습지수} \end{pmatrix}$$

2배수법으로 풀이할 수 없는 경우(x가 3인 경우)에는 학습곡선 식에 대입하여 m을 계산함
→ $m = ax^{-b} = a \times 3^{-b}$(단, 3^{-b} 계산 값은 표로 주어짐)

3. 로트생산방식

로트(lot)란 생산묶음을 의미하고, 로트생산방식(뱃치생산방식)이란 로트 단위로 일괄적으로 생산하는 방식을 말하며, 학습효과도 로트 단위로 발생함에 주의

㈜히어로즈는 15년 전에 설립된 회사로 여객용 항공기를 전문적으로 생산·판매한다. 설립시점부터 20×1년 5월까지 단일 기종의 소형 항공기를 매년 100여 대씩 생산해 왔으며, 생산직 노무자의 이직도 거의 없었다. 소형 항공기 1대에 대한 20×1년의 예산은 다음과 같다.

구분	내역	금액
판매가격	–	₩850,000
직접재료원가	–	₩536,000
직접노무원가	4,100시간 × @₩40	₩164,000

회사는 20×1년 6월부터 대형 항공기인 '에어점보 - 7'을 생산하기로 했다. 이를 위해 인력은 신규로 충원하지만, 생산시설은 소형 항공기 조립라인의 일부를 활용할 수 있다. 20×1년 6월에 대형 항공기 1대의 생산을 완료했으며, 다음과 같은 원가가 발생했다. 대형 항공기 1대당 직접재료원가와 시간당 직접노무원가는 앞으로도 일정하게 유지될 것으로 예상된다.

구분	내역	금액
직접재료원가	–	₩900,000
직접노무원가	10,000시간 × @₩50	₩500,000

회사의 원가담당자는 대형 항공기 1대를 생산한 직후, 항공기산업협회에서 발간하는 저널에서 다음과 같은 기사를 읽었다.

일반적으로 대형 여객용 항공기의 생산에는 다음과 같은 학습곡선 모형이 적용된다.
$$\log(T) = 4 + 0.7655 \times \log(X), \ R^2 = 1.0$$
여기서 T : 누적총직접노무시간
X : 누적생산 대수
R^2 : 결정계수

원가담당자는 상기의 기사 내용이 향후 대형 항공기의 원가를 추정하는데 적용될 수 있다고 판단했다. 그러나 소형 항공기의 생산에 대해서는 학습효과를 고려하지 않기로 했다.

한편, 20×1년 7월의 제품별 생산계획 및 예산은 다음과 같다.

구분	소형 항공기	대형 항공기
생산량	6대	3대
제조간접원가	₩1,187,550	

제조간접원가는 모두 고정원가이고 매월 동일하며, 직접노무시간을 기준으로 제품에 배부한다.

※ 참고자료 1

일반적인 학습곡선 $y = aX^{-b}$에서 학습률과 학습지수(b)의 관계는 다음과 같다.

> y : 누적평균직접노무시간
> a : 첫 번째 1단위 생산에 소요되는 직접노무시간
> X : 누적생산량
> b : 학습지수 $(0 < b < 1)$

학습률	학습지수(b)	학습률	학습지수(b)
53%	0.9260	95%	0.0740
56%	0.8480	90%	0.1520
59%	0.7655	85%	0.2345
62%	0.6781	80%	0.3219

※ 참고자료 2

필요한 경우 다음의 지수계산 결과를 이용하시오.

X	$X^{-0.926}$	$X^{-0.848}$	$X^{-0.7655}$	$X^{-0.6781}$
3	0.3616	0.3939	0.4313	0.4747
5	0.2253	0.2554	0.2917	0.3358
6	0.1903	0.2188	0.2537	0.2967
7	0.1650	0.1920	0.2255	0.2673
X	$X^{-0.074}$	$X^{-0.152}$	$X^{-0.2345}$	$X^{-0.3219}$
3	0.9219	0.8462	0.7729	0.7021
5	0.8877	0.7830	0.6856	0.5957
6	0.8758	0.7616	0.6569	0.5617
7	0.8659	0.7440	0.6336	0.5345

(물음 1) 원가담당자가 소형 항공기의 생산에 대해서 학습효과를 고려하지 않기로 한 이유는? (2줄 이내로 답하시오)

(물음 2) 장기적인 학습효과가 원가를 감소시키는 이유를 3가지 이상 설명하시오. (3줄 이내로 답하시오)

(물음 3) 20×1년 7월의 제품별 생산계획 및 예산 자료를 활용하여, 총제조원가 예산을 수립하고자 한다.

(1) 학습효과를 고려하지 않을 경우, 아래 표에서 1) ~ 3)의 금액을 구하시오.

항목	총제조원가	
	소형 항공기	대형 항공기
직접재료원가		
직접노무원가		1)
제조간접원가	2)	3)
합계		

(2) 학습효과를 고려할 경우, 아래 표에서 1) ~ 3)의 금액을 구하시오.

항목	총제조원가	
	소형 항공기	대형 항공기
직접재료원가		
직접노무원가		1)
제조간접원가	2)	3)
합계		

(3) 상기 (1)과 (2)의 계산결과에 근거하여, 학습효과가 제품별 제조원가 예산에 미치는 영향을 설명하시오. (2줄 이내로 답하시오)

※ (물음 4)와 (물음 5)는 원가담당자가 저널 기사에서 읽은 학습효과가 7월 이후 대형 항공기의 생산에 적용된다고 가정하여 답하시오.

(물음 4) 20×1년 6월에 대형 항공기 1대가 판매되었다. 7월에는 대형 항공기 3대를 대당 ₩1,370,000에 모두 판매할 수 있다. 7월의 손익분기점에 도달하기 위해서는 소형 항공기를 몇 대 판매해야 하는가?

(물음 5) ㈜히어로즈는 20×1년 8월에 항공기 6대(소형 항공기 2대와 대형 항공기 4대)를 수주하기 위한 공개입찰에 참여할 계획이다. 입찰가격은 증분원가의 120%로 결정하려고 한다. 회사가 항공기 6대에 대해 제시할 총입찰가격은 얼마인가? (단, 대형 항공기는 6월에 1대, 7월에 3대가 모두 판매되었다)

(물음 6) 문제에 주어진 자료 중에서, 원가담당자가 읽은 기사의 내용이 다음과 같았다고 가정한다.

> 일반적으로 대형 여객용 항공기의 생산에는 다음과 같은 학습곡선 모형이 적용된다.
> $\log(m) = 4 - 0.2345 \times \log(X)$, $R^2 = 1.0$
> 여기서 m : 증분단위 직접노무시간
> X : 누적생산 대수
> R^2 : 결정계수

20×1년 6월에 대형 항공기 1대가 판매되었고, 7월에는 대형 항공기 3대를 대당 ₩1,200,000에 모두 판매할 수 있다고 가정한다. 상기의 학습효과를 고려할 경우, 7월의 손익분기점에 도달하기 위해서는 소형 항공기를 몇 대 판매해야 하는가?

※ (물음 3) ~ (물음 6)과 별도로 대형 여객용 항공기의 직접노무시간에는 증분단위시간 – 학습곡선이 적용되며, 학습률은 90%이다. 이와 같은 학습효과가 7월부터 적용된다고 가정하여 다음 물음에 답하시오.

(물음 7) ㈜히어로즈가 20×1년 8월 한 달 동안 이용할 수 있는 직접노무시간에는 다음과 같은 제약이 있다.

구분	소형 항공기	대형 항공기
최대 이용가능 직접노무시간	42,000시간	28,000시간

㈜히어로즈는 8월 초에 소형 항공기 10대를 판매할 수 있는 거래처를 확보한 직후, ㈜베어스로부터 대형 항공기 4대의 특별주문을 받았다. 특별주문은 8월에 납품해야 하며, 총운반비 ₩91,200이 추가된다. 소형 항공기의 생산에 소요되는 직접노무시간 3시간은 대형 항공기의 생산에 소요되는 직접노무시간 1시간과 대체가능하다. ㈜베어스가 요청한 특별주문을 수락하기 위해서는 대형 항공기 4대의 총판매금액이 최소한 얼마이어야 하는가? (단, 소형 항공기는 1대씩 판매할 수 있고, 대형 항공기는 6월에 1대, 7월에 3대가 모두 판매되었다)

(물음 1) 학습효과를 고려하지 않기로 한 이유

일반적으로 학습효과는 생산직 노무자의 숙련도가 최고조에 이르지 못한 생산 초기에 발생하는데 생산직 노무자의 이직이 거의 없는 상황에서 소형 항공기는 이미 약 15년간 생산을 지속한 제품이기 때문이다.

(물음 2) 장기적인 학습효과가 원가를 감소시키는 이유

① 직접노무시간의 감소로 인한 직접노무원가의 감소

② 직접노무시간과 관련하여 발생하는 변동제조간접원가의 감소

③ 직접노무시간의 감소로 인해 추가적인 원가부담 없이 다른 제품의 생산량 증가

(물음 3) 7월 총제조원가 예산

(1) 학습효과를 고려하지 않을 경우

제조간접원가 예정배부율 : $\dfrac{1,187,550}{24,600시간^{*1} + 30,000시간^{*2}}$ = @21.75/직접노무시간

*1 6대 × 4,100시간 = 24,600시간

*2 3대 × 10,000시간 = 30,000시간

항목	총제조원가	
	소형 항공기	대형 항공기
직접재료원가		
직접노무원가		1) 30,000시간 × 50 = ₩1,500,000
제조간접원가	2) 24,600시간 × 21.75 = ₩535,050	3) 30,000시간 × 21.75 = ₩652,500
합계		

(2) 학습효과를 고려할 경우

① 학습률 추정

$\log(T) = 4 + 0.7655 \times \log(X) \rightarrow \log(T) = \log(10,000) + 0.7655 \times \log(X)$

$\rightarrow \log(T) = \log(10,000) + \log(X^{0.7655}) \rightarrow \log(T) = \log(10,000 \times X^{0.7655})$

$\rightarrow$ 양변의 log를 없애면, $T = 10,000 \times X^{0.7655}$

$\rightarrow$ 양변을 X로 나누면, $\dfrac{T}{X} = 10,000 \times \dfrac{X^{0.7655}}{X}$

$\rightarrow y = 10,000 \times X^{0.7655-1} \rightarrow y = 10,000 \times X^{-0.2345}$

$\rightarrow$ 학습지수가 0.2345이므로 학습률은 85%이다.

② 대형 항공기 7월 직접노무시간 추정

누적생산량(X)	단위당 누적평균시간(y)	총누적시간(Xy)
1	10,000시간	10,000시간
2	8,500	
4	7,225	28,900

1 → 2 : × 2, 2 → 4 : × 2
10,000시간 → 8,500 : × 0.85, 8,500 → 7,225 : × 0.85
10,000시간 → 28,900 : 18,900시간

③ 제조간접원가 예정배부율 : $\dfrac{1,187,550}{24,600시간 + 18,900시간}$ = @27.3/직접노무시간

항목	총제조원가	
	소형 항공기	대형 항공기
직접재료원가		
직접노무원가		1) 18,900시간 × 50 = ₩945,000
제조간접원가	2) 24,600시간 × 27.3 = ₩671,580	3) 18,900시간 × 27.3 = ₩515,970
합계		

(3) 학습효과가 제조원가 예산에 미치는 영향

학습효과를 고려할 경우, 고려하지 않을 경우에 비해서 대형 항공기 직접노무시간의 감소로 인하여 대형 항공기의 제조원가 예산은 감소하고, 소형 항공기의 제조원가 예산은 증가할 것이다.

(물음 4) 7월 손익분기점 - 누적평균시간 학습곡선

소형 항공기의 손익분기점 판매량 = x,

$$3 \times 1,370,000 + \underset{매출액}{\underline{x \times 850,000}} = \underset{변동원가}{\underline{\{(3 \times 900,000 + 3 \times 7,729시간^{*1} \times 50) + x \times 700,000^{*2}\}}} + \underset{고정원가}{\underline{1,187,550}}$$

*1 $y = aX^{-b}$ = 10,000시간 × $3^{-0.2345}$ = 10,000시간 × 0.7729 = 7,729시간

*2 소형 항공기 단위당 변동원가 : 536,000 + 164,000 = @700,000

$150,000x = 936,900$ ∴ x = 6.246대 → **7대**

(물음 5) 8월 항공기 6대의 총입찰가격 - 누적평균시간 학습곡선

① 대형 항공기 8월 직접노무시간 추정

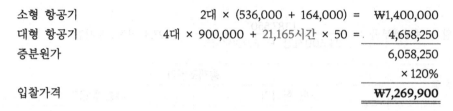

누적생산량(X)	단위당 누적평균시간(y)	총누적시간(Xy)
3	10,000시간 × 0.7729 = 7,729시간	23,187시간
7	10,000시간 × 0.6336 = 6,336	44,352

21,165시간

② 증분원가 및 입찰가격

소형 항공기	2대 × (536,000 + 164,000) =	₩1,400,000
대형 항공기	4대 × 900,000 + 21,165시간 × 50 =	4,658,250
증분원가		6,058,250
		× 120%
입찰가격		**₩7,269,900**

(물음 6) 7월 손익분기점 - 증분단위시간 학습곡선

① 학습률 추정

$\log(m) = 4 - 0.2345 \times \log(X) \rightarrow \log(m) = \log(10,000) - 0.2345 \times \log(X)$

$\rightarrow \log(m) = \log(10,000) + \log(X^{-0.2345}) \rightarrow \log(m) = \log(10,000 \times X^{-0.2345})$

$\rightarrow$ 양변의 $\log$를 없애면, $m = 10,000 \times X^{-0.2345}$

$\rightarrow$ 학습지수가 0.2345이므로 학습률은 **85%**이다.

② 대형 항공기 7월 직접노무시간 추정

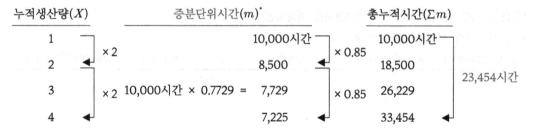

누적생산량(X)	증분단위시간(m)[*]	총누적시간(Σm)
1	10,000시간	10,000시간
2	8,500	18,500
3	10,000시간 × 0.7729 = 7,729	26,229
4	7,225	33,454

× 2 (1→3), × 0.85, 23,454시간

[*] $m = 10,000 \times X^{-0.2345}$

③ 손익분기점

소형 항공기의 손익분기점판매량 = x,

$$\underbrace{3 \times 1,200,000 + x \times 850,000}_{\text{매출액}} = \underbrace{\{(3 \times 900,000 + 23,454시간 \times 50) + x \times 700,000\}}_{\text{변동원가}} + \underbrace{1,187,550}_{\text{고정원가}}$$

$150,000x = 1,460,250 \qquad \therefore x = 9.735$대 → **10대**

(물음 7) 최소판매금액 – 증분단위시간 학습곡선

① 대형 항공기 8월 직접노무시간 추정

누적생산량(X)		증분단위시간(m)*		총누적시간(Σm)	
1		10,000시간		10,000시간	
2	×2	9,000	×0.9	19,000	
3	×2	10,000시간 × 0.8462 = 8,462	×0.9	27,462	
4		8,100		35,562	
5		10,000시간 × 0.7830 = 7,830		43,392	30,986시간
6		10,000시간 × 0.7616 = 7,616		51,008	
7		10,000시간 × 0.7440 = 7,440		58,448	

* $m = 10,000 \times X^{-0.1520}$

② 기회원가

ㄱ. 특별주문의 수락에 부족한 시간 : 30,986시간 − 28,000시간 = 2,986시간

→ 소형 항공기 2,986시간 × 3시간 = 8,958시간 대체가 필요

ㄴ. 소형 항공기 판매량 감소 : (8,958시간 − 1,000시간*) ÷ 4,100시간 = 1.94대 → 2대

* 소형 항공기 10대에 필요한 시간 : 10대 × 4,100시간 = 41,000시간
소형 항공기 여유시간 : 42,000시간 − 41,000시간 = 1,000시간

ㄷ. 기회원가 : 2대 × (850,000 − 700,000) = ₩300,000

③ 대형 항공기 4대의 최소 총판매금액

: (4대 × 900,000 + 28,000시간 × 50 + 8,958시간 × 40 + 91,200) + 300,000 = ₩5,749,520

<u>증분지출원가</u>   <u>기회원가</u>

별해 (물음 7) ③ 대형 항공기 4대의 최소 총판매금액 = x,

[특별주문 수락 시 증분이익]

관련항목	금액	계산내역
(+) 매출액 증가	x	
(−) 직접재료원가 증가	(3,600,000)	= 4대 × 900,000
(−) 직접노무원가 증가	(1,758,320)	= 28,000시간 × 50 + 8,958시간 × 40
(−) 운반비 증가	(91,200)	
(−) 공헌이익 감소(소형)	(300,000)	= 2대 × (850,000 − 700,000)
	$x − 5,749,520$	

$x − 5,749,520 = 0$ ∴ $x = ₩5,749,520$

해커스 김용재 CPA 파이널 2차 원가관리회계

(물음 4), (물음 6)

1. 손익분기점 판매량 : '매출액 = 변동원가 + 고정원가'를 충족시키는 판매량

2. 손익분기점 판매량은 원칙적으로 정수 값으로 답함

3. 제조간접원가는 모두 고정원가이고 매월 동일함

(물음 4), (물음 5), (물음 7)

문리해석하여 대형 항공기에 대한 학습효과가 7월부터(7월 이후) 적용된다고 가정하고 풀이함(6월 생산량은 누적생산량에 포함시키지 않음)

(물음 7)

1. 특별주문의 수락 시 기회원가 : 소형 항공기 판매량 감소에 따른 공헌이익상실액

2. 특별주문(대형 항공기 4대) 수락에 필요한 직접노무시간 30,986시간을 확보하는 방안

　① 28,000시간 : 대형 항공기 이용가능시간(28,000시간은 대형 항공기의 시간당 임률 적용)

　② 부족한 2,986시간 : 소형 항공기 이용가능시간으로부터 2,986시간 × 3시간 = 8,958시간 대체

　　(8,958시간은 소형 항공기의 시간당 임률 적용)

TOPIC 17 복수제품의 CVP분석

1 CVP분석의 기본개념

1. 의의

원가·조업도·이익분석(CVP분석)은 조업도의 변동이 수익, 원가 및 이익에 미치는 영향을 분석하는 기법으로서 단기이익계획수립에 이용됨

2. 기본가정

① 발생주의 모형임
② 모든 원가는 변동원가와 고정원가로 구분될 수 있음
③ 원가에 영향을 미치는 요인은 조업도뿐임
④ 수익과 원가의 행태는 확실히 결정(확실성의 가정)되어 있으며, 관련범위 내에서 선형(선형성의 가정)임
⑤ 생산량과 판매량이 일치함(동시성의 가정)
⑥ 단일제품만 판매하거나, 복수제품을 판매할 경우에는 매출배합이 일정함
⑦ 분석기간이 화폐의 시간가치를 고려하지 않아도 되는 단기간(1년 이하)임

참고 **조업도**

1. **제조업**

   제품 판매량 또는 제품 매출액

2. **서비스업**(판매가격이 부과되는 기준이 조업도임)

   항공사(여객운송) : 승객수(탑승권수)

   영화관, 프로야구구단, 극단 : 관람객수(관람권수)

   병원(입원 전용) : 환자입원일수

   호텔 : 숙박일수

---

3. 기본공식

구분		기본공식
등식법	기본공식 1	매출액 = 변동원가 + 고정원가 + 이익
	기본공식 2	공헌이익 = 고정원가 + 이익
공헌이익법	기본공식 3	$판매량 = \dfrac{고정원가 + 이익}{단위당 공헌이익}$
	기본공식 4	$매출액 = \dfrac{고정원가 + 이익}{공헌이익률}$

위 식에서 이익은 세전이익을 의미

[매출액, 변동원가, 공헌이익]

매 출 액 = 판매량 × 단위당 판매가격

변동원가 = 판매량 × 단위당 변동원가
= 매출액 × 변동원가율

공헌이익 = 판매량 × 단위당 공헌이익
= 매출액 × 공헌이익률

[변동원가율과 공헌이익률]

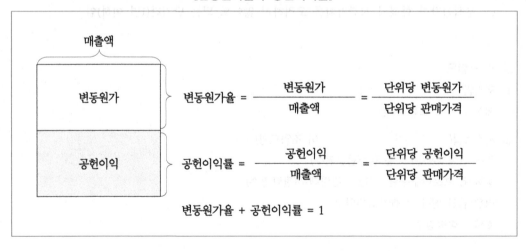

변동원가율 + 공헌이익률 = 1

2 기본적인 CVP분석

구분	내용
손익분기분석	• 손익분기점 판매량(매출액) : 이익이 ₩0이 되는 판매량 또는 매출액(BEP) • 이익을 제거하고, 기본공식을 적용 • 손익분기점에서의 공헌이익 = 고정원가
목표이익분석	• 목표 판매량(매출액) : 목표이익을 달성하는 판매량 또는 매출액 • 세전목표이익인 경우에는 이익에 세전목표이익을 대입하고, 기본공식을 적용 • 세후목표이익인 경우에는 이익에 '세후목표이익을 세전목표이익으로 전환한 이익'을 대입하고, 기본공식을 적용 $$세전목표이익 = \frac{세후목표이익}{1 - 세율}$$

3 복수제품의 CVP분석

1. 의의

복수제품을 판매할 경우에는 매출배합이 일정함(매출배합이 일정하면 매출구성비도 일정함)

> • 매 출 배 합 : 판매량의 상대적 비율
> • 매출구성비 : 매출액의 상대적 비율

> <매출배합이 일정하다는 전제하에서 매출액을 구해야 하는 경우>
> ① 제품별 판매량을 구한 후에 제품별 단위당 판매가격을 곱하여 매출액으로 전환
> ② 매출배합을 매출구성비로 전환한 후에 곧바로 매출액을 구함
>
> <매출구성비가 일정하다는 전제하에서 판매량을 구해야 하는 경우>
> ① 제품별 매출액을 구한 후에 제품별 단위당 판매가격으로 나누어 판매량으로 전환
> ② 매출구성비를 매출배합으로 전환한 후에 곧바로 판매량을 구함

2. 기본공식

(1) 등식법

[기본공식 1]과 [기본공식 2]를 이용하여 손익분기점 등을 구하는 방법

$$총 매 출 액 = 총변동원가 + 고정원가 + 이익$$
$$총공헌이익 = 고정원가 + 이익$$

(2) 가중평균공헌이익법

[기본공식 3]과 [기본공식 4]를 이용하여 손익분기점 등을 구하는 방법(다만, 복수제품이므로 단위당 공헌이익 대신에 단위당 가중평균공헌이익을 이용하고, 공헌이익률 대신에 가중평균공헌이익률을 사용)

$$총판매량 = \frac{고정원가 + 이익}{단위당\ 가중평균공헌이익}$$

$$총매출액 = \frac{고정원가 + 이익}{가중평균공헌이익률}$$

$$단위당\ 가중평균공헌이익 = \frac{총공헌이익}{총판매량}$$
$$= \Sigma(제품별\ 단위당\ 공헌이익 \times 제품별\ 매출배합)$$

$$가중평균공헌이익률 = \frac{총공헌이익}{총매출액}$$
$$= \Sigma(제품별\ 공헌이익률 \times 제품별\ 매출구성비)$$

(3) 꾸러미법

복수제품을 단일제품(꾸러미)으로 바꾼 후 공헌이익법을 적용한 것

$$꾸러미\ 판매량 = \frac{고정원가 + 이익}{꾸러미\ 단위당\ 공헌이익}$$

$$꾸러미\ 단위당\ 공헌이익 = \Sigma(매출배합에\ 따른\ 제품별\ 판매량 \times 제품별\ 단위당\ 공헌이익)$$

㈜서울아리아는 다가오는 시즌에 맘마미아, 그리스, 오페라의 유령, 댄서의 순정, 라이온킹의 5가지 뮤지컬 작품을 야간공연할 예정이다. 뮤지컬 단장은 각 작품별 공연횟수를 잠정적으로 다음과 같이 계획하였다.

맘마미아	그리스	오페라의 유령	댄서의 순정	라이온킹
5회	5회	20회	10회	5회

각 작품을 제작하기 위해서는 의상비, 시연비, 로열티, 예술인 초청료, 안무비, 제작, 음악, 의상담당 스텝 급여 등이 발생한다. 이들은 공연횟수와 무관하게 발생하는 특정 작품별로 직접 추적이 가능한 고정원가이며, 작품별 직접고정원가는 다음과 같다.

맘마미아	그리스	오페라의 유령	댄서의 순정	라이온킹
₩275,500	₩145,500	₩70,500	₩345,000	₩155,500

기타의 공통고정원가는 다음과 같다.

광고비	₩80,000
보험료	15,000
관리자 급여	179,000
사무실 임차료 등	84,000
합계	₩358,000

또한, 1회 야간공연에 대하여 다음과 같은 원가가 발생한다.

오케스트라 비용	₩3,800
공연장 임차료	700
뮤지컬 단원 급여	4,000
합계	₩8,500

공연장에는 총 1,854석의 좌석이 있으며, 이들은 A석, B석, C석으로 나뉜다. 각 좌석과 관련된 자료는 다음과 같다.

구분	A석	B석	C석
좌석수	114	756	984
좌석당 관람료	₩35	₩25	₩15
관람권 예상판매율			
오페라의 유령	100%	100%	100%
기타	100%	80%	75%

(물음 1) 뮤지컬 단장이 잠정적으로 계획한 공연횟수에 따른 작품별 예상수익을 구하고, 작품별 순이익과 ㈜서울아리아 전체 순이익을 구하시오.

(물음 2) 각 작품의 손익분기를 달성하는데 필요한 작품별 공연횟수를 구하시오(공통고정원가는 고려하지 말고, 작품별 직접고정원가만 고려하여 구함).

(물음 3) ㈜서울아리아 전체 손익분기를 달성하는데 필요한 총공연횟수를 구하시오.

(물음 4) 인기 있는 오페라의 유령의 주간공연이 가능하다고 가정하자. 주간공연의 좌석당 관람료는 야간공연에 비하여 ₩5씩 낮고, 1회 공연당 공연장 임차료는 ₩200만큼 적게 발생한다. 주간공연을 5회 실시할 예정인 뮤지컬 단장은 주간공연의 좌석유형별 관람권 판매율이 각각 80%일 것으로 예상하고 있다. 주간공연이 ㈜서울아리아 전체 순이익에 미치는 영향은 어떠한가?

(물음 1) 순이익

① 공연횟수당 예상수익

	오페라의 유령		기타	
A석	114석 × 100% × 35 =	@3,990	114석 × 100% × 35 =	@3,990
B석	756석 × 100% × 25 =	18,900	756석 × 80% × 25 =	15,120
C석	984석 × 100% × 15 =	14,760	984석 × 75% × 15 =	11,070
		@37,650		@30,180

② 작품별 예상수익

	맘마미아	그리스	오페라의 유령	댄서의 순정	라이온킹
수익	5회 × 30,180	5회 × 30,180	20회 × 37,650	10회 × 30,180	5회 × 30,180
	= ₩150,900	= ₩150,900	= ₩753,000	= ₩301,800	= ₩150,900

③ 작품별 순이익과 ㈜서울아리아 전체 순이익

	맘마미아	그리스	오페라의 유령	댄서의 순정	라이온킹	합계
수익	₩150,900	₩150,900	₩753,000	₩301,800	₩150,900	₩1,507,500
변동원가*	42,500	42,500	170,000	85,000	42,500	382,500
공헌이익	108,400	108,400	583,000	216,800	108,400	1,125,000
직접고정원가	275,500	145,500	70,500	345,000	155,500	992,000
작품별 순이익	₩(167,100)	₩(37,100)	₩512,500	₩(128,200)	₩(47,100)	133,000
공통고정원가						358,000
순이익						₩(225,000)

* 작품별 공연횟수 × 8,500

(물음 2) 작품별 손익분기점

① 공연횟수당 공헌이익

오페라의 유령 : 37,650 − 8,500 = @29,150

기   타 : 30,180 − 8,500 = @21,680

② 작품별 손익분기점

맘마미아	그리스	오페라의 유령	댄서의 순정	라이온킹
$\dfrac{275,500}{21,680}$	$\dfrac{145,500}{21,680}$	$\dfrac{70,500}{29,150}$	$\dfrac{345,000}{21,680}$	$\dfrac{155,500}{21,680}$
= 13회	= 7회	= 3회	= 16회	= 8회

(물음 3) 회사전체 손익분기점 – 복수제품의 CVP분석

<매출배합> 맘마미아 : 그리스 : 오페라의 유령 : 댄서의 순정 : 라이온킹 = 1 : 1 : 4 : 2 : 1

① 공연횟수당 가중평균공헌이익

  : 21,680 × 1/9 + 21,680 × 1/9 + 29,150 × 4/9 + 21,680 × 2/9 + 21,680 × 1/9 = @25,000

② 손익분기점 총공연횟수 : $\dfrac{1,350,000^*}{25,000}$ = **54회**

  * 총고정원가 : 992,000 + 358,000 = ₩1,350,000

(물음 4) 주간공연이 ㈜서울아리아 전체 순이익에 미치는 영향

[주간공연 실시 시 증분이익]

	관련항목	금액	계산내역
(+)	매출액 증가	113,520	= 5회 × 22,704*
(−)	변동원가 증가	(41,500)	= 5회 × (8,500 − 200)
		₩72,020	

* 주간공연횟수당 예상수익 : 114석 × 80% × 30 + 756석 × 80% × 20 + 984석 × 80% × 10 = @22,704

∴ **주간공연을 실시하면, ㈜서울아리아 전체 순이익은 ₩72,020만큼 증가한다.**

POINT

(물음 1)

1. 작품별 순이익 = 작품별 공헌이익 − 작품별 직접고정원가
2. 공통고정원가는 ㈜서울아리아 전체 공헌이익에서 차감하도록 함

(물음 2)

1. 조업도 : 공연횟수

2. 작품별 손익분기점 공연횟수 = $\dfrac{\text{작품별 직접고정원가}}{\text{작품별 공연횟수당 공헌이익}}$

(물음 3)

손익분기점 총공연횟수 = $\dfrac{\text{총고정원가}}{\text{공연횟수당 가중평균공헌이익}}$

TOPIC 18 안전한계와 영업레버리지

1. 안전한계

(1) 정의

안전한계(margin of safety)란 손익분기점 매출액(판매량)을 초과하는 매출액(판매량)을 말함

> 안전한계 매출액 = 매출액 − 손익분기점 매출액
> 안전한계 판매량 = 판매량 − 손익분기점 판매량

(2) 안전한계율

안전한계율(M/S비율)은 매출액(판매량)에 대한 안전한계 매출액(판매량)의 비율로서 손실을 발생시키지 않으면서 허용할 수 있는 매출액(판매량)의 최대감소율을 의미하며, 높을수록 이익의 안전성이 높음

[안전한계율]

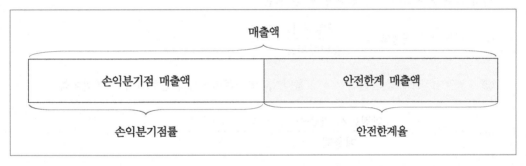

$$\text{손익분기점률} = \frac{\text{손익분기점 매출액}}{\text{매출액}} \qquad \text{안전한계율} = \frac{\text{안전한계 매출액}}{\text{매출액}}$$

$$= \frac{\text{영업이익}}{\text{공헌이익}}$$

$$\text{손익분기점률} + \text{안전한계율} = 1$$

[CVP분석의 그림]

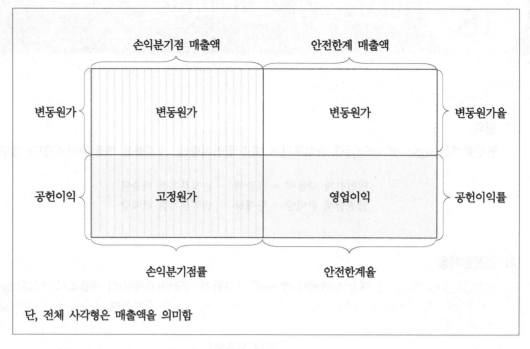

위의 그림을 통하여 다음을 확인할 수 있음

① 손익분기점 매출액 = $\dfrac{\text{고정원가}}{\text{공헌이익률}}$

② 손익분기점에서의 공헌이익 = 고정원가, 안전한계에서의 공헌이익 = 영업이익

③ 안전한계율 = $\dfrac{\text{안전한계 매출액}}{\text{매출액}}$ = $\dfrac{\text{영업이익}}{\text{공헌이익}}$

④ 손익분기점 매출액 × 공헌이익률 = 고정원가, 안전한계 매출액 × 공헌이익률 = 영업이익

⑤ 안전한계율 × 공헌이익률 = 매출액이익률(영업이익률)

2. 영업레버리지

(1) 정의

영업레버리지(operating leverage)란 고정원가로 인하여 지렛대 원리가 작용하여 매출액(또는 판매량)의 변화율보다 영업이익의 변화율이 더 커지는 현상을 말함

(2) 영업레버리지도

영업레버리지도(DOL)는 영업레버리지의 크기를 측정하는 지표로서 영업레버리지도(DOL)가 5라는 것은 매출액(판매량)의 변화율보다 영업이익의 변화율이 5배만큼 더 변화한다는 의미임

$$\text{영업레버리지도(DOL)} = \frac{\text{영업이익의 변화율}}{\text{매출액(판매량)의 변화율}} = \frac{\text{공헌이익}}{\text{영업이익}} = \frac{1}{\text{안전한계율}}$$

[DOL을 이용하여 변화 후의 영업이익을 계산하는 절차]

[1단계] DOL을 계산함

[2단계] DOL을 이용하여 영업이익변화율을 계산함

영업이익증가율(감소율) = 매출액증가율(감소율) × DOL

[3단계] 변화 후의 영업이익을 계산함

변화 후 영업이익 = 변화 전 영업이익 × (1 + 영업이익증가율)
변화 후 영업이익 = 변화 전 영업이익 × (1 − 영업이익감소율)

(DOL을 이용하여 변화 후의 영업이익을 계산하는 방법은 오직 판매량이 변화한 경우에만 사용할 수 있다는 점에 주의)

[영업레버리지 정리]

① DOL(공헌이익/영업이익)과 M/S비율(영업이익/공헌이익)은 역수임
② 고정원가 비중이 클수록 DOL이 크고, 변동원가 비중이 클수록 DOL이 작음
③ DOL이 클수록 영업이익의 변동성이 큼
④ 고정원가가 전혀 없는 기업의 DOL은 1임
⑤ DOL은 손익분기점을 막 지날 때 가장 크며, 매출액이 증가함에 따라 점점 작아짐
⑥ 호황 예측 : DOL이 클수록 유리하므로 고정원가 비중을 높임
　불황 예측 : DOL이 작을수록 유리하므로 변동원가 비중을 높임

㈜강남은 ㈜강북과 동일한 제품을 생산하여 판매하고 있다. 올해에 상당한 호경기를 맞이하여 두 기업은 매출과 이익이 상당히 호전되고 있다. ㈜강남의 이익 전망이 ㈜강북에 비하여 어떠한 지가 궁금한 ㈜강남의 사장은 재무담당자에게 두 회사를 분석하도록 지시했다.

재무담당자는 우선 전년도 결산자료를 이용하여 직접재료원가, 직접노무원가 등을 변동원가(VC)로 분류하는 등 '전형적인' 시각에서 전년도 ㈜강남과 ㈜강북의 원가구조와 영업이익 등에 대하여 분석했다.

(물음 1) 분석의 결과, ㈜강남의 변동원가(VC)는 ₩900, 고정원가(FC)는 ₩200, 그리고 운영레버리지도(degree of operating leverage, DOL)는 5로 파악되었다. ㈜강남의 전년도 매출액(S)과 영업이익(OI)은 각기 얼마인가?

(물음 2) 전년도 ㈜강북에 대한 분석의 결과, DOL = 8, OI = ₩40으로 파악되었다. 올해 호경기로 인하여 ㈜강남과 ㈜강북의 매출 수량 및 매출액이 공히 30% 늘어날 것으로 예상된다. 재무담당자가 파악한 두 회사의 원가구조가 올해에도 적용된다면, ㈜강남의 올해 영업이익이 ㈜강북에 비하여 높을지 또는 낮을지를 평가하고(즉, 두 회사의 올해 영업이익을 계산하고), 이러한 영업이익 전망의 차이가 무엇 때문인지를 운영레버리지 개념을 이용하여 사장에게 간결히 설명해 보시오.

이하에서는 (물음 1)과 (물음 2)에서 상정했던 수치를 일부 수정하여, 재무담당자가 파악한 두 회사의 전년도 매출과 원가구조가 ㈜강남은 S = ₩2,000, VC = ₩1,600, FC = ₩300, 그리고 ㈜강북은 S = ₩2,000, VC = ₩1,300, FC = ₩600이었다고 하고, 두 회사의 이러한 원가구조가 올해에도 적용되는 것으로 상정하자.

(물음 3) 두 회사는 올해 특별 판촉활동을 계획하고 있다. 두 회사의 제품들은 품질 및 가격 등에서 비슷하기 때문에 판촉활동 한 단위당 매출의 증가 효과가 동일하다고 가정하자. 이번기의 매출은 손익분기점을 확실히 초과할 것이다. 이번기의 판촉활동 한 단위에 대해 보다 높은 가격을 지불할 유인을 갖는 회사는 둘 중 어디인지를 그 근거와 함께 보이시오.

(물음 4) ㈜강남은 앞에서 언급한 재무담당자의 분석 후에 외부전문가에게 두 기업의 원가구조에 대한 전반적인 평가를 의뢰했다. 그 전문가는 원가구조 측면에서 제품에 대한 수요와 연계하여 공장의 생산용량(capacity)을 분석했다. 그는 '필요하지 않을 때, 단기적으로 조정 가능한 원가'를 단기적 원가(short - run cost)라고 설명하면서, 올해 중에 전반적으로 ㈜강북은 단기적 원가의 증가가 많았던 반면에, ㈜강남은 비단기적 원가의 증가가 많았다고 진단했다. 그 예로써, ㈜강남의 모든 인력은 장기고용계약으로 모집되는데, ㈜강남은 작년에도 직접노무원가의 비중이 ㈜강북에 비해 높았고, 올해 중에도 제품 수요 증가에 따라 작업자의 신규채용이 많았음을 들었다. 이외에, 작년에 ㈜강남이 ㈜강북에 비해 비단기적 원가의 비중이 높았다고 진단했다.

(1) 재무담당자가 ㈜강남의 원가구조를 파악하면서, 직접노무원가와 관련하여 범한 오류는 무엇인가?

(2) 내년에 경기가 나빠져서 두 회사 모두 비슷한 매출감소율을 보일 것으로 예상된다. 외부전문가의 진단이 옳다면, 이 경우 매출감소로 인한 타격이 어느 회사에게 더 클지를 논리적으로 밝히시오.

(3) ㈜강남이 앞으로 영업이익을 개선하기 위해 취하여야 할 접근방법을 외부전문가의 지적에 바탕을 두어 간단히 제시하시오. 본 문제와 관련이 없는 일반론적인 제안은 삼가시오.

(물음 1) 매출액 및 영업이익 추정

① 매출액 = S,

$$\text{DOL}(= \frac{\text{공헌이익}}{\text{영업이익}}) : \frac{S - 900}{S - 900 - 200} = 5 \qquad \therefore \ S = ₩1,150$$

② 영업이익 : 1,150 − 900 − 200 = **₩50**

(물음 2) 영업이익의 차이원인 − 영업레버리지를 이용하여 설명

① 영업이익증가율

㈜강남 : 30% × 5 = 150%

㈜강북 : 30% × 8 = 240%

② 올해 영업이익

㈜강남 : 50 × (1 + 1.5) = **₩125**

㈜강북 : 40 × (1 + 2.4) = **₩136**

∴ ㈜강남의 올해 영업이익은 ㈜강북에 비하여 낮을 것이다.

③ 영업이익의 차이원인

DOL은 고정원가가 지렛대 작용을 하여 매출액의 변화율보다 영업이익의 변화율이 더 커지는 현상을 측정하는 지표로서 두 회사의 매출액이 동일하게 30% 늘어나도 ㈜강북의 영업이익이 ㈜강남에 비하여 높을 것으로 예상되는 이유는 ㈜강북의 DOL이 ㈜강남에 비하여 커서 매출액이 증가할 경우에는 더 유리해지기 때문이다. 즉, ㈜강남의 DOL은 5이므로 매출액이 30% 증가할 때 영업이익은 30% × 5 = 150% 증가하나, ㈜강북의 DOL은 8이므로 매출액이 30% 증가할 때 영업이익은 30% × 8 = 240% 증가할 것이기 때문이다.

(물음 3) 매출액 증가 시 유리한 회사

① DOL

㈜강남 : $\dfrac{2,000 - 1,600}{2,000 - 1,600 - 300} = 4$

㈜강북 : $\dfrac{2,000 - 1,300}{2,000 - 1,300 - 600} = 7$

② 판촉활동 한 단위에 대해 보다 높은 가격을 지불할 유인을 갖는 회사

전년도 두 회사의 매출액과 영업이익이 같은 상태이므로 판촉활동으로 인한 매출액증가율이 동일할 것이다. 이처럼 매출액증가율이 동일하다면 DOL이 더 클수록 영업이익이 더 크게 증가하게 되므로 판촉활동 한 단위에 대해 보다 높은 가격을 지불할 유인을 갖는 회사는 DOL이 더 큰 ㈜강북이다.

(물음 4) 원가구조와 영업레버리지

(1) 원가행태의 분석오류

㈜강남의 모든 인력은 장기고용계약으로 모집되므로 이를 비단기적 원가(고정원가)로 분류하여야 함에도 불구하고 직접노무원가(단기적 원가)로 잘못 분류하는 오류를 범하였다.

(2) 불황 시 불리한 회사

외부전문가의 진단에 의하면, ㈜강남이 ㈜강북에 비하여 비단기적 원가(고정원가)의 비중이 더 높으므로 DOL도 더 클 것이다. 따라서 내년에 매출감소(두 회사 모두 비슷한 매출감소율을 보일 것으로 예상)로 인한 타격은 ㈜강남이 더 클 것이다.

(3) 영업이익의 개선방안

만일 내년의 경기가 불황으로 예상되면 작업자를 신규채용 시 단기고용계약으로 모집하고 기존의 장기고용계약 작업자에 대해서도 고용계약기간이 만료되어 재계약을 체결할 경우에 단기고용계약으로 변경하는 등 비단기적 원가의 비중을 감소시켜 나가도록 한다.

POINT

(물음 2), (물음 3), (물음 4)

호황 예측(매출액 증가) : DOL이 클수록 유리 → 고정원가 비중을 높임

불황 예측(매출액 감소) : DOL이 작을수록 유리 → 변동원가 비중을 높임

[확장된 CVP분석]

기본가정	기본가정의 완화
1. 발생주의 모형 : 손익분기점	1. 현금주의 모형 : 현금흐름분기점
2. 수익과 원가의 행태는 관련범위 내에서 선형임 (선형성의 가정)	2. 비선형함수하의 CVP분석
3. 원가에 영향을 미치는 요인은 조업도뿐임	3. 복수의 원가동인하의 CVP분석, 4. 활동기준원가계산하의 CVP분석
4. 생산량과 판매량이 일치함(동시성의 가정)	5. 생산량과 판매량이 일치하지 않는 경우의 CVP분석
5. 확실히 결정되어 있음(확실성의 가정)	6. 불확실성하의 CVP분석

1. 현금흐름분기점

현금유입과 현금유출이 일치하는 판매량 또는 매출액

$$\underbrace{매출액}_{현금유입} = \underbrace{변동원가 + 현금고정원가^{*1} + 법인세^{*2}}_{현금유출}$$

^{*1} 현금고정원가 = 고정원가 − 비현금고정원가

^{*2} 법인세 = $\underbrace{(매출액 - 변동원가 - 고정원가)}_{발생주의\ 세전이익} \times$ 세율 → 부(−)인 경우에도 그대로 적용함

2. 비선형함수하의 CVP분석

단위당 판매가격, 단위당 변동원가, 총고정원가가 관련범위별로 달라지는 경우의 CVP분석

[비선형함수하의 CVP분석 절차]

[1단계] 각 관련범위별로 단위당 판매가격, 단위당 변동원가, 총고정원가를 파악함
(단위당 판매가격, 단위당 변동원가, 총고정원가가 일정한 값을 갖는 조업도의 일정범위가 하나의 관련범위임)

[2단계] 각 관련범위별로 기본공식을 적용하여 해를 계산함
(각 관련범위에서는 수익과 원가의 행태가 선형이므로 기본공식을 적용할 수 있음)

단위당 판매가격, 단위당 변동원가가 관련범위별로 달라지는 경우 : 등식법 적용
총고정원가가 관련범위별로 달라지는 경우   : 공헌이익법 적용

[3단계] 계산 값이 해당 관련범위 안의 값 → 구하려는 값임 (O)
계산 값이 해당 관련범위 밖의 값 → 구하려는 값이 아님(모순 값) (×)

3. 복수의 원가동인하의 CVP분석

조업도뿐만 아니라 조업도 이외의 원가동인이 원가의 발생에 영향을 미치는 경우의 CVP분석(항공사, 병원, 컨설팅사 등과 같은 서비스업)

[복수의 원가동인하의 원가행태]

구분	내용
변동원가	조업도에 비례하여 발생하는 원가
비단위수준 변동원가	조업도 이외의 다른 원가동인(비단위수준 원가동인)에 비례하여 발생하는 원가
고정원가	총액이 일정한 원가

[이익 계산법]

이익 = 매출액 − 변동원가 − **비단위수준 변동원가** − 고정원가

[CVP분석 시 비단위수준 변동원가]

구분	내용
조업도를 구할 경우	고정원가 취급 (∵ 조업도에 비례하여 발생하지 않기 때문)
비단위수준 원가동인수를 구할 경우	변동원가 취급 (∵ 비단위수준 원가동인수에 비례하여 발생하기 때문)

[항공사의 손익분기점을 구하는 공식]

① 손익분기점 조업도(승객수)를 구할 경우

$$손익분기점\ 승객수 = \frac{비단위수준\ 변동원가 + 고정원가}{단위당\ 공헌이익}$$ → 비단위수준 원가동인수가 제시됨

(비단위수준 변동원가는 고정원가처럼 취급됨)

② 손익분기점 비단위수준 원가동인수(운항횟수)를 구할 경우

$$손익분기점\ 운항횟수 = \frac{고정원가}{운항횟수당\ 공헌이익}$$ → 운항 1회당 승객수가 제시됨

운항횟수당 공헌이익 = 운항 1회당 승객수 × 단위당 공헌이익 − **운항횟수당 변동원가**

(비단위수준 변동원가는 변동원가처럼 취급됨)

4. 활동기준원가계산하의 CVP분석

[활동기준원가계산하의 원가행태 – 단기적 관점]

구분	내용
단위수준 변동활동원가	조업도에 비례하여 발생하는 원가
비단위수준 변동활동원가	조업도 이외의 다른 원가동인(비단위수준 원가동인)에 비례하여 발생하는 원가
고정활동원가	총액이 일정한 원가

[CVP분석 시 비단위수준 변동활동원가]

구분	내용	조업도에 따른 원가동인의 행태
고정원가 취급	조업도 이외의 원가동인이 일정한 경우	
준고정원가 취급	조업도 이외의 원가동인이 조업도의 일정범위에 따라 달라지는 경우(**총고정원가가 관련범위별로 달라지는 경우의 비선형 CVP분석처럼 됨**)	
변동원가 취급	조업도 이외의 원가동인이 조업도의 일정범위에 따라 달라지나, 그 일정범위가 매우 좁은 경우(예외적인 경우임)	

[비단위수준 변동활동원가가 고정원가 또는 준고정원가로 취급되는 경우]

구분	기본공식
등식법	매출액 = 변동원가 + **비단위수준 변동활동원가** + 고정원가
공헌이익법	$$손익분기점\ 판매량 = \frac{비단위수준\ 변동활동원가 + 고정원가}{단위당\ 공헌이익}$$

5. 생산량과 판매량이 일치하지 않는 경우의 CVP분석

생산량과 판매량이 일치하지 않는 경우라면, 전부원가계산 영업이익과 변동원가계산 영업이익이 달라지므로 전부원가계산하의 손익분기점인지, 변동원가계산하의 손익분기점인지 구분하여야 함

(1) 변동원가계산하의 손익분기점

① 실제원가계산

$$매출액 = 변동원가 + 고정원가$$

(기본공식을 그대로 이용하여 구하면 됨)

② 정상원가계산

$$매출액 = (조정 후 변동매출원가^* + 변동판매관리비) + 고정원가$$

* 조정 전 변동매출원가 + 변동제조간접원가 과소배부액(과대배부액은 차감함)

③ 표준원가계산

$$매출액 = (조정 후 변동매출원가^* + 변동판매관리비) + 고정원가$$

* 조정 전 변동매출원가 + 불리한 변동제조원가차이(유리한 차이는 차감함)

(2) 전부원가계산하의 손익분기점

① 실제원가계산

$$매출액 = 매출원가 + 판매관리비$$

(손익분기점이 생산량에 따라서 달라짐)

② 정상원가계산

$$매출액 = 조정 후 매출원가^* + 판매관리비$$

* 조정 전 매출원가 + 제조간접원가 과소배부액(과대배부액은 차감함)

③ 표준원가계산

$$매출액 = 조정 후 매출원가^* + 판매관리비$$

* 조정 전 매출원가 + 불리한 원가차이(유리한 차이는 차감함)

6. 불확실성하의 CVP분석

판매량, 단위당 판매가격, 단위당 변동원가, 총고정원가가 불확실한 경우의 CVP분석

(1) 민감도분석

독립변수가 변화할 때 종속변수가 어떻게 변화하는지를 분석하는 방법으로서, '만약 ~이라면 ~이 어떻게 될 것인가?(what if)'와 같은 질문에 대한 해답를 구하는 데 이용됨

(단위당 판매가격이 변화하면, 변동원가율과 공헌이익률이 달라짐에 주의)

(2) 통계적분석

불확실성을 갖는 독립변수(예 : 판매량)의 확률분포를 알고 있는 경우 종속변수(예 : 영업이익)의 기댓값을 구하거나, 손익분기점 이상 판매할 확률을 구함

$$\text{기대영업이익} = \text{기대판매량} \times \text{단위당 공헌이익} - \text{고정원가}$$

(기대판매량을 구한 후, 이를 이용하여 기대영업이익을 구함)

① **이산확률분포** : 확률변수가 연속성을 갖지 않고 떨어져 있는 확률분포

② **균등분포(균일분포)** : 확률변수가 일정구간 내에서 정의되며 그 구간 내에서의 확률값이 모두 균등한 연속확률분포

[균등분포]

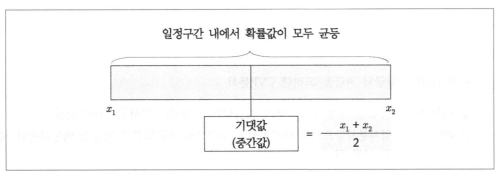

③ **정규분포** : 기댓값(평균)과 표준편차에 의하여 결정되는 완전 대칭의 종모양의 연속확률분포

[판매량(x)이 정규분포를 따를 때 손익분기점 이상 판매할 확률을 구하는 과정]

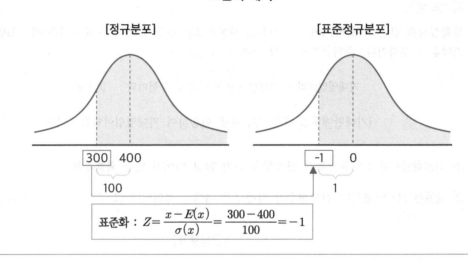

[1단계] 손익분기점 판매량(x)을 구함

[2단계] 정규분포의 확률변수 x값을 표준화 과정을 거쳐서 표준정규분포의 확률변수 Z값으로 바꿈

$$Z = \frac{x - E(x)}{\sigma(x)}$$

(Z : 표준정규분포의 값, $E(x)$: x의 평균, $\sigma(x)$: x의 표준편차)

[3단계] 표준정규분포표를 이용하여 손익분기점 이상 판매할 확률을 구함

<표준화 예시>

[정규분포]   [표준정규분포]

300 400   -1   0

100   1

$$표준화 : Z = \frac{x - E(x)}{\sigma(x)} = \frac{300 - 400}{100} = -1$$

---

7. 자본비용을 고려한 CVP분석

이자비용과 배당금의 지급을 고려한 CVP분석

① 이자비용은 약정에 따라 일정금액이 지급되는 것이므로 고정원가처럼 취급

② 배당금은 이익처분사항으로서 세후이익을 재원으로 지급되므로 지급할 배당금만큼 세후이익이 발생한다고 보면 됨

[이자비용과 배당금의 지급을 고려한 손익분기점 판매량]

구분	기본공식
등식법	매출액 = 변동원가 + 고정원가 + 이자비용 + $\dfrac{\text{배당금}}{1 - \text{세율}}$
공헌이익법	손익분기점 판매량 = $\dfrac{\text{고정원가} + \text{이자비용} + \dfrac{\text{배당금}}{1 - \text{세율}}}{\text{단위당 공헌이익}}$

㈜철야는 당기에 설립된 회사로서 가정용 전자제품을 생산하여 국내에 판매하고 있다. 당기 판매량 4,000개에 대한 공헌이익 손익계산서는 다음과 같다.

손익계산서

매출액		₩8,000,000
변동원가		
변동매출원가	₩2,400,000	
변동판매관리비	800,000	3,200,000
공헌이익		4,800,000
고정원가		
고정제조간접원가	3,600,000	
고정판매관리비	600,000	4,200,000
영업이익		₩600,000

※ 다음 물음은 서로 독립적이다.

(물음 1) 법인세율이 세전이익 ₩500,000 이하는 20%, ₩500,000 초과는 30%일 경우 세후이익 ₩890,000을 달성하기 위한 판매량을 구하시오.

(물음 2) 매출액이 몇 % 초과하여 감소하면 영업손실이 발생하는지 답하시오.

(물음 3) 판매량이 20% 증가하면 영업이익은 얼마가 되는지 영업레버리지도를 이용하여 답하시오.

(물음 4) 고정제조간접원가의 60%와 고정판매관리비의 37.5%는 현금유출을 수반하지 않는 비용이다. 법인세율이 25%일 경우에 현금흐름분기점 매출액을 구하시오.

(물음 5) 당기 생산량이 4,500개일 경우에 전부원가계산에 의한 손익분기점 판매량을 구하시오.

(물음 6) ㈜철야는 표준원가계산제도를 채택하고 있으며, 모든 원가차이를 매출원가에서 조정한다. 변동제조원가는 실제원가와 표준원가가 일치하였고, 고정제조간접원가는 실제원가와 예산이 일치하였다. 기준조업도는 4,800개이다. 당기 생산량이 4,500개일 경우에 전부원가계산에 의한 손익분기점 판매량을 구하시오.

(물음 7) ㈜철야의 경영자는 품질향상을 통하여 단위당 판매가격을 20% 인상하고, 단위당 변동원가를 10% 절감할 목적으로 자동화된 설비를 임차할 계획이다. 설비를 임차하기 전의 법인세율은 25%이나, 설비를 임차한 후에는 세법의 개정으로 인하여 법인세율이 20%로 낮아질 것으로 예상된다. 설비를 임차하기 전의 매출액과 세후이익을 달성하기 위해서 설비의 고정임차료로 지급할 용의가 있는 최대금액을 구하시오.

(물음 8) ㈜철야의 경영자는 판매촉진을 위해 인터넷 광고를 하려고 한다. 인터넷 광고물 제작에는 ₩300,000의 고정판매관리비가 추가로 지출된다. 인터넷 광고를 하지 않을 경우 판매량은 2,500개와 5,000개 사이에서 균등분포(uniform distribution)를 이루고, 인터넷 광고를 하면 판매량은 3,000개와 6,000개 사이에서 균등하게 분포한다.

(1) ㈜철야가 인터넷 광고를 함으로써 기대영업이익은 얼마나 증가 또는 감소하는가?

(2) ㈜철야가 인터넷 광고를 함으로써 손익분기점 이상 판매할 확률은 얼마나 증가 또는 감소하는가?

(물음 9) ㈜철야의 판매량은 평균 3,750개, 표준편차 250개의 정규분포를 따른다. 이 경우 ㈜철야가 손익분기점 이상 판매할 확률은 얼마인가? (단, 다음 표준정규분포표를 이용하여 구하시오.)

<표준정규분포표>

z	$P(0 \leq Z \leq z)$
1	0.3413
2	0.4772
3	0.4987

(물음 10) ㈜철야는 차입금에 대한 이자비용 ₩800,000을 지급하고, 보통주에 대한 배당금 ₩700,000을 지급할 계획이다. 이자비용과 배당금의 지급을 고려하여 손익분기점 판매량을 구하시오. 법인세율은 30%라고 가정한다.

[자료정리]

$$단위당\ 판매가격 : \frac{8,000,000}{4,000개} = @2,000$$

$$단위당\ 변동원가 : \frac{3,200,000}{4,000개} = @800$$

단위당 공헌이익 : $2,000 - 800 = @1,200$

(물음 1) 목표 판매량 - 누진세율

① 세전목표이익

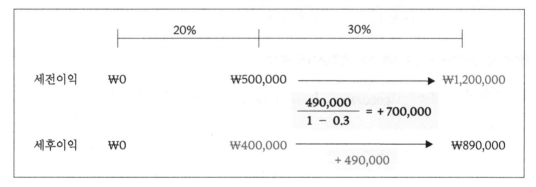

세전목표이익 : $500,000 + \dfrac{890,000 - 400,000}{1 - 0.3} = ₩1,200,000$

② 목표 판매량 : $\dfrac{4,200,000 + 1,200,000}{1,200} = 4,500개$

(물음 2) 안전한계율

안전한계율 : $\dfrac{600,000}{4,800,000} = 12.5\%$

∴ 매출액이 12.5% 초과하여 감소하면 영업손실이 발생한다.

(물음 3) 영업레버리지도

① 영업레버리지도 : $\dfrac{4,800,000}{600,000} = 8$

② 영업이익증가율 : $20\% \times 8 = 160\%$

③ 증가 후 영업이익 : $600,000 \times (1 + 1.6) = ₩1,560,000$

(물음 4) 현금흐름분기점

현금흐름분기점 매출액 = S,

$$\underbrace{S}_{\text{매출액}} = \underbrace{S \times 0.4}_{\text{변동원가}} + \underbrace{(3,600,000 \times 0.4 + 600,000 \times 0.625)}_{\text{현금고정원가}} + \underbrace{(S - S \times 0.4 - 4,200,000) \times 0.25}_{\text{법인세}}$$

$0.45S = 765,000$ ∴ $S =$ **₩1,700,000**

(물음 5) 전부실제원가계산에 의한 손익분기점 판매량

① 단위당 제조원가 : $\dfrac{2,400,000}{4,000개} + \dfrac{3,600,000}{4,500개} = @1,400$

    단위당 변동판매관리비 : $\dfrac{800,000}{4,000개} = @200$

② 손익분기점 판매량 = x,

$$\underbrace{x \times 2,000}_{\text{매출액}} = \underbrace{x \times 1,400}_{\text{매출원가}} + \underbrace{(x \times 200 + 600,000)}_{\text{판매관리비}}$$
                                             ∴ $x =$ **1,500개**

(물음 6) 전부표준원가계산에 의한 손익분기점 판매량

① 단위당 표준원가 : $\dfrac{2,400,000}{4,000개} + \dfrac{3,600,000}{4,800개} = 600 + 750 = @1,350$

② 조업도차이

	실제	예산	SQ × SP
		4,800개 × 750	4,500개 × 750
FOH	₩3,600,000	= ₩3,600,000	= ₩3,375,000

                               조업도차이 ₩225,000 U

③ 손익분기점 판매량 = x,

$$\underbrace{x \times 2,000}_{\text{매출액}} = \underbrace{(x \times 1,350 + 225,000)^*}_{\text{조정 후 매출원가}} + \underbrace{(x \times 200 + 600,000)}_{\text{판매관리비}}$$
                                          ∴ $x =$ **1,834개**

    * 조성 후 매출원가 : $x \times 1,350$(조정 전 매출원가) + 225,000(불리한 원가차이)

(물음 7) 민감도분석

설비의 고정임차료로 지급할 용의가 있는 최대금액 = x,

$$\underbrace{8,000,000}_{\text{매출액}} = \underbrace{8,000,000 \times 0.3^{*1}}_{\text{변동원가}} + \underbrace{(4,200,000 + x)}_{\text{고정원가}} + \underbrace{\dfrac{450,000^{*2}}{1 - 0.2}}_{\text{목표이익}}$$
                                          ∴ $x =$ **₩837,500**

*1 변동원가율 : $\dfrac{800 \times 0.9}{2,000 \times 1.2} = 30\%$

*2 임차하기 전의 세후이익 : $600,000 \times (1 - 0.25) =$ ₩450,000

(물음 8) 균등분포

(1) 기대영업이익

<광고를 하지 않을 경우>

① 기대판매량 : $\dfrac{2,500개 + 5,000개}{2}$ = 3,750개

② 기대영업이익 : 3,750개 × 1,200 − 4,200,000 = ₩300,000

<광고를 할 경우>

① 기대판매량 : $\dfrac{3,000개 + 6,000개}{2}$ = 4,500개

② 기대영업이익 : 4,500개 × 1,200 − (4,200,000 + 300,000) = ₩900,000

∴ 인터넷 광고를 함으로써 기대영업이익은 900,000 − 300,000 = ₩600,000 증가한다.

(2) 손익분기점 이상 판매할 확률

<광고를 하지 않을 경우>

① 손익분기점 판매량 : $\dfrac{4,200,000}{1,200}$ = 3,500개

②

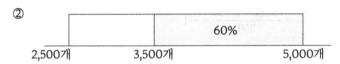

손익분기점 이상 판매할 확률 : $\dfrac{5,000개 − 3,500개}{5,000개 − 2,500개}$ = 60%

<광고를 할 경우>

① 손익분기점 판매량 : $\dfrac{4,200,000 + 300,000}{1,200}$ = 3,750개

②

손익분기점 이상 판매할 확률 : $\dfrac{6,000개 − 3,750개}{6,000개 − 3,000개}$ = 75%

∴ 인터넷 광고를 함으로써 손익분기점 이상 판매할 확률은 75% − 60% = 15% 증가한다.

(물음 9) 정규분포

① 손익분기점 판매량 : $\dfrac{4,200,000}{1,200} = 3,500$개

② 손익분기점 이상 판매할 확률

$\quad$ $\mathrm{P}(x \geq 3,500)$
$\quad = \mathrm{P}(Z \geq -1)$ $\quad$ 표준화*
$\quad = 0.5 + \mathrm{P}(0 \leq Z \leq 1)$
$\quad = 0.5 + 0.3413 = \mathbf{0.8413}$

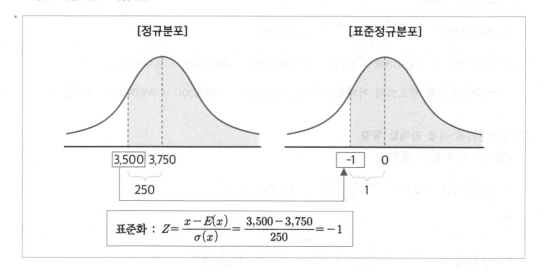

[정규분포] $\qquad$ [표준정규분포]

3,500 | 3,750 $\qquad$ -1 | 0

250 $\qquad$ 1

표준화 : $Z = \dfrac{x - E(x)}{\sigma(x)} = \dfrac{3,500 - 3,750}{250} = -1$

(물음 10) 자본비용을 고려한 CVP분석

손익분기점 판매량 : $\dfrac{4,200,000 + 800,000 + \dfrac{700,000}{1 - 0.3}}{1,200} = \mathbf{5,000개}$

| 문제 02 | 복수의 원가동인하의 CVP분석, 비선형 CVP분석 - 유람선 사업 | CPA 2006 |

한국여행사는 여의도 주위를 운행하는 유람선 사업을 고려중이다. 이 사업과 관련하여 한국여행사가 유람선을 월 단위로 임차하는데 예상되는 대당 임차료는 2,200,000원이다. 각 유람선의 경우 최대 70명의 승객이 승선할 수 있다. 한국여행사는 각 유람선을 월 30일간 운행할 계획이며, 각 유람선은 하루에 6회까지 운행이 가능하다. 유람선의 일별 운행횟수는 월 30일 동안 동일하게 유지된다. 한국여행사는 유람선 운행시마다 승객 1인당 5,000원의 요금을 부과하고자 한다. 이와 관련하여 발생할 것으로 예상되는 원가는 다음과 같다.

발 권 및 기타비용 :	승객 1인당 1,000원
연 료 비 :	운행 1회당 100,000원
승 무 원 급 여 :	운행 1회당 70,000원
청 소 비 용 :	운행 1회당 20,000원

매월 발생하게 될 정박시설 사용료는 임차한 유람선의 수에 따라 다르며, 다음과 같다.

임차한 유람선 수	정박시설 사용료(총계)
1대	월 11,000,000원
2대	월 12,000,000원
3대	월 15,000,000원
4대	월 16,000,000원

유람선 서비스에 대한 수요는 불확실하지만, 일별 운행횟수가 주어졌을 경우 예상되는 승객수는 다음 <표1>과 같다.

<표1>

일별 유람선 운행횟수	유람선 1회 운행 시 예상승객수
1회에서 6회까지	65명
7회에서 12회까지	64명
13회에서 16회까지	61명
17회에서 24회까지	58명

유람선 서비스에 대한 실제 수요는 위 <표1>에 기술된 예상 수요와 동일하다고 가정하고 다음 각 물음에 답하시오.

(물음 1) <표1>에 기술된 각 활동범위(즉, 일별 유람선 운행횟수)에 대해 유람선 운행 1회당 공헌이익은 각각 얼마인가?

(물음 2) 손익분기점에 도달하기 위해 한국여행사는 유람선을 최소한 월 몇 회 운행해야 하는가? (정수로 답하시오.)

(물음 3) 한국여행사는 한 달 동안 유람선 2대를 임차하여 하루에 12회씩 운행하기로 하였다고 가정하자.

    (1) 이 경우 손익분기점에 도달하기 위해 유람선을 월 몇 일 운행해야 하는가? (정수로 답하시오.)

    (2) 이 경우 손익분기점에 도달하기 위해 한 달 동안 유람선에 승선하여야 하는 승객 수는 몇 명인가?

(물음 4) 한국여행사가 유람선 3대를 임차하여 한 달 동안 운행하기로 하였다고 하자. 이 경우 이익을 극대화하기 위해서 한국여행사는 유람선 3대를 이용하여 하루에 총 몇 회 운행하여야 하는가?

(물음 5) 한국여행사는 유람선을 몇 대 임차할 것인지 아직 결정하지 못하고 있다. 그러나 유람선 사업의 신속한 추진을 위해 한국여행사는 유람선을 월 2대 임차할 것인지, 아니면 3대 임차할 것인지 고민 중이다. 이 경우 최적 의사결정은 무엇이며, 그 이유를 설명하시오.

[자료정리]

단위당(승객 1인당) 판매가격 : @5,000

단위당(승객 1인당) 변동원가 : @1,000

운행횟수당 변동원가 : 100,000 + 70,000 + 20,000 = @190,000(비단위수준 변동원가)

월 고정원가(준고정원가)

　1대 : 1대 × 2,200,000 + 11,000,000 = ₩13,200,000

　2대 : 2대 × 2,200,000 + 12,000,000 = ₩16,400,000

　3대 : 3대 × 2,200,000 + 15,000,000 = ₩21,600,000

　4대 : 4대 × 2,200,000 + 16,000,000 = ₩24,800,000

(물음 1) 활동범위별 운행횟수당 공헌이익

활동범위	운행횟수당(운행 1회당) 공헌이익
1회 ~ 6회	65명 × (5,000 − 1,000) − 190,000 = @70,000
7회 ~ 12회	64명 × (5,000 − 1,000) − 190,000 = @66,000
13회 ~ 16회	61명 × (5,000 − 1,000) − 190,000 = @54,000
17회 ~ 24회	58명 × (5,000 − 1,000) − 190,000 = @42,000

공헌이익　　　운행횟수당 변동원가

(물음 2) 손익분기점 최소 운행횟수

① 30회 ~ 180회

$$손익분기점\ 운행횟수(= \frac{고정원가}{운행횟수당\ 공헌이익})$$

$$: \frac{13,200,000^*}{70,000} = 188.57회/월 \rightarrow 6.29회/일 \rightarrow 7회/일 \rightarrow 210회/월\ (\times)$$

* 1대 × 2,200,000 + 11,000,000 = ₩13,200,000

② 210회 ~ 360회

$$손익분기점\ 운행횟수 : \frac{16,400,000^*}{66,000} = 248.48회/월 \rightarrow 8.28회/일 \rightarrow 9회/일 \rightarrow \mathbf{270회}/월\ (\bigcirc)$$

* 2대 × 2,200,000 + 12,000,000 = ₩16,400,000

∴ 손익분기점 월 최소 운행횟수는 270회이다.

(물음 3) 손익분기점 운행일수와 승객수

(1) 손익분기점 운행일수

$$\text{손익분기점 운행횟수}(= \frac{\text{고정원가}}{\text{운행일수당 공헌이익}})$$

$$: \frac{16,400,000}{792,000^*} = \textbf{21일}$$

* 운행일수당 공헌이익 : 12회 × 66,000 = @792,000/일

(2) 손익분기점 승객수

① 비단위수준 변동원가 : 30일 × 12회 × 190,000 = ₩68,400,000

② 손익분기점 승객수$(= \frac{\text{비단위수준 변동원가 + 고정원가}}{\text{단위당 공헌이익}})$

$$: \frac{68,400,000 + 16,400,000}{5,000 - 1,000} = \textbf{21,200명}$$

(물음 4) 최적 운행횟수

(유람선 3대를 임차하면 운행가능횟수가 0회부터 18회까지이나, 합리적인 경영자라면 최소한 13회 이상 운행할 것이다. 또한 13회부터 18회까지의 고정원가는 동일하고, 1회 운행 시 승객수의 차이로 인하여 운행 공헌이익만 달라질 것이다. 1회 운행 시 승객수가 13회부터 16회까지는 61명이고, 17회부터 18회까지는 58명이므로 우선 관련범위를 두 개로 구분한다. 각 관련범위별로는 운행횟수가 증가할수록 운행 공헌이익이 증가할 것이므로 결국 16회 운행 시 이익과 18회 운행 시 이익만 비교하면 된다.)

16회 운행 시 이익 : 30일 × 16회 × 54,000 − 21,600,000 = ₩4,320,000

18회 운행 시 이익 : 30일 × 18회 × 42,000 − 21,600,000 = ₩1,080,000

　　　　　　　　　　운행 공헌이익　　　고정원가

∴ 이익을 극대화하기 위해서 한국여행사는 유람선 3대를 이용하여 **하루에 총 16회를 운행하여야 한다.**

(물음 5) 최적 유람선 임차대수

(유람선을 월 2대 임차할 경우에는 하루에 12회 운행을 할 경우에 이익이 극대화되며, 유람선을 월 3대 임차할 경우에는 하루에 16회 운행을 할 경우에 이익이 극대화되므로 12회 운행 시 이익과 16회 운행 시 이익만 비교하면 된다.)

2대 임차(12회 운행) 시 이익 : 30일 × 12회 × 66,000 − 16,400,000 = ₩7,360,000

3대 임차(16회 운행) 시 이익 : ₩4,320,000(해답 4)

∴ 2대 임차 시 이익이 3대 임차 시 이익보다 더 크므로 최적 의사결정은 유람선을 월 2대 임차하는 것이다.

참고 (물음 4) 최적 운행횟수

선택 가능한 운행횟수별 모든 이익을 계산하면 다음과 같다.

13회 운행 시 이익 =	$30일 \times 13회 \times 54,000 - 21,600,000 = ₩(540,000)$
14회 운행 시 이익 =	$30일 \times 14회 \times 54,000 - 21,600,000 = ₩1,080,000$
15회 운행 시 이익 =	$30일 \times 15회 \times 54,000 - 21,600,000 = ₩2,700,000$
16회 운행 시 이익 =	$30일 \times 16회 \times 54,000 - 21,600,000 = ₩4,320,000$
17회 운행 시 이익 =	$30일 \times 17회 \times 42,000 - 21,600,000 = ₩(180,000)$
18회 운행 시 이익 =	$30일 \times 18회 \times 42,000 - 21,600,000 = ₩1,080,000$

운행 공헌이익   고정원가

POINT

(물음 2)

1. 월 운행횟수의 관련범위(유람선의 일별 운행횟수는 월 30일 동안 동일하게 유지된다는 문제표현에 따라서 다음과 같이 구해야 함)

   유람선 1대 임차 : 일별 1회 ~ 6회 운행 → 월 30회 ~ 180회 운행

   유람선 2대 임차 : 일별 7회 ~ 12회 운행 → 월 210회 ~ 360회 운행

2. 유람선의 일별 운행횟수는 월 30일 동안 동일하게 유지되고, 손익분기점 월 최소 운행횟수를 정수로 답해야 하므로 '월 운행횟수 → 일 운행횟수로 환산 → 일 운행횟수를 정수로 구함 → 월 운행횟수로 환산'해야 함

3. 손익분기점 운행횟수 = $\dfrac{고정원가}{운행횟수당\ 공헌이익}$ → 운행횟수당 승객수는 제시됨

   운행횟수당 공헌이익 = 운행횟수당 승객수 × 단위당 공헌이익 − 운행횟수당 변동원가

(물음 3) (1)

   손익분기점 운행일수 = $\dfrac{고정원가}{운행일수당\ 공헌이익}$ → 1일 운행횟수는 제시됨

   운행일수당 공헌이익 = 1일 운행횟수 × 운행횟수당 공헌이익

(물음 3) (2)

1. 손익분기점 승객수 = $\dfrac{비단위수준\ 변동원가\ +\ 고정원가}{단위당\ 공헌이익}$ → 운행횟수는 제시됨

   비단위수준 변동원가 = 운행횟수 × 운행횟수당 변동원가

2. 비단위수준 변동원가는 손익분기점 운행횟수를 구할 경우에는 변동원가처럼 취급되고(분모에 반영), 손익분기점 승객수를 구할 경우에는 고정원가처럼 취급됨(분자에 반영)

<자료 1>

J체육관은 PT(personal training)와 필라테스를 소규모 그룹수업으로 운영하고 있다. 체육관에는 PT 운동실과 필라테스 운동실이 있으며 탈의실과 샤워실, 등록 및 안내 데스크는 공동으로 사용되고 있다.

PT와 필라테스 모두 오전 4회, 저녁 4회의 수업이 각각의 운동실에서 진행된다. J체육관의 수업 일정은 다음과 같다.

구분	PT	필라테스
오전	4회 (4인 그룹)	4회 (3인 그룹)
오후	–	–
저녁	4회 (2인 그룹)	4회 (3인 그룹)

PT의 경우 오전에는 4인 그룹, 저녁에는 2인 그룹으로 진행되고, 필라테스의 경우 오전 · 저녁 모두 3인 그룹으로 진행된다.

J체육관은 연중무휴로 운영되며 휴대폰 애플리케이션을 통해 원하는 수업과 시간을 선택 및 예약하고 1회 수강권을 구매한 뒤 수강하는 방식으로 운영된다. 수강생이 예약한 수업에 출석하지 않을 경우 이미 지급한 수강료는 환불되지 않는다. 예상결석률은 오전 수업의 경우 각 수업 1회당 5%, 저녁 수업의 경우 각 수업 1회당 10%이다.

한 달(4주)을 기준으로 계산된 J체육관의 수업에 관한 운영자료 및 변동원가는 다음과 같다.

구분	PT		필라테스
	4인 그룹	2인 그룹	3인 그룹
수업 1회당 수강생 1인의 수강료	₩18,000	₩35,000	₩30,000
수업 1회당 예상수강권판매율	90%	80%	80%
수업 1회당 변동원가 (운동실 소독비)	₩2,000		
수업 1회당 수강생 1인의 변동원가 (수도요금, 수건세탁비)	₩1,000		

단, 모든 수업의 수강생은 최소 1명 이상이다.

각각의 운동실에 추적 가능한 주당 고정원가는 다음과 같다.

구분	PT	필라테스
오전 수업 강사료	₩728,000	₩812,000
저녁 수업 강사료	672,000	896,000
운동기구 임차료	210,280	300,020
합계	₩1,610,280	₩2,008,020

상기의 고정원가 이외에 각 운동실에 공통으로 발생하는 주당 고정원가는 ₩1,579,200이다.

주당 고정원가는 한 달간 발생하는 고정원가를 4주로 나누어 계산한 것으로 회피불가능하며, 주당 수업 횟수를 기준으로 각 수업에 배부된다.

※ <자료 1>을 이용하여 (물음 1) ~ (물음 3)에 답하시오.

(물음 1) 각 수업별(PT 4인 그룹, PT 2인 그룹, 필라테스 3인 그룹) 1일 예상영업이익을 구하시오.

(물음 2) J체육관이 손익분기점 달성을 위해 필요한 주당 총 수업 횟수를 구하시오. 단, 매출배합은 일정하게 유지되는 것으로 가정한다.

(물음 3) J체육관은 예기치 못한 전염병의 대유행으로 인해 체육관의 운영을 중단해야 할 것으로 예상하고 있다. J체육관이 손실을 보지 않기 위해서는 한 달(28일) 중 최대 몇 일까지 운영 중단이 가능한지 계산하시오.

<추가자료>

J체육관은 수업이 없는 오후 시간을 활용하여 한 달(4주)간 일시적으로 PT 2인 그룹 수업과 필라테스 3인 그룹 수업을 각각 1일 2회씩 추가로 개설하고자 한다. 오후 수업을 운영할 경우 PT와 필라테스 강사를 한 달(4주)간 각각 1명씩 새로 채용해야 하며, PT강사에게는 주당 ₩308,000, 필라테스 강사에게는 주당 ₩350,000을 지급한다. 오후 수업을 추가로 운영하여도 오전과 저녁 수업의 수강료, 수강권판매율 및 결석률에는 영향을 미치지 않으며, 수업 1회당 변동원가, 수강생 1인당 변동원가 및 주당 고정원가 또한 동일하다.

※ <자료 1>과 <추가자료>를 이용하여 다음 물음에 답하시오.

(물음 4) 오후 수업의 수강권판매율 및 결석률은 다음과 같이 예상된다.

구분	PT	필라테스
	2인 그룹	3인 그룹
수업 1회당 예상수강권판매율	80%	80%
수업 1회당 예상결석률	5%	5%

(1) 오후 수업을 운영할 경우, J체육관의 한 주당 이익은 얼마나 증가(또는 감소)하는지 계산하시오.

(2) 오후 수업의 운영은 (물음 2)에서 계산한 손익분기점을 얼마나 증가(또는 감소)시키는지 계산하시오. 단, 오후 수업의 운영은 일시적이므로, J체육관이 제공하는 수업의 매출배합에 영향을 미치지 않는다.

<자료 2>

J체육관은 전염병의 대유행이 장기화될 것을 우려하여 홈트레이닝 애플리케이션을 출시하고자 한다. 홈트레이닝 애플리케이션은 이용자 1명당 월 ₩20,000의 이용료가 부과되며, 다음과 같은 원가가 발생할 것으로 예상된다.

1) 애플리케이션 개발 및 초기 컨텐츠 제작에 ₩29,760,000의 원가가 발생하며, 이 원가는 무형자산으로 인식되어 월할 상각된다. 매월 상각비는 ₩1,240,000이다.
2) 이용자 구간별 월간 서버비용은 다음과 같다.

이용자 구간	0명 ~ 100명	101명 ~ 200명
총고정원가	₩800,000	₩1,400,000

3) 이용자 1인당 월 ₩2,000의 관리비가 발생한다.
4) 이용자가 100명을 초과할 경우, 초과 이용자로부터 발생한 수익의 4%를 애플리케이션 제작에 참여한 2명의 강사에게 균등하게 나누어 지급한다.
5) 이용자에게 매월 원가 ₩3,000의 운동용 소도구를 증정한다.

※ <자료 2>를 이용하여 (물음 5)와 (물음 6)에 답하시오.

(물음 5) 구간별 이용자 1인당 공헌이익은 얼마인지 계산하시오.

(물음 6) 월간 손익분기점 이용자수는 몇 명인지 계산하시오.

(물음 1) 수업별 1일 예상영업이익

	PT 4인	PT 2인	필라테스 3인
매출액	4회 × 4인 × 0.9 × 18,000 = ₩259,200	4회 × 2인 × 0.8 × 35,000 = ₩224,000	8회 × 3인 × 0.8 × 30,000 = ₩576,000
변동원가			
1인당(오전)	4회 × 4인 × 0.9 × 0.95 × 1,000 = ₩13,680	–	4회 × 3인 × 0.8 × 0.95 × 1,000 = ₩9,120
1인당(저녁)	–	4회 × 2인 × 0.8 × 0.9 × 1,000 = ₩5,760	4회 × 3인 × 0.8 × 0.9 × 1,000 = ₩8,640
1회당	4회 × 2,000 = ₩8,000	4회 × 2,000 = ₩8,000	8회 × 2,000 = ₩16,000
공헌이익	₩237,520	₩210,240	₩542,240
추적가능고정원가			
강사료	728,000 ÷ 7일 = ₩104,000	672,000 ÷ 7일 = ₩96,000	2,008,020 ÷ 7일 = ₩286,860
임차료	(210,280 × 4회/8회) ÷ 7일 = ₩15,020	(210,280 × 4회/8회) ÷ 7일 = ₩15,020	
공통고정원가	(1,579,200 × 4회/16회) ÷ 7일 = ₩56,400	(1,579,200 × 4회/16회) ÷ 7일 = ₩56,400	(1,579,200 × 8회/16회) ÷ 7일 = ₩112,800
영업이익	**₩62,100**	**₩42,820**	**₩142,580**

(물음 2) 주간 손익분기점 총수업횟수 - 복수제품(서비스)

<매출배합> PT 오전 : PT 저녁 : 필라 오전 : 필라 저녁 = 1 : 1 : 1 : 1

① 수업횟수당 가중평균공헌이익 : $\dfrac{237,520 + 210,240 + 542,240}{16회}$ = @61,875

② 주당 손익분기점 총수업횟수 : $\dfrac{5,197,500^*}{61,875}$ = **84회**

  * 주당 총고정원가 : 1,610,280 + 2,008,020 + 1,579,200 = ₩5,197,500

(물음 3) 최대 운영중단가능 일수

① 한 달 손익분기점 달성 일수 : $\dfrac{4주 × 84회}{16회}$ = 21일

② 손실을 보지 않기 위한 최대 운영중단가능 일수 : 28일 − 21일 = **7일**

(물음 4) 오후 수업 운영관련

(1) 오후 수업 운영 시 주당 증분이익

  ① 오후 수업횟수당 매출액

      PT : 2인 × 0.8 × 35,000 = @56,000

      필라 : 3인 × 0.8 × 30,000 = @72,000

  ② 오후 수업횟수당 변동원가

      PT : 2인 × 0.8 × 0.95 × 1,000 + 2,000 = @3,520

      필라 : 3인 × 0.8 × 0.95 × 1,000 + 2,000 = @4,280

  ③ 오후 수업 운영 시 주당 증분이익

관련항목	금액	계산내역
(+) 매출액 증가	1,792,000	= 7일 × 2회 × (56,000 + 72,000)
(-) 변동원가 증가	(109,200)	= 7일 × 2회 × (3,520 + 4,280)
(-) 고정원가(강사료) 증가	(658,000)	= 308,000 + 350,000
	₩1,024,800	

(2) 오후 수업 운영 시 주당 손익분기점 변화

주당 손익분기점 총수업횟수 : $\dfrac{5,197,500 - 1,024,800}{61,875}$ = 68회

(오후 수업의 운영은 일시적이므로 오후 수업 운영 시 주당 증분이익만큼 고정원가가 회수되는 것으로 보고 주당 손익분기점 총수업횟수를 재계산한다.)

  ∴ 오후 수업의 운영은 (물음 2)에서 계산한 손익분기점을 84회 − 68회 = 16회만큼 감소시킨다.

(물음 5) 관련범위별 단위당 공헌이익

[관련범위]

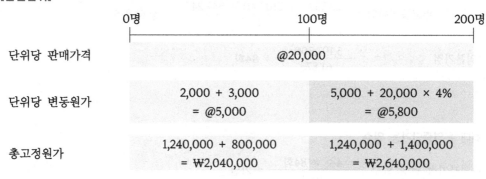

① 0명 ~ 100명 : 20,000 − 5,000 = **@15,000**

② 101명 ~ 200명 : 20,000 − 5,800 = **@14,200**

(물음 6) 월간 손익분기점 이용자수

손익분기점 이용자수 $= x$,

① 0 ~ 100명

$$\underbrace{x \times 20{,}000}_{\text{매출액}} = \underbrace{x \times 5{,}000}_{\text{변동원가}} + \underbrace{2{,}040{,}000}_{\text{고정원가}} \qquad \therefore \ x = 136명 \ (\times)$$

② 101 ~ 200명

$$\underbrace{x \times 20{,}000}_{} = \underbrace{100 \times 5{,}000 + (x - 100) \times 5{,}800}_{} + \underbrace{2{,}640{,}000}_{} \quad \therefore \ x = 181명 \ (\bigcirc)$$

별해 **(물음 2) 주간 손익분기점 총수업횟수 – 복수제품(서비스)**

<매출배합> PT 오전 : PT 저녁 : 필라 오전 : 필라 저녁 = 1 : 1 : 1 : 1

① 수업횟수당 공헌이익

PT 오전	PT 저녁	필라 오전	필라 저녁
$\dfrac{237{,}520}{4회} = @59{,}380$	$\dfrac{210{,}240}{4회} = @52{,}560$	$\dfrac{270{,}880^{*}}{4회} = @67{,}720$	$\dfrac{271{,}360^{*}}{4회} = @67{,}840$

* 필라 오전 공헌이익 : 576,000 × 4회/8회 − 9,120 − 16,000 × 4회/8회 = ₩270,880
필라 저녁 공헌이익 : 576,000 × 4회/8회 − 8,640 − 16,000 × 4회/8회 = ₩271,360

② 수업횟수당 가중평균공헌이익
  : 59,380 × 1/4 + 52,560 × 1/4 + 67,720 × 1/4 + 67,840 × 1/4 = @61,875

(물음 1)

'주당 고정원가는 주당 수업횟수를 기준으로 각 수업에 배부된다.'라고 하였으므로 PT 운동기구 임차료를 PT 4인 그룹과 PT 2인 그룹으로 배부 시에 수업횟수를 기준으로 배부함

(물음 2)

수업횟수당 가중평균 공헌이익을 구하는 두 가지 방법

$$수업횟수당\ 가중평균공헌이익 = \frac{16회\ 총공헌이익}{16회} \to \boxed{해답}$$

$$수업횟수당\ 가중평균공헌이익 = \Sigma(종류별\ 수업횟수당\ 공헌이익 \times 종류별\ 매출배합) \to \boxed{별해}$$

(물음 3)

손실을 보지 않기 위한 최대 운영중단가능 일수를 구하기 위해서는 한 달 손익분기점 달성 일수를 계산하는 것이 핵심이며, 한 달 손익분기점 달성 일수는 다음과 같이 계산함

$$한\ 달\ 손익분기점\ 달성\ 일수 = \frac{한\ 달\ 손익분기점\ 총수업횟수}{하루\ 수업횟수}$$

(물음 4)

만일 PT와 필라테스를 합하여 오후 수업횟수당 변동원가를 계산한다면, 수업 1회당 변동원가(소독비)는 다음과 같이 '2회 × 2,000'를 차감하여야 함에 주의함(PT 1회와 필라테스 1회, 총 2회분의 변동원가를 적용하여야 하기 때문)

오후 수업횟수당 변동원가 : (2인 + 3인) × 0.8 × 0.95 × 1,000 + 2회 × 2,000 = @7,800

한국산업은 A, B, C 세 가지 제품을 생산하여 판매하고 있다. 한국산업의 20×1 회계연도의 각 제품별 관련 자료는 다음과 같다. 기초 및 기말 재고는 없다.

제품명	A	B	C
생산 및 판매수량	5,000단위	3,000단위	800단위
단위당 판매가격	₩500	₩400	₩600
단위당 직접재료원가	180	130	200
단위당 직접노무원가	100	100	100

이 회사의 총제조간접원가는 ₩1,320,000이며, 총판매관리비는 ₩125,400이다. 제조간접원가와 판매관리비를 분석한 결과 다음과 같은 4개의 활동원가로 구분할 수 있다.

활동	활동원가
생산준비활동	₩560,000
검사활동	400,000
제품유지활동	360,000
고객관리활동	125,400

또한 각 제품별로 활동원가를 계산하기 위하여 필요한 활동관련 자료는 다음과 같다.

제품명	A	B	C
생산횟수	10회	2회	8회
1회 생산당 준비시간	2시간	2시간	4시간
고객수	6명	4명	10명

검사는 매회 생산된 제품에서 첫 5단위에 대해서만 실시한다. 검사에 소요되는 시간은 제품 종류에 관계없이 일정하다. 제품유지활동은 각 제품의 설계, 제품사양, 소요재료 등의 자료를 관리하는 활동으로 각 제품별로 유사하다. 고객관리활동은 제품종류에 관계없이 한 고객에게 투입되는 자원이 유사하다.

(물음 1) 활동기준원가계산을 사용하여 각 제품별 영업이익률을 계산하라.

(물음 2) 문제에 주어진 4개의 활동원가는 각 활동사용량에 비례하여 발생한다. 한국산업은 제품 C를 1회 생산당 최대 100단위씩 생산하고, 고객당 최대 80단위씩 판매하고 있다. 한국산업이 제품 C의 수익성을 개선하기 위해서 단위당 판매가격을 현재 ₩600에서 ₩1,100으로 대폭 올린다면 제품 C의 손익분기점 판매량은 몇 단위인가?

(물음 3) 문제에 주어진 4개의 활동원가는 각 활동사용량에 비례하여 발생한다. 한국산업은 제품 A를 800단위 구매하겠다는 특별주문을 새로운 고객으로부터 접수하였다. 주문된 제품은 2회의 생산을 통해서 생산되며, 생산준비 및 검사는 동일하다. 한국산업이 이 주문에 대해서 20%의 영업이익을 얻으려고 한다면 단위당 판매가격을 얼마로 책정하여야 하는가?

(물음 1) 활동기준원가계산

① 활동별 배부율

생산준비활동 : 560,000 ÷ 56시간[*1] = @10,000/생산준비시간

검 사 활 동 : 400,000 ÷ 20회[*2] = @20,000/검사횟수

제품유지활동 : 360,000 ÷ 3종류 = @120,000/제품종류수

고객관리활동 : 125,400 ÷ 20명[*3] = @6,270/고객수

[*1] 10회 × 2시간 + 2회 × 2시간 + 8회 × 4시간 = 56시간

[*2] 10회 + 2회 + 8회 = 20회(검사는 매회 생산된 제품에서 첫 5단위에 대해서만 실시 → 결국 검사횟수에 비례하여 발생하므로 검사횟수(생산횟수)를 원가동인으로 정함)

[*3] 6명 + 4명 + 10명 = 20명

② 영업이익률

	A	B	C
매출액	₩2,500,000	₩1,200,000	₩480,000
매출원가			
직접재료원가	900,000	390,000	160,000
직접노무원가	500,000	300,000	80,000
생산준비원가(@10,000)	200,000	40,000	320,000
검사원가(@20,000)	200,000	40,000	160,000
제품유지원가(@120,000)	120,000	120,000	120,000
	1,920,000	890,000	840,000
매출총이익	580,000	310,000	(360,000)
판매관리비(@6,270)	37,620	25,080	62,700
영업이익	₩542,380	₩284,920	₩(422,700)
영업이익률	**21.7%**	**23.7%**	**(88.1)%**

(물음 2) 활동기준원가계산하의 손익분기점

<대략적인 손익분기점>

제품유지원가를 제외한 나머지 모든 원가를 변동원가로 간주하여 제품 C의 손익분기점을 계산함(즉, 비단위수준 변동활동원가를 변동원가로 취급함)

$$손익분기점\ 판매량 : \frac{120,000^{*1}}{1,100 - 978.375^{*2}} = \textbf{987단위}$$

[*1] 총고정원가 : ₩120,000(제품유지원가)

[*2] 단위당 변동원가 : $\dfrac{840,000(매출원가) + 62,700(판매관리비) - 120,000(제품유지원가)}{800단위} = @978.375$

<정확한 손익분기점>

비단위수준 변동활동원가를 준고정원가로 취급함

① 관련범위별 원가동인수

단위당 판매가격을 @1,100으로 인상하여도 800단위 이하로 판매할 경우에는 영업손실이 발생한다. 따라서 801단위부터 1,200단위(최대수요량에 관한 정보는 없음)까지의 범위에서만 손익분기점 판매량을 계산하면 다음과 같다.

관련범위	생산횟수[*1]	생산준비시간[*2]	검사횟수[*3]	고객수[*4]
801단위 ~ 880단위	9회	36시간	9회	11명
881 ~ 900	9	36	9	12
901 ~ 960	10	40	10	12
961 ~ 1,000	10	40	10	13
1,001 ~ 1,040	11	44	11	13
1,041 ~ 1,100	11	44	11	14
1,101 ~ 1,120	12	48	12	14
1,121 ~ 1,200	12	48	12	15

[*1] 생산뱃치크기 : 100단위

[*2] 생산횟수 × 4시간

[*3] 생산횟수 × 1회

[*4] 고객뱃치크기 : 80단위

② 손익분기점 판매량

ㄱ. 801 ~ 880단위

$$손익분기점\ 판매량 : \frac{36시간 × 10,000 + 9회 × 20,000 + 11명 × 6,270 + 120,000}{1,100 - 300^*} = 911.21단위$$

* 단위당 변동원가 : 200 + 100 = @300

ㄴ. 각 관련범위에서의 손익분기점 판매량

관련범위	비단위수준 변동활동원가 증가액	손익분기점 증가수량[*1]	손익분기점 판매량[*4]
801단위 ~ 880단위			911.21단위(모순)
881 ~ 900	₩6,270[*2]	7.84단위	919.05단위(모순)
901 ~ 960	60,000[*3]	75	994.05단위(모순)
961 ~ 1,000	6,270[*2]	7.84	1,001.89단위(모순)
1,001 ~ 1,040	60,000[*3]	75	1,076.89단위(모순)
1,041 ~ 1,100	6,270[*2]	7.84	**1,084.73단위(적합)**
1,101 ~ 1,120	60,000[*3]	75	1,159.73단위(모순)
1,121 ~ 1,200	6,270[*2]	7.84	**1,167.57단위(적합)**

[*1] 손익분기점 증가수량 $\left(= \dfrac{\text{비단위수준 변동활동원가 증가액}}{\text{단위당 공헌이익}}\right) : \dfrac{\text{비단위수준 변동활동원가 증가액}}{1{,}100 - 300}$

[*2] 비단위수준 변동활동원가 증가액 : 1명 × 6,270 = ₩6,270

[*3] 비단위수준 변동활동원가 증가액 : 1회 × 4시간 × 10,000 + 1회 × 20,000 = ₩60,000

[*4] 이전 손익분기점 판매량 + 손익분기점 증가수량

∴ **손익분기점 판매량은 1,085단위, 1,168단위 등이다.**

(물음 3) 특별주문의 단위당 판매가격

단위당 판매가격 = x,

[특별주문 수락 시 증분이익]

관련항목	금액	계산내역
(+) 매출액 증가	$800x$	= 800단위 × x
(-) 변동원가 증가	(224,000)	= 800단위 × (180 + 100)
(-) 생산준비원가 증가	(40,000)	= 2회 × 2시간 × 10,000
(-) 검사원가 증가	(40,000)	= 2회 × 20,000
(-) 고객관리원가 증가	(6,270)	= 1명 × 6,270
	$800x - 310{,}270$	

$800x - 310{,}270 = 160x$[*] 　　　 ∴ $x =$ **@484.8**

[*] 목표이익 : $800x × 0.2 = 160x$

(물음 1)

검사는 매회 생산된 제품에서 첫 5단위에 대해서만 실시 → 결국 검사횟수에 비례하여 발생하므로 검사횟수(생산횟수)를 원가동인으로 정함

(물음 2)

1. 비단위수준 변동활동원가란 조업도 이외의 다른 원가동인에 비례하여 발생하는 원가를 말함(이 물음에서 생산준비원가, 검사원가, 고객관리원가가 해당됨)

2. CVP분석 시 비단위수준 변동활동원가의 취급

   조업도 이외의 다른 원가동인(비단위수준 원가동인)이 조업도에 비추어 봤을 때 어떤 모습인지에 따라 다음과 같이 달리 취급됨

구분	내용	비고
고정원가 취급	조업도 이외의 원가동인이 일정한 경우	
준고정원가 취급	조업도 이외의 원가동인이 조업도의 일정범위에 따라 달라지는 경우(총고정원가가 관련범위별로 달라지는 경우의 비선형 CVP분석처럼 됨)	해답 <정확한 손익분기점>
변동원가 취급	조업도 이외의 원가동인이 조업도의 일정범위에 따라 달라지나, 그 일정범위가 매우 좁은 경우(예외적인 경우임)	해답 <대략적인 손익분기점>

3. 비단위수준 변동활동원가가 준고정원가로 취급되는 경우 공식(관련범위별로 구함)

   $$손익분기점\ 판매량 = \frac{비단위수준\ 변동활동원가 + 고정원가}{단위당\ 공헌이익}$$

4. 해답과 달리 각 관련범위별로 손익분기점 판매량을 일일이 계산하여도 무방함

(물음 3)

1. 기존의 제품에 대한 주문이므로 제품유지활동의 원가동인수(제품종류수)는 증가하지 않음

2. 새로운 고객으로부터의 특별주문이므로 고객관리활동의 원가동인수(고객수)는 증가함

㈜서울은 부품A 1단위와 부품B 1단위를 조립하여 제품Y를 생산하고 판매한다. 제품Y 단위당 판매가격은 ₩10,000이다. 부품A는 외부에서 구매하고 부품B는 자가제조한다.

① 부품A 단위당 구매원가는 ₩800이다.
② 부품B 제조를 위해 필요한 직접재료원가는 단위당 ₩1,500이며, 직접노무원가는 단위당 ₩350이다.
③ 부품B를 제조하는데 소요되는 변동제조간접원가는 단위당 ₩50이다.
④ 부품B 제조를 위해 기계를 임차하여 사용하는데, 기계 임차계약은 4년 단위로 갱신한다.
⑤ 기계 임차료는 연간 ₩6,000,000이다.

위에서 언급한 원가를 포함하여 제품Y를 제조하고 판매하는데 필요한 원가는 다음과 같다.

단위당 직접재료원가	
부품A 구매원가	₩800
부품B 직접재료원가	₩1,500
단위당 직접노무원가	
부품B 직접노무원가	₩350
그 외 직접노무원가	₩400
단위당 변동제조간접원가	
부품B 변동제조간접원가	₩50
그 외 변동제조간접원가	₩100
단위당 변동판매관리비	₩100

총고정제조간접원가	
기계 임차료(부품B 전용)	₩6,000,000
그 외 고정제조간접원가	₩8,000,000
총고정판매관리비	₩6,000,000

㈜서울 경영진은 자가제조하던 부품B를 차년도 20×3년부터 외주제작(아웃소싱) 방식으로 전환할 지 고민하고 있다.

① 부품B를 외주제작할 경우, 부품B 단위당 구매원가는 ₩3,100이다.
② 부품B 제조를 위한 기계 임차계약은 올해 20×2년이 4년차이다.
③ 자가제조 방식을 유지하더라도, 연간 기계 임차료 계약금액은 종전과 동일하다.
④ 제품Y 단위당 판매가격과 그 외 원가는 변하지 않는다.

(물음 1) 제품Y의 20×3년 예상 판매량이 4,000개이다. 부품B를 자가제조하는 경우와 외주제작하는 경우로 구분하여, ㈜서울의 공헌손익계산서(contribution income statement)를 작성하시오.

구분	자가제조	외주제작
매출액		
변동원가		
공헌이익		
고정원가		
영업이익		

(물음 2) 제품Y의 20×3년 판매량이 4,000개에서 10% 감소한다면, 부품B를 자가제조하는 경우와 외주제작하는 경우로 구분하여, ㈜서울의 20×3년 영업이익을 계산하시오. 영업이익 계산 시, 영업레버리지도를 이용하여 계산하시오. 영업레버리지도는 소수점 셋째 자리에서 반올림하시오.

(물음 3) 부품B를 자가제조하는 경우와 외주제작하는 경우로 구분하여, 제품Y의 20×3년 손익분기점 판매량을 계산하시오. 소수점 이하는 반올림하시오.

(물음 4) ㈜서울은 부품B를 자가제조할 지, 외주제작할 지 결정해야 한다. 어떠한 방식을 선택할 지 제품Y 판매량에 따라 답하시오.

(물음 5) 경기침체의 가능성이 높아지고 있는 가운데, 제품Y의 20×3년 판매량이 4,000개일 확률이 70%, 6,000개일 확률이 30%로 예상된다. 부품B를 자가제조하는 경우와 외주제작하는 경우로 구분하여, ㈜서울의 20×3년 기대영업이익을 계산하시오. 아울러 ㈜서울이 두 방식 중에 어떠한 방식을 선택할 지와 그 이유를 4줄 이내로 서술하시오. 다만, 부품B 자가제조와 외주제작 여부는 제품Y 품질에 영향을 미치지 않는다.

※ 위 (물음)과 관계없이 다음 (물음)에 답하시오.

㈜서울은 20×3년에도 부품B를 자가제조하기로 결정하였다.

① 20×3년에 기계 임차계약 갱신 시 기존보다 최대생산가능수량이 적은 기계를 임차한다.
② 신규로 임차계약할 기계를 이용하여 생산할 수 있는 부품B의 최대생산가능수량은 3,000개이다.
③ 기계 임차료는 1대당 연간 ₩3,000,000이다.
④ ㈜서울은 생산량에 따라 기계장치를 여러 대 임차할 수 있다.
⑤ ㈜서울의 제품Y 시장최대수요량은 6,000개이다.

부품A 공급업체인 ㈜부산이 ㈜서울에게 구매수량 구간별로 가격할인을 다음과 같이 제시하였다. 이 구매원가는 20×3년부터 적용된다.

① 구매수량 2,000개를 초과할 경우에 초과한 수량에 대하여 ₩100이 할인된다.
② 4,000개를 초과할 경우에는 초과한 수량에 대하여 ₩100이 추가로 더 할인된다.
③ 구매수량 구간별 부품A 단위당 구매원가는 다음과 같이 요약된다.

구매수량(개)	1 ~ 2,000	2,001 ~ 4,000	4,001 ~ 6,000
구매원가	₩800	₩700	₩600

그 외 원가 및 제품Y 단위당 판매가격은 수량에 따라 달라지지 않는다.

(물음 6) 법인세율이 20%일 때, ㈜서울의 20×3년 세후목표이익 ₩8,000,000을 달성하기 위한 제품Y 판매량을 계산하시오. 소수점 이하는 반올림하시오.

(물음 7) ㈜서울의 제품Y 연간 예상판매량은 평균이 4,335개, 표준편차가 200개인 정규분포를 따른다. 법인세율이 20%일 때, ㈜서울의 20×3년 세후목표이익이 ₩8,000,000에서 ₩8,555,000 사이가 될 확률을 계산하시오. 문제풀이 과정에서 세후목표이익 달성을 위한 판매량을 구할 때, 소수점 이하는 반올림하시오.

표준정규분포의 Z값과 해당 확률은 다음과 같다.

Z	P(0 ≤ X ≤ Z)
0.5	0.1915
1.0	0.3413
1.5	0.4332
2.0	0.4772
2.5	0.4938
3.0	0.4987

해답

[자료정리]

	자가제조	외주제작
단위당 직접재료원가		
A	@800	@800
B	1,500	3,100
단위당 직접노무원가		
B	350	–
기타	400	400
단위당 변동제조간접원가		
B	50	–
기타	100	100
단위당 변동판매관리비	100	100
단위당 변동원가	@3,300	@4,500
총고정제조간접원가	₩14,000,000	₩8,000,000
총고정판매관리비	6,000,000	6,000,000
총고정원가	₩20,000,000	₩14,000,000

(물음 1) 예상 공헌손익계산서

구분	자가제조		외주제작	
매출액	4,000개 × 10,000 =	₩40,000,000	4,000개 × 10,000 =	₩40,000,000
변동원가	4,000개 × 3,300 =	13,200,000	4,000개 × 4,500 =	18,000,000
공헌이익		26,800,000		22,000,000
고정원가		20,000,000		14,000,000
영업이익		₩6,800,000		₩8,000,000

(물음 2) 영업이익 계산 - DOL 이용

		자가제조	외주제작
① DOL	:	$\dfrac{26,800,000}{6,800,000} = 3.94$	$\dfrac{22,000,000}{8,000,000} = 2.75$
② 영업이익감소율	:	10% × 3.94 = 39.4%	10% × 2.75 = 27.5%
③ 감소 후 영업이익	:	6,800,000 × (1 − 0.394) = **₩4,120,800**	8,000,000 × (1 − 0.275) = **₩5,800,000**

(물음 3) 손익분기점 판매량

	자가제조	외주제작
손익분기점 판매량 :	$\dfrac{20,000,000}{10,000 - 3,300} = $ **2,985개**	$\dfrac{14,000,000}{10,000 - 4,500} = $ **2,545개**

(물음 4) 부품B 판매량별 자가제조 vs 외부제작

$$x \times (10,000 - 3,300) - 20,000,000 = x \times (10,000 - 4,500) - 14,000,000 \quad \therefore \ x = 5,000개$$

$\underbrace{}_{\text{자가제조 시 영업이익}}$ $\underbrace{}_{\text{외주제작 시 영업이익}}$

5,000개 초과	**자가제조**(단위당 공헌이익이 더 높은 경우가 유리)
5,000개	**무차별**
5,000개 미만	**외주제작**

(물음 5) 기대영업이익 등

① 기대판매량 : 4,000개 × 0.7 + 6,000개 × 0.3 = 4,600개

② 기대영업이익

구분	자가제조	외주제작
공헌이익	4,600개 × (10,000 − 3,300) = ₩30,820,000	4,600개 × (10,000 − 4,500) = ₩25,300,000
고정원가	20,000,000	14,000,000
영업이익	**₩10,820,000**	**₩11,300,000**
DOL	30,820,000/10,820,000 = 2.85	25,300,000/11,300,000 = 2.24

③ **외주제작을 선택한다.** 그 이유는 ㄱ. 기대영업이익이 더 높을수록 ㄴ. 경기침체의 가능성이 높아지고 있는 상황에서는 DOL이 더 낮을수록 유리하기 때문이다.

(물음 6) 비선형함수하의 CVP분석

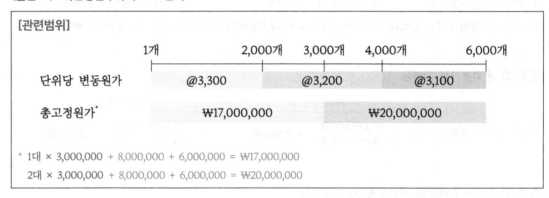

[관련범위]

* 1대 × 3,000,000 + 8,000,000 + 6,000,000 = ₩17,000,000
 2대 × 3,000,000 + 8,000,000 + 6,000,000 = ₩20,000,000

목표 판매량 = x,

① 1 ~ 2,000개

$$\underbrace{x \times 10,000}_{\text{매출액}} = \underbrace{x \times 3,300}_{\text{변동원가}} + \underbrace{17,000,000}_{\text{고정원가}} + \underbrace{10,000,000^{*}}_{\text{세전목표이익}} \qquad \therefore\ x = 4,030개\ (\times)$$

② 2,001 ~ 3,000개

$$x \times 10,000 = 2,000 \times 3,300 + (x - 2,000) \times 3,200 + 17,000,000 + 10,000,000^{*}$$

$$\therefore\ x = 4,000개\ (\times)$$

③ 3,001 ~ 4,000개

$$x \times 10,000 = 2,000 \times 3,300 + (x - 2,000) \times 3,200 + 20,000,000 + 10,000,000^{*}$$

$$\therefore\ x = 4,441개\ (\times)$$

④ 4,001 ~ 6,000개

$x \times 10,000 = \underline{2,000 \times 3,300 + 2,000 \times 3,200 + (x - 4,000) \times 3,100} + \underline{20,000,000} + \underline{10,000,000}^*$

$6,900x = 30,600,000$ $\therefore x = \textbf{4,435개 (O)}$

$*$ 세전목표이익 : $\dfrac{8,000,000}{1 - 0.2} = ₩10,000,000$

∴ 세후목표이익을 달성하기 위한 제품Y 판매량은 4,435개이다.

(물음 7) 불확실성하의 CVP분석 – 정규분포

① 세전목표이익 : $\dfrac{8,000,000}{1 - 0.2}$ ~ $\dfrac{8,555,000}{1 - 0.2}$

　　　　　　 : ₩10,000,000　~　₩10,693,750

② 세전목표이익 ₩10,000,000 달성하는 판매량 : 4,435개

③ 세전목표이익 ₩10,693,750 달성하는 판매량

　<관련범위 : 4,001 ~ 6,000개만 계산>

$x \times 10,000 = \underline{2,000 \times 3,300 + 2,000 \times 3,200 + (x - 4,000) \times 3,100} + \underline{20,000,000} + \underline{10,693,750}$

$6,900x = 31,293,750$ $\therefore x = \textbf{4,535개 (O)}$

④ 세전목표이익이 ₩10,000,000 ~ ₩10,693,750일 확률

$\qquad P(4,435 \leq x \leq 4,535)$

$\qquad = P(\dfrac{4,435 - 4,335}{200} \leq Z \leq \dfrac{4,535 - 4,335}{200}) \quad \leftarrow Z = \dfrac{x - E(x)}{\sigma(x)}$

$\qquad = P(0.5 \leq Z \leq 1)$

$\qquad = P(0 \leq Z \leq 1) - P(0 \leq Z \leq 0.5)$

$\qquad = 0.3413 - 0.1915 = \textbf{0.1498}$

POINT

(물음 5)

'경기침체의 가능성이 높아지고 있는 가운데'란 물음의 표현에 주목하여 방식을 선택한 이유를 적을 필요성이 있음 → ∴ 두 방식의 DOL을 계산할 필요가 있음

(물음 7)

세전목표이익 ₩10,693,750 달성하는 판매량을 구할 때 1 ~ 4,000개까지의 관련범위는 계산할 필요가 없음 → ∵ 미지수(x) 값이 최소 4,000개를 초과하여 모순 값이 되기 때문((물음 6)의 세전목표이익 ₩10,000,000을 ₩10,693,750으로 바꾼 상태에서 식은 동일하므로 계산하지 않아도 x 값이 최소 4,000개를 넘는다는 것을 알 수 있음)

TOPIC 20 종합예산

1 예산

예산(budget)이란 기업의 공식적인 경영계획을 화폐단위로 표시한 것

[예산의 분류]

분류		내용	
권위적 예산		조직구성원을 참여시키지 않고 최고경영자가 독자적으로 예산을 편성하는 것	
참여예산		조직구성원이 적극적으로 참여하여 스스로 예산을 편성하는 것	
	장점	① 조직구성원의 사적정보를 활용할 수 있음 ② 조직구성원의 다양한 관점과 판단을 예산에 반영할 수 있음 ③ 조직구성원에게 목표를 더 잘 달성하고자 하는 동기를 부여함 ④ 예산의 자기설정과정을 통하여 목표일치성을 높일 수 있음	
	단점	① 조직구성원이 자신의 예산을 스스로 편성하므로 예산슬랙(예산여유)을 유발할 수 있음 ② 예산편성에 노력과 시간이 많이 소요됨 ③ 조직구성원이 자신을 위해 예산을 악용할 가능성이 있음	
종합예산		기업전체를 대상으로 편성한 예산	
영업예산		영업활동에 관한 예산(운영예산)	
재무예산		자금의 조달과 투자에 관한 예산	
고정예산		특정조업도를 기준으로 작성되는 최초 예산(예 : 종합예산)	
변동예산		조업도의 변동에 따라 조정되어 작성되는 예산(예 : 실제투입량 변동예산, 실제산출량 변동예산)	
영기준예산		과거의 예산을 무시하고 최초로 예산을 수립하는 것처럼 원점에서 새로이 편성한 예산	
연속갱신예산		기간의 경과에 따라 지나간 기간을 제외시키고 다가오는 기간을 포함시켜 항상 일정기간의 예산이 유지되도록 작성하는 예산	

2 종합예산

1. 종합예산의 의의

기업전체를 대상으로 편성한 예산으로서 최종적으로 예산재무제표에 총괄됨(대표적인 고정예산이고 영업예산과 재무예산을 포함하고 있음)

2. 종합예산의 편성절차

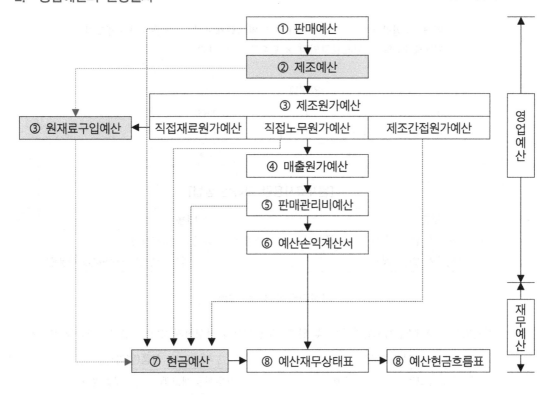

(1) 판매예산

(2) 제조예산

$$제품생산량 = 제품판매량 + 기말제품재고량 - 기초제품재고량$$

제품			
기초	×××	판매량	×××
생산량	×××	기말	×××
	×××		×××

(3) 제조원가예산과 원재료구입예산

① 제조원가예산

당기총제조원가를 수립하는 예산(고정제조간접원가는 제품원가계산목적(기말재고예산 및 매출원가예산)일 경우에는 전부원가계산방법에 따른 고정제조간접원가배부액이나 제품원가계산목적이 아닐 경우에는 고정제조간접원가예산 총액임)

② 원재료구입예산

원재료구입량 = 원재료사용량 + 기말원재료재고량 − 기초원재료재고량
원재료매입액 = 원재료구입량 × 단위당 구입가격

	원재료			
기초	×××	사용량	×××	← 제조예산
구입량	×××	기말	×××	
	×××		×××	

[원재료사용량 구하는 방법]

구분	내용
재공품재고가 없는 경우	제품생산량 × 제품 단위당 표준원재료사용량
재공품재고가 있는 경우	재료원가 당기완성품환산량 × 제품 단위당 표준원재료사용량

[상기업의 상품구입예산]

상기업은 제조예산, 제조원가예산 및 원재료구입예산을 작성하지 않고 상품구입예산을 작성함

상품(수량)		상품(원가)	
기초상품재고량	상품판매량	기초상품재고액	매출원가
상품구입량	기말상품재고량	상품매입액	기말상품재고액

(4) 매출원가예산

매출원가 = 기초제품재고액 + 당기제품제조원가 − 기말제품재고액

(5) 판매관리비예산

구분	내용
변동판매관리비예산	제품판매량 × 제품 단위당 예산변동판매관리비
고정판매관리비예산	고정판매관리비예산 총액

(6) 예산손익계산서

예산손익계산서		선행 절차
매출액	×××	← 판매예산
매출원가	×××	← 매출원가예산 ← 제조원가예산 ← 제조예산
매출총이익	×××	
판매관리비	×××	← 판매관리비예산
영업이익	×××	

(7) 현금예산

현금예산		
Ⅰ. 기초현금		×××
Ⅱ. 현금유입		
1. 매출대금 회수(= 매출액 × 회수율)	×××	
2. 기타	×××	×××
Ⅲ. 현금유출		
1. 매입대금 지급(= 매입액 × 지급률)	×××	
2. 직접노무원가 지급	×××	
3. 제조간접원가 지급	×××	
4. 판매관리비 지급	×××	
5. 기타	×××	×××
Ⅳ. 기말현금		×××

① 매출대금 회수액

> 회수율 파악 → 매출대금 회수액 계산

② 매입대금 지급액

> [제조기업] 지급률 파악 → 제조예산 → 원재료구입예산 → 매입대금 지급액 계산
> [상 기 업] 지급률 파악 → 상품구입예산 → 매입대금 지급액 계산

[제조기업의 매입대금 지급액을 구하는 절차]

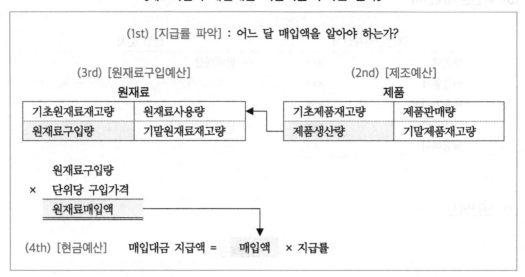

(1st) [지급률 파악] : 어느 달 매입액을 알아야 하는가?

(3rd) [원재료구입예산] (2nd) [제조예산]

원재료

기초원재료재고량	원재료사용량
원재료구입량	기말원재료재고량

제품

기초제품재고량	제품판매량
제품생산량	기말제품재고량

　　　원재료구입량
×　　단위당 구입가격
　　　원재료매입액

(4th) [현금예산]　　매입대금 지급액 ＝　매입액　× 지급률

[상기업의 매입대금 지급액을 구하는 절차]

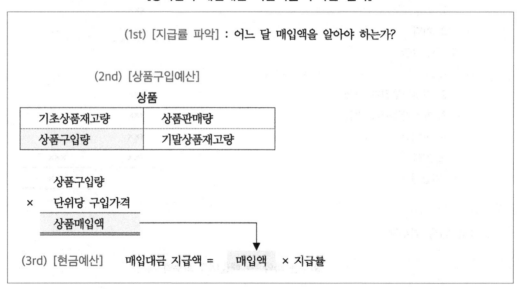

(1st) [지급률 파악] : 어느 달 매입액을 알아야 하는가?

(2nd) [상품구입예산]

상품

기초상품재고량	상품판매량
상품구입량	기말상품재고량

　　　상품구입량
×　　단위당 구입가격
　　　상품매입액

(3rd) [현금예산]　　매입대금 지급액 ＝　매입액　× 지급률

표준원가계산제도를 도입하고 있는 ㈜한국이 20×1년에 생산할 제품 A의 단위당 표준원가와 2/4분기 예산편성을 위한 자료는 다음과 같다. 물음에 답하시오.

1) 단위당 표준수량과 표준가격 및 표준원가

원가항목	표준수량	표준가격	표준원가
직접재료원가	2kg	₩500	₩1,000
직접노무원가	3시간	60	180
변동제조간접원가	3시간	40	120
고정제조간접원가	3시간	100	300
합계			₩1,600

2) 단위당 변동판매비와관리비는 ₩100이며 고정판매비와관리비는 매월 ₩800,000으로 예상된다.

3) 고정제조간접원가는 매월 ₩1,800,000으로 일정하게 발생한다. 고정제조간접원가 표준 배부율을 산정하는데 사용한 기준조업도는 18,000시간이다.

4) 고정제조간접원가에는 월 ₩600,000의 감가상각비가 포함되어 있으며 고정판매비와관리비에는 월 ₩50,000의 무형자산상각비가 포함되어 있다.

5) 제품 A의 월별 판매수량과 매출액

구분	3월	4월	5월	6월
판매수량	3,500단위	4,500단위	5,500단위	5,000단위
매출액	₩7,000,000	₩9,000,000	₩11,000,000	₩10,000,000

6) 월말 제품재고는 다음 달 예산 판매수량의 10%를 유지하고, 월말 직접재료의 재고는 다음 달 예산 사용량의 20%수준을 유지한다. 월말 재공품은 없는 것으로 한다.

7) 모든 재고자산의 매입과 매출은 외상거래로 이루어진다. 매출액의 60%는 판매한 달에, 나머지 40%는 판매한 다음 달에 현금으로 회수한다. 외상매입금은 매입한 달에 70%를, 나머지 30%는 매입한 다음 달에 현금으로 지급한다. 그리고 재료 매입액을 제외한 제조원가와 판매비와관리비는 발생한 달에 전액 현금으로 지급한다.

8) 원가차이 중 가격차이, 능률차이, 예산차이는 발생하지 않고 고정제조간접원가 조업도차이는 매출원가에서 조정하는 것으로 가정한다.

9) 3월 말 현금잔액은 ₩2,500,000이다.

(물음 1) 다음 물음에 답하시오.

   (1) 4월의 제조(생산량)예산을 구하시오.

   (2) 4월의 재료매입예산액을 구하시오.

(물음 2) 표준원가자료를 반영하여 다음 물음에 답하시오.

   (1) 변동원가계산에 의한 4월의 예산 손익계산서를 작성하시오.

   (2) 전부원가계산에 의한 4월의 매출원가를 구하시오.

(물음 3) 4월 말 예산 현금잔액을 구하시오.

(물음 1) 제조예산과 직접재료구입예산

(1) 4월 제조예산

제품(4월)					제품(5월)			
기초*2	4,500단위 × 0.1 = 450단위	판매량	4,500단위	→기초	550단위	판매량	5,500단위	
생산량	**4,600단위**	기말*1	5,500단위 × 0.1 = 550단위	생산량	**5,450단위**	기말*1	5,000단위 × 0.1 = 500단위	
	6,000단위		6,000단위		6,000단위		6,000단위	

*1 다음 달 예상판매량 × 10%

*2 이번 달 예상판매량 × 10%

(2) 4월 직접재료구입예산

직접재료(4월)			
기초*3	9,200kg × 0.2 = 1,840kg	사용량*1	4,600단위 × 2kg = 9,200kg
구입량	9,540kg	기말*2	5,450단위 × 2kg × 0.2 = 2,180kg
	11,380kg		11,380kg

*1 제품생산량 × 제품 단위당 표준원재료사용량

*2 다음 달 예상사용량 × 20%

*3 이번 달 예상사용량 × 20%

∴ 직접재료매입액 : 9,540kg × 500 = ₩4,770,000

(물음 2) 변동원가계산과 전부원가계산

(1) 4월 예산손익계산서 - 변동원가계산

4월		
매출액		₩9,000,000
변동원가	4,500단위 × (1,300* + 100) =	6,300,000
공헌이익		2,700,000
고정원가	1,800,000 + 800,000 =	2,600,000
영업이익		₩100,000

* 단위당 변동제조원가 : 1,000 + 180 + 120 = @1,300

(2) 4월 매출원가 - 전부원가계산

① 조업도차이

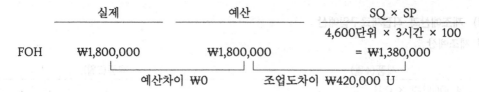

	실제	예산	SQ × SP
			4,600단위 × 3시간 × 100
FOH	₩1,800,000	₩1,800,000	= ₩1,380,000

예산차이 ₩0   조업도차이 ₩420,000 U

② 조정 후 매출원가

: 4,500단위 × 1,600(조정 전 매출원가) + 420,000(불리한 조업도차이) = ₩7,620,000

(물음 3) 현금예산

① 4월 회수율과 지급률

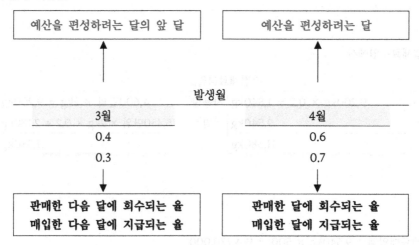

예산을 편성하려는 달의 앞 달	예산을 편성하려는 달

발생월

3월	4월
0.4	0.6
0.3	0.7

판매한 다음 달에 회수되는 율 매입한 다음 달에 지급되는 율	판매한 달에 회수되는 율 매입한 달에 지급되는 율

② 3월 제조예산

제품(3월)

기초[2]	3,500단위 × 0.1 = 350단위	판매량	3,500단위
생산량	3,600단위	기말[1]	4,500단위 × 0.1 = 450단위
	3,950단위		3,950단위

[1] 다음 달 예상판매량 × 10%

[2] 이번 달 예상판매량 × 10%

③ 3월 직접재료구입예산

직접재료(3월)

기초[*3]	7,200kg × 0.2 = 1,440kg	사용량[*1]	3,600단위 × 2kg = 7,200kg
구입량	7,600kg	기말[*2]	9,200kg × 0.2 = 1,840kg
	9,040kg		9,040kg

[*1] 제품생산량 × 제품 단위당 표준원재료사용량

[*2] 다음 달 예상사용량 × 20%

[*3] 이번 달 예상사용량 × 20%

∴ 직접재료매입액 : 7,600kg × 500 = ₩3,800,000

④ 4월 현금예산

4월

Ⅰ. 기초현금		₩2,500,000
Ⅱ. 현금유입		
1. 매출대금 회수	7,000,000 × 0.4 + 9,000,000 × 0.6 =	8,200,000
Ⅲ. 현금유출		
1. 매입대금 지급	3,800,000 × 0.3 + 4,770,000 × 0.7 = ₩4,479,000	
2. 직접노무원가 지급	4,600단위 × 180 = 828,000	
3. 제조간접원가 지급	4,600단위 × 120 + (1,800,000 − 600,000) = 1,752,000	
4. 판매관리비 지급	4,500단위 × 100 + (800,000 − 50,000) = 1,200,000	8,259,000
Ⅵ. 기말현금		**₩2,441,000**

POINT

(물음 3)

1. 회수율과 지급률 표는 오른쪽에서 왼쪽 방향으로 작성하도록 함

2. 회수율과 지급률 표의 가장 오른쪽은 예산을 편성하려는 달을 기입하고 그 왼쪽은 예산을 편성하려는 달의 앞 달을 기입함

3. 예산을 편성하려는 달에는 판매한 달에 회수되는 율(또는 매입한 달에 지급되는 율)을 기록하고, 예산을 편성하려는 달의 앞 달에는 판매한 다음 달에 회수되는 율(또는 매입한 다음 달에 지급되는 율)을 기록함

4. 3월의 직접재료구입예산이 필요하므로 작성하도록 함

20×1년 초에 설립된 ㈜청연은 성인용 스키와 어린이용 스키를 생산하여 판매한다. 성인용 스키는 나무를, 어린이용 스키는 플라스틱을 원재료로 사용하여 생산된다. 회사는 표준종합 원가계산제도를 도입하고 있으며 플라스틱 단가 및 임률 상승에 따라 20×2년의 가격표준을 조정하였다. 20×2년의 표준원가는 성인용 스키의 경우 연간 기준조업도 6,000단위, 어린이용 스키의 경우 연간 기준조업도 10,000단위에 기준하여 산출되었다. 제조간접원가는 직접 노무시간을 기준으로 배부한다. 재료원가와 전환원가는 공정전반에 걸쳐 균등하게 발생하며 원가흐름은 선입선출법(FIFO)을 가정한다. 성인용 스키와 어린이용 스키의 단위당 표준원가 에 관한 자료는 다음과 같다.

1) 성인용 스키

구분	수량표준	가격표준	
		20×1년	20×2년
원재료(나무)	50g	₩3/g	₩3/g
직접노무원가	3시간	₩100/시간	₩120/시간
변동제조간접원가	3시간	₩50/시간	₩50/시간
고정제조간접원가	3시간	₩40/시간	₩40/시간

2) 어린이용 스키

구분	수량표준	가격표준	
		20×1년	20×2년
원재료(플라스틱)	20g	₩1/g	₩2/g
직접노무원가	2시간	₩100/시간	₩120/시간
변동제조간접원가	2시간	₩40/시간	₩40/시간
고정제조간접원가	2시간	₩30/시간	₩30/시간

㈜청연은 20×1년 말에 20×2년의 종합예산을 편성하고 있다. 20×1년 이후에는 겨울스포츠 인구의 감소에 따라 성인용 스키는 매년 전년대비 10%씩, 어린이용 스키는 매년 전년대비 5%씩 판매량이 감소될 것으로 예상된다. 재고정책은 매년 동일하다. 제품 생산 및 판매에 관한 자료는 다음과 같다.

3) 판매예측

구분	성인용 스키	어린이용 스키
20×1년 판매량	5,000단위	8,000단위
20×2년 판매량	?	?
20×3년 판매량	?	?
단위당 판매가격	₩1,200	₩600

4) 재고정책

① 원재료 : 나무와 플라스틱의 기말재고는 차기 예상판매량의 20%를 생산할 수 있는 수량을 확보한다.

② 재공품 : 차기 예상판매량의 10%를 기말재고로 보유하며, 기말재공품의 완성도는 성인용 스키의 경우 40%, 어린이용 스키의 경우 50%이다.

③ 제 품 : 차기 예상판매량의 10%를 기말재고로 보유한다.

(물음 1) 20×2년의 제품별 판매예산을 수립하시오.

구분	성인용 스키	어린이용 스키
예상판매량		
단위당 판매가격		
예산매출액		

(물음 2) 20×2년의 제품별 제조예산을 수립하시오.

(물음 3) 20×2년의 원재료별 구매예산을 수립하시오.

구분	나무	플라스틱
사용량(g)		
기말재고		
계		
기초재고		
구입량		
구입단가(₩)		
원재료매입액		

(물음 4) 20×2년의 제품별 제조원가예산을 수립하시오.

구분		성인용 스키	어린이용 스키
직접 재료원가	나무		
	플라스틱		
직접노무원가			
변동제조간접원가			
고정제조간접원가			
합계			

(물음 5) 20×2년 어린이용 스키에 대해 원가차이를 조정하기 전의 재공품과 제품의 기말재고 예산 및 매출원가 예산을 수립하시오.

구분	어린이용 스키
기말재공품	
기말제품	
매출원가	

(물음 1) 판매예산

구분	성인용 스키	어린이용 스키
예상판매량	5,000단위 × 0.9 = 4,500단위	8,000단위 × 0.95 = 7,600단위
단위당 판매가격	₩1,200	₩600
예산매출액	₩5,400,000	₩4,560,000

(물음 2) 제조예산

제품 (성인)

기초	4,500단위 × 0.1 = 450단위	판매량	4,500단위
생산량	**4,455단위**	기말	4,050단위* × 0.1 = 405단위
	4,905단위		4,905단위

제품 (어린이)

기초	7,600단위 × 0.1 = 760단위	판매량	7,600단위
생산량	**7,562단위**	기말	7,220단위* × 0.1 = 722단위
	8,322단위		8,322단위

* 20×3년 판매량

   성　인 : 4,500단위 × 0.9 = 4,050단위

   어린이 : 7,600단위 × 0.95 = 7,220단위

(물음 3) 원재료구입예산

구분	나무 (성인)	플라스틱 (어린이)
사용량(g)	4,437단위* × 50g = 221,850g	7,543단위* × 20g = 150,860g
기말재고	4,050단위 × 0.2 × 50g = 40,500g	7,220단위 × 0.2 × 20g = 28,880g
계	262,350g	179,740g
기초재고	4,500단위 × 0.2 × 50g = 45,000g	7,600단위 × 0.2 × 20g = 30,400g
구입량	217,350g	149,340g
구입단가(₩)	₩3	₩2
원재료매입액	₩652,050	₩298,680

* 20×2년 재료원가 당기완성품환산량(= 완성품수량 + 기말재공품의 완성품환산량 − 기초재공품의 완성품환산량)

   성　인 : 4,455단위 + 4,050단위 × 0.1 × 0.4 − 4,500단위 × 0.1 × 0.4 = 4,437단위

   어린이 : 7,562단위 + 7,220단위 × 0.1 × 0.5 − 7,600단위 × 0.1 × 0.5 = 7,543단위

(물음 4) 제조원가예산

구분		성인용 스키	어린이용 스키
직접 재료원가	나무	221,850g × 3 = ₩665,550	
	플라스틱		₩271,320[*1]
직접노무원가		4,437단위[*2] × 3시간 × 120 = 1,597,320	7,543단위[*2] × 2시간 × 120 = 1,810,320
변동제조간접원가		4,437단위[*2] × 3시간 × 50 = 665,550	7,543단위[*2] × 2시간 × 40 = 603,440
고정제조간접원가[*3]		6,000단위 × 3시간 × 40 = 720,000	10,000단위 × 2시간 × 30 = 600,000
합계		₩3,648,420	₩3,285,080

[*1] (30,400g × 1 + 149,340g × 2) − 28,880 × 2 = ₩271,320(∵ 선입선출법)

[*2] 20×2년 전환원가 당기완성품환산량(= 재료원가 당기완성품환산량)

[*3] 고정제조간접원가예산

(물음 5) 원가차이 조정 전 기말재고예산 및 매출원가예산

기초재고자산은 모두 판매된 것으로 가정함(기말재고자산은 당기 단위당 표준원가를 적용)

재공품

기초	380단위[*1] × 360[*4] = 136,800	당기제품 제조원가	3,122,840
DM	271,320		
DL	1,810,320		
VOH	603,440		
FOH	7,543단위[*3] × 2시간 × 30 = 452,580	기말	361단위[*2] × 420[*5] = 151,620
	3,274,460		3,274,460

제품

기초	760단위 × 360[*4] = 273,600	매출원가	3,093,200
당기제품 제조원가	3,122,840	기말	722단위 × 420[*5] = 303,240
	3,396,440		3,396,440

[*1] 기초재공품의 완성품환산량 : 7,600단위 × 0.1 × 0.5 = 380단위

[*2] 기말재공품의 완성품환산량 : 7,220단위 × 0.1 × 0.5 = 361단위

[*3] 당기완성품환산량 : 7,562단위 + 7,220단위 × 0.1 × 0.5 − 7,600단위 × 0.1 × 0.5 = 7,543단위

[*4] 20×1년 단위당 표준원가 : 20g × 1 + 2시간 × (100 + 40 + 30) = @360

[*5] 20×2년 단위당 표준원가 : 20g × 2 + 2시간 × (120 + 40 + 30) = @420

구분	어린이용 스키
기말재공품	₩151,620
기말제품	₩303,240
매출원가	₩3,093,200

재공품 + 제품

기초		매출원가	3,093,200
재공품	380단위[*1] × 360[*4] = 136,800		
제품	760단위 × 360[*4] = 273,600		
DM	271,320		
DL	1,810,320	기말	
VOH	603,440	재공품	361단위[*2] × 420[*5] = **151,620**
FOH	7,543단위[*3] × 2시간 × 30 = 452,580	제품	722단위 × 420[*5] = **303,240**
	3,548,060		3,548,060

[*1] 기초재공품의 완성품환산량

[*2] 기말재공품의 완성품환산량

[*3] 당기완성품환산량

[*4] 20×1년 제품 단위당 표준원가

[*5] 20×2년 제품 단위당 표준원가

원재료 + 재공품 + 제품

기초		매출원가	3,093,200
원재료	30,400g × 1 = 30,400		
재공품	380단위 × 360 = 136,800		
제품	760단위 × 360 = 273,600		
원재료매입액	149,340g × 2 = 298,680	기말	
DL	1,810,320	원재료	28,880g × 2 = 57,760
VOH	603,440	재공품	361단위 × 420 = **151,620**
FOH	7,543단위 × 2시간 × 30 = 452,580	제품	722단위 × 420 = **303,240**
	3,605,820		3,605,820

[별해] 재고자산 종류별(원재료, 재공품, 제품)로 적용하는 것으로 가정함

재공품				제품			
기초	380단위 × 360 = 136,800	당기제품 제조원가	3,124,295	기초	760단위 × 360 = 273,600	매출원가	**3,099,596**
DM	271,320						
DL	1,810,320			당기제품 제조원가	7,562단위 × 413.157[3] = 3,124,295	기말	722단위 × 413.157[3] = **298,299**
VOH	603,440						
FOH	7,543단위[1] × 2시간 × 30 = 452,580	기말	361단위 × 415.97[2] = **150,165**				
	3,137,660						
	3,274,460		3,274,460		3,397,895		3,397,895

[1] 당기완성품환산량

[2] 20×2년 당기완성품환산량 단위당 원가 : 3,137,660 ÷ 7,543단위 = @415.97

[3] 20×2년 제품 단위당 원가 : 3,124,295 ÷ 7,562단위 = @413.157

구분	어린이용 스키
기말재공품	₩150,165
기말제품	₩298,299
매출원가	₩3,099,596

POINT

(물음 3)

원재료사용량 = 재료원가 당기완성품환산량 × 제품 단위당 표준원재료사용량

(물음 4) 제조원가예산

1. 제품원가계산목적(기말재고예산 및 매출원가예산)일 경우 고정제조간접원가는 전부원가계산방법에 따른 고정제조간접원가배부액임 → (물음 5)

2. 제품원가계산목적이 아닐 경우 고정제조간접원가는 고정제조간접원가예산 총액임 → (물음 4) 해당

(물음 5)

<선입선출법의 두 가지 정의>

① 재고자산 종류별(원재료, 재공품, 제품)로 적용하는 것으로 가정함 [별해]

② 기초재고자산은 모두 판매된 것으로 가정함(기말재고자산은 당기 단위당 표준원가를 적용) [해답]

→ 원칙적으로는 ①이 타당하나, 출제자 의도는 ②일 가능성이 높음

1 책임회계

1. 책임회계의 의의

책임회계란 기업 내에 여러 책임중심점을 설정하고, 책임중심점별로 계획과 실적을 비교하여 해당 책임중심점의 관리자에 대한 성과평가를 수행하는 회계제도를 말함

2. 책임중심점의 유형

구분	원가중심점	수익중심점	이익중심점	투자중심점
부여된 권한과 책임	원가	수익	수익, 원가	수익, 원가, 투자
대상부문	제조부문	판매부문	판매부문, 사업부	사업부

3. 통제가능성의 원칙

통제가능성의 원칙이란 책임중심점의 관리자에게 책임을 물을 때 그 관리자가 통제할 수 있는 항목에 대해서만 책임을 물어야 한다는 것을 말하며, 통제가능성은 책임회계의 본질적인 요소임

2 성과보고서

1. 성과보고서 작성 시 고려사항

구분	내용
통제가능성	성과보고서는 원칙적으로 관리자가 통제가능한 항목만 포함하여 작성되어야 함
동기부여	성과보고서는 관리자에게 동기를 부여하여 바람직한 행동을 할 수 있도록 작성되어야 함
적시성	성과보고서는 적시에 작성되어야 함
정확성과 경제성	성과보고서는 성과측정오류가 최소화되도록 정확하게 작성되어야 하되, 경제성을 고려하여야 함

2. 기업전체 성과보고서

	실제성과	변동예산	고정예산
매출액	실제판매량 × @실제판매가격	**실제판매량 × @예산판매가격**	예산판매량 × @예산판매가격
변동원가			
변동매출원가	실제판매량 × @실제변동원가	**실제판매량 × @예산변동원가**	예산판매량 × @예산변동원가
변동판매관리비	실제판매량 × @실제변동원가	**실제판매량 × @예산변동원가**	예산판매량 × @예산변동원가
공헌이익	실제판매량 × @실제공헌이익	**실제판매량 × @예산공헌이익**	예산판매량 × @예산공헌이익
고정원가			
고정제조간접원가	실제(총액)	**예산(총액)**　=	예산(총액)
고정판매관리비	실제(총액)	**예산(총액)**　=	예산(총액)
영업이익	실제 영업이익	변동예산 영업이익	고정예산 영업이익

변동예산차이 ｜ 매출조업도차이

고정예산차이

[각 부문이 책임져야 할 성과 요약]

	실제성과		변동예산		고정예산
매출액	×××	매출가격차이	×××	−	×××
변동원가					
변동매출원가	×××	변동예산차이	×××	−	×××
변동판매관리비	×××	변동예산차이	×××	−	×××
공헌이익	×××		×××	매출조업도차이	×××
고정원가					
고정제조간접원가	×××	변동예산차이	×××	=	×××
고정판매관리비	×××	변동예산차이	×××	=	×××
영업이익	×××		×××		×××

    : 원가중심점인 제조부문의 책임

    : 이익중심점인 판매부문의 책임(단, 판매부문이 판매관리비를 전액 통제가능하다고 가정한 경우임)

3 원가중심점의 성과평가(제조부문)

1. 표준원가계산의 원가차이분석

(1) 변동예산차이

제조원가의 변동예산차이에 대하여 책임을 짐

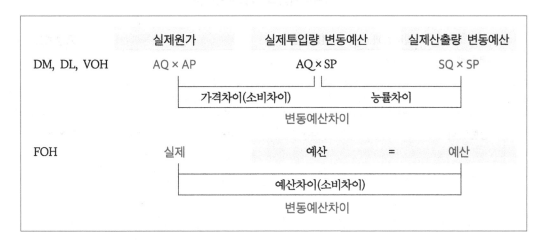

(2) 고정제조간접원가 조업도차이

일반적으로 제조부문이 통제할 수 없는 요소인 기준조업도의 산정과 판매량에 따라 좌우되므로 제조부문의 성과평가 시에 제외되어야 함(즉, 일반적으로 원가통제목적이 없는 차이로 봄)

2. 배합차이와 수율차이

상호대체가 가능한 복수의 생산요소(원재료나 노동력)를 투입하여 제품을 생산할 경우에는 직접재료원가와 직접노무원가의 능률차이를 배합차이와 수율차이로 구분할 수 있음

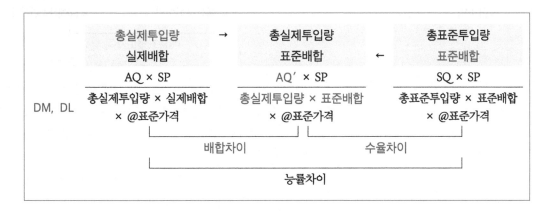

4 이익중심점의 성과평가(판매부문)

1. 매출총차이

매출총차이는 판매가격 및 판매량의 차이가 공헌이익에 미치는 영향을 나타내며, 매출액과 관련된 총차이를 의미함

[복수제품의 매출총차이분석]

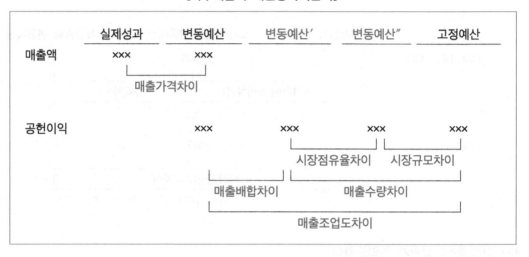

2. 매출가격차이와 매출조업도차이

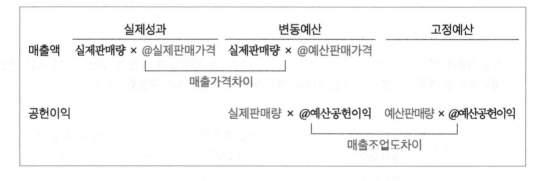

3. 매출배합차이와 매출수량차이

복수제품을 판매할 경우에는 매출조업도차이를 매출배합차이와 매출수량차이(순수한 매출조업도차이)로 구분할 수 있음

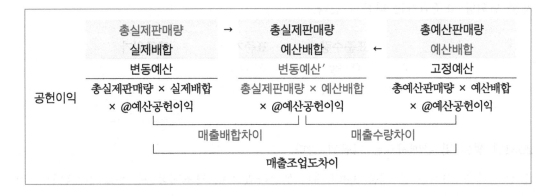

4. 시장점유율차이와 시장규모차이

시장점유율과 시장규모를 알 수 있는 복수제품의 경우에는 매출수량차이(단일제품의 경우에는 매출조업도차이)를 시장점유율차이(판매부문이 통제가능한 차이)와 시장규모차이(판매부문이 통제불가능한 차이)로 구분할 수 있음

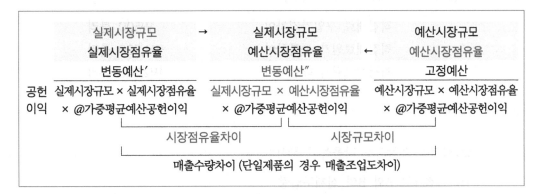

$$단위당\ 가중평균예산공헌이익 = \frac{총고정예산공헌이익}{총예산판매량}$$

$$= \Sigma(제품별\ 단위당\ 예산공헌이익 \times 제품별\ 예산배합)$$

㈜한국은 상호대체가 가능한 두 가지 직접재료 A, B를 투입하여 단일제품을 생산하고 있다. 제품 단위당 표준원가는 다음과 같다.

	표준수량	표준가격	표준원가
A	0.5kg	₩30/kg	₩15
B	0.75kg	₩10/kg	7.5
			₩22.5

20×1년 생산 및 판매자료는 다음과 같다.

① ㈜한국은 20×1년 중 제품 3,800개를 생산하였으며, 기초재공품은 500개(전환원가 완성도 20%)이고 기말재공품은 700개(전환원가 완성도 60%)이다. 직접재료 A, B는 공정 초에 전량 투입되고, 전환원가는 공정 전반에 걸쳐서 균등하게 발생한다.

② 직접재료 A, B를 각각 kg당 ₩27, ₩12에 구입하였다. 20×1년 중의 총구입금액은 ₩115,500이다.

③ 20×1년 중의 원가차이는 다음과 같다.

직접재료 구입가격차이	₩500 불리
직접재료원가 능률차이	₩4,500 불리
직접재료원가 배합차이	₩2,700 유리

④ 기초직접재료재고는 없다.

(물음 1) 20×1년을 대상으로 다음을 구하시오.

　　(1) 직접재료 A와 B의 실제구입량

　　(2) 직접재료 A와 B의 실제투입량

　　(3) 직접재료원가 수율차이

　　(4) 직접재료원가 실제투입액(실제직접재료원가)

(물음 2) 20×1년을 대상으로 다음 직접재료원가 변동예산을 구하시오.

　　(1) 실제산출량에 근거한 변동예산

　　(2) 실제투입량에 근거한 변동예산

(물음 1) 직접재료원가 수율차이 - 추정

① 재료원가 당기완성품환산량 : 3,800개 + 700개 × 100% − 500개 × 100% = 4,000개

② 구입가격차이와 능률차이

	$AQ_p × AP$	$AQ_p × SP$
A	① 2,500kg × 27 = ₩67,500	① 2,500kg × 30 = ₩75,000
B	① 4,000kg × 12 = 48,000	① 4,000kg × 10 = 40,000
	₩115,500	₩115,000

$$-500 \longrightarrow$$

구입가격차이 ₩500 U

	$AQ × SP$	$SQ × SP$
A	③ 2,025kg × 30 = ₩60,750	4,000개 × 0.5kg × 30 = ₩60,000
B	③ 3,375kg × 10 = 33,750	4,000개 × 0.75kg × 10 = 30,000
	₩94,500	₩90,000

$$\longleftarrow +4,500$$

능률차이 ₩4,500 U

③ 배합차이와 수율차이

    <표준배합> A : B = 40% : 60%

	$AQ × SP$	$AQ' × SP$	$SQ × SP$
A	③ 2,025kg × 30 = ₩60,750	② 5,400kg × 0.4 × 30 = ₩64,800	4,000개 × 0.5kg × 30 = ₩60,000
B	③ 3,375kg × 10 = 33,750	② 5,400kg × 0.6 × 10 = 32,400	4,000개 × 0.75kg × 10 = 30,000
	₩94,500	₩97,200	₩90,000

$$+2,700 \longrightarrow$$

배합차이 ₩2,700 F   수율차이 ₩7,200 U

  ① A, B의 실제구입량을 각각 A, B라 하면,
     27A + 12B = 115,500
     30A + 10B = 115,000(∵ 구입가격차이 ₩500 U)   ∴ A = 2,500kg, B = 4,000kg

  ② 총실제투입량 = x,
     $x × 0.4 × 30 + x × 0.6 × 10 = 97,200$ ∴ x = 5,400kg

  ③ A, B의 실제투입량을 각각 A, B라 하면,
     30A + 10B = 94,500
     A + B = 5,400   ∴ A = 2,025kg, B = 3,375kg

(1) 실제구입량 : A 2,500kg, B 4,000kg

(2) 실제투입량 : A 2,025kg, B 3,375kg

(3) 직접재료원가 수율차이 : ₩7,200 U

(4) 직접재료원가 실제투입액(AQ × AP) : 2,025kg × 27 + 3,375kg × 12 = ₩95,175

(물음 2) 직접재료원가 변동예산

(1) 실제산출량에 근거한 변동예산(SQ × SP) : ₩90,000

(2) 실제투입량에 근거한 변동예산(AQ × SP) : ₩94,500

POINT

(물음 1)

1. 재료원가 당기완성품환산량(SQ)

   = 완성품수량 + 기말재공품의 재료원가 완성품환산량 − 기초재공품의 재료원가 완성품환산량

2. [추정 순서] 제시된 원가차이를 이용하여 파란색 합계를 추정함 → 번호순으로 추정함

일반폰과 고급폰의 두 가지 핸드폰을 생산하여 판매하는 ㈜제주의 20×1년도의 예산과 실제 결과는 다음과 같다.

<예산>

	판매량	단위당 판매가격	단위당 변동원가	단위당 공헌이익
일반폰	400개	₩20	₩15	₩5
고급폰	600개	₩30	₩20	₩10

<실제>

	판매량	단위당 판매가격	단위당 변동원가	단위당 공헌이익
일반폰	450개	₩18	₩14	₩4
고급폰	500개	₩32	₩21	₩11

① 고정원가예산은 ₩3,000이고 실제발생액은 ₩3,500이다.
② 20×1년도의 예산시장규모는 12,500개였으나 실제시장규모는 24% 감소하였다.
③ 회사는 판매부문을 이익중심점으로 운영하고 있다.

(물음 1)　기업전체의 고정예산차이와 변동예산차이를 구하시오.

※ (물음 2) ~ (물음 5)는 판매부문을 대상으로 구하시오.

(물음 2)　매출가격차이와 매출조업도차이를 구하시오.

(물음 3)　매출배합차이와 매출수량차이를 구하시오.

(물음 4)　시장점유율차이와 시장규모차이를 구하시오.

(물음 5)　판매부문의 성과를 5줄 이내로 평가하시오.

(물음 1) 고정예산차이와 변동예산차이

	실제성과		변동예산		고정예산	
매출액						
일반폰	450개 × 18 =	₩8,100	450개 × 20 =	₩9,000	400개 × 20 =	₩8,000
고급폰	500개 × 32 =	16,000	500개 × 30 =	15,000	600개 × 30 =	18,000
		24,100		24,000		26,000
변동원가						
일반폰	450개 × 14 =	6,300	450개 × 15 =	6,750	400개 × 15 =	6,000
고급폰	500개 × 21 =	10,500	500개 × 20 =	10,000	600개 × 20 =	12,000
		16,800		16,750		18,000
공헌이익		7,300		7,250		8,000
고정원가		3,500		3,000	=	3,000
영업이익		₩3,800		₩4,250		₩5,000

변동예산차이 ₩450 U   매출조업도차이 ₩750 U

고정예산차이 ₩1,200 U

(물음 2) 매출가격차이와 매출조업도차이

	실제성과		변동예산		고정예산	
매출액						
일반폰	450개 × 18 =	₩8,100	450개 × 20 =	₩9,000		
고급폰	500개 × 32 =	16,000	500개 × 30 =	15,000		
		₩24,100		₩24,000		

매출가격차이 ₩100 F

			변동예산		고정예산	
공헌이익						
일반폰			450개 × 5 =	₩2,250	400개 × 5 =	₩2,000
고급폰			500개 × 10 =	5,000	600개 × 10 =	6,000
				₩7,250		₩8,000

매출조업도차이 ₩750 U

(물음 3) 매출배합차이와 매출수량차이

<예산배합> 일반폰 : 고급폰 = 40% : 60%

	변동예산		변동예산′		고정예산	
공헌이익						
일반폰	450개 × 5 =	₩2,250	950개* × 0.4 × 5 =	₩1,900	400개 × 5 =	₩2,000
고급폰	500개 × 10 =	5,000	950개* × 0.6 × 10 =	5,700	600개 × 10 =	6,000
		₩7,250		₩7,600		₩8,000

매출배합차이 ₩350 U   **매출수량차이 ₩400 U**

매출조업도차이 ₩750 U

* 총실제판매량 : 450개 + 500개 = 950개

(물음 4) 시장점유율차이와 시장규모차이

	변동예산′		변동예산″		고정예산	
공헌이익	950개 × 8*3 =	₩7,600	9,500개*1 × 8%*2 × 8*3 =	₩6,080	1,000개 × 8*3 =	₩8,000

시장점유율차이 ₩1,520 F   **시장규모차이 ₩1,920 U**

매출수량차이 ₩400 U

*1 실제시장규모 : 12,500개 × (1 − 0.24) = 9,500개

*2 예산시장점유율 : 1,000개 ÷ 12,500개 = 8%

*3 단위당 가중평균예산공헌이익(= $\frac{총고정예산공헌이익}{총예산판매량}$) : $\frac{8,000}{400개 + 600개}$ = @8

(또는 5 × 0.4 + 10 × 0.6 = @8)

(물음 5) 판매부문의 성과평가

매출조업도차이가 ₩750 불리하나 이것은 판매부문이 통제불가능한 시장규모차이가 매우 불리하였기 때문이다. 판매부문이 통제가능한 매출조업도차이가 ₩1,170 유리(유리한 시장점유율차이 ₩1,520과 불리한 매출배합차이 ₩350의 순액)이고, 매출가격차이가 ₩100 유리하므로 판매부문의 성과는 좋다고 할 수 있다.

|별해| **(물음 1) 고정예산차이와 변동예산차이**

① 고정예산차이(= 실제 영업이익 − 고정예산 영업이익)
: (450개 × 4 + 500개 × 11 − 3,500) − (400개 × 5 + 600개 × 10 − 3,000) = ₩1,200 U

② 변동예산차이(= 실제 영업이익 − 변동예산 영업이익)
: (450개 × 4 + 500개 × 11 − 3,500) − (450개 × 5 + 500개 × 10 − 3,000) = ₩450 U

(물음 1)

원가는 왼쪽이 크면 불리(U)한 차이이나, 수익과 이익은 왼쪽이 크면 유리(F)한 차이임

(물음 3)

	변동예산		변동예산′		고정예산
제품별 판매량	총실제판매량 × 실제배합	→	총실제판매량 × 예산배합	←	총예산판매량 × 예산배합

(물음 4)

	변동예산′		변동예산″		고정예산
총판매량	실제시장규모 × 실제시장점유율	→	실제시장규모 × 예산시장점유율	←	예산시장규모 × 예산시장점유율

책임회계와 성과평가 - 사업부

1 이익중심점의 성과평가(사업부)

1. 추적가능성과 통제가능성에 따른 고정원가의 분류

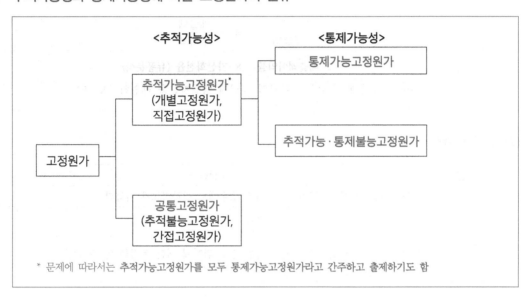

* 문제에 따라서는 추적가능고정원가를 모두 통제가능고정원가라고 간주하고 출제하기도 함

2. 사업부별(부문별) 손익계산서

	사업부 A	사업부 B	기업전체
매출액	xxx	xxx	xxx
변동원가	xxx	xxx	xxx
공헌이익	xxx	xxx	xxx
통제가능고정원가	xxx	xxx	xxx
통제가능이익 →	xxx	xxx	xxx
추적가능·통제불능고정원가	xxx	xxx	xxx
사업부이익*	xxx	xxx	xxx
공통고정원가배부액	xxx	xxx	xxx
영업이익	xxx	xxx	xxx

사업부 경영자에 대한 성과평가 시 가장 바람직한 이익

* 부문이익(segment income)이라고도 함

2 투자중심점의 성과평가(사업부)

1. 투자수익률

(1) 의의

투자수익률(ROI)은 투자액에 대한 이익의 비율을 나타내는 수익성지표임

$$\text{투자수익률} = \frac{\text{이익}}{\text{투자액}}$$

$$= \frac{\text{이익}}{\text{매출액}} \times \frac{\text{매출액}}{\text{투자액}}$$

$$= \textbf{매출액이익률} \times \textbf{자산회전율 (듀퐁분석)}$$

(이익 대신에 영업이익, 투자액 대신에 영업자산을 대입하기도 함)

(2) 장점과 단점

구분	내용
장점	• 투자중심점 간 투자규모가 서로 다를 경우에도 성과비교가 가능함
단점	• 준최적화 현상을 유발할 수 있음(즉, 기업전체관점에서는 채택하는 것이 유리한 투자안을 사업부가 부당하게 기각할 가능성이 있음) • 투자중심점 간 사업내용이 서로 다를 경우 위험에 대한 조정을 할 수 없음 • 비재무적 성과를 고려하지 않음

[준최적화 현상]

준최적화 현상(목표불일치 현상)이란 부분적으로는 최적이지만 전체적으로는 최적이 아닌 현상(즉, 사업부관점에서는 최적이지만 기업전체관점에서는 최적이 아닌 현상)을 말하며, 준최적화 현상이 발생하는 대표적인 경우는 다음과 같음

① 보조부문원가의 배분방법으로 단일배분율법을 사용할 경우(용역의 외부구입여부 의사결정 시 제조부문관점과 기업전체관점이 불일치할 수 있음)

② 사업부경영자의 성과평가방법으로 투자수익률(ROI)을 사용할 경우(기업전체관점에서는 채택하는 것이 유리한 투자안을 사업부경영자가 부당하게 기각할 가능성이 있음)

③ 경영자의 성과평가기준으로 단기간 회계이익을 사용할 경우(기업전체관점에서는 채택하는 것이 유리한 대안을 경영자가 부당하게 기각할 가능성이 있음)

④ 대체가격의 범위 밖에서 대체가격을 정할 경우(기업전체관점에서는 대체가 유리함에도 불구하고 사업부가 비대체를 선택하게 됨)

2. 잔여이익

(1) 의의

잔여이익(RI)은 이익에서 투자액으로부터 벌어들여야 하는 최소한의 이익을 차감한 금액임

$$잔여이익 = 이익 - 투자액 \times 최저필수수익률$$
$$= 투자액 \times (투자수익률 - 최저필수수익률)$$

(2) 장점과 단점

구분	내용
장점	• 준최적화 현상을 극복할 수 있음(즉, 기업전체관점에서 채택하는 것이 유리한 투자안을 사업부가 채택함으로써 목표일치성을 충족함) • 투자중심점 간 사업내용이 서로 다를 경우 위험에 대한 조정을 쉽게 할 수 있음
단점	• 투자중심점 간 투자규모가 서로 다를 경우에는 성과비교가 곤란함 • 비재무적 성과를 고려하지 않음

3. 경제적 부가가치

(1) 의의

경제적 부가가치(EVA)는 영업활동을 통해 벌어들인 영업이익에서 법인세와 자본비용(타인자본비용과 자기자본비용)을 차감한 금액임

[경제적 부가가치 개념]

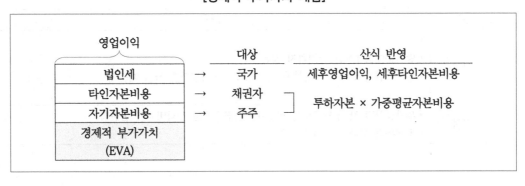

[경제적 부가가치 산식 요약]

경제적 부가가치 = 세후영업이익 − 투하자본 × 가중평균자본비용

(단, 총자산은 모두 영업자산이며, 유동부채는 모두 비이자발생부채일 경우)

- 세후영업이익 = 영업이익 × (1 − 법인세율)
- 투하자본 = 총자산 − 유동부채 = 비유동부채 + 자기자본
- 가중평균자본비용 = 세후타인자본비용* × $\dfrac{타인자본}{타인자본 + 자기자본}$ + 자기자본비용 × $\dfrac{자기자본}{타인자본 + 자기자본}$

  * 세후타인자본비용 = 이자비용 × (1 − 법인세율)

(2) 잔여이익과 비교

잔여이익	경제적 부가가치
회계수치를 그대로 사용함	조정한 회계수치를 사용함
보통 영업이익을 사용함	법인세를 명시적으로 고려하여 세후영업이익을 사용함
투자액과 자본비용의 산정이 명확하지 않음	투자액과 자본비용의 산정이 명확함 (특히 자기자본비용을 명시적으로 고려함)

(3) 장점과 단점

구분	내용
장점	• 준최적화 현상을 극복할 수 있음 • 당기순이익에서는 고려하지 않은 주주의 자기자본비용을 고려함 • 투자중심점 고유의 영업활동만을 기초로 성과평가를 하기 때문에 투자중심점 고유의 경영성과를 측정하는 데 유용함
단점	• 투자중심점 간 투자규모가 서로 다를 경우에는 성과비교기 곤란함 • 비재무적 성과를 고려하지 않음

㈜원천은 여러 사업부를 가지고 있다. 그 중 사업내용이 유사한 A, B 사업부의 20×1년 12월 31일 자료는 다음과 같다.

	A	B
매출액	₩1,000,000	₩2,000,000
변동원가	500,000	1,000,000
고정원가	400,000	600,000
총자산(영업자산)	1,600,000	2,500,000
유동부채	600,000	500,000

① 두 사업부의 고정원가 중 본사의 공통고정원가배부액을 제외한 금액은 사업부에 추적가능한 고정원가이며, 추적가능고정원가 중 감가상각비를 제외한 금액은 두 사업부 경영자가 통제가능한 고정원가이다.

② 본사의 공통고정원가가 A 사업부에 ₩100,000, B 사업부에 ₩200,000이 배부되었다.

③ 감가상각비가 A 사업부는 ₩200,000, B 사업부는 ₩300,000이 발생하였다.

④ ㈜원천이 투자에 대해 요구하는 최저필수수익률은 20%이다.

⑤ ㈜원천의 자금원천은 시장가치가 ₩2,000,000인 비유동부채(이자율 12%)와 시장가치가 ₩8,000,000인 자기자본(자기자본비용 18%) 두 가지이다.

⑥ 법인세율은 25%이다.

※ 다음 물음은 서로 독립적이다.

(물음 1) ㈜원천은 사업부를 이익중심점으로 운영한다고 가정한다. 20×1년도의 영업이익을 다음 형식에 따라 구하고, ㈜원천이 사업부 경영자의 성과평가 시 기준으로 삼아야 할 이익은 무엇인지 답하시오.

```
<답안형식>
                                    A                    B
                                _____    _____
    매출액
    변동원가
    공헌이익
    통제가능고정원가
    통제가능이익
    추적가능·통제불능고정원가
    사업부이익(segment income)
    공통고정원가배부액
    영업이익
```

※ 이하 물음에서는 ㈜원천이 사업부를 투자중심점으로 운영한다고 가정한다.

(물음 2) ㈜원천이 사업부 경영자의 성과평가를 투자수익률로 한다고 가정하고, 20×1년도 각 사업부의 투자수익률을 구하시오. 또한 각 사업부의 투자수익률을 매출액이익률과 자산회전율로 구분하시오.

(물음 3) ㈜원천이 사업부 경영자의 성과평가를 잔여이익으로 한다고 가정하고, 20×1년도 각 사업부의 잔여이익을 구하시오.

(물음 4) A사업부 경영자는 20×2년 초에 ₩500,000을 투자하여 ₩120,000의 이익(통제가능이익)을 얻을 수 있는 신규투자안을 고려 중이다. A사업부 경영자는 신규투자안을 채택하겠는가? 또한 A사업부 경영자의 결정은 회사전체이익을 극대화시키는가? 사업부 경영자의 성과평가를 다음 방법에 의할 경우 각각에 대하여 답하시오.

(1) 투자수익률

(2) 잔여이익

(물음 5) ㈜원천이 사업부 경영자의 성과평가를 경제적 부가가치로 한다고 가정하고, 20×1년도 각 사업부의 경제적 부가가치를 구하시오. 단, 유동부채는 모두 비이자발생부채이며, 두 사업부의 자본비용은 동일하다고 가정한다.

[자료정리] 고정원가 분류

	A	B
통제가능고정원가[*1]	₩100,000	₩100,000
추적가능·통제불능고정원가[*2]	200,000	300,000
공통고정원가배부액	100,000	200,000
	₩400,000	₩600,000

[*1] 역산
[*2] 감가상각비

(물음 1) 이익중심점의 성과평가(사업부) – 부문별 손익계산서

	A	B
매출액	₩1,000,000	₩2,000,000
변동원가	500,000	1,000,000
공헌이익	500,000	1,000,000
통제가능고정원가	100,000	100,000
통제가능이익	₩400,000	₩900,000
추적가능·통제불능고정원가	200,000	300,000
사업부이익(segment income)	₩200,000	₩600,000
공통고정원가배부액	100,000	200,000
영업이익	₩100,000	₩400,000

㈜원천이 사업부 경영자의 성과평가 시 기준으로 삼아야 할 이익은 통제가능이익이다.

(물음 2) 투자수익률, 듀퐁분석

① 투자수익률

<A사업부> ROI : $\dfrac{400,000}{1,600,000}$ = **25%**

<B사업부> ROI : $\dfrac{900,000}{2,500,000}$ = **36%**

② 듀퐁분석

<A사업부> ROI : $\dfrac{400,000}{1,000,000}$ × $\dfrac{1,000,000}{1,600,000}$

           = $\underset{\text{매출액이익률}}{\underline{\textbf{40\%}}}$ × $\underset{\text{자산회전율}}{\underline{\textbf{0.625회}}}$ = 25%

<B사업부> ROI : $\dfrac{900,000}{2,000,000}$ × $\dfrac{2,000,000}{2,500,000}$

           = $\underset{\text{매출액이익률}}{\underline{\textbf{45\%}}}$ × $\underset{\text{자산회전율}}{\underline{\textbf{0.8회}}}$ = 36%

(물음 3) 잔여이익

<A사업부> RI : 400,000 − 1,600,000 × 0.2 = **₩80,000**

<B사업부> RI : 900,000 − 2,500,000 × 0.2 = **₩400,000**

(물음 4) 사업부 경영자의 투자의사결정

(1) 투자수익률

① A사업부관점

투자후 ROI : $\dfrac{400,000 + 120,000}{1,600,000 + 500,000}$ = 24.76% < 투자전 ROI : 25%

∴ A사업부 경영자는 투자후 ROI가 투자전 ROI보다 낮아지므로 **신규투자안을 기각할 것이다.**

② 회사전체관점

신규투자안 ROI : $\dfrac{120,000}{500,000}$ = 24% > 최저필수수익률 : 20%

∴ 회사전체관점에서는 신규투자안의 ROI가 최저필수수익률보다 높으므로 신규투자안을 채택하는 것이 유리하다.

③ 준최적화 현상

A사업부 경영자의 결정은 회사전체이익을 극대화시키지 못하며, 준최적화를 초래한다.

(2) 잔여이익

① A사업부관점

투자후 RI : $(400{,}000 + 120{,}000) - (1{,}600{,}000 + 500{,}000) \times 0.2 = ₩100{,}000$

투자전 RI : ₩80,000

∴ A사업부 경영자는 투자후 RI가 투자전 RI보다 크므로 **신규투자안을 채택할 것이다.**

② 회사전체관점

위의 (1)과 동일하므로 생략함

③ 목표일치성

A사업부 경영자의 결정은 회사전체이익을 극대화시킨다.

(물음 5) 경제적 부가가치

① 가중평균자본비용

$$: 0.12 \times (1 - 0.25) \times \frac{2{,}000{,}000}{2{,}000{,}000 + 8{,}000{,}000} + 0.18 \times \frac{8{,}000{,}000}{2{,}000{,}000 + 8{,}000{,}000} = 16.2\%$$

② 경제적 부가가치

<A사업부> EVA : $400{,}000 \times (1 - 0.25) - (1{,}600{,}000 - 600{,}000) \times 0.162 = ₩138{,}000$

<B사업부> EVA : $900{,}000 \times (1 - 0.25) - (2{,}500{,}000 - 500{,}000) \times 0.162 = ₩351{,}000$

POINT

(물음 1) 사업부를 이익중심점으로 **운영할 경우**

1. 사업부 경영자의 성과는 통제가능이익을 기준으로 평가하는 것이 바람직함(∵ 통제가능성의 원칙)

2. 만일 추적가능고정원가가 모두 통제가능고정원가라고 간주되어 추적가능·통제불능고정원가가 없는 경우라면 사업부이익(segment income)을 기준으로 성과평가함

3. 만일 추적가능성 및 통제가능성에 관한 구분이 없는 경우라면 영업이익을 기준으로 성과평가함

(물음 2), (물음 3), (물음 5)

영업이익 대신에 통제가능이익을 대입하여 계산함

(물음 4)

투자수익률의 문제점 → 준최적화 현상을 유발함

TOPIC
22

해커스 김정훈 CPA 파이널 2차 원가관리회계

1 의사결정의 기본개념

1. 관련원가와 비관련원가

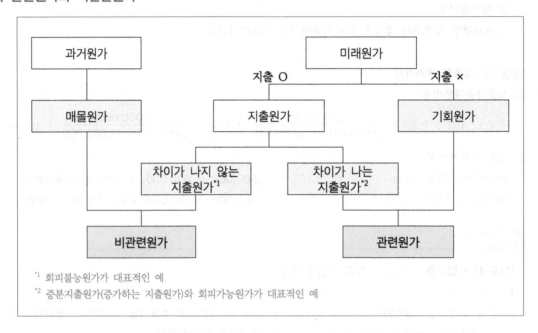

*1 회피불능원가가 대표적인 예
*2 증분지출원가(증가하는 지출원가)와 회피가능원가가 대표적인 예

2. 의사결정방법

(1) 총액접근법

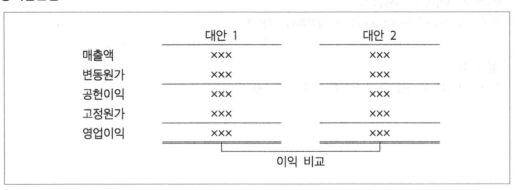

(2) 증분접근법

[특정 대안 선택 시 증분이익]

	관련항목	금액		계산내역
(+)	수익 증가	×××	=	×××
(+)	원가 감소	×××	=	×××
(+)	이익 증가	×××	=	×××
(−)	수익 감소	×××		
(−)	원가 증가	×××		
(−)	이익 감소	×××		
		×××		

증분이익 > ₩0 : 가정한 대안을 선택함

증분이익 < ₩0 : 가정한 대안의 반대 대안을 선택함

증분이익 = ₩0 : 두 대안이 무차별함

3. 활동기준원가계산하의 의사결정

(1) 단기적 관점에 의한 활동기준원가계산하의 원가행태

구분		내용
단위수준 변동활동원가		조업도에 비례하여 발생하는 원가
비단위수준 변동활동원가		조업도 이외의 다른 원가동인에 비례하여 발생하는 원가
	뱃치수준 변동활동원가	뱃치수(묶음수)에 비례하여 발생하는 원가
	제품유지 변동활동원가	제품 종류수에 비례하여 발생하는 원가
고정활동원가		총액이 일정한 원가

의사결정은 CVP분석과 달리, 특별한 가정이 없으므로 비단위수준 변동활동원가를 변동원가로 봄

(2) 뱃치수준 변동활동원가

뱃치수가 소수점 이하로 계산될 경우 '올림 정수 값'으로 환산하여 뱃치수와 변동활동원가를 계산하여야 함

2 특별주문의 거절 또는 수락

1. 의의

특별주문이란 1회성의 비반복적인 대량구매 주문을 말함(일반적으로 대량구매를 조건으로 정규판매가격보다 낮은 가격을 제시하는 주문임)

2. 특별주문 수락 시 관련항목

[유휴생산능력과 기회원가]

구분	내용
유휴생산능력이 충분한 경우	특별주문 수락 시의 기회원가 없음
유휴생산능력이 부족한 경우	특별주문 수락 시의 기회원가 있음 (기존공헌이익 감소액, 임대수익 감소액)

[특별주문 수락 시 관련항목][1]

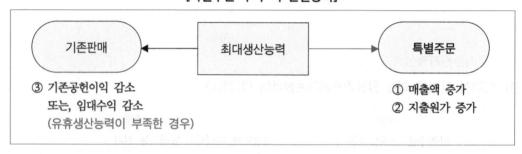

[특별주문 수락 시 증분이익]

증분이익	관련항목	내용
(+)	① (특별주문) 매출액 증가	
(-)	② (특별주문) 지출원가 증가	- (특별주문) 변동원가 증가 - 고정원가는 증가 언급이 있는 경우에만 증가
(-)	③ 기존공헌이익 감소(임대수익 감소)	- 유휴생산능력이 부족한 경우에만 발생 - 특별주문 수락 시의 기회원가임

---

[1] 의사결정은 상황에 따라 얼마든지 달라질 수 있으나 일반적으로 자주 나타나는 관련항목을 언급함(이하 유형에서도 마찬가지임)

3. 특별주문을 수락할 수 있는 최소판매가격

[증분접근법] 특별주문 수락 시의 '증분이익 = ₩0'을 충족하는 단위당 판매가격

[공 식 법] 특별주문 수락 시의 관련원가를 회수하는 단위당 판매가격

$$\text{최소판매가격} = \text{단위당 증분지출원가} + \text{단위당 기회원가}$$

$$= \frac{\text{총증분지출원가}}{\text{총특별주문수량}} + \frac{\text{총기회원가}}{\text{총특별주문수량}}$$

4. 비재무적 정보 및 질적 정보

① 특별주문을 수락하는 것이 기존시장을 교란시켜 정규판매가격을 인하시키는 압력으로 작용하는지를 고려하여야 함

② 특별주문을 수락하는 것이 기존시장을 교란시켜 기존고객들이 다른 거래처로 옮겨 가는 요인이 되는지를 고려하여야 함

3 부품의 자가제조 또는 외부구입

1. 유형

[부품의 자가제조 또는 외부구입 의사결정 유형][2]

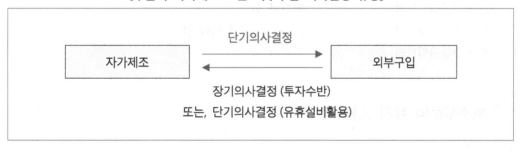

---

2) 부품의 자가제조를 중단하고 외부구입할 것인지를 결정하는 것이 보다 일반적임

2. 부품의 외부구입 시 관련항목

[부품 외부구입 시 관련항목]

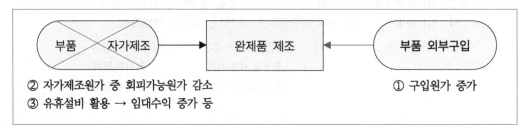

[부품 외부구입 시 증분이익]

증분이익	관련항목	내용
(−)	① 구입원가 증가	
(+)	② 회피가능원가 감소	− 변동제조원가는 전액 회피가능원가 − 고정제조간접원가는 감소 언급이 있는 것만 회피가능원가
(+)	③ 임대수익 증가 등	− 유휴설비를 대체적인 용도에 활용할 경우에 나타남 − 부품 자가제조 시의 기회원가임

3. 비재무적 정보 및 질적 정보

① 외부공급업자의 지속적인 납품에 대한 신뢰성을 고려하여야 함

② 외부공급업자의 품질수준을 고려하여야 함

③ 외부공급업자가 납기를 준수할 것인지를 고려하여야 함

④ 외부공급업자의 기술수준을 고려하여야 함

4 보조부문의 유지 또는 폐쇄

1. 의의

용역을 자가생산할 것인지 또는 외부구입할 것인지에 관한 의사결정 → 부품의 자가제조 또는 외부구입 의사결정과 거의 유사한 유형

2. 용역의 외부구입 시(보조부문 폐쇄 시) 관련항목

(1) 부품의 외부구입 시와 차이점

① 용역의 외부구입량은 자가생산량보다 감소함(각 보조부문은 자신의 용역생산량에 비례하여 다른 보조부문의 용역을 필요로 하는데, 용역의 외부구입 시 유지되는 보조부문의 용역생산량이 감소하기 때문)

② 외부구입 시 회피가능원가에는 유지되는 보조부문의 원가도 일부 해당됨(특히 유지되는 보조부문의 변동원가는 용역생산량의 감소에 비례하여 감소함)

[용역 외부구입 시 관련항목]

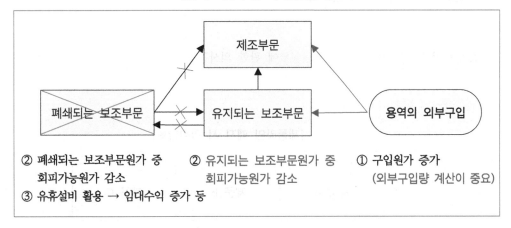

[용역 외부구입 시 증분이익]

증분이익	관련항목	내용
(-)	① 구입원가 증가	– 외부구입량을 구하는 것이 중요함
(+)	② 회피가능원가 감소	– 폐쇄되는 보조부문의 변동원가는 전액 회피가능원가 – 유지되는 보조부문의 변동원가는 유지되는 보조부문에서 폐쇄되는 보조부문에 제공한(유지 → 폐쇄) 비율만큼 회피가능원가 – 고정원가는 감소 언급이 있는 것만 회피가능원가
(+)	③ 임대수익 증가 등	– 유휴설비를 대체적인 용도에 활용할 경우에 나타남 – 보조부문 유지 시의 기회원가임

(2) 외부구입량 계산

$$외부구입량 = 자가생산량 - 용역감소량^*$$
$$= 자가생산량 - 자가생산량 \times (폐쇄 \rightarrow 유지 \rightarrow 폐쇄)비율^{3)}$$

* 용역감소량 = 유지되는 보조부문의 용역사용량 × 유지되는 보조부문의 용역생산량 감소율

---

3) 유지되는 보조부문의 **용역사용량** = 자가생산량 × 폐쇄되는 보조부문에서 유지되는 보조부문으로 제공한 비율
　　　　　　　　　　　　　　= 자가생산량 × (폐쇄 → 유지)비율

　유지되는 보조부문의 **용역생산량 감소율** = 유지되는 보조부문에서 폐쇄되는 보조부문으로 제공한 비율
　　　　　　　　　　　　　　　　　= (유지 → 폐쇄)비율

∴ 용역감소량 = 자가사용량 × (폐쇄 → 유지)비율 × (유지 → 폐쇄)비율
　　　　　　= 자가사용량 × (폐쇄 → 유지 → 폐쇄)비율

5 제품라인의 유지 또는 폐지

1. 의의

손실이 발생하는 제품의 생산중단여부에 관한 의사결정

2. 제품라인의 폐지 시 관련항목

[제품라인 폐지 시 관련항목]

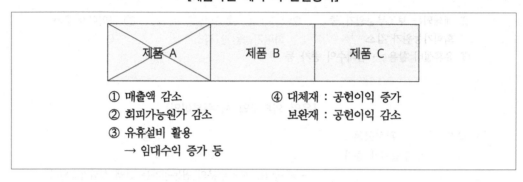

[제품라인 폐지 시 증분이익]

증분이익	관련항목	내용
(-)	① 매출액 감소	
(+)	② 회피가능원가 감소	- 폐지되는 제품의 변동원가는 전액 회피가능원가 - 고정원가는 감소 언급이 있는 것만 회피가능원가
(+)	③ 임대수익 증가 등	- 유휴설비를 대체적인 용도에 활용할 경우에 나타남 - 제품라인 유지 시의 기회원가임
(±)	④ 대체재 공헌이익 증가 (보완재 공헌이익 감소)	- 질적 정보나 수치로 제시된 경우에는 고려함

3. 적용의 확장

부문의 유지 또는 폐쇄, 사업부의 유지 또는 폐쇄, 지점의 유지 또는 폐쇄 등으로 확장 적용

4. 비재무적 정보 및 질적 정보

① 제품라인의 폐지가 다른 제품에 미치는 영향을 고려하여야 함
② 제품라인의 폐지가 기업 이미지에 미치는 영향을 고려하여야 함
③ 종업원 해고로 인해 종업원의 사기에 미치는 영향을 고려하여야 함

㈜한국은 단일제품 A를 생산·판매하는 회사로 연간 최대 25,000단위의 제품을 생산할 수 있는 능력을 가지고 있다. 20×1년도 생산·판매량은 20,000단위이다. 판매가격은 단위당 ₩500이며, 판매비와관리비는 단위당 ₩10의 변동판매비와관리비와 연간 ₩2,000,000의 고정판매비와관리비가 발생한다. 제품 A의 생산과 관련된 단위당 원가 자료는 다음과 같다. 물음에 답하시오. (단, 각 물음은 독립적이다.)

원가항목	금액
직접재료원가	₩150
직접노무원가	110
변동제조간접원가	40
고정제조간접원가	30
합계	₩330

(물음 1) ㈜대한이 제품 A를 7,000단위 주문해 왔다. 이 특별주문을 수락할 경우 단위당 변동판매비와관리비가 60% 절감되며, 고정판매비와관리비가 ₩110,000 증가한다. ㈜한국이 생산시설을 확장하지 않고 유휴설비의 대체적 용도가 없다고 할 때, 특별주문을 수락할 경우 손실을 보지 않기 위해 제시할 수 있는 제품 A의 단위당 최저 판매가격을 계산하시오.

(물음 2) ㈜대한이 변동판매비와관리비를 부담하는 조건으로 제품 A를 일부 개량해야 하는 제품 Aa 5,000단위를 특별주문해 왔다. ㈜한국이 제품 Aa를 생산하기 위해서는 특수기계(취득원가 ₩500,000, 내용연수 3년, 잔존가치 ₩50,000)를 구입하여 총 1,250시간(시간당 임률 ₩80)을 투입해서 추가 작업하여야 한다. 이 기계는 특별주문품 생산 외에는 사용할 수 없으므로 제품 Aa를 생산한 후 즉시 ₩200,000에 처분한다. 유휴설비의 대체적 용도가 없다고 할 때 특별주문으로부터 ㈜한국이 목표이익 ₩50,000을 달성하기 위해 제시할 수 있는 제품 Aa의 단위당 판매가격을 계산하시오.

(물음 3) ㈜대한은 제품 A를 단위당 ₩350에 10,000단위를 주문해 왔다. ㈜한국은 5,000단위를 추가 생산할 수 있는 설비를 연간 임차료 ₩440,000을 지급하고 임차하고자 한다. 유휴설비의 대체적 용도가 없다고 할 때 특별주문을 수락할 경우 ㈜한국의 이익에 미치는 영향을 계산하시오. 이익이 감소하는 경우 금액 앞에 (−) 표시를 하고, 영향이 없으면 0으로 표시하시오. (단, 변동판매비와관리비는 ㈜한국과 ㈜대한이 3 : 7로 부담한다.)

(물음 4) ㈜한국이 제품 A를 25,000단위 생산·판매하고 있다고 가정하자. 제품 A와 동일한 생산공정을 거쳐 생산되는 제품 B를 ㈜대한이 단위당 판매가격 ₩480에 1,000단위를 주문하면서 ㈜한국이 직접 생산·판매할 경우 변동판매비와관리비를 부담하겠다고 하였다. 각 상황에 대해 이익이 감소하는 경우 금액 앞에 (−) 표시를 하고, 영향이 없으면 0으로 표시하시오.

(1) ㈜한국이 ㈜대한의 주문을 수락할 경우 이익에 미치는 영향을 계산하시오.

(2) ㈜한국이 제품 B를 생산하기로 결정하였다. 이때 ㈜경기가 제품 A 1,000단위를 ㈜한국에게 단위당 ₩420에 공급하겠다고 제의해 왔다. ㈜한국이 ㈜경기의 제의를 수락할 경우 총공헌이익에 미치는 영향을 계산하시오.

(3) ㈜한국이 제품 A를 24,000단위 생산·판매하고 있을 때 ㈜대한으로부터 제품 B를 생산하여 단위당 ₩320에 판매하라는 주문을 받았는데 사장이 이를 거절하였다. 사장의 의사결정이 ㈜한국의 이익에 미치는 영향을 계산하시오.

해답

(물음 1) 최소판매가격 − 특별주문

제품 A의 단위당 최저 판매가격 = p,

[특별주문 수락 시 증분이익]

	관련항목	금액	계산내역
(+)	매출액 증가	$7,000p$	= 7,000단위 × p
(−)	변동원가 증가	(2,128,000)	= 7,000단위 × (300[*1] + 10 × 0.4)
(−)	고정원가 증가	(110,000)	
(−)	기존공헌이익 감소	(380,000)	= 2,000단위 × (500 − 310[*2])
		$7,000p - 2,618,000$	

[*1] 단위당 변동제조원가 : 150 + 110 + 40 = @300

[*2] 단위당 변동원가 : 300 + 10 = @310

$7,000p - 2,618,000 = 0$ ∴ p = **@374**

(물음 2) 목표 판매가격 - 특수기계 취득 및 처분

제품 Aa의 단위당 판매가격 = p,

[특별주문 수락 시 증분이익]

	관련항목	금액	계산내역
(+)	매출액 증가	5,000p	= 5,000단위 × p
(-)	변동제조원가 증가	(1,500,000)	= 5,000단위 × 300
(-)	추가작업원가 증가	(100,000)	= 1,250시간 × 80
(-)	특수기계 취득원가*	(500,000)	
(+)	특수기계 처분가치*	200,000	
		5,000p - 1,900,000	

* 이를 통합하여, 특수기계 처분손실 : 200,000 - 500,000 = ₩300,000을 증분손실로 표시하여도 됨

$5,000p - 1,900,000 = 50,000$ $\therefore p = $ **@390**

(물음 3) 증분이익 - 설비 임차

[특별주문 수락 시 증분이익]

	관련항목	금액	계산내역
(+)	매출액 증가	3,500,000	= 10,000단위 × 350
(-)	변동원가 증가	(3,030,000)	= 10,000단위 × (300 + 10 × 0.3)
(-)	임차료 증가	(440,000)	
		₩30,000	

(물음 4) 다양한 사례

(1) 증분이익

[특별주문 수락 시 증분이익]

	관련항목	금액	계산내역
(+)	매출액 증가(B)	480,000	= 1,000단위 × 480
(-)	변동제조원가 증가(B)	(300,000)	= 1,000단위 × 300
(-)	기존공헌이익 감소(A)	(190,000)	= 1,000단위 × (500 - 310)
		(-)₩10,000	

(2) 증분공헌이익

[제품 A 외부구입 시 증분공헌이익]

	관련항목	금액	계산내역
(+)	매출액 증가(A)	500,000	= 1,000단위 × 500
(-)	외부구입원가 증가(A)	(420,000)	= 1,000단위 × 420
(-)	변동판매비와관리비 증가(A)	(10,000)	= 1,000단위 × 10
		₩70,000	

(3) 증분이익

[특별주문 거절 시 증분이익]

	관련항목	금액		계산내역
(-)	매출액 감소(B)	(320,000)	=	1,000단위 × 320
(+)	변동제조원가 감소(B)	300,000	=	1,000단위 × 300
		(-)₩20,000		

별해

(물음 1) 최소판매가격 - 특별주문

$$\text{최저 판매가격} : \left\{ (300 + 10 \times 0.4) + \underbrace{\frac{110,000}{7,000단위}}_{@증분지출원가} \right\} + \underbrace{\frac{2,000단위 \times (500 - 310)}{7,000단위}}_{@기회원가} = @374$$

(물음 4) (3) 증분이익

[특별주문 수락 시 증분이익]

	관련항목	금액		계산내역
(+)	매출액 증가(B)	320,000	=	1,000단위 × 320
(-)	변동제조원가 증가(B)	(300,000)	=	1,000단위 × 300
		₩20,000		

∴ 사장의 의사결정(특별주문 거절)은 ㈜한국의 이익을 ₩20,000 감소시킨다.

POINT

(물음 4) (2)

1. '㈜한국이 제품 B를 생산하기로 결정하였다' → 비관련항목
2. ㈜경기의 제의 → ㈜경기가 제품 A 1,000단위를 ㈜한국에게 단위당 ₩420에 공급하겠다.

무선이어폰을 생산 판매하고 있는 ㈜한국은 무선이어폰에 장착되는 주요부품인 음성수신장치를 자체 생산하고 있다. ㈜한국은 20×1년도 무선이어폰 생산 및 판매량을 1,000단위로 예상하고 음성수신장치 1,000단위를 자체 생산할 계획에 있으며, 1,000단위의 음성수신장치 생산과 관련된 원가를 다음과 같이 예상하고 있다. 물음에 답하시오. (단, 물음은 독립적이다.)

구분	총원가
직접재료원가 (₩600/단위)	₩600,000
직접노무원가 (₩900/시간)	900,000
변동제조간접원가 (₩900/직접노무시간)	900,000
고정제조간접원가	500,000
합계	₩2,900,000

(물음 1) ㈜한국은 외부공급업자로부터 무선이어폰에 장착되는 음성수신장치 1,000단위 전량을 공급해 주겠다는 제안을 받았다. ㈜한국이 이 공급제안을 수용하는 경우, 고정제조간접원가 중 ₩100,000을 절감할 수 있으며, 기존 생산설비를 임대하여 연간 ₩200,000의 수익을 창출할 수 있다. ㈜한국이 외부공급업자의 제안을 수용하기 위해서 지불할 수 있는 단위당 최대구입가격을 계산하시오.

(물음 2) ㈜한국은 무선이어폰에 장착되는 음성수신장치의 생산방식을 기존 생산방식에서 1묶음(batch)의 크기를 5단위로 하는 묶음생산방식으로의 변경을 검토하고 있다. ㈜한국은 생산방식을 묶음생산방식으로 변경하는 경우, 기존 생산방식에서 발생하는 고정제조간접원가 중 ₩100,000과 변동가공원가(variable conversion cost)의 30%를 절감할 수 있고 생산설비의 일부를 임대하여 연간 ₩150,000의 수익을 창출할 수 있으나, 작업준비와 관련하여 묶음당 ₩4,000의 변동제조간접원가가 추가적으로 발생할 것으로 예상하고 있다. ㈜한국이 생산방식을 묶음생산방식으로 변경하는 경우, 기존 생산방식과 비교하여 영업이익이 얼마나 증가 또는 감소하는지를 계산하시오. (단, 영업이익이 증가하는 경우에는 금액 앞에 '(+)'를, 감소하는 경우에는 금액 앞에 '(−)'를 표시하시오.)

(물음 3) ㈜한국은 무선이어폰에 장착되는 음성수신장치를 자체 생산하지 않고 외부공급업자로부터 공급받는 것을 검토하던 중, ㈜대한으로부터 20×1년도에 소요될 음성수신장치 1,000단위 전량을 단위당 ₩3,500에 공급하겠다는 제안을 받았다. ㈜대한의 제안을 수용하는 경우에 ㈜한국은 기존 생산설비를 이용, 외부공급업자로부터 공급받을 음성수신장치를 추가적으로 가공하여 음성송신기능을 갖춘 고급사양의 음성송수신장치를 생산할 수 있으며, 무선이어폰에 해당 음성송수신장치를 장착하게 되면 무선이어폰의 단위당 판매가격을 ₩1,500 인상할 수 있다. 고급사양의 음성송수신장치 생산을 위한 추가가공은 묶음생산방식에 의해 가공이 이루어지며, 추가가공과 관련된 원가는 묶음(batch)수에 비례하여 발생하는 변동가공원가(variable conversion cost)로서 묶음당 ₩10,000이 발생한다. ㈜한국이 ㈜대한의 제안을 수용하려면 추가가공을 위한 1묶음의 크기는 최소 몇 단위가 되어야 하는지 계산하시오. (단, 고급사양의 음성송수신장치를 장착한 무선이어폰의 생산 판매량은 1,000단위로 동일하다.)

(물음 4) ㈜한국은 20×1년도에 무선이어폰 1,000단위 생산에 소요되는 음성수신장치 1,000단위를 기존 생산방식에서 250단위를 1묶음(batch)으로 하는 묶음생산방식으로 변경하는 것을 검토하고 있다. ㈜한국이 음성수신장치를 묶음생산방식으로 생산할 경우, 직접노무시간은 90%의 누적평균시간 학습곡선모형을 따르며, 음성수신장치 250단위 생산과 관련된 원가는 다음과 같다.

구분	총원가
직접재료원가 (₩600/단위)	₩150,000
직접노무원가 (₩900/시간)	225,000
변동제조간접원가 (₩900/직접노무시간)	225,000
고정제조간접원가	500,000
합계	₩1,100,000

㈜한국은 무선이어폰에 장착되는 음성수신장치를 묶음생산방식으로 생산하기로 결정하고 연간 생산계획을 수립하던 중, 무선이어폰에 장착이 가능한 동일한 사양의 음성수신장치를 외부공급업자로부터 단위당 ₩2,100에 구입이 가능하다는 사실을 파악하였다. ㈜한국이 20×1년도 무선이어폰 생산에 필요한 음성수신장치 1,000단위 전량을 외부공급업자로부터 구입할 경우, 묶음생산방식에 의해 자체 생산하는 경우에 비하여 영업이익이 얼마나 증가 또는 감소하는지를 계산하시오. (단, 영업이익이 증가하는 경우에는 금액 앞에 '(+)'를, 감소하는 경우에는 금액 앞에 '(−)'를 표시하시오.)

(물음 1) 최대구입가격 - 부품

단위당 최대구입가격 = x,

[부품 외부구입 시 증분이익]

관련항목	금액	계산내역
(-) 구입원가 증가	$(1,000x)$	= 1,000단위 × x
(+) 변동제조원가 감소	2,400,000	= 600,000 + 900,000 + 900,000
(+) 고정제조간접원가 감소	100,000	
(+) 임대수익 증가	200,000	
	$-1,000x + 2,700,000$	

$-1,000x + 2,700,000 = 0$ $\qquad \therefore x =$ **@2,700**

(물음 2) 증분이익

[묶음생산방식으로 변경 시 증분이익]

관련항목	금액	계산내역
(+) 고정제조간접원가 감소	100,000	
(+) 변동가공원가 감소	540,000	= (900,000 + 900,000) × 30%
(+) 임대수익 증가	150,000	
(-) 작업준비원가 증가	(800,000)	= (1,000단위 ÷ 5단위) × 4,000
	(-)₩10,000	

(물음 3) 외부구입을 수락하기 위해 필요한 1묶음당 최소크기

1묶음당 최소크기 = x,

[부품 외부구입 시 증분이익]

관련항목	금액	계산내역
(-) 구입원가 증가	(3,500,000)	= 1,000단위 × 3,500
(+) 변동제조원가 감소	2,400,000	= 600,000 + 900,000 + 900,000
(+) 매출액 증가	1,500,000	= 1,000단위 × 1,500
(-) 추가가공원가 증가	(400,000)[*1]	= 40배치[*2] × 10,000
	₩0	

[*1] 역산(증분이익 = 0임)

[*2] 역산(400,000 ÷ 10,000 = 40배치)

1,000단위 ÷ x = 40배치 $\qquad \therefore x =$ **25단위**

(물음 4) 증분이익 - 학습곡선

① 묶음생산방식에 의한 1,000단위의 총제조원가

직접재료원가	1,000단위 × 600 =	₩600,000
직접노무원가		729,000*
변동제조간접원가	729,000* × 100% =	729,000
고정제조간접원가		500,000
		₩2,558,000

* 4묶음(1,000단위)에 대한 직접노무원가

누적묶음 수(x)	묶음당 누적평균원가(y)	총누적원가(xy)
1묶음 ┐ × 2	₩225,000 ┐ × 0.9	₩225,000
2 ◄┘ ┐ × 2	202,500 ◄┘ ┐ × 0.9	
4 ◄┘	182,250 ◄┘	729,000

② 증분이익

[부품 외부구입 시 증분이익]

	관련항목	금액	계산내역
(-)	구입원가 증가	(2,100,000) =	1,000단위 × 2,100
(+)	변동제조원가 감소	2,058,000 =	600,000 + 729,000 + 729,000
		(-)₩42,000	

별해 **(물음 4) 증분이익 - 학습곡선**

① 묶음생산방식에 의한 1,000단위의 총제조원가

직접재료원가	1,000단위 × 600 =	₩600,000
직접노무원가	810시간* × 900 =	729,000
변동제조간접원가	810시간* × 900 =	729,000
고정제조간접원가		500,000
		₩2,558,000

* 4묶음(1,000단위)에 대한 직접노무시간

누적묶음 수(x)	묶음당 누적평균시간(y)	총누적시간(xy)
1묶음 ┐ × 2	250시간** ┐ × 0.9	250시간
2 ◄┘ ┐ × 2	225 ◄┘ ┐ × 0.9	
4 ◄┘	202.5 ◄┘	810

** 225,000 ÷ 900 = 250시간

(물음 1), (물음 3)

1. 외부공급업자의 제안을 수용하기 위해서 지불할 수 있는 단위당 최대구입가격
   → '부품 외부구입 시 증분이익 = ₩0'을 충족하는 구입가격임

2. 외부공급업자의 제안을 수용하기 위해서 필요한 추가가공 시 1묶음당 최소크기
   → '부품 외부구입 시 증분이익 = ₩0'을 충족하는 1묶음크기임

(물음 3)

기존 부품을 기존 생산방식으로 자가제조하는 경우와 기존 부품을 외부구입한 후 추가가공(묶음생산방식)을 통해 고급사양의 부품을 생산하는 경우와의 비교임

(물음 4)

1. 묶음생산방식(로트생산방식)이란 묶음 단위로 일괄적으로 생산하는 방식을 말하며 학습효과도 묶음 단위로 발생함

2. 시간당 임률이 일정한 경우에는 학습효과로 인하여 직접노무시간과 직접노무원가(= 직접노무시간 × 시간당 임률)에 미치는 영향은 동일함

TOPIC 23

해커스 강경태 CPA 파이널 2차 원가관리회계

㈜한국은 각각 두 개의 제조부문(A, B)과 보조부문(수선부, 전력부)을 가지고 있다. 각 부문이 보조부문용역을 사용한 내역은 다음과 같다.

	수선부문	전력부문	제조부문 A	제조부문 B	계
수선부	–	2,000시간	3,000시간	5,000시간	10,000시간
전력부	2,000kwh	4,000kwh	6,000kwh	8,000kwh	20,000kwh

수선부문은 시간당 ₩5의 변동원가가 발생하며, 전력부문은 kwh당 ₩19의 변동원가가 발생한다. 고정원가는 회피불능원가이다.

(물음 1)　상호배분법에 의하여 보조부문의 원가를 제조부문 A와 B에 배분할 때 배분되는 원가는 얼마인가?

(물음 2)　전력부문의 전력을 외부에서 구입하려고 한다.

　　　　(1) 외부구입량은 얼마인가?

　　　　(2) 외부구입으로 인하여 절감되는 원가절감액은 얼마인가?

　　　　(3) 외부구입할 때 지급할 수 있는 kwh당 최대금액은 얼마인가?

해답

(물음 1) 보조부문원가의 배분

	보조부문		제조부문	
	수선	전력	A	B
배분전원가	₩50,000[*1]	₩380,000[*1]	–	–
수선(20 : 30 : 50)	(100,000)[*3]	20,000	₩30,000	₩50,000
전력(12.5 : 37.5 : 50)[*2]	50,000	(400,000)[*3]	150,000	200,000
배분후원가	₩0	₩0	**₩180,000**	**₩250,000**

[*1] 수선 : 10,000시간 × 5 = ₩50,000, 전력 : 20,000kwh × 19 = ₩380,000

[*2] 자기부문 소비용역을 무시하고 용역제공비율을 계산함

[*3] 수선부, 전력부의 배분할 총원가를 각각 X, Y라 하면,
　　X ＝ 50,000 + 0.125Y
　　Y ＝ 380,000 + 0.2X　　　　　　∴ X = ₩100,000,　　Y = ₩400,000

(물음 2) 전력의 외부구입여부

(1) 외부구입량

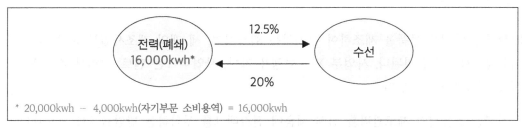

* 20,000kwh − 4,000kwh(자기부문 소비용역) = 16,000kwh

외부구입량 : 16,000kwh   −   16,000kwh × 0.125 × 0.2   = **15,600kwh**

      자가생산량   자가생산량 × (폐쇄 → 유지 → 폐쇄)비율

(2) 외부구입 시 원가절감액

변동원가

전력부		₩380,000
수선부	50,000 × 20% =	10,000
		₩390,000

(3) 최대구입가격 − 전력

지급할 수 있는 kwh당 최대금액 = x,

[전력 외부구입 시 증분이익]

관련항목	금액	계산내역
(−) 구입원가 증가	$(15,600x)$	= 15,600kwh × x
(+) 변동원가 감소	390,000	
	$-15,600x + 390,000$	

$-15,600x + 390,000 = 0$ ∴ x = **@25**

POINT

(물음 2)

1. 전력 외부구입 시 자기부문 소비용역 4,000kwh는 전량 감소가 가능함
2. '16,000kwh × 0.125 × 0.2'의 의미 → 수선부의 기존 전력사용량은 '16,000kwh × 0.125 = 2,000kwh'이었는데, 전력부가 폐쇄됨에 따라 수선부의 용역생산량이 '20%'만큼 감소하므로 전력을 외부구입 시 수선부의 전력사용량이 20%만큼 감소한다는 의미임
3. '외부구입할 때 지급할 수 있는 kwh당 최대금액'이란 '전력 외부구입 시 증분이익 = ₩0'을 충족하는 구입가격임

㈜한국은 여행용 물품을 제조하여 판매하는 회사이며, 세 개의 제조사업부 X, Y, Z는 각각
이익중심점으로 운영된다. 사업부 X는 여행용 가방, 사업부 Y는 텐트, 사업부 Z는 스포츠용
품을 제조하여 판매한다.

㈜한국은 효율적인 재고관리를 위해 제품에 전자태그를 부착하는 방안을 검토 중이다. 전자
태그는 ㈜서울로부터 공급받으며, 제품 한 단위당 전자태그 한 개를 부착한다.

전자태그 도입에 관한 검토 자료는 다음과 같다. 전자태그는 단위당 ₩2이며, 이와 별개로
전자태그 시스템 관리를 위한 고정비가 연간 ₩10,000으로 예상된다. 전자태그 시스템 관리
를 위한 고정비는 사업부 X, Y, Z에 대한 공통원가로, 사업부별 사용량에 따라 전액 사업부에
배부할 계획이다. 각 사업부 관리자는 공통원가배부액을 반영한 이익에 기초하여 성과급을
받으며, 전자태그 도입을 수락하거나 거절할 수 있다.

구분	사업부 X	사업부 Y	사업부 Z
전자태그 도입 전 영업이익	₩40,000	₩65,000	₩80,000
전자태그 도입 후 재고관리원가 총 예상 절감액	₩3,400	₩4,900	₩5,800
전자태그 단위당 원가	₩2	₩2	₩2
전자태그 예상 사용량	200개	300개	500개

(물음 1) ㈜한국이 사업부 X, Y, Z의 관리자에게 전자태그의 도입을 제안하는 경우, 각 사업부
의 관리자가 동 제안을 수락할 것인지를 다음 표의 형태로 제시하시오.

구분	사업부 X	사업부 Y	사업부 Z
증분수익			
증분원가			
증분이익			
의사결정			

(물음 2) 위의 (물음 1)에서 일부 사업부가 전자태그 사용을 거부한 경우에도 여전히 나머지 사
업부가 전자태그 사용을 수락할 것인지를 계산근거와 함께 기술하시오. 단, 전자태그
사용을 거부하는 사업부가 있어도 전자태그의 단위당 변동원가와 총고정원가는 변하
지 않는다.

(물음 3) 위의 (물음 1)과 (물음 2)의 결과를 통해 공통원가배부방식이 각 사업부 관리자의 의사결정에 영향을 미치게 됨을 알 수 있다. 이와 관련하여 구체적으로 어떤 문제점이 발생했는지를 3줄 이내로 설명하시오.

(물음 4) 회사 전체의 이익극대화 관점에서 다음 (1)과 (2)에 답하시오.

    (1) ㈜한국이 전자태그를 도입하는 것이 타당한지를 계산근거와 함께 기술하시오.

    (2) 사업부 X, Y, Z가 모두 전자태그 도입을 수락하도록 하는 방안을 계산근거와 함께 기술하시오.

해답

(물음 1) 사업부관점 – 성과급에 기초한 각 사업부의 의사결정

구분	사업부 X	사업부 Y	사업부 Z
증분수익	₩3,400	₩4,900	₩5,800
증분원가	200개 × 2 + 10,000 × 0.2* = ₩2,400	300개 × 2 + 10,000 × 0.3* = ₩3,600	500개 × 2 + 10,000 × 0.5* = ₩6,000
증분이익	₩1,000	₩1,300	₩(200)
의사결정	**수락**	**수락**	**기각**

* X : Y : Z = 200개 : 300개 : 500개 = 0.2 : 0.3 : 0.5

(물음 2) 사업부관점 - 사업부 Z의 기각 시 사업부 X, Y의 의사결정

구분	사업부 X	사업부 Y
증분수익	₩3,400	₩4,900
증분원가	200개 × 2 + 10,000 × 0.4[*] = ₩4,400	300개 × 2 + 10,000 × 0.6[*] = ₩6,600
증분이익	₩(1,000)	₩(1,700)
의사결정	**기각**	**기각**

[*] X : Y = 200개 : 300개 = 0.4 : 0.6

(물음 3) 공통원가배부 후 이익을 기초로 사업부 관리자의 의사결정 시 문제점

다른 사업부의 의사결정 결과에 따라 자기 사업부의 공통원가배부액이 영향을 받게 되어 자기 사업부의 의사결정이 자신이 통제할 수 없는 원가에 영향을 받는다는 문제점이 발생하였다.

(물음 4) 회사전체관점

(1) 의사결정

[전자태그 도입 시 증분이익]

관련항목	금액	계산내역
(+) 재고관리원가 감소	14,100	= 3,400 + 4,900 + 5,800
(-) 변동원가 증가	(2,000)	= (200개 + 300개 + 500개) × 2
(-) 고정원가 증가	(10,000)	
	₩2,100	

∴ ㈜한국은 전자태그를 도입하는 것이 타당하다.

(2) 목표일치 충족 방안

각 사업부 관리자가 자신이 통제할 수 없는 공통원가배부액을 반영하기 전의 이익에 기초하여 성과급을 받도록 하여야 한다.

구분	사업부 X	사업부 Y	사업부 Z
증분수익	₩3,400	₩4,900	₩5,800
증분원가	200개 × 2 = ₩400	300개 × 2 = ₩600	500개 × 2 = ₩1,000
증분이익	₩3,000	₩4,300	₩4,800
의사결정	**수락**	**수락**	**수락**

한국회사는 세 가지 제품 X, Y, Z를 생산·판매한다. 이 회사의 20×1년 원가계산제도에서 제조간접원가는 직접노무원가를 배부기준으로, 판매관리비는 매출액을 배부기준으로 각 제품에 배부하였다. 한국회사의 20×1년 제품별 생산·판매량과 손익계산서는 다음 표와 같다. 기초와 기말재고는 없다고 가정한다.

	제품 X	제품 Y	제품 Z	합계
생산·판매량	5,000단위	3,000단위	800단위	8,800단위
매출액	₩600,000	₩390,000	₩160,000	₩1,150,000
매출원가				
직접재료원가	180,000	78,000	32,000	290,000
직접노무원가	100,000	60,000	16,000	176,000
제조간접원가	150,000	90,000	24,000	264,000
합계	430,000	228,000	72,000	730,000
매출총이익	₩170,000	₩162,000	₩88,000	₩420,000
판매관리비	120,000	78,000	32,000	230,000
영업이익	₩50,000	₩84,000	₩56,000	₩190,000

20×2년 초 한국회사는 20×1년의 실제원가 및 운영자료를 이용하여 활동기준원가계산을 적용함으로써 보다 정확한 제품원가계산을 통해 제품별 수익성분석을 하고자 한다. 이를 위해 20×1년 중 한국회사에서 발생한 제조간접원가 ₩264,000과 판매관리비 ₩230,000에 대한 활동분석을 수행함으로써, 다음 5개의 활동원가를 식별하였다.

	생산작업준비활동원가	₩120,000
제조간접원가	품질검사활동원가	₩90,000
	제품유지활동원가	₩54,000
판매관리비	고객주문처리활동원가	₩180,000
	고객관리활동원가	₩50,000

각 제품에 대한 고객의 1회 주문수량은 제품 X는 100단위, 제품 Y는 50단위, 제품 Z는 20단위였다. 생산작업준비활동은 고객주문이 있을 경우 생산작업을 준비하는 활동으로, 생산작업준비활동원가는 생산작업준비시간에 비례하여 발생한다. 각 고객주문마다 한 번의 뱃치생산이 필요하며, 각 제품별 뱃치생산에 소요되는 생산작업준비시간은 제품 X는 2시간, 제품 Y는 3시간, 제품 Z는 5시간이었다.

품질검사활동원가는 품질검사에 소요되는 시간에 비례하여 발생한다. 품질검사는 매회 뱃치 생산된 제품들 중 첫 5단위에 대해서만 실시되며, 품질검사에 소요되는 시간은 제품종류에 관계없이 동일하다.

제품유지활동은 각 제품의 설계, 제품사양, 소요재료 등에 관한 자료를 관리하는 활동으로, 제품유지활동에 소요되는 원가는 각 제품별로 동일하다.

고객주문처리활동원가는 각 제품에 대한 고객주문횟수에 비례하여 발생한다.

고객관리활동은 제품종류에 관계없이 각 고객에게 투입되는 자원은 동일하다. 20×1년 제품별 관리대상 고객수는 제품 X는 10명, 제품 Y는 15명, 제품 Z는 25명으로 파악되었다.

(물음 1) 활동기준원가계산을 적용하여 20×1년 각 제품별 단위당 제조원가를 계산하시오.

(물음 2) 활동기준원가계산을 적용하여 20×1년 각 제품별 단위당 영업이익을 계산하시오.

(물음 3) 한국회사는 특정 제품의 생산을 중단할 것인지를 결정하기 위해, 각 제품에 추적 또는 배부된 원가 및 비용에 대한 분석을 다음과 같이 하였다.

① 직접노무원가는 각 제품의 생산라인에 속한 근로자들에게 지급되는 임금으로, 특정 제품의 생산라인이 폐지될 경우 해당 생산라인에 종사한 근로자들은 추가 비용없이 해고시킬 수 있다.

② 위에서 분류한 5개의 활동원가 각각은 매몰원가, 배분된 공통고정원가, 변동원가(해당 원가동인의 소비와 비례하여 발생하는 원가)로 다음과 같이 파악되었다. 배분된 공통고정원가는 본사관리부서의 일반관리비로 제품 Z의 생산을 중단할 경우에도 계속해서 발생하는 비용이며, 매출배합에 관계없이 일정하다고 가정한다.

활동	활동원가	매몰원가	배분된 공통고정원가	변동원가
생산작업준비	₩120,000	₩14,000	₩10,000	₩96,000
품질검사	₩90,000	₩20,000	₩10,000	₩60,000
제품유지	₩54,000	₩30,000	₩15,000	₩9,000
고객주문처리	₩180,000	₩20,000	₩10,000	₩150,000
고객관리	₩50,000	₩20,000	₩10,000	₩20,000
합계	₩494,000	₩104,000	₩55,000	₩335,000

20×2년에도 제품별 수익 및 원가구조는 전년도와 동일하게 유지될 것으로 가정하고, 다음 각 물음에 답하시오.

(1) 위에 주어진 자료를 이용하여 한국회사가 제품 Z의 생산을 중단하여야 하는지를 결정하고, 그 이유를 설명하시오.

(2) 만약 제품 Z의 생산라인을 폐지하면, 제품 X의 연간 판매량은 10% 증가할 것으로 기대된다. 제품 X의 판매가격은 불변이라고 가정한다. 한국회사가 20×2년 초에 제품 Z의 생산라인을 폐지할 경우 연간 증분이익은 얼마인가?

(3) 제품 Z의 생산을 중단하고 대신 외부 납품업체로부터 제품 Z를 구입할 것인지를 고려 중이다. 제품 Z의 생산을 중단할 경우에 제품 Z의 생산에 사용한 설비는 제품 X를 추가 생산하는 것 이외에는 별다른 용도가 없는 유휴설비가 된다. 제품 Z의 생산라인을 폐지하면, 제품 X의 연간 판매량은 10% 증가할 것으로 기대된다. 제품 X의 판매가격은 불변이라고 가정한다. 한국회사가 제품 Z의 자체생산을 중단하고 외부업체로부터 구입하기로 결정한 경우, 제품 Z 1단위에 대해 수용가능한 최대 구입가격은 얼마인가?

해답

(물음 1) 단위당 제조원가

① 원가동인수

	X	Y	Z	합계
고객주문뱃치수	5,000 ÷ 100 = 50뱃치	3,000 ÷ 50 = 60뱃치	800 ÷ 20 = 40뱃치	150뱃치
작업준비시간	50뱃치 × 2시간 = 100시간	60뱃치 × 3시간 = 180시간	40뱃치 × 5시간 = 200시간	480시간
품질검사시간*	50시간	60시간	40시간	150시간
제품종류수	1종	1종	1종	3종
고객주문횟수	50회	60회	40회	150회
고객수	10명	15명	25명	50명

* 품질검사에 소요되는 시간은 제품종류에 관계없이 동일하므로 편의상 뱃치당 품질검사시간을 1시간이라고 가정함

② 활동별 배부율

> ┌ 생산작업준비 : 120,000 ÷ 480시간 = @250/작업준비시간
> │ 품질검사　　 : 　90,000 ÷ 150시간 = @600/품질검사시간
> │ 제품유지　　 : 　54,000 ÷ 　　3종 = @18,000/제품종류수
> │ 고객주문처리 : 180,000 ÷ 150회 = @1,200/고객주문횟수
> └ 고객관리　　 : 　50,000 ÷ 　50명 = @1,000/고객수

③ 단위당 제조원가

	X	Y	Z
직접재료원가	₩180,000	₩78,000	₩32,000
직접노무원가	100,000	60,000	16,000
제조간접원가			
생산작업준비(@250)	25,000	45,000	50,000
품질검사(@600)	30,000	36,000	24,000
제품유지(@18,000)	18,000	18,000	18,000
총제조원가	₩353,000	₩237,000	₩140,000
생산량	÷ 5,000단위	÷ 3,000단위	÷ 800단위
단위당 제조원가	@70.6	@79	@175

(물음 2) 단위당 영업이익

	X	Y	Z
매출액	₩600,000	₩390,000	₩160,000
매출원가	353,000	237,000	140,000
매출총이익	247,000	153,000	20,000
판매관리비			
고객주문처리(@1,200)	60,000	72,000	48,000
고객관리(@1,000)	10,000	15,000	25,000
영업이익	₩177,000	₩66,000	₩(53,000)
판매량	÷ 5,000단위	÷ 3,000단위	÷ 800단위
단위당 영업이익	@35.4	@22	@(66.25)

(물음 3) 제품라인의 폐지여부

(1) 단순한 경우

① 활동별 변동활동원가배부율

 ┌ 생산작업준비 : 96,000 ÷ 480시간 = @200/작업준비시간
 │ 품질검사　　 : 60,000 ÷ 150시간 = @400/품질검사시간
 │ 제품유지　　 : 　9,000 ÷ 　　3종 = @3,000/제품종류수
 │ 고객주문처리 : 150,000 ÷ 　150회 = @1,000/고객주문횟수
 └ 고객관리　　 : 20,000 ÷ 　　50명 = @400/고객수

② 의사결정

[제품 Z 생산 중단 시 증분이익]

관련항목	금액	계산내역
(-) 매출액 감소	(160,000)	
(+) 직접재료원가 감소	32,000	
(+) 직접노무원가 감소	16,000	
(+) 변동활동원가 감소	109,000	= 200시간 × 200 + 40시간 × 400 + 1종 × 3,000
		+ 40회 × 1,000 + 25명 × 400
	₩(3,000)	

∴ 제품 Z의 생산을 유지하는 것이 ₩3,000만큼 유리하다.

(2) 다소 복잡한 경우

[제품 Z 생산 중단 시 증분이익]

관련항목	금액	계산내역
(-) (물음 3)(1)의 증분이익	(3,000)	
(+) 매출액 증가(X)	60,000	= 600,000 × 10%
(-) 직접재료원가 증가	(18,000)	= 180,000 × 10%
(-) 직접노무원가 증가	(10,000)	= 100,000 × 10%
(-) 변동활동원가 증가*	(9,000)	= 10시간 × 200 + 5시간 × 400 + 5회 × 1,000
	₩20,000	

* 제품 X의 증가하는 원가동인수

고객주문뱃치수	(5,000단위 × 10%) ÷ 100단위 =	5뱃치
작업준비시간	5뱃치 × 2시간 =	10시간
품질검사시간		5시간
제품종류수		–
고객주문횟수		5회
고객수		–

(3) 매우 복잡한 경우

제품 Z 단위당 최대 구입가격 = x,

[제품 Z 생산 중단 시 증분이익]

	관련항목	금액	계산내역
(+)	(물음 3)(2)의 증분이익	20,000	
(+)	매출액 증가(Z)	160,000	
(−)	구입원가 증가	(800x)	= 800단위 × x
(−)	고객주문처리원가 증가	(40,000)	= 40회 × 1,000
(−)	고객관리원가 증가	(10,000)	= 25명 × 400
		−800x + 130,000	

$-800x + 130,000 = 0$　　　　　　∴　x = **@162.5**

POINT

(물음 1)

'품질검사는 매회 뱃치생산된 제품들 중 첫 5단위에 대해서만 실시되며, 품질검사에 소요되는 시간은 제품종류에 관계없이 동일하다' → 편의상 뱃치당 품질검사시간을 1시간이라고 가정하고 품질검사시간을 구함

(물음 3) (1)

매몰원가 및 배분된 공통고정원가는 비관련원가임

(물음 3) (2)

제품 X의 판매량이 증가하더라도 제품종류수와 고객수는 일정함에 주의

(물음 3) (3)

제품 Z를 외부로부터 구입하여 판매하므로 직접재료원가, 직접노무원가 및 제조와 관련된 활동원가(생산작업준비, 품질검사, 제품유지)는 발생하지 않음에 주의(특히, 각 제품의 설계, 제품사양, 소요재료 등에 관한 자료를 관리하는 활동이라고 정의한 제품유지활동이 발생하지 않음에 주의)

오성전자의 컴퓨터 사업본부장은 20×1년 말을 맞이하여 장기계획을 수립하고 있다. 특히, 오늘은 컴퓨터사업본부의 여러 제품라인 중에서 프린터라인을 계속 유지할 것인지 또는 폐쇄할 것인지를 검토하고 있다. 다음의 각 물음에 답하되, 오성전자의 각 사업본부장에 대한 경영자 보상금액은 해당 사업본부의 각 연도별 법인세비용차감전순이익(순손실)에 비례하여 결정된다는 점에 유의하시오.

프린터라인의 20×1년 운영결과에 대한 정보는 다음과 같다. 매출 ₩1,300, 재료원가 ₩600이고, 노무원가는 ₩330이다. 노무원가 중 직접노무원가는 ₩180이고 ₩150은 프린터라인의 고정인력에 대한 간접노무원가이다. 프린터라인을 폐쇄하는 경우 프린터라인의 고정인력은 해고할 수 있다. 프린터라인 작업장 임차료는 ₩60이며 1년 단위로 연초에 계약을 갱신한다. 회사차원의 제조간접원가(MOH)는 각 라인의 간접노무원가의 120%가 배부된다. 판매비와 관리비는 프린터라인에서 발생하는 비용으로서 매출액의 5%와 고정원가 ₩70으로 구성되었으며, 프린터라인을 폐쇄할 경우 전액 회피가능한 원가이다.

한편, 프린터라인의 현재 설비는 2년 전에 ₩1,000에 구입했으며, 구입 시에 추정했던 것처럼 앞으로 3년 더 사용가능하며 잔존가치는 ₩0으로 예상된다. 오성전자는 이 설비를 매년 ₩200씩 정액상각 해오고 있다. 이 설비의 현재의 처분가능가격은 ₩480이다.

프린터라인의 향후 3개년 연도별 성과는 20×1년의 성과와 동일할 것으로 예상된다. 회계팀에서 작성한 프린터라인의 20×1년 손익계산서는 다음과 같다.

프린터라인의 20×1년 손익계산서 (공헌이익접근법)		
매출액		₩1,300
변동원가		
재료원가	₩600	
직접노무원가	180	
판매비와관리비	65	(845)
공헌이익		455
고정원가		
간접노무원가	150	
작업장임차료	60	
설비감가상각비	200	
판매비와관리비	70	
회사MOH배부액	180	(660)
순손실		₩(205)

※ 아래의 각 물음에 답하되, 본 문제에서 화폐의 시간가치는 무시하도록 하시오.

(물음 1) 프린터라인을 계속 유지할 것인지 또는 폐쇄할 것인지, 즉 유지안과 폐쇄안 중에서 어느 대안이 회사(오성전자)에게 더 유리한지를 비교하여 밝히시오. 이때 '유지안 대비 폐쇄안의 순효과'를 계산하되 유지안 대신 폐쇄안 선택에 따른 공헌이익 감소분을 먼저 제시하고 나머지 효과들을 제시하시오.

(물음 2) 향후 3개년의 연도별 성과가 전년도와 동일할 것으로 예측되는 상황이므로, 위에 제시된 손익계산서는 향후 3개년에 대한 예상손익계산서라고 할 수 있다. 예상손익계산서는 '두 대안들 중에서 회사에게 유리한 대안이 어느 것인가'를 판단하기 위한 근거로써 왜 부적절한가? (주의 : 반드시 3줄 이내로 쓸 것)

(물음 3) 회계이익이 의사결정 용도로는 부적절하지만 다른 용도로는 적절할 수 있다. 회계이익이 어떠한 용도에 유용한 정보가 될 수 있는지 '관리회계적 관점'에서 밝히고, 그 용도에 맞는 정보를 만들기 위한 측정상의 초점이 무엇인지 설명해 보시오. (주의 : 반드시 3줄 이내로 쓸 것)

(물음 4) 폐쇄와 유지의 두 가지 대안들 중에서 사업본부장이 어느 대안을 선택하게 될 지를 밝히시오. 단, 오성전자의 회장 등 최고경영진은 컴퓨터사업본부의 미래 수익성 등에 대한 자세한 정보를 모르고 있기 때문에, 본 문제에 제시된 정보들은 사업본부장의 소위 사적정보(private information)라는 점에 유의하시오.

기존의 폐쇄안과 유지안 외에 추가로 '기존 설비를 매각하고 새로운 생산설비를 구입하는 투자안'이 마련되어 있다고 상정하자. 특히, 현재의 생산설비는 2년 전 투자당시의 기대와 달리 프린터라인의 경쟁력을 제고시키는 면에서 실망스러운 점이 없지 않은 가운데, 새로운 투자안은 프린터라인의 매출증대와 원가효율성에 긍정적인 효과를 미칠 것이라 하여 제안되었다.

새로운 투자안을 위해서는 구입가 ₩1,200의 설비가 필요하며, 이 설비의 3년 뒤 잔존가치는 ₩0으로 예상된다. 사업본부장이 분석한 바에 의하면, 새로운 투자안은 향후 3년 동안 연도별로 다음과 같이 매출을 증가시킬 것으로 기대되며, 감가상각비를 제외한 나머지 원가는 단위당 변동원가와 고정원가 총액이 현재와 동일하다고 가정한다. 한편, 예상되는 감가상각비 연도별 기록액도 다음에 주어져 있다.

	매출증가액	감가상각비
20×2년	₩400	₩500
20×3년	500	400
20×4년	600	300

(물음 5) 유지안 대비 투자안의 3년간의 순효과를 밝히고, 3가지 대안들 중에서 회사에게 가장 유리한 대안을 지적하시오.

(물음 6) 사업본부장은 지금부터 2년 후에 타사업본부로 전보되거나 또는 타회사로 이직할 것이다. 3가지 대안들 중에서 사업본부장이 어느 대안을 선택하게 될 지를 밝히고, 사업본부장의 선택에 대해 기업가치극대화의 측면에서 바람직한지를 평가하시오.

(물음 7) '(물음 6)에서 밝힌 사업본부장의 선택'과 같은 현상이 왜 발생하게 되는지를 설명하고 그에 대한 개선방안을 제시하되, '관리회계적 관점'에서 접근하시오. (주의 : 반드시 5줄 이내로 쓸 것)

(물음 1) 제품라인의 유지 또는 폐쇄 – 회사전체관점

[프린터라인 폐쇄 시 증분이익(3년)]

	관련항목	금액		계산내역
(–)	공헌이익 감소	(1,365)	=	455 × 3
(+)	간접노무원가 감소	450	=	150 × 3
(+)	작업장임차료 감소	180	=	60 × 3
(+)	고정판매비와관리비 감소	210	=	70 × 3
(+)	구설비 처분가치	480		
		₩(45)		

∴ 유지안이 3년간 ₩45만큼 회사에게 더 유리하다.

(물음 2) 의사결정 시 회계이익의 부적절성

예산손익계산서는 프린터라인의 폐쇄여부와 관련이 없는 회사MOH배부액이 포함되어 있고, 프린터라인의 폐쇄여부와 관련이 있는 설비의 현재 처분가능가치가 반영되어 있지 않으므로 유리한 대안이 어느 것인가를 판단하기 위한 근거로써 부적절하다.

(물음 3) 회계이익이 유용한 정보가 될 수 있는 용도

회계이익은 이익중점과 투자중점의 성과평가에 유용할 수 있다. 이 경우 관리자가 통제할 수 있는 요소만 고려하여 회계이익을 측정하여야 한다.

(물음 4) 제품라인의 유지 또는 폐쇄 – 사업본부장관점

[유지안] 3년간 법인세비용차감전순손실 : 3년 × 205 = ₩615
[폐쇄안] 3년간 법인세비용차감전순손실 : 480 – (1,000 – 400) = ₩120(구설비 처분손실)

∴ 사업본부장은 3년간 법인세비용차감전순손실이 가장 작은 **폐쇄안을 선택하게 될 것이다.**

(물음 5) 제품라인의 유지 또는 투자 – 회사전체관점

[신설비 투자 시 증분이익(3년)]

	관련항목	금액	계산내역
(+)	매출액 증가	1,500	= 400 + 500 + 600
(-)	변동원가 증가	(975)	= 1,500 × 65%*
(+)	구설비 처분가치	480	
(-)	신설비 취득원가	(1,200)	
		₩(195)	

* 변동원가율 : 845 ÷ 1,300 = 65%

∴ 회사는 폐쇄안보다 유지안이 3년간 ₩45만큼 더 유리하고, 투자안보다 유지안이 3년간 ₩195만큼 더 유리하므로 **유지안이 회사에게 가장 유리한 대안이다.**

(물음 6) 제품라인의 유지 또는 폐쇄 또는 투자 – 사업본부장관점

[유지안] 2년간 법인세비용차감전순손실 : 2년 × 205 = ₩410

[폐쇄안] 2년간 법인세비용차감전순손실 : 480 – (1,000 – 400) = ₩120(구설비 처분손실)

[투자안] 2년간 법인세비용차감전순손실 :

매출액	1,300 × 2년 + 400 + 500 =	₩3,500
변동원가	3,500 × 65% =	2,275
공헌이익		1,225
고정원가		
감가상각비	500 + 400 =	900
기타고정원가	2년 × (150 + 60 + 70 + 180) =	920
구설비 처분손실	480 – (1,000 – 400) =	120
순손실		₩(715)

∴ **사업본부장은** 2년간 법인세비용차감전순손실이 가장 작은 **폐쇄안을 선택하게 될 것이고,** 사업본부장의 선택은 회사에게 가장 유리한 유지안과 일치하지 않으므로 **기업가치극대화 측면에서 바람직하지 않다** (준최적화 현상 발생).

(물음 7) 준최적화 현상의 발생원인 및 개선방안

자신의 성과를 극대화하려는 사업본부장의 행동이 기업가치극대화를 가져오지 못하는 이유는 성과보상기준이 의사결정기준과 상이한 단기적 회계이익이기 때문이다. 이러한 준최적화 현상을 개선하는 방안은 성과보상기준이 의사결정기준과 일치되도록 보상기준을 변경시켜 나가는 것이다.

(물음 1) 제품라인의 유지 또는 폐쇄 - 회사전체관점

[프린터라인 폐쇄 시 증분현금흐름]

	0	1	2	3
① 현재시점				
구설비 처분	480			
② 유지기간 중				
영업현금흐름*		(175)	(175)	(175)
③ 종료시점				
구설비 처분				(0)

* 455 − (150 + 60 + 70) = ₩175

폐쇄 시 증분현금흐름 : 480 − 3 × 175 = ₩(45)

∴ **유지안이 3년간 ₩45만큼 회사에게 더 유리하다.**

(물음 5) 제품라인의 유지 또는 투자 - 회사전체관점

[신설비 투자 시 증분현금흐름]

	0	1	2	3
① 투자시점				
신설비 취득	(1,200)			
구설비 처분	480			
② 투자기간 중				
영업현금흐름*		140	175	210
③ 투자종료시점				
신설비 처분				0
구설비 처분				(0)

* 증분영업현금흐름(= 증분공헌이익)
　20×2년 : 400 × (1 − 0.65) = ₩140
　20×3년 : 500 × (1 − 0.65) = ₩175
　20×4년 : 600 × (1 − 0.65) = ₩210

투자 시 증분현금흐름 : −1,200 + 480 + 140 + 175 + 210 = ₩(195)

∴ **유지안이 3년간 ₩195만큼 회사에게 더 유리하다.**

(물음 1), (물음 5)

1. 의사결정의 대상기간이 3년임에 주의

2. 화폐의 시간가치를 고려하지 않으면, 전체 기간에 대하여 단기의사결정 방식에 따라 계산한 증분이익 (해답)과 장기의사결정 방식에 따라 계산한 증분현금흐름(참고)이 동일함

3. 증분이익 계산 시 구설비 처분가치(프린터라인 유지 시의 기회원가로서 폐쇄 시 또는 투자 시 수익의 증가가 됨) (+)₩480을 다음과 같이 구분하여 표시하여도 됨

[프린터라인 폐쇄 시 증분이익(3년)]

관련항목		금액	계산내역
...	...	...	
(+)	구설비 감가상각비 감소	600	= 200 × 3
(−)	구설비 처분손실	(120)	= 480 − (1,000 − 400)
		₩(45)	

(물음 1), (물음 2), (물음 4)

	프린터라인 폐쇄 시 회피가능원가	프린터라인 폐쇄 시 감소하는 회계비용
간접노무원가	O	O
작업장임차료	O	O
설비감가상각비	O[1]	O[1]
고정판매및관리비	O	O
회사MOH배부액	×	O[2]

[1] 구설비 처분에 따라 설비감가상각비는 더 이상 발생하지 않으나 구설비 처분손실이 별도로 발생함

[2] 폐쇄 시 회사MOH의 배부기준인 간접노무원가가 더 이상 발생하지 않으므로 배부액도 없음

(물음 4), (물음 6)

[폐쇄안]과 [투자안]은 법인세비용차감전순손실 계산 시 구설비 처분손실을 고려함

1 제한된 자원의 사용

1. 의의

기업의 이익을 최대화할 수 있도록 제한된 자원을 어느 제품 생산에 사용할 것인지를 결정하는 것(최적제품배합의 결정, 최적생산계획의 수립)

2. 제한된 자원이 하나인 경우

① 고정원가가 일정한 경우라면, '제한된 자원 단위당 공헌이익이 큰 제품부터 우선적으로 생산'하여야 함

② 고정원가가 제품배합에 따라 달라지는 경우라면, 영업이익을 최대화하는 제품배합을 선택하여야 함

3. 제한된 자원이 둘 이상인 경우

선형계획법을 이용하여 최적생산계획을 수립함

단계	내용
1단계	목적함수(공헌이익 극대화)를 설정함
2단계	제약조건을 식으로 표시함
3단계	그래프에 실행가능영역(제약조건을 모두 충족시키는 영역)을 표시함
4단계	최적해를 결정함(최적해는 실행가능영역의 꼭짓점에 존재)

2 제한된 자원이 하나인 경우의 심화내용

1. 제한된 자원의 사용 + 특별주문의 거절 또는 수락

[특별주문 수락 시 관련항목]

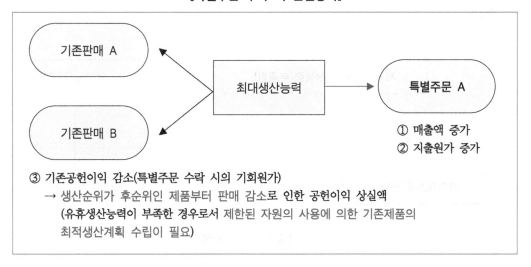

③ 기존공헌이익 감소(특별주문 수락 시의 기회원가)
→ 생산순위가 후순위인 제품부터 판매 감소로 인한 공헌이익 상실액
(유휴생산능력이 부족한 경우로서 제한된 자원의 사용에 의한 기존제품의
최적생산계획 수립이 필요)

[특별주문 수락 시 증분이익]

증분이익	관련항목	내용
(+)	① (특별주문) 매출액 증가	
(-)	② (특별주문) 지출원가 증가	- (특별주문) 변동원가 증가 - 고정원가는 증가 언급이 있는 경우에만 증가
(-)	③ 기존공헌이익 감소	- 유휴생산능력이 부족한 경우에만 발생 - 제한된 자원의 사용에 의한 기존제품의 최적생산계획 수립이 필요 - 생산순위가 후순위인 제품부터 판매 감소로 인한 공헌이익 상실액을 의미 - 특별주문 수락 시의 기회원가임

2. 제한된 자원의 사용 + 제품의 외부구입

외부시장수요를 충족할만한 자가제조의 생산능력이 부족한 상황에서 일부 제품을 외부구입하여 판매할 수 있는 경우의 최적생산 및 구입계획을 수립하는 문제(이하에서는 동일제품일 경우 가급적 외부구입하여 판매할 경우보다 자가제조하여 판매할 경우가 더 유리하다고 가정하고 설명하겠음)

[상황]

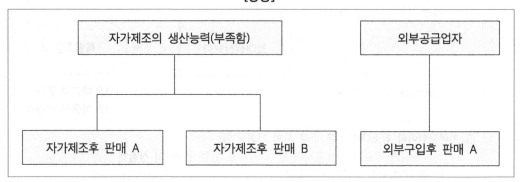

[발생가능한 사례]

| | | 자가제조 | | 외부구입 |
		A제품	B제품	A제품
[사례 1]	생산순위[1]	2순위	1순위	–
	최적생산(구입)계획	②	①	③
[사례 2][2]	생산순위[1]	1순위	2순위	–
	최적생산(구입)계획(대안 1)	①	②	–
	최적생산(구입)계획(대안 2)	②	③	①

[1] 제한된 자원 단위당 공헌이익이 큰 제품부터 우선적으로 생산함
[2] 두 대안 중에서 유리한 것 선택함

[사례별 최적생산(구입)계획]

구분		내용
[사례 1]		1순위인 B를 우선 자가제조하고, 남는 생산능력만큼 2순위인 A를 자가제조하며, 수요량에 부족한 수량만큼 A를 외부구입함(단, A의 외부구입량 한도가 존재할 수 있음에 주의)
[사례 2]	대안 1	1순위인 A를 우선 자가제조하고, 남는 생산능력만큼 2순위인 B를 자가제조함(이 경우는 A를 외부구입하지 않음)
	대안 2	1순위인 A의 자가제조를 외부구입가능량만큼 외부구입으로 전환하고, 여유시간만큼 2순위인 B를 추가로 자가제조함(외부구입 기회가 있는 선순위가 외부구입 기회가 없는 후순위에 외부구입가능량만큼 자가제조를 양보함)

3. 제한된 자원의 사용 + 초과작업

외부시장수요를 충족할만한 정규작업의 생산능력이 부족한 상황에서 전부 또는 일부 제품을 초과작업할 수 있는 경우의 최적생산계획을 수립하는 문제(이하에서는 A제품은 초과작업 시 단위당 공헌이익이 (+)이므로 초과작업을 통한 생산이 가능하나 B제품은 (−)이므로 초과작업을 통한 생산이 가능하지 않다고 가정하고 설명하겠음)

[상황]

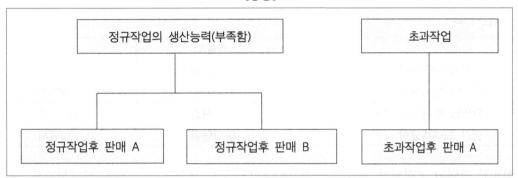

[발생가능한 사례]

		정규작업		초과작업
		A제품	B제품	A제품
[사례 1]	(정규작업) 생산순위[*1]	2순위	1순위	−
	최적생산계획	②	①	③
[사례 2][*2]	(정규작업) 생산순위[*1]	1순위	2순위	−
	최적생산계획(대안 1)	①	②	−
	최적생산계획(대안 2)	②	③	①

[*1] 제한된 자원 단위당 공헌이익이 큰 제품부터 우선적으로 생산함
[*2] 두 대안 중에서 유리한 것 선택함

[사례별 최적생산계획]

구분		내용
[사례 1]		1순위인 B를 우선 정규작업하고, 남는 생산능력만큼 2순위인 A를 정규작업하며, 수요량에 부족한 수량만큼 A를 초과작업함(단, A의 초과작업량 한도가 존재할 수 있음에 주의)
[사례 2]	대안 1	1순위인 A를 우선 정규작업하고, 남는 생산능력만큼 2순위인 B를 정규작업함(이 경우는 A를 초과작업하지 않음)
	대안 2	1순위인 A의 정규작업을 초과작업가능량만큼 초과작업으로 전환하고, 여유시간만큼 2순위인 B를 추가로 생산함(초과작업 기회가 있는 선순위가 초과작업 기회가 없는 후순위에 초과작업가능량만큼 정규작업을 양보함)

㈜백제는 범용기계를 이용하여 제품X와 제품Y를 생산하고 있다. 범용기계의 가동시간은 연간 1,000시간으로 제약되어 있다. 각 제품에 대한 20×1년도 예산자료는 다음과 같다.

<예산자료>

	제품X	제품Y
단위당 판매가격	₩200	₩300
단위당 변동원가	₩80	₩200
단위당 범용기계 소요시간	1시간	0.5시간
연간 최대수요량	900단위	1,000단위

설비와 관련된 고정원가 총액은 ₩150,000이다. 모든 제품은 생산 즉시 판매되므로, 재고를 보유하고 있지 않다.

※ 아래의 물음은 상호 독립적이다.

(물음 1) 이익을 극대화하기 위해서는 어느 제품을 얼마만큼 생산해야 하는가?

(물음 2) 20×1년 초에 ₩12,000의 고정원가를 추가하여 범용기계의 연간 가동시간을 500시간 만큼 증가시킨다면, 이익은 얼마나 증가(또는 감소)하는가?

(물음 3) 20×1년 초에 ₩12,000의 고정원가를 지출하여 범용기계의 최대가동시간을 연간 1,500시간으로 확장하였으며, 제품X와 제품Y를 각각 900단위, 1,000단위씩 생산할 예정이다. 그런데, 거래처인 ㈜신라로부터 제품Z를 단위당 ₩270의 가격에 600단위 구입하겠다는 주문(이하, 특별주문)을 받았다. 제품Z는 제품Y를 변형한 것으로 단위당 변동원가는 ₩150이고, 단위당 범용기계의 소요시간은 0.5시간이다. 특별주문은 기존 시장에 영향을 미치지 않을 것으로 예상되며, 특별주문량의 부분 수락은 할 수 없다.

(1) ㈜백제가 특별주문을 수락하면 이익은 얼마나 증가(또는 감소)하는가?

(2) 제품Z의 특별주문량이 400단위라고 가정하자. 특별주문을 수락하기 위한 제품 단위당 최소가격은 얼마인가?

(물음 4) 회사는 20×1년도 예산자료의 일부를 다음과 같이 변경하였다.

> • 제품X와 제품Y의 연간 수요량은 무한하다.
> • 제품Y는 정밀 가공이 필요하며, 이를 위해 특수기계를 이용해야 한다. 특수기계는 1년 단위의 리스(lease)로 조달할 수 있으며, 연간 리스비용은 ₩50,000이다. 특수기계의 가동시간은 제약되어 있지 않다.

이익을 극대화하기 위해서는 어느 제품을 얼마만큼 생산해야 하는가?

(물음 1) 최적생산계획

	X (900단위)	Y (1,000단위)
단위당 공헌이익	@120	@100
단위당 범용기계가동시간	÷ 1시간	÷ 0.5시간
범용기계가동시간당 공헌이익	@120	@200
생산순위	2순위	1순위
범용기계가동시간 (1,000시간)	③ 500시간	② 500시간
최적생산계획	④ **500단위**	① **1,000단위**

(물음 2) 제한된 자원의 추가구입

범용기계가동시간 500시간 증가 → 제품 X 생산 및 판매량 400단위 증가

[범용기계가동시간 500시간 증가 시 증분이익]

	관련항목	금액	계산내역
(+)	공헌이익 증가	48,000	= 400단위 × 120
(−)	고정원가 증가	(12,000)	
		₩36,000	

(물음 3) 특별주문의 수락여부

(1) 증분이익

특별주문 600단위 × 0.5시간 = 300시간 필요 → 여유시간 100시간* + 2순위인 제품 X를 200시간(200단위) 감소(특별주문 수락 시의 기회원가)

  * 1,500시간 − (500시간 + 900시간) = 100시간

[특별주문을 수락 시 증분이익]

	관련항목	금액	계산내역
(+)	매출액 증가	162,000	= 600단위 × 270
(−)	변동원가 증가	(90,000)	= 600단위 × 150
(−)	기존공헌이익 감소	(24,000)	= 200단위 × 120
		₩48,000	

(2) 최소판매가격

특별주문 400단위 × 0.5시간 = 200시간 필요 → 여유시간 100시간 + 2순위인 제품 X를 100시간(100단위) 감소(특별주문 수락 시의 기회원가)

단위당 최소판매가격 = x,
[특별주문을 수락 시 증분이익]

관련항목	금액	계산내역
(+) 매출액 증가	$400x$	= 400단위 × x
(-) 변동원가 증가	(60,000)	= 400단위 × 150
(-) 기존공헌이익 감소	(12,000)	= 100단위 × 120
	$400x - 72,000$	

$400x - 72,000 = 0$ ∴ $x =$ @180

(물음 4) 고정원가가 달라지는 경우의 최적생산계획

[대안 1] 특수기계를 리스하지 않음(X만 생산)

영업이익 : 1,000단위 × 120 − 150,000 = ₩(30,000)

[대안 2] 특수기계를 리스함(1순위인 Y만 생산)

영업이익 : 2,000단위 × 100 − (150,000 + 50,000) = ₩0

∴ 특수기계를 리스하여 **제품 Y만을 2,000단위만큼 생산한다.**

[별해] **(물음 3) (2)**

최소판매가격 : $150 + \dfrac{100단위 \times 120}{400단위} =$ @180

      @증분지출원가   @기회원가

POINT

(물음 2)

범용기계가동시간 500시간 증가 → 제품 X 생산 및 판매량 400단위 증가(∵ 연간 최대수요량이 900단위이기 때문)

(물음 3)

'20×1년초에 ₩12,000의 고정원가를 지출하여 범용기계의 최대가동시간을 연간 1,500시간으로 확장하였으며' → 매몰원가임

(물음 4)

고정원가가 제품배합에 따라 달라지는 경우에는 영업이익을 극대화시키는 대안이 최선의 대안이 됨

한일기업에서는 제품 X와 제품 Y를 생산·판매하고 있다. 이들 제품을 생산하기 위해서 절단, 조립, 검사 활동을 각각 책임지고 있는 세 제조부서로 생산인력을 조직화하였다. 각 제품의 생산관련정보는 다음과 같다.

	제품 X	제품 Y
제품단위당 직접재료원가	₩1,400	₩1,800
직접노동시간		
절단 활동(제품단위당)	0.5시간	0.5시간
조립 활동(제품단위당)	0.3시간	0.6시간
검사 활동(생산 뱃치당)	5시간	4시간
생산 뱃치 크기	50개	20개
운반 뱃치 크기	50개	10개

기타 생산 및 판매 관련정보는 다음과 같다.

① 제품 X와 Y의 제품단위당 판매가격은 각각 ₩5,000, ₩7,000이다.
② 제품 X와 Y의 최대수요량은 각각 6,000개, 5,000개이다.
③ 3개의 제조부서가 이용가능한 총 직접노동시간은 9,300시간이다.
④ 직접노동시간당 임률은 ₩500이다.
⑤ 제품 X와 Y의 운반 뱃치당 운반비는 각각 ₩22,500, ₩13,000이다.
⑥ 이 회사에서는 수요에 맞게 제품을 생산하고 있으며, 따라서 재고를 보유하지 않는다.
⑦ 설비수준원가(고정원가) 총계는 ₩18,000,000이다.
⑧ 생산 뱃치 내 부분생산은 가능하지 않다. 즉, 제품 X와 Y는 뱃치 단위로만 생산한다.

(물음 1) 다음 물음에 답하시오.

    (1) 현재의 직접노동시간으로 최대수요량을 충족할 수 있는 지 여부를 답하시오.

    (2) 생산과 판매에 따른 제품별 생산 뱃치당 공헌이익을 구하시오.

    (3) 기업의 이익을 극대화하기 위해서는 각 제품을 몇 뱃치씩 생산·판매하여야 하는가?

(물음 2) 한일기업의 원가분석팀에서 설비수준원가를 분석한 결과, 설비수준원가는 사실상 제품 X와 Y의 제품수준원가(회피가능고정원가)로서 각각 ₩13,000,000, ₩5,000,000으로 밝혀졌다. 이 경우 기업의 이익을 극대화하기 위해서는 각 제품을 몇 뱃치씩 생산·판매하여야 하는가?

(물음 3) (물음 2)를 무시하고 다음 물음에 답하시오.

한일기업에서는 현재 제품 X와 Y를 각각 6,000개, 3,000개씩 생산·판매하고 있다고 가정하자. 그런데 최근에 외국에서 제품 Y를 구입하겠다는 특별주문이 들어왔다. 이 주문의 생산 뱃치 크기는 40개이며, 운반 뱃치 크기도 40개이다. 운반 뱃치당 운반비는 ₩13,000으로 기존과 동일하다. 생산 뱃치당 검사시간은 4시간이다. 특별주문은 기존 시장을 교란하지 않으며, 부분 수락을 할 수 없다. 특별주문 수락 여부에 관계없이 이용가능한 총 직접노동시간은 고정되어 있다.

(1) 제품 Y에 대한 특별주문량이 1,000개라고 가정하자. 특별주문을 수락하기 위한 제품단위당 최소가격은 얼마인가?

(2) 만약 한일기업에서 생산 뱃치 내 부분생산이 가능하다고 가정하자. 즉, 생산 뱃치 크기 이내도 생산이 가능하다. 이 경우에도 검사, 운반은 뱃치 단위로 이루어진다고 할 경우 위 (1)에 대한 답을 구하시오.

(3) 위 (1), (2)와 무관하게 제품 Y에 대한 특별주문량이 4,000개라고 가정할 경우, 특별주문을 수락하기 위한 제품단위당 최소가격은 얼마인가?

[자료정리]

	X	Y
최대수요량 (생산 뱃치)	6,000개 ÷ 50개 = 120뱃치	5,000개 ÷ 20개 = 250뱃치
생산 뱃치당 직접노동시간	50개 × (0.5시간 + 0.3시간) + 5시간 = 45시간	20개 × (0.5시간 + 0.6시간) + 4시간 = 26시간

(물음 1) 최적생산계획

(1) 유휴생산능력의 파악

이용가능시간	필요시간
9,300시간	< 120뱃치 × 45시간 + 250뱃치 × 26시간 = 11,900시간 → 2,600시간 부족
	X Y

∴ **현재의 직접노동시간으로 최대수요량을 충족할 수 없다.**

(2) 생산 뱃치당 공헌이익

	X		Y	
생산 뱃치당 매출액	50개 × 5,000 =	@250,000	20개 × 7,000 =	@140,000
생산 뱃치당 변동원가				
직접재료원가	50개 × 1,400 =	70,000	20개 × 1,800 =	36,000
직접노무원가	45시간 × 500 =	22,500	26시간 × 500 =	13,000
운반비	1뱃치 × 22,500 =	22,500	2뱃치 × 13,000 =	26,000
생산 뱃치당 공헌이익		@135,000		@65,000

(3) 최적생산계획

	X (120뱃치)	Y (250뱃치)
생산 뱃치당 공헌이익	@135,000	@65,000
생산 뱃치당 직접노동시간	÷ 45시간	÷ 26시간
직접노동시간당 공헌이익	@3,000	@2,500
생산순위	1순위	2순위
직접노동시간당 (9,300시간)	② 5,400시간	③ 3,900시간
최적생산량(뱃치)	① **120뱃치**	④ **150뱃치**

(물음 2) 고정원가가 달라지는 경우의 최적생산계획

[대안 1] 제품 X만 120뱃치 생산

영업이익 : 120뱃치 × 135,000 − 13,000,000 = ₩3,200,000

[대안 2] 제품 Y만 250뱃치 생산

영업이익 : 250뱃치 × 65,000 − 5,000,000 = ₩11,250,000

[대안 3] 제품 X 120뱃치, 제품 Y 150뱃치 생산

영업이익 : (120뱃치 × 135,000 + 150뱃치 × 65,000) − (13,000,000 + 5,000,000) = ₩7,950,000

∴ 이익을 극대화하기 위해서 제품 Y만 250뱃치 생산·판매하여야 한다.

(물음 3) 최소판매가격

(1) 2순위만 감소하면 되는 경우

특별주문 1,000개 × 1.2시간[*] = 1,200시간 필요 → 2순위인 제품 Y를 1,200시간(1,200시간 ÷ 26시간 = 46.15뱃치 → 47뱃치) 감소(∵ 뱃치 단위로만 생산하기 때문)

   * 특별주문 단위당 직접노동시간 : 0.5시간 + 0.6시간 + (4시간 ÷ 40개) = 1.2시간

$$\text{최소판매가격} : \underbrace{2,725^*}_{\text{@증분지출원가}} + \underbrace{\frac{47뱃치 \times 65,000}{1,000개}}_{\text{@기회원가}} = \mathbf{@5,780}$$

   * 특별주문 단위당 변동원가 : 1,800 + 1.2시간 × 500 + (13,000 ÷ 40개) = @2,725

(2) 생산 뱃치 내 부분생산이 가능한 경우

① 특별주문 수락에 필요한 1,200 직접노동시간 확보 방안

   ㄱ. 제품 Y 46뱃치 감소 : 46뱃치 × 26시간 = 1,196시간

   ㄴ. 부족한 4시간 확보 방안 : 제품 X 5개 감소 또는 제품 Y 4개 감소 중 유리한 대안 선택

   ┌ [대안 1] 제품 X 5개 감소

   │   : 5개 × (0.5시간 + 0.3시간) = 4시간

   │   → 5개 × (5,000 − 1,400 − 0.8시간 × 500) = ₩16,000 이익감소(선택)

   └ [대안 2] 제품 Y 4개 감소

       : 4개 × (0.5시간 + 0.6시간) = 4.4시간

       → 4개 × (7,000 − 1,800 − 1.1시간 × 500) = ₩18,600 이익감소

② $\text{최소판매가격} : \underbrace{2,725}_{\text{@증분지출원가}} + \underbrace{\frac{46뱃치 \times 65,000 + 16,000}{1,000개}}_{\text{@기회원가}} = \mathbf{@5,731}$

(3) 1순위의 일부도 감소해야 되는 경우

특별주문 4,000개 × 1.2시간 = 4,800시간 필요 → 2순위인 제품 Y를 3,900시간(150뱃치) 감소 + 1순위인 제품 X를 900시간(900시간 ÷ 45시간 = 20뱃치) 감소

$$\text{최소판매가격}: \quad \underbrace{2,725}_{\text{@증분지출원가}} + \underbrace{\frac{150뱃치 \times 65,000 + 20뱃치 \times 135,000}{4,000개}}_{\text{@기회원가}} = @5,837.5$$

별해 **(물음 3) 최소판매가격**

(1) 2순위만 감소하면 되는 경우

단위당 최소판매가격 = p,

[특별주문 수락 시 증분이익]

관련항목	금액	계산내역
(+) 매출액 증가	1,000p	= 1,000개 × p
(−) 변동제조원가 증가	(2,725,000)	= 1,000개 × 2,725
(−) 기존공헌이익 감소	(3,055,000)	= 47뱃치 × 65,000
	1,000p − 5,780,000	

1,000p − 5,780,000 = 0　　　　∴ p = **@5,780**

(3) 1순위의 일부도 감소해야 되는 경우

단위당 최소판매가격 = p,

[특별주문 수락 시 증분이익]

관련항목	금액	계산내역
(+) 매출액 증가	4,000p	= 4,000개 × p
(−) 변동제조원가 증가	(10,900,000)	= 4,000개 × 2,725
(−) 기존공헌이익 감소	(12,450,000)	= 150뱃치 × 65,000 + 20뱃치 × 135,000
	4,000p − 23,350,000	

4,000p − 23,350,000 = 0　　　　∴ p = **@5,837.5**

(물음 1)

직접노동시간당 공헌이익은 다음의 두 가지 방법으로 구할 수 있으므로 물음에 따라 편리한 방식으로 접근하기 바람

① 생산 뱃치당 공헌이익 ÷ 생산 뱃치당 직접노동시간 → 최적 생산 뱃치를 요구했을 때 유용

② 제품 단위당 공헌이익 ÷ 제품 단위당 직접노동시간 → 최적 생산 단위를 요구했을 때 유용

(물음 2)

고정원가가 제품배합에 따라 달라지는 경우에는 영업이익을 극대화시키는 대안이 최선의 대안이 됨

(물음 3)

1. (물음 1)은 생산 뱃치로 접근하여야 하나, (물음 3)은 제품 단위로 접근하여야 함

2. 문제자료의 '생산 뱃치 내 부분생산은 가능하지 않다'는 의미는 생산 뱃치 단위로만 생산을 한다는 의미임

3. (1)에서처럼 생산 뱃치 단위로만 생산을 하는 경우에는 특별주문 수락 시 감소시켜야 하는 직접노동시간만 파악하여 기회원가를 계산하여서는 안 됨 → 이 경우에는 감소시켜야 하는 뱃치수까지 파악하여야 하며, 만일 뱃치수가 소수점으로 계산될 경우에는 소수점 이하를 올림한 정수 값으로 계산하여야 함

4. (2)의 '생산 뱃치 내 부분생산이 가능하다'는 의미는 생산 뱃치크기보다 적은 생산을 할 수 있다는 의미임(단, 이 경우에도 뱃치크기보다 적은 생산량을 1뱃치로 생산하는 것임)

5. (2)에서 제품 X 5개 또는 Y 4개의 감소로 인한 이익감소액을 계산할 때 생산 뱃치당 비례적으로 발생하는 검사 활동의 직접노무원가와 운반비는 감소하지 않음에 주의(∵ 뱃치크기보다 적은 생산량을 1뱃치로 생산하므로 제품 X 5개 또는 Y 4개의 감소로 인하여 뱃치수가 감소하지 않고 그대로 발생하기 때문)

6. (3)은 생산순위 2순위 제품의 판매량을 모두 감소시켜도 특별주문에 필요한 시간이 부족하여 1순위 제품의 판매량도 일부 감소시켜야 하는 경우임

㈜한국스포츠는 다양한 중저가 스포츠장비를 대규모 체인점에 공급하는 회사이다. ㈜한국스포츠는 제품의 약 60%를 외부회사로부터 구입하여 판매하며, 나머지는 자가제조하여 판매하고 있다.

㈜한국스포츠는 낚시도구상자를 제조하는 플라스틱부문을 가지고 있으며, 현재 이용가능한 직접노무시간을 모두 사용하여 연간 8,000개의 낚시도구상자를 생산하여 판매하고 있다. 낚시도구상자(8,000개)의 단위당 판매가격 및 원가는 다음과 같다.

단위당 판매가격		₩86
단위당 원가		
플라스틱	₩8	
손잡이 등	9	
직접노무원가 (₩15/시간)	18.75	
제조간접원가	12.5	
변동판매관리비	11	
고정판매관리비	6	65.25
단위당 이익		₩20.75

㈜한국스포츠는 만약 충분한 생산능력을 보유하고 있다면 낚시도구상자를 연간 12,000개까지 판매할 수 있을 것으로 판단하고, 낚시도구상자의 외부구입을 면밀히 조사하던 중 최근 높은 품질의 제품을 꾸준히 공급해 오던 ㈜대한스포츠로부터 낚시도구상자를 연간 9,000개까지 단위당 ₩68의 가격에 ㈜한국스포츠에 납품할 수 있다는 제안을 받았다(외부구입한 낚시도구상자의 단위당 변동판매관리비는 ₩4으로 예상한다).

한편, ㈜한국스포츠의 엔지니어인 김한국은 플라스틱부문을 활용할 수 있는 또 다른 대안을 제안하였다. 즉, 김한국은 플라스틱부문에서 스케이트보드를 제조할 수 있다면서, 시장조사 결과 스케이트보드에 대한 수요증가로 인하여 현재 공급이 부족한 실정이라고 말하였다. 김한국은 ㈜한국스포츠가 단위당 ₩45의 가격에 연간 17,500개의 스케이트보드를 판매할 수 있을 것으로 예상하고 있다. 김한국이 추정한 스케이트보드의 단위당 판매가격 및 원가는 다음과 같다.

단위당 판매가격		₩45
단위당 원가		
플라스틱	₩5.5	
바퀴, 하드웨어	7	
직접노무원가 (₩15/시간)	7.5	
제조간접원가	5	
변동판매관리비	3	
고정판매관리비	6	34
단위당 이익		₩11

또한 김한국은 스케이트보드를 자가제조하여 판매하지 않고 ㈜경기스포츠로부터 연간 10,000개까지 단위당 ₩33의 가격에 구입하여 판매하는 방법도 가능하다고 제안하였다(외부구입한 스케이트보드의 단위당 변동판매관리비는 ₩2으로 예상한다).

㈜한국스포츠는 플라스틱부문에서 직접노무시간을 기준으로 제조간접원가를 제품에 배부하며 직접노무시간당 변동제조간접원가배부율과 고정제조간접원가배부율은 제품별로 차이가 없이 동일하게 적용된다. 낚시도구상자만 제조 중일 때 플라스틱부문의 총고정제조간접원가는 ₩50,000이고, 낚시도구상자 8,000개에 전액 배부되었다.

(물음 1) 낚시도구상자와 스케이트보드를 자가제조할 경우와 외부구입할 경우의 단위당 공헌이익을 구하시오.

(물음 2) 스케이트보드의 외부구입은 무시하고, 낚시도구상자의 외부구입만 고려하여 다음 물음에 답하시오.

(1) ㈜한국스포츠의 이익을 극대화하기 위한 최적의 생산 및 구입계획을 수립하시오.

(2) (1)에 의할 경우 이익이 기존보다 얼마나 증가하는가?

(물음 3) 낚시도구상자의 외부구입은 무시하고, 스케이트보드의 외부구입만 고려하여 다음 물음에 답하시오.

(1) ㈜한국스포츠의 이익을 극대화하기 위한 최적의 생산 및 구입계획을 수립하시오.

(2) (1)에 의할 경우 이익이 기존보다 얼마나 증가하는가?

[자료정리]

	낚시도구상자	스케이트보드
단위당 직접노무시간	18.75 ÷ 15 = 1.25시간	7.5 ÷ 15 = 0.5시간

(물음 1) 단위당 공헌이익

① 변동제조간접원가배부율 : $\dfrac{50,000^{*1}}{10,000시간^{*2}}$ = @5/직접노무시간

    *1 변동제조간접원가 : 8,000개 × 12.5 − 50,000 = ₩50,000

                    제조간접원가   고정제조간접원가

    *2 직접노무시간 : 8,000개 × 1.25시간 = 10,000시간

② 단위당 공헌이익

	자가제조		외부구입	
	낚시도구상자	스케이트보드	낚시도구상자	스케이트보드
단위당 판매가격	@86	@45	@86	@45
단위당 변동원가				
외부구입원가	–	–	68	33
직접재료원가	17	12.5	–	–
직접노무원가	18.75	7.5	–	–
변동제조간접원가	6.25*	2.5*	–	–
변동판매관리비	11	3	4	2
	53	25.5	72	35
단위당 공헌이익	**@33**	**@19.5**	**@14**	**@10**

  * 단위당 변동제조간접원가

    낚시도구상자 : 1.25시간 × 5 = @6.25

    스케이트보드 : 0.5시간 × 5 = @2.5

(물음 2) 최적생산 및 구입계획 – 사례 1

(1) 최적생산 및 구입계획

	자가제조		외부구입
	낚시도구상자 (12,000개)	스케이트보드 (17,500개)	낚시도구상자 (9,000개[*1])
단위당 공헌이익	@33	@19.5	@14
단위당 직접노무시간	÷ 1.25시간	÷ 0.5시간	
직접노무시간당 공헌이익	@26.4	@39	
생산순위	2순위	1순위	
직접노무시간 (10,000시간)[*2]	③ 1,250시간	② 8,750시간	
최적생산(구입)계획	④ **1,000개**	① **17,500개**	⑤ **9,000개**

[*1] 최대 외부구입가능량

[*2] 이용가능시간 : 8,000개 × 1.25시간 = 10,000시간

(2) 증분이익

(1,000개 × 33 + 17,500개 × 19.5 + 9,000개 × 14) − 8,000개 × 33 = **₩236,250**

(물음 3) 최적생산 및 구입계획 – 사례 2

(1) 최적생산 및 구입계획

① 생산순위

	자가제조		외부구입
	낚시도구상자	스케이트보드	스케이트보드
단위당 공헌이익	@33	@19.5	@10
단위당 직접노무시간	÷ 1.25시간	÷ 0.5시간	
직접노무시간당 공헌이익	@26.4	@39	
생산순위	2순위	1순위	

② 스케이트보드 외부구입여부

(1순위인 스케이트보드의 자가제조를 외부구입으로 전환하고, 여유시간만큼 2순위인 낚시도구상자를 추가로 자가제조함)

1개 × (10 − 19.5) + 0.4개[*] × 33 = ₩3.7 > ₩0 → ∴ 외부구입으로 전환함
　　　보드(외부구입) 보드(자가제조)　낚시(자가제조)

[*] 0.5시간 ÷ 1.25시간 = 0.4개

③ 최적생산 및 구입계획

	자가제조		외부구입
	낚시도구상자 (12,000개)	스케이트보드 (17,500개)	스케이트보드 (10,000개*)
단위당 공헌이익	@33	@19.5	@10
단위당 직접노무시간	÷1.25시간	÷0.5시간	
직접노무시간당 공헌이익	@26.4	@39	
생산순위	2순위	1순위	
직접노무시간 (10,000시간)	④ 6,250시간	③ 3,750시간	
최적생산(구입)계획	⑤ **5,000개**	② **7,500개**	① **10,000개**

* 최대 외부구입가능량

(2) 증분이익

(5,000개 × 33 + 7,500개 × 19.5 + 10,000개 × 10) − 8,000개 × 33 = **₩147,250**

별해 **(물음 3) 최적생산 및 구입계획 − 사례 2**

(1) 최적생산 및 구입계획

① 대안 − 총액접근법

	자가제조		외부구입
	낚시도구상자 (12,000개)	스케이트보드 (17,500개)	스케이트보드 (10,000개*)
단위당 공헌이익	@33	@19.5	@10
단위당 직접노무시간	÷1.25시간	÷0.5시간	
직접노무시간당 공헌이익	@26.4	@39	
생산순위	2순위	1순위	
[대안 1]			
직접노무시간 (10,000시간)	③ 1,250시간	② 8,750시간	
최적생산(구입)계획	④ 1,000개	① 17,500개	−
[대안 2]			
직접노무시간 (10,000시간)	④ 6,250시간	③ 3,750시간	
최적생산(구입)계획	⑤ **5,000개**	② **7,500개**	① **10,000개** → 선택함

* 최대 외부구입가능량

② 대안별 공헌이익

[대안 1] 1,000개 × 33 + 17,500개 × 19.5 = ₩374,250

[대안 2] 5,000개 × 33 + 7,500개 × 19.5 + 10,000개 × 10 = ₩411,250 → 선택함

([대안 2]가 [대안 1]보다 411,250 − 374,250 = ₩37,000 유리하고, 이것은 10,000개 × 3.7 = ₩37,000과 일치함을 알 수 있음)

(물음 1)

우선 직접노무시간당 변동제조간접원가배부율을 구해야 함

(물음 2), (물음 3) 제한된 자원의 사용 + 제품의 외부구입

1. 적을 필요까지는 없지만 제품별로 자가제조 시 공헌이익과 외부구입 시 공헌이익을 비교하여 보아야 함 → 일반적으로 자가제조 시 공헌이익이 더 크고, 이는 가급적 자가제조가 더 유리하다는 의미임

2. (물음 2) : 1순위인 스케이트보드를 우선 자가제조하고, 남는 생산능력만큼 2순위인 낚시도구상자를 자가제조하며, 수요량에 부족한 수량만큼 낚시도구상자를 외부구입함

3. (물음 3)

   [대안 1] : 1순위인 스케이트보드를 우선 자가제조하고, 남는 생산능력만큼 2순위인 낚시도구상자를 자가제조함(이 경우는 스케이트보드를 외부구입하지 않음)

   [대안 2] : 1순위인 스케이트보드의 자가제조를 외부구입가능량만큼 외부구입으로 전환하고, 여유시간만큼 2순위인 낚시도구상자를 추가로 자가제조함(외부구입 기회가 있는 선순위가 외부구입 기회가 없는 후순위에 외부구입가능량만큼 자가제조를 양보함)

㈜한국은 A, B의 두 가지 제품을 제조하는 회사이다. 제품별 20×1년도 수익 및 원가에 대한 정규작업 시의 예상자료는 다음과 같다.

	A제품	B제품
단위당 판매가격	₩400	₩500
단위당 원가		
직접재료원가	160	110
직접노무원가	80	160
변동제조간접원가	40	80
고정제조간접원가	24	48
변동판매관리비	40	50
고정판매관리비	16	20
	360	468
단위당 영업이익	₩40	₩32
연간 최대 예상수요량	3,000개	4,000개

㈜한국은 변동제조간접원가 및 고정제조간접원가를 직접노무원가를 기준으로 제품에 배부하고 있다. 연간 이용가능한 직접노무시간은 8,000시간이며, A제품은 단위당 1시간의 직접노무시간이 소요되고, B제품은 단위당 2시간의 직접노무시간이 소요된다.

(물음 1) ㈜한국의 이익을 극대화하기 위한 최적의 생산계획을 수립하시오.

(물음 2) ㈜한국은 최근에 노사협약을 통하여 연간 2,000 직접노무시간만큼 초과작업이 가능해졌다. 만일 초과작업을 한다면 변동가공원가가 정규작업에 비하여 A제품은 40%만큼, B제품은 50%만큼 증가할 것으로 예상된다. 다음 물음에 답하시오.

　　(1) 초과작업을 고려하여 ㈜한국의 이익을 극대화하기 위한 최적의 생산계획을 수립하시오.

　　(2) (1)에 의할 경우 이익이 기존보다 얼마나 증가하는가?

[자료정리]

단위당 변동원가	A	B
	360 − (24 + 16) = @320	468 − (48 + 20) = @400

(물음 1) 최적생산계획 – 정규작업

	정규작업		초과작업	
	A (3,000개)	B (4,000개)	A	B
단위당 판매가격	@400	@500	@400	@500
단위당 변동원가	320	400	368*	520*
단위당 공헌이익	80	100	32	@(20)
단위당 직접노무시간	÷1시간	÷2시간	÷1시간	
직접노무시간당 공헌이익	@80	@50	@32	
생산순위	1순위	2순위	O	×
직접노무시간 (8,000시간)	② 3,000시간	③ 5,000시간		
최적생산계획	① **3,000개**	④ **2,500개**		

* 단위당 변동원가

  A : 320 + (80 + 40) × 0.4 = @368

  B : 400 + (160 + 80) × 0.5 = @520

∴ ㈜한국의 이익을 극대화하기 위해서는 A제품을 3,000개, B제품을 2,500개 생산하여야 한다.

(물음 2) 초과작업 고려

(1) 최적생산계획 – 초과작업 고려

  ① 초과작업 가능여부 : (물음 1)에서 검토함

  ② 초과작업 실시여부

    (1순위인 A의 정규작업을 초과작업으로 전환하고, 여유시간만큼 2순위인 B를 추가로 정규작업함)

    1시간 × (32 − 80 + 50) = ₩2 > ₩0 → ∴ 초과작업으로 전환함

          A(초과작업) A(정규작업) B(정규작업)

③ 최적생산계획

	정규작업		초과작업
	A (3,000개)	B (4,000개)	A(2,000시간[*])
단위당 공헌이익	80	100	32
단위당 직접노무시간	÷1시간	÷2시간	÷1시간
직접노무시간당 공헌이익	@80	@50	@32
생산순위	1순위	2순위	
직접노무시간 (8,000시간)	④ 1,000시간	⑤ 7,000시간	① 2,000시간
최적생산계획	③ **1,000개**	⑥ **3,500개**	② **2,000개**

* 초과작업 가능시간

(2) 증분이익

(1,000개 × 80 + 3,500개 × 100 + 2,000개 × 32) − (3,000개 × 80 + 2,500개 × 100) = ₩4,000

별해 **(물음 2) 초과작업 고려**

(1) 최적생산계획 − 초과작업 고려

① 대안 − 총액접근법

	정규작업		초과작업
	A (3,000개)	B (4,000개)	A(2,000시간[*])
단위당 공헌이익	80	100	32
단위당 직접노무시간	÷1시간	÷2시간	÷1시간
직접노무시간당 공헌이익	@80	@50	@32
생산순위	1순위	2순위	
[대안 1]			
직접노무시간 (8,000시간)	② 3,000시간	③ 5,000시간	−
최적생산계획	① 3,000개	④ 2,500개	−
[대안 2]			
직접노무시간 (8,000시간)	④ 1,000시간	⑤ 7,000시간	① 2,000시간
최적생산계획	③ **1,000개**	⑥ **3,500개**	② **2,000개** → 선택함

* 초과작업 가능시간

② 대안별 공헌이익

[대안 1] 3,000개 × 80 + 2,500개 × 100 = ₩490,000

[대안 2] 1,000개 × 80 + 3,500개 × 100 + 2,000개 × 32 = ₩494,000 → 선택함

([대안 2]가 [대안 1]보다 494,000 − 490,000 = ₩4,000 유리하고, 이것은 2,000시간 × 2 = ₩4,000과 일치함을 알 수 있음)

(물음 2) 제한된 자원의 사용 + 초과작업

1. 초과작업 가능여부 : 초과작업 시 단위당 공헌이익이 (+)인 제품만 초과작업을 통한 생산이 가능함
   → 해답처럼 (물음 1)에서 동시에 풀이하는 것이 바람직함

2. [대안 1] : 1순위인 A를 우선 정규작업하고, 남는 생산능력만큼 2순위인 B를 정규작업함(이 경우는
   A를 초과작업하지 않음)

   [대안 2] : 1순위인 A의 정규작업을 초과작업가능량만큼 초과작업으로 전환하고, 여유시간만큼 2순
   위인 B를 추가로 생산함(초과작업 기회가 있는 선순위가 초과작업 기회가 없는 후순위에
   초과작업가능량만큼 정규작업을 양보함)

㈜한국의 생산부문은 부품생산, 조립, 가공처리 세 부문으로 구성되어 있다. ㈜한국은 각 부문마다 노동력과 기계를 투입하여 제품 X와 제품 Y를 생산한다.

아래의 자료는 두 제품을 생산하는데 이용가능한 생산부문의 직접노무시간과 기계작업시간이다. 개별 부문의 여유시간은 타 부문으로의 재배치가 불가능하며, 직접노무시간과 기계작업시간 상호 간에도 대체가 불가능하다.

(단위 : 시간)

구분	생산부문		
	부품생산	조립	가공처리
직접노무시간	15,000	14,000	10,000
기계작업시간	45,000	40,000	32,100

각 제품의 생산에 필요한 생산부문별 단위당 직접노무시간 및 기계작업시간은 다음과 같다.

(단위 : 시간)

구분	제품 X			제품 Y		
	부품생산	조립	가공처리	부품생산	조립	가공처리
직접노무시간	1	1	1	2	1.5	2
기계작업시간	3	2	2.2	4	3	3

㈜한국의 연간 예상 시장수요량은 제품 X가 8,000단위, 제품 Y가 4,000단위이다. 예상 시장수요량에 맞추어 ㈜한국이 자체적으로 제품을 생산할 경우 연간 총원가는 다음과 같다.

원가항목		제품 X	제품 Y
직접재료원가		₩1,000,000	₩800,000
직접노무원가		₩800,000	₩600,000
변동제조간접원가		₩120,000	₩150,000
고정제조 간접원가	회피가능	₩100,000	₩50,000
	회피불가능	₩80,000	₩70,000
변동판매관리비		₩40,000	₩80,000
고정판매관리비		₩60,000	₩40,000
설비기회원가*		₩60,000	₩60,000

* 설비를 사용하지 않고 대체용도로 이용할 때 얻을 수 있는 최대이익

(물음 1) ㈜한국이 제품 X와 제품 Y의 예상 시장수요량을 차질 없이 생산할 수 있는지 판단하고 그 이유를 설명하시오.

(물음 2) 제품 X와 제품 Y의 단위당 판매가격은 각각 ₩295와 ₩467.5이고, 생산량은 모두 판매 가능하다. 최대 공헌이익을 달성하기 위한 각 제품의 생산량을 구하고, 해당 생산량 하에서 영업이익을 계산하시오.

※ 아래의 (물음 3), (물음 4), (물음 5)는 상호 독립적이다.

(물음 3) 만일 가공처리 부문에서 작업시간이 기존에 비해 절반으로 단축되는 최신 기계를 도입하면 공헌이익이 얼마나 변동하는지 설명하시오.

(물음 4) 개별 부문 내에서만 직접노무시간과 기계작업시간 상호 간에 대체가 가능하다고 가정한다. 기계작업시간 1시간은 직접노무시간 3시간에 해당한다. 최대 공헌이익을 달성하기 위한 제품 X와 제품 Y의 최적생산배합을 구하고 그 근거를 제시하시오.

(물음 5) ㈜한국은 제품 X에 대한 외부주문생산도 고려하고 있다. 외부주문생산 시 고정원가로서 납품업체의 선정과 납품검사 등과 같은 납품관리비가 ₩50,000 발생한다. 단, 제품 생산에 사용되는 생산설비는 대체용도가 존재한다.

(1) 제품 X의 외부주문생산을 고려하던 중 한 납품업체가 제품 X의 연간 예상 시장수요량 8,000단위 전부를 단위당 ₩250에 공급하겠다고 제안하였다. 이 제안의 수락 여부를 계산근거를 바탕으로 제시하시오. 단, 외부주문생산으로 인한 제품 Y의 생산량 변동은 고려하지 않는다.

(2) 외부주문생산과 자체생산, 두 의사결정이 무차별하게 되는 제품 X의 생산량을 계산하시오.

[자료정리]

	X			Y		
단위당 변동제조원가	1,920,000* ÷ 8,000단위 =	@240	1,550,000* ÷ 4,000단위 =	@387.5
단위당 변동판매관리비	40,000 ÷ 8,000단위 =	5	80,000 ÷ 4,000단위 =	20
단위당 변동원가		@245		@407.5
고정원가	100,000 + 80,000 + 60,000 = ₩240,000		50,000 + 70,000 + 40,000 = ₩160,000	

* 변동제조원가
  X : 1,000,000 + 800,000 + 120,000 = ₩1,920,000
  Y :   800,000 + 600,000 + 150,000 = ₩1,550,000

(물음 1) 제한된 자원의 파악

① 직접노무시간

	이용가능시간		필요시간		여유(부족)시간
부품생산	15,000시간	< 8,000단위 × 1시간 + 4,000단위 × 2시간	= 16,000시간	(1,000)시간
조립	14,000시간	= 8,000단위 × 1시간 + 4,000단위 × 1.5시간	= 14,000시간	–
가공처리	10,000시간	< 8,000단위 × 1시간 + 4,000단위 × 2시간	= 16,000시간	(6,000)시간

② 기계작업시간

	이용가능시간		필요시간		여유(부족)시간
부품생산	45,000시간	> 8,000단위 × 3시간 + 4,000단위 × 4시간	= 40,000시간	5,000시간
조립	40,000시간	> 8,000단위 × 2시간 + 4,000단위 × 3시간	= 28,000시간	12,000시간
가공처리	32,100시간	> 8,000단위 × 2.2시간 + 4,000단위 × 3시간	= 29,600시간	2,500시간

∴ 부품생산부문과 가공처리부문의 직접노무시간이 부족하므로 **예상 시장점유율을 차질 없이 생산할 수 없다.**

(물음 2) 최적생산계획 및 영업이익

① 최적생산계획

제품 X, Y의 생산·판매량을 각각 X, Y라 하면,

[1단계] 목적함수 : 최대화 Z = 50˚X + 60˚Y(공헌이익의 최대화)

  * 단위당 공헌이익
    X : 295 − 245 = @50
    Y : 467.5 − 407.5 = @60

[2단계] 제약조건 : X + 2Y ≤ 15,000(부품생산부문의 직접노무시간 제한)

X + 2Y ≤ 10,000(가공처리부문의 직접노무시간 제한)

0 ≤ X ≤ 8,000(시장수요의 제한)

0 ≤ Y ≤ 4,000(시장수요의 제한)

[3단계] 실행가능영역 :

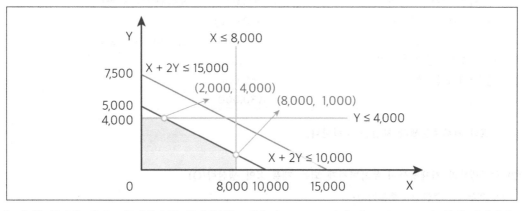

[4단계] 최적해 결정 : 목적함수를 최대화하는 점은 (8,000, 1,000), (2,000, 4,000) 중의 하나이다.

대안	목적함수 값
(8,000, 1,000)	₩460,000
(2,000, 4,000)	340,000

* 대안 (8,000, 0), (0, 4,000)은 대안 (8,000, 1,000), (2,000, 4,000)보다 항상 불리하므로 계산할 필요가 없다.

∴ **최대 공헌이익을 달성하기 위해서는 X를 8,000단위, Y를 1,000단위 생산하여야 한다.**

② 영업이익 : 460,000 − (240,000 + 160,000) = **₩60,000**

공헌이익 　　　　　고정원가

(물음 3) 비제약부문의 생산능력 증대

가공처리부문의 기계작업시간은 여유시간이 존재하므로 최신 기계를 도입하더라도 **공헌이익은 변하지 않는다.**

(물음 4) 최적생산배합 − 제한된 자원의 해소

	직접노무시간		직접노무시간기준 기계작업시간		합계
부품생산	1,000시간 부족	+	5,000시간 × 3 = 15,000시간 여유	=	14,000시간 여유
가공처리	6,000시간 부족	+	2,500시간 × 3 = 7,500시간 여유	=	1,500시간 여유

∴ **제한된 자원이 없으므로 최적생산배합은 X 8,000단위, Y 4,000단위(예상 시장수요량)이다.**

(물음 5) 외주생산여부 의사결정 - Y의 생산량 변동 고려하지 않음

(1) 의사결정

[X 외부주문생산 시 증분이익]

관련항목	금액	계산내역
(-) 외주생산원가 증가	(2,000,000)	= 8,000단위 × 250
(-) 납품관리비 증가	(50,000)	
(+) 변동제조원가 감소	1,920,000	= 8,000단위 × 240
(+) 고정제조간접원가 감소	100,000	
(+) 설비기회원가 감소	60,000	
	₩30,000	

∴ **X의 외부주문생산 제안을 수락한다.**

(2) 외주생산과 자체생산이 무차별하게 되는 제품 X의 생산량(Q)

[X 외부주문생산 시 증분이익]

관련항목	금액	계산내역
(-) 외주생산원가 증가	(250Q)	= Q × 250
(-) 납품관리비 증가	(50,000)	
(+) 변동제조원가 감소	240Q	= Q × 240
(+) 고정제조간접원가 감소	100,000	
(+) 설비기회원가 감소	60,000	
	-10Q + 110,000	

$-10Q + 110,000 = 0$　　　　∴ **Q = 11,000단위**

[별해]

(물음 2) 최적생산계획 및 영업이익

① 최적생산계획

제한된 자원이 하나(가공처리부문의 직접노무시간)로 보고 풀이하여도 됨

	X (8,000단위)	Y (4,000단위)
단위당 공헌이익	@50	@60
단위당 기계시간	÷ 1시간	÷ 2시간
가공처리부문의 직접노무시간당 공헌이익	@50	@30
생산순위	1순위	2순위
가공처리부문의 직접노무시간 (10,000시간)	② 8,000시간	③ 2,000시간
최적생산계획	① **8,000단위**	④ **1,000단위**

(물음 5) 외주생산여부 의사결정 – Y의 생산량 변동 고려하지 않음
(2) 외주생산과 자체생산이 무차별하게 되는 제품 X의 생산량(Q)

[총액접근법]

	자체생산	외주생산	차이액
외주생산원가	–	250Q	(250Q)
변동제조원가	240Q	–	240Q
변동판매관리비	5Q	5Q	–
납품관리비	–	50,000	(50,000)
고정제조간접원가	180,000	80,000	100,000
고정판매관리비	60,000	60,000	–
설비기회원가	60,000	–	60,000
	245Q + 300,000	255Q + 190,000	−10Q + 110,000

245Q + 300,000 = 255Q + 190,000   ∴ Q = **11,000단위**

TOPIC 24 단기의사결정 – 제한된 자원의 사용 **381**

(물음 2)

1. 해답 에 제시한 것처럼 선형계획법으로 풀이하여도 되고, 별해 에 제시한 것처럼 제한된 자원이 하나 (가공처리부문의 직접노무시간)로 보고 풀이하여도 됨

2. 회피가능한 고정원가가 존재하므로 원칙적으로 영업이익의 최대화를 기준으로 최적생산계획을 수립하여야 하나, [물음]에서 최대 공헌이익을 달성하기 위한 제품별 생산량을 물어보았으므로 공헌이익의 최대화를 기준으로 최적생산계획을 수립하면 됨

(물음 4)

먼저 각 부문별로 직접노무시간을 기준으로 하여 제한된 자원이 존재하는지를 따져보아야 함

(물음 5)

1. 제품 Y의 생산량 변동을 고려하지 않고, 제품 X를 자체생산할 것인지 또는 외주생산할 것인지를 묻는 의사결정 문제임(즉, 단일제품 X의 자가제조 또는 외부구입 의사결정 문제와 동일함)

2. 변동제조원가와 회피가능 고정제조간접원가 및 설비기회원가가 외주생산으로 인한 회피가능원가임 (변동판매관리비는 회피불능원가임에 주의)

3. (2)는 문리해석하면, 제품 X 생산량 전량을 외주생산할 경우와 자체생산할 경우 두 대안이 무차별하게 되는 제품 X 생산량을 묻는 물음임

4. 생산량이 11,000단위일 때 외주생산과 자체생산이 무차별하게 되며(판매가능여부와 관계없음), 생산량이 예상 시장수요량 8,000단위일 경우에는 외부주문생산 시 증분이익이 '$-10Q + 110,000 = -10 \times 8,000$단위 $+ 110,000 = ₩30,000$'으로서 0보다 더 크므로 외주생산이 유리해짐

자본예산

자본예산이란 공장, 설비, 기계 등과 같이 투자효과가 장기적으로 나타나는 투자안을 탐색하고 평가하여 최적투자안을 선택하는 일련의 과정을 말함(장기의사결정, 투자의사결정)

1 투자안의 현금흐름 측정

1. 현금흐름 측정 시 유의사항

구분	내용
증분현금흐름으로 측정	투자안에 투자할 경우와 투자하지 않을 경우에 예상되는 현금흐름의 차액으로 측정함
법인세효과 고려	법인세절감액은 현금유입으로 처리(감가상각비의 감세효과, 처분손실의 감세효과)
금융비용 제외	이자비용과 배당금은 할인율에서 고려되므로 현금유출로 처리해서는 안 됨
매몰원가 제외	매몰원가(설비대체 의사결정 시 구설비의 취득원가)는 과거에 발생한 원가이므로 현금유출로 처리해서는 안 됨
기회원가 고려	기회원가만큼 들어올 현금유입이 감소하는 것이므로 현금유출로 처리

2. 영업현금흐름

[세후영업이익과 영업현금흐름 비교]

세후영업이익(회계이익)		영업현금흐름[1]	
매 출 액	S	매 출 액	S
현 금 영 업 비 용	$-$O	현 금 영 업 비 용	$-$O
감 가 상 각 비	$-$D		$-$
영 업 이 익	(S $-$ O $-$ D)	현 금 영 업 이 익	(S $-$ O)
영업활동관련 법인세	$-$ (S $-$ O $-$ D) $\times$ t	영업활동관련 법인세	$-$ (S $-$ O $-$ D) $\times$ t
세 후 영 업 이 익	(S $-$ O $-$ D) $\times$ (1 $-$ t)	영 업 현 금 흐 름 *	(S $-$ O) $\times$ (1 $-$ t) + D $\times$ t

* 영업현금흐름 : (S $-$ O) $-$ (S $-$ O $-$ D) $\times$ t = (S $-$ O) $-$ (S $-$ O) $\times$ t + D $\times$ t = (S $-$ O) $\times$ (1 $-$ t) + D $\times$ t

---

1) **영업현금흐름**은 법인세를 고려하지 않을 경우에는 **세전금액**을 나타내고, 법인세를 고려할 경우에는 **세후금액**을 나타내며, 두 경우 모두 영업현금흐름이라고 표현함

[영업현금흐름 구하는 방법]

영업현금흐름(세전) = 현금영업이익
　　　　　　　　 = (S − O)
　　　　　　　　 = 세전영업이익 + 감가상각비
　　　　　　　　 = (S − O − D) + D

영업현금흐름(세후) = 현금영업이익 × (1 − 법인세율) + 감가상각비의 감세효과
　　　　　　　　 = (S − O) × (1 − t) + D × t
　　　　　　　　 = 세후영업이익 + 감가상각비
　　　　　　　　 = (S − O − D) × (1 − t) + D

3. 설비의 처분으로 인한 현금유입액

설비의 처분으로 인한 현금유입액 = 처분가액 − (처분가액 − 장부가액) × 법인세율

4. 투자시점별 증분현금흐름

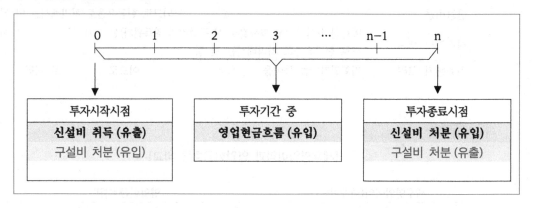

(▨ : 신설비 취득 시 증분현금흐름, ▨ + ▨ : 설비대체 시 증분현금흐름)

2 투자안의 경제성분석

1. 순현재가치법(NPV)

> **NPV = 현금유입액의 현재가치 − 현금유출액의 현재가치**

- 할인율 : 최저필수수익률, 자본비용
- 'NPV > 0'이면서, NPV가 가장 큰 투자안 채택

2. 내부수익률법(IRR)

> **IRR : '현금유입액의 현재가치 = 현금유출액의 현재가치'인 할인율**
> **또는 'NPV = 0'인 할인율**

- 할인율 : IRR
- 'IRR > 최저필수수익률'이면서, IRR이 가장 높은 투자안 채택
- 매년 현금유입액이 균등한 경우에는 연금현가표와 보간법을 이용하여 구함

3. 회수기간법

[연간 순현금유입액이 일정한 경우]

$$\text{회수기간} = \frac{\text{투자액}}{\text{연간 순현금유입액}^{2)}}$$

[연간 순현금유입액이 일정하지 않은 경우]
회수기간 : '투자액 = 누적 순현금유입액'인 기간

- 기준회수기간보다 짧으면서, 회수기간이 가장 짧은 투자안 채택
- 연간 순현금유입액이 일정하지 않은 경우에는 보간법을 이용하여 구함

---

2) 만일 **영업활동만** 고려하는 경우라면, 순현금유입액은 **영업현금흐름**을 의미함

4. 회계적이익률법(ARR)

$$ARR = \frac{\text{연평균순이익[3]}}{\text{최초투자액(또는 평균투자액)}}$$

- 평균투자액 = $\dfrac{\text{최초투자액} + \text{잔존가치}}{2}$ (감가상각방법이 정액법인 경우)

- 목표이익률보다 높으면서, ARR이 가장 높은 투자안 채택

[순이익(영업이익)과 현금흐름의 관계]

[법인세가 존재하지 않는 경우]
세전영업이익 = 영업현금흐름(세전) − 감가상각비

[법인세가 존재하는 경우]
세후영업이익 = 영업현금흐름(세후) − 감가상각비
= (영업현금흐름(세전) − 감가상각비) × (1 − 법인세율)

[투자안의 경제성분석 방법 비교]

		화폐의 시간가치 고려	현금흐름 모형	수익성 고려
할인모형	순현재가치법	O	O	O
	내부수익률법	O	O	O
비할인모형	회수기간법	×	O	×
	회계적이익률법	×	×	O

(O : 상대적 장점, × : 상대적 단점)

---

3) 순이익은 원칙적으로 손익계산서의 당기순이익을 말하나 만일 **영업활동만** 고려하는 경우라면, 순이익은 **세후영업이익**을 의미함

| 문제 01 | 제품라인의 폐지여부(단기의사결정) 및
신제품라인의 증설여부(자본예산) | CPA 2022 수정 |

㈜소망의 식품사업부는 소금, 후추 및 인공감미료를 생산하여 판매하고 있다. 기초 및 기말 재고는 없으며, 제품별 수익과 원가자료는 다음과 같다.

구분	소금	후추	인공감미료	합계
매출액	₩200,000,000	₩300,000,000	₩500,000,000	₩1,000,000,000
매출원가				
직접재료원가	60,000,000	100,000,000	140,000,000	300,000,000
직접노무원가	40,000,000	60,000,000	100,000,000	200,000,000
제조간접원가	50,000,000	40,000,000	45,000,000	135,000,000
합계	150,000,000	200,000,000	285,000,000	635,000,000
매출총이익	50,000,000	100,000,000	215,000,000	365,000,000
판매관리비	68,000,000	90,000,000	142,000,000	300,000,000
영업이익(손실)	₩(18,000,000)	₩10,000,000	₩73,000,000	₩65,000,000

제조간접원가 중에서 ₩85,000,000은 작업준비원가이며, 나머지 ₩50,000,000은 공장감가 상각비이다. 작업준비원가는 배치(batch)의 수에 따라 발생하며, 공장감가상각비는 회피불가 능원가로서 매출액을 기준으로 각 제품에 배부된다.

판매관리비 중에 45%는 변동원가이고 나머지는 회피불가능원가이다.

(물음 1) 각 제품의 제조간접원가에 포함되어 있는 작업준비원가는 얼마인가?

(물음 2) ㈜소망의 경영진은 소금제품 부문의 지속적인 적자로 인하여 소금생산라인 폐지를 검 토하고 있다. 손실이 발생하고 있는 소금생산라인을 폐지하면 인공감미료의 판매량이 35% 증가하며, 인공감미료 배치(batch)의 수는 30% 증가한다고 한다. 소금생산라인 을 폐지할 지 판단하고, 그 계산근거를 제시하시오.

(물음 3) 소금 생산을 중단하는 경우, 경영진이 이익변화 이외에 추가로 고려해야 할 사항은 무 엇인지 3줄 이내로 서술하시오.

(물음 4) ㈜소망의 연구개발부서는 신제품을 개발하고자 한다. 신제품 생산에 따른 경제성을 분석하기 위해 판매부서와 원가부서에서 수집한 관련 자료는 다음과 같다.

신제품을 생산하기 위해서는 기존 기계 이외에 새로운 기계가 필요하다. 신기계의 취득원가는 ₩30,000,000, 내용연수는 3년, 잔존가치는 취득원가의 10%이다. 신기계는 연수합계법으로 감가상각하며, 내용연수 종료시점에 잔존가치로 처분한다.

3년 동안의 연간 예상판매량은 다음과 같다.

연도	연간 예상판매량
1차년도	7,000개
2차년도	10,000개
3차년도	15,000개

신제품의 단위당 판매가격은 ₩6,000이며, 단위당 변동원가는 ₩2,000이다.

신제품을 생산하기 위한 연간 고정원가는 신기계의 감가상각비를 포함하여 ₩35,000,000이다.

㈜소망의 자본비용(최저요구수익률)은 10%이다. ₩1의 현가계수는 다음과 같다.

기간(년)	1	2	3
현가계수	0.9091	0.8264	0.7513

(1) 신제품 판매로부터 예상되는 공헌이익을 연도별로 계산하시오.

1차년도	2차년도	3차년도

(2) 순현재가치법(NPV)을 이용하여 ㈜소망의 신제품 생산을 위한 제품라인의 증설여부를 판단하고, 그 계산 근거를 제시하시오. 다만, 법인세는 고려하지 않는다.

(3) 순현재가치법(NPV)을 이용하여 ㈜소망의 신제품 생산을 위한 제품라인의 증설여부를 판단하고, 그 계산 근거를 제시하시오. 다만, 법인세율은 20%이다.

(4) 제품라인의 증설여부와 관련한 의사결정 시 고려해야 할 비계량적 요인을 3가지 제시하시오.

(물음 1) 제품별 작업준비원가

	소금	후추	인공감미료	합계
제조간접원가	₩50,000,000	₩40,000,000	₩45,000,000	₩135,000,000
공장감가상각비*	10,000,000	15,000,000	25,000,000	50,000,000
작업준비원가	**₩40,000,000**	**₩25,000,000**	**₩20,000,000**	**₩85,000,000**

* 20% : 30% : 50%

(물음 2) 소금생산라인의 폐지여부 – 단기의사결정

[소금생산라인 폐지 시 증분이익]

관련항목	금액	계산내역
(−) 매출액 감소	(200,000,000)	
(+) 변동원가 감소	130,600,000	= 60,000,000 + 40,000,000 + 68,000,000 × 0.45
(+) 작업준비원가 감소	40,000,000	
(+) 매출액 증가(감미료)	175,000,000	= 500,000,000 × 0.35
(−) 변동원가 증가(감미료)	(106,365,000)	= (140,000,000 + 100,000,000 + 142,000,000 × 0.45) × 0.35
(−) 작업준비원가 증가(감미료)	(6,000,000)	= 20,000,000 × 0.3
	₩33,235,000	

∴ **소금생산라인을 폐지한다.**

(물음 3) 소금생산라인 폐지 시 고려해야 할 질적 정보

① 소금생산의 중단이 다른 제품, 기업이미지 및 종업원의 사기에 미치는 영향을 고려하여야 한다.

② 장기적으로 소금의 수요증가 가능성을 고려하여야 한다.

(물음 4) 순현재가치법(NPV) – 자본예산

(1) 공헌이익

1차년도	2차년도	3차년도
7,000개 × 4,000* = **₩28,000,000**	10,000개 × 4,000* = **₩40,000,000**	15,000개 × 4,000* = **₩60,000,000**

* 단위당 공헌이익 : 6,000 − 2,000 = @4,000

(2) 신제품라인의 증설여부

① 영업현금흐름

	1	2	3
감가상각비	27,000,000 × 3/6	27,000,000 × 2/6	27,000,000 × 1/6
	= ₩13,500,000	= ₩9,000,000	= ₩4,500,000
기타고정원가	35,000,000 − 13,500,000	35,000,000 − 9,000,000	35,000,000 − 4,500,000
	= ₩21,500,000	= ₩26,000,000	= ₩30,500,000
영업현금흐름*	28,000,000 − 21,500,000	40,000,000 − 26,000,000	60,000,000 − 30,500,000
	= ₩6,500,000	= ₩14,000,000	= ₩29,500,000

* 영업현금흐름(S − O) = 공헌이익 − 기타고정원가

② NPV

[신제품라인 증설 시 증분현금흐름]

	0	1	2	3
ㄱ. 투자시작시점				
신기계 취득	(30,000,000)			
ㄴ. 투자기간 중				
영업현금흐름		6,500,000	14,000,000	29,500,000
ㄷ. 투자종료시점				
신기계 처분				3,000,000

∴ NPV : −30,000,000 + 6,500,000 × 0.9091 + 14,000,000 × 0.8264 + 32,500,000 × 0.7513
= ₩11,896,000 > ₩0 → ∴ 신제품라인을 증설한다.

(3) 신제품라인의 증설여부 − 법인세 고려

① 영업현금흐름

1 : 6,500,000 × (1 − 0.2) + 13,500,000 × 0.2 = ₩7,900,000
2 : 14,000,000 × (1 − 0.2) + 9,000,000 × 0.2 = ₩13,000,000
3 : 29,500,000 × (1 − 0.2) + 4,500,000 × 0.2 = ₩24,500,000

$\underbrace{\text{(S − O) × (1 − t) + D × t}}$

② NPV : −30,000,000 + 7,900,000 × 0.9091 + 13,000,000 × 0.8264 + (24,500,000
+ 3,000,000) × 0.7513 = ₩8,585,840 > ₩0 → ∴ 신제품라인을 증설한다.

(4) 신제품라인 증설 시 고려해야 할 질적 정보

① 신제품의 생산이 다른 제품에 미치는 영향을 고려하여야 한다.
② 신제품 생산을 위한 종업원의 신규고용 문제를 고려하여야 한다.
③ 신제품 생산을 위한 제조기술의 확보 및 품질관리능력을 고려하여야 한다.

(물음 2)

제품라인의 폐지여부와 관련된 단기의사결정 문제이므로 회계이익(제품라인 폐지 시 증분이익)을 기준으로 대안을 선택함

(물음 4)

1. 신제품라인의 증설여부와 관련된 장기의사결정 문제이므로 순현재가치(현금흐름, 화폐의 시간가치 고려)를 기준으로 대안을 선택함

2. '신제품을 생산하기 위한 연간 고정원가는 신기계의 감가상각비를 포함하여 ₩35,000,000이다.' → 매년 감가상각비가 다를 것이므로(연수합계법이기 때문) 감가상각비를 제외한 기타고정원가가 매년 달라짐

3. 내용연수 말의 처분가치가 잔존가치와 동일하여 처분손익에 대한 법인세효과가 없으므로 (2) 법인세를 고려하지 않는 경우와 (3) 법인세를 고려하는 경우의 현금흐름은 영업현금흐름만 차이가 남 → ∴ (3)을 풀이 시 증분현금흐름을 표시할 필요 없이 영업현금흐름만 계산한 후 곧바로 NPV를 계산하면 됨

1 불확실성하의 의사결정

1. 불확실성하의 의사결정의 의의

불확실성하의 의사결정은 의사결정과 관련된 미래의 상황 중 일부가 불확실한 경우(확률은 알 수 있는 경우)의 의사결정을 말함

2. 성과표[1] 작성

선택가능한 대안과 발생가능한 상황의 결합에 의해 얻게 될 성과를 나타내는 표

3. 최적대안 선택

기준	내용
기대가치기준	• 각 대안별로 성과의 기대가치(상황별 성과와 상황의 발생확률을 곱한 다음 이를 합하여 계산)를 구하고 그 중 기대가치가 가장 큰 대안을 선택하는 기준 • 화폐금액만 고려하므로 적용이 간단하지만, 대안별 위험과 의사결정자의 위험에 대한 태도를 고려하지 않는다는 문제점이 있음
기대효용기준	• 각 대안별로 기대효용(상황별 효용과 상황의 발생확률을 곱한 다음 이를 합하여 계산)을 구하고 그 중 기대효용이 가장 큰 대안을 선택하는 기준 • 화폐금액뿐만 아니라 대안별 위험과 의사결정자의 위험에 대한 태도를 고려한다는 장점이 있지만, 의사결정자의 효용함수를 알기가 어려우므로 적용이 어렵다는 문제점이 있음

---

1) 참고로 성과표 작성 시 모든 성과가 음수(-)인 경우에 성과를 음수(-)로 표시하는 것보다 성과표의 제목을 비용표라고 표기하고, 수치를 양수(+)로 표시하는 것이 더 바람직함

2 정보의 가치

1. 완전정보의 기대가치(EVPI)

완전정보란 미래의 상황에 대해서 100% 정확하게 알려주는 정보를 말하며, 완전정보의 기대가치 (EVPI)는 완전정보의 가치(완전정보를 얻기 위하여 지불할 수 있는 최대금액, 완전정보를 이용한 다고 가정할 경우 증가하는 기대가치)를 의미함

EVPI = 완전정보하의 기대가치 − 기존정보하의 기대가치

구분	내용
완전정보하의 기대가치	• 의사결정자가 완전정보를 이용한다고 가정할 경우 얻을 수 있는 성과의 기대가치 • Σ(각 정보별 최적대안의 기대가치(완전정보의 경우는 각 정보별 최적대안의 성과와 동일함) × 각 상황에 대한 정보가 보고될 확률(완전정보의 경우는 각 상황이 발생할 확률과 동일함))
기존정보하의 기대가치	• 기존최적대안의 기대가치(대안별 기대가치 중 최댓값)

2. 불완전정보의 기대가치(EVSI)

불완전정보란 미래의 불확실성을 완전히 제거할 수는 없지만 어느 정도 감소시켜 줄 수 있는 정 보를 말하며, 불완전정보의 기대가치(EVSI)는 불완전정보의 가치(불완전정보를 얻기 위하여 지불 할 수 있는 최대금액, 불완전정보를 이용한다고 가정할 경우 증가하는 기대가치)를 의미함

EVSI = 불완전정보하의 기대가치 − 기존정보하의 기대가치

[EVSI를 구하는 절차]

단계	내용	
1단계	불완전정보의 예측정확성을 조건부확률로 표시함 (또는 조건부확률이 제시됨)	하나의 도표로 동시에 진행
2단계	각 상황에 대한 정보가 보고될 확률을 계산함	
3단계	사후확률을 계산함	
4단계	각 정보별 최적대안의 기대가치를 계산함 (즉, 각 정보별 사후확률을 이용하여 기대가치를 계산하고, 최적대안을 선택함)	
5단계	불완전정보의 기대가치(EVSI)를 계산함 → 불완전정보하의 기대가치{Σ(4단계 × 2단계)} − 기존정보하의 기대가치	

3 예측오차의 원가

1. 의의

> 예측오차의 원가(**기회손실**) = 사후적인 최적결과 − 실제결과

2. 기회손실표를 작성하여 EVPI를 구하는 방법

> EVPI = 기존정보하의 기대기회손실[2] − 완전정보하의 기대기회손실(₩0)
> = 기존정보하의 기대기회손실
> = 대안별 기대기회손실 중 최솟값

4 차이조사결정

원가차이의 원인을 파악하고 수정조치를 취하기 위하여 공정이 정상인지 또는 기계가 정상인지 등에 대한 추가적인 조사를 실시할 것인지를 결정하는 것이며, 불확실성하 의사결정의 대표적인 유형임 → 비용표를 작성하고, 기대비용을 최소화하는 대안을 선택함

[비용표 예시]

	상황	
	S_1 : 공정 정상	S_2 : 공정 비정상
대안	$P(S_1)$	$P(S_2)$
a_1 : 조사	조사비용	조사비용 + 수정비용
a_2 : 비조사	−	비조사에 따른 손실

---

2) 기대기회손실이란 기회손실의 기댓값을 의미함

| 문제 01 | 불확실성하의 의사결정 –
제한된 자원의 사용 + 특별주문의 거절 또는 수락 | CPA 2006 |

㈜강북은 A와 B제품을 생산·판매하고 있다. 원가부서와 판매부서에서 제시한 A와 B제품 생산 및 판매와 관련된 원가자료는 다음과 같다. 단위당 변동판매비에는 단위당 매출액의 10%에 해당되는 판매수수료가 포함되어 있으며, 판매수수료는 외부 판매전문 업체에 지급된다.

구분	A	B
단위당 직접재료비	1,500원	2,000원
단위당 직접노무비	1,000원	3,000원
단위당 변동제조간접비	600원	1,000원
연간 고정제조간접비	12,000,000원	20,000,000원
단위당 변동판매비	1,500원	2,000원
연간 고정판매비	16,000,000원	23,000,000원
단위당 판매가격	8,500원	14,000원

㈜강북의 생산설비의 연간 생산능력은 70,000 기계시간이다. A제품 1단위 생산에 소요되는 기계시간은 1시간이며, B제품 1단위 생산 시 소요되는 기계시간은 1.5시간이다. A제품의 연간 수요량은 21,500단위이며 B제품에 대한 연간 수요량은 36,500단위이다. A와 B제품 각각의 최대 생산량은 연간 수요량을 초과하지 않는다.

(물음) 최근에 ㈜강북이 생산설비를 확장하여 기계시간을 20,000시간 늘렸다. 생산설비 확장으로 인해 고정제조간접비가 10,000,000원 증가하였으나 제품별 단위당 변동제조간접비는 변화가 없었다. 생산설비 확장이후, ㈜경성에서 ㈜강북이 생산하는 B제품을 단위당 10,000원에 구입하겠다는 의사를 표시하여 왔다. 그러나 구입수량은 정해지지 않았으며 상당히 유동적이다. ㈜경성의 특별주문에 따른 구입수량은 다음과 같은 확률분포를 갖는 것으로 추정된다.

구입수량	10,000개	20,000개	30,000개
구입수량별 확률	0.3	0.5	0.2

㈜경성의 특별주문에 의해 B제품을 판매하는 경우, 단위당 변동판매비에 포함되는 판매수수료는 단위당 매출액의 5%이다. 그리고 특별주문에 따른 판매로 인해 고정판매비가 1,000,000원 추가로 발생될 것이다. 특별주문을 수락하지 않을 경우에는 여유 기계시간인 20,000시간을 다른 제품 생산에 활용할 수 있다. 특별주문에 대한 수락여부를 분석하고 가부를 설명하시오(기회원가 개념을 이용).

[자료정리] 단위당 변동비

A : 1,500 + 1,000 + 600 + 1,500 = @4,600
B : 2,000 + 3,000 + 1,000 + 2,000 = @8,000

① 최적생산계획

	A (21,500개)	B (36,500개)
단위당 판매가격	@8,500	@14,000
단위당 변동비	4,600	8,000
단위당 공헌이익	3,900	6,000
단위당 기계시간	÷1시간	÷1.5시간
기계시간당 공헌이익	@3,900	@4,000
생산순위	2순위	1순위
기계시간 (90,000시간)	④ 21,500시간	② 54,750시간 → 여유시간 13,750시간
최적생산계획	③ 21,500개	① 36,500개

② 상황별 기회원가

특별주문 필요시간

10,000개 × 1.5시간 = 15,000시간 → $\left(\begin{array}{l} \text{여유시간 13,750시간} \\ \text{+ 2순위 A 1,250시간(1,250개) 감소} \end{array} \right)$

20,000개 × 1.5시간 = 30,000시간 → $\left(\begin{array}{l} \text{여유시간 13,750시간} \\ \text{+ 2순위 A 16,250시간(16,250개) 감소} \end{array} \right)$

30,000개 × 1.5시간 = 45,000시간 → $\left(\begin{array}{l} \text{여유시간 13,750시간} \\ \text{+ 2순위 A 21,500시간(21,500개) 감소} \\ \text{+ 1순위 B \ \ 9,750시간(6,500개) 감소} \end{array} \right)$

10,000개 : 1,250개 × 3,900 = ₩4,875,000
20,000개 : 16,250개 × 3,900 = ₩63,375,000
30,000개 : 21,500개 × 3,900 + 6,500개 × 6,000 = ₩122,850,000

③ 특별주문의 수락여부

[특별주문 수락 시 증분이익]

관련항목	금액			계산내역
	10,000개	20,000개	30,000개	
(+) 매출액 증가	100,000,000	200,000,000	300,000,000	= 특별주문수량 × 10,000
(-) 변동비 증가	(71,000,000)	(142,000,000)	(213,000,000)	= 특별주문수량 × 7,100[*]
(-) 고정판매비 증가	(1,000,000)	(1,000,000)	(1,000,000)	
(-) 기존공헌이익 감소	(4,875,000)	(63,375,000)	(122,850,000)	
	₩23,125,000	₩(6,375,000)	₩(36,850,000)	

* 판매수수료를 제외한 단위당 변동판매비 : 2,000 − 14,000 × 10% = @600
　특별주문의 단위당 변동비 : 2,000 + 3,000 + 1,000 + (600 + 10,000 × 5%) = @7,100

∴ 특별주문 수락 시 기대증분이익이 23,125,000 × 0.3 − 6,375,000 × 0.5 − 36,850,000 × 0.2
= ₩(3,620,000)이므로 **특별주문을 거절하여야 한다.**

참고

③ 특별주문의 수락여부

[성과표]

대안	상황		
	10,000개 (0.3)	20,000개 (0.5)	30,000개 (0.2)
a_1 : 특별주문 수락[*]	₩23,125,000	₩(6,375,000)	₩(36,850,000)
a_2 : 특별주문 거절	0	0	0

* 특별주문 수락 시 증분이익 : 특별주문수량 × (10,000 − 7,100) − 1,000,000 − 기회원가

$E(a_1)$ = 23,125,000 × 0.3 − 6,375,000 × 0.5 − 36,850,000 × 0.2 = ₩(3,620,000)

$E(a_2)$ = ₩0 → 최적

∴ **특별주문을 거절하여야 한다.**

POINT

1. 생산설비 확장에 따른 고정제조간접비 증가액 ₩10,000,000은 매몰원가임

2. ② 상황별로 기회원가가 달라짐에 주의

3. 기대특별주문수량을 계산한 후 기대증분이익을 계산하지 않도록 함 → ∵ 30,000개 주문 시 기존제
   품 A뿐만 아니라 B도 일부 감소가 필요하여 특별주문수량과 기회원가 관계가 선형이 아니므로 특별
   주문수량(독립변수)과 증분이익(종속변수) 관계가 선형이 아니기 때문임

4. 참고 성과표 작성 시 대안별 총이익보다 특별주문 수락 시 증분이익을 표시하는 것이 더 간편함

20×1년 ㈜금감의 경영자는 인건비의 상승으로 인해 공장을 자동화설비로 교체할 예정이다. 경영자는 교체할 기계로 甲과 乙 중 하나를 선택할 수 있다. 두 기계는 동일한 제품을 생산하지만, 생산용량과 구입가격 및 변동제조간접원가에서 차이가 난다. 다음은 甲과 乙에 관한 자료이다. 두 기계의 내용연수는 1년이며, 잔존가치는 없다.

	甲	乙
최대생산용량	3,000개	2,000개
구입가격	580,000원	180,000원
직접재료원가	단위당 180원	단위당 180원
변동제조간접원가	단위당 300원	단위당 400원
고정제조간접원가(구입가격제외)	170,000원	170,000원
변동판매관리비	단위당 60원	단위당 60원
고정판매관리비	50,000원	50,000원

제품의 예상 판매가격은 개당 940원이다. 호황기에는 생산된 모든 제품이 판매될 것으로 예측되지만 불황기에는 2,200개가 판매될 것으로 추정된다. 재무분석가는 20×1년에 호황이 될 확률이 30%, 불황이 될 확률이 70%로 예측하였다.

(물음 1) 20×1년 기준으로 甲을 선택하는 경우가 乙을 선택하는 경우에 비해 기대가치가 얼마나 더 큰(작은) 지를 구하시오.

(물음 2) ㈜금감은 기계도입의 효과를 극대화하기 위해 20×1년의 경기상황이 호황 또는 불황인지를 예측하고자 한다. 대형컨설팅업체에 의뢰 시 50,000원의 가격으로 경기상황에 대한 정보를 제공받을 수 있으며 제공받은 정보는 100% 정확하다. 소형컨설팅업체에 의뢰시 35,000원의 가격으로 경기상황에 대한 정보를 제공받지만 80%만 일치한다. 컨설팅업체 선정은 컨설팅비용 및 기대가치에 의해서만 결정된다. 컨설팅을 받는 것이 유리한지 불리한지를 설명하시오. 만약 컨설팅을 받는 것이 유리하다면 대형컨설팅업체와 소형컨설팅업체 중 어느 업체를 선정하는 것이 유리한지 설명하시오.

[자료정리]

	甲	乙
단위당 변동원가	180 + 300 + 60 = @540	180 + 400 + 60 = @640
총고정원가	580,000 + 170,000 + 50,000 = ₩800,000	180,000 + 170,000 + 50,000 = ₩400,000

(물음 1) 불확실성하의 의사결정 – 기대가치기준

[성과표]

대안	상황 S_1 : 호황 $P(S_1)$ = 0.3	S_2 : 불황 $P(S_2)$ = 0.7	기대가치
a_1 : 甲 기계 선택	₩400,000[*1]	₩80,000[*2]	₩176,000
a_2 : 乙 기계 선택	200,000[*3]	200,000[*3]	200,000

[*1] 3,000개 × (940 − 540) − 800,000 = ₩400,000
[*2] 2,200개 × (940 − 540) − 800,000 = ₩80,000
[*3] 2,000개 × (940 − 640) − 400,000 = ₩200,000

∴ 甲을 선택하는 경우가 乙을 선택하는 경우에 비해 기대가치가 200,000 − 176,000 = ₩24,000만큼 더 작다.

(물음 2) EVPI, EVSI

<대형컨설팅업체>

완전정보하의 기대가치	400,000 × 0.3 + 200,000 × 0.7 = ₩260,000
기존정보하의 기대가치	200,000
완전정보의 기대가치(EVPI)	₩60,000

<소형컨설팅업체>

① 확률계산(1단계 ~ 3단계)

	S_1 0.3 $\qquad$ S_2 0.7	
R_1 0.8	$P(S_1 \cap R_1)$ $= 0.3 \times 0.8 = 0.24$ $P(S_1 \mid R_1) = 24/38$ $\qquad$ $P(S_2 \cap R_1)$ $= 0.7 \times 0.2 = 0.14$ $P(S_2 \mid R_1) = 14/38$	0.2 R_1 $\quad$ $P(R_1) = 0.24 + 0.14$ $= 0.38$
R_2 0.2	$P(S_1 \cap R_2)$ $= 0.3 \times 0.2 = 0.06$ $P(S_1 \mid R_2) = 6/62$ $\qquad$ $P(S_2 \cap R_2)$ $= 0.7 \times 0.8 = 0.56$ $P(S_2 \mid R_2) = 56/62$	0.8 R_2 $\quad$ $P(R_2) = 0.06 + 0.56$ $= 0.62$

② 각 정보별 최적대안의 기대가치 계산(4단계)

ㄱ. R_1(호황의 상황이라는 정보를 보고받음) 경우(R_1이 보고될 확률 : 0.38)

	상황		
대안	S_1 : 호황 $P(S_1 \mid R_1) = 24/38$	S_2 : 불황 $P(S_2 \mid R_1) = 14/38$	기대가치
a_1 : 甲 기계 선택	₩400,000	₩80,000	₩282,105 → 최적
a_2 : 乙 기계 선택	200,000	200,000	200,000

ㄴ. R_2(불황의 상황이라는 정보를 보고받음) 경우(R_2가 보고될 확률 : 0.62)

	상황		
대안	S_1 : 호황 $P(S_1 \mid R_2) = 6/62$	S_2 : 불황 $P(S_2 \mid R_2) = 56/62$	기대가치
a_1 : 甲 기계 선택	₩400,000	₩80,000	₩110,968
a_2 : 乙 기계 선택	200,000	200,000	200,000 → 최적

③ EVSI 계산(5단계)

불완전정보하의 기대가치{Σ(4단계 × 2단계)}	282,105 × 0.38 + 200,000 × 0.62 =	₩231,200
기존정보하의 기대가치		200,000
불완전정보의 기대가치(EVSI)		₩31,200

∴ 대형컨설팅업체 의뢰 시 60,000 - 50,000 = ₩10,000만큼 유리하고, 소형컨설팅업체 의뢰 시 35,000 - 31,200 = ₩3,800만큼 불리하다. 따라서 대형컨설팅업체를 선정하는 것이 유리하다.

(물음 1)

乙 기계 선택 시 불황기에 수요량은 2,200개이지만 최대생산능력이 2,000개이므로 2,000개만 판매가 능함에 주의

(물음 2)

EVSI - 확률계산 순서

1단계	불완전정보의 예측정확성을 조건부확률로 표시함 → 사각형 바깥에 0.8 및 0.2로 간략히 표시함				
2단계	각 상황에 대한 정보가 보고될 확률을 계산함 → 결합확률($P(S_1 \cap R_1)$ 등)을 구한 후에, $\quad P(R_1) = P(S_1 \cap R_1) + P(S_2 \cap R_1)$ $\quad P(R_2) = P(S_1 \cap R_2) + P(S_2 \cap R_2)$				
3단계	사후확률을 계산함				
	→	R_1 경우	$P(S_1\|R_1) = \dfrac{P(S_1 \cap R_1)}{P(R_1)}$	$P(S_2\|R_1) = \dfrac{P(S_2 \cap R_1)}{P(R_1)}$
		R_2 경우	$P(S_1\|R_2) = \dfrac{P(S_1 \cap R_2)}{P(R_2)}$	$P(S_2\|R_2) = \dfrac{P(S_2 \cap R_2)}{P(R_2)}$

1 대체가격결정의 의의

1. 대체가격의 의의

이익중심점 또는 투자중심점으로 운영되는 같은 기업의 분권화된 사업부 간(공급사업부와 수요사업부)에 재화나 용역을 주고받는 거래를 대체거래(이전거래)라고 하며, 이와 같은 대체거래 시 재화나 용역의 가격을 대체가격(이전가격)이라고 함

[대체가격의 흐름도]

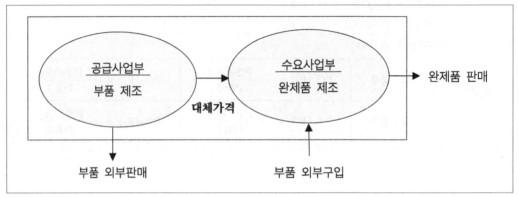

대체가격에 따라 각 사업부 경영자의 성과평가(이익중심점이면 이익 기준, 투자중심점이면 ROI, RI, EVA 기준)와 대체여부 의사결정이 달라지며, 그 결과 기업전체이익에도 영향을 미침

2. 대체가격결정 시 고려기준

고려기준	내용
목표일치성기준	각 사업부의 목표와 기업전체의 목표가 일치되도록 대체가격을 결정하여야 한다는 기준(즉, 준최적화 현상이 발생되지 않도록 대체가격이 결정되어야 한다는 기준) → 가장 중요한 기준임
성과평가기준	각 사업부의 성과가 공정하게 평가될 수 있도록 대체가격을 결정하여야 한다는 기준
경영노력에 대한 동기부여기준	각 사업부의 경영자가 수익증대, 원가절감 등 경영노력에 대한 동기부여가 가능하도록 대체가격을 결정하여야 한다는 기준
자율성기준	각 사업부 경영자가 자율적으로 대체가격을 결정하여야 한다는 기준

2 사업부관점에서의 대체가격결정[1]

1. 공급사업부관점

(1) 의의

대체가격은 사내판매가격(수익)을 의미하므로 클수록 좋으며, 상한선은 존재하지 않음 → 공급사업부 경영자가 대체여부 의사결정을 하기 위해서는 대체를 허용할 수 있는 최소대체가격을 구할 필요가 있음

[대체여부결정]

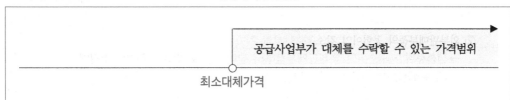

공급사업부가 대체를 수락할 수 있는 가격범위

최소대체가격

(2) 최소대체가격(최저대체가격)

[총액접근법] '비대체 시의 이익 = 대체 시의 이익'을 충족하는 단위당 대체가격
[증분접근법] 대체 시의 '증분이익 = ₩0'을 충족하는 단위당 대체가격
[공 식 법] 대체 시의 관련원가를 회수하는 단위당 대체가격

$$\text{최소대체가격} = \text{단위당 증분지출원가} + \text{단위당 기회원가}$$

$$= \frac{\text{총증분지출원가}}{\text{총대체수량}} + \frac{\text{총기회원가}}{\text{총대체수량}}$$

[단위당 증분지출원가와 단위당 기회원가]

구분	내용
단위당 증분지출원가	사내대체부품의 단위당 변동원가를 의미하나, 대체 시 고정원가가 증가하는 경우에는 고려함
단위당 기회원가	대체할 수 있는 유휴생산능력이 부족한 경우에 발생하며, 일반적으로 포기되는 외부판매부품의 단위당 공헌이익을 의미하나, 총대체수량과 포기되는 외부판매량이 서로 다른 경우에는 포기되는 외부판매부품의 총공헌이익을 총대체수량으로 나누어 계산함(대체함으로 인해 임대를 포기하는 경우에는 포기되는 임대수익을 총대체수량으로 나누어 계산함)

---

1) 사업부가 이익중심점이라는 전제하에서 설명함. 만일 사업부가 투자중심점이고 경제적 부가가치로 성과를 평가받는다면 이하 설명에서 이익 대신에 경제적 부가가치를 대입하도록 함

(3) 제한된 자원의 사용 + 최소대체가격[2)]

[대체 시 관련원가]

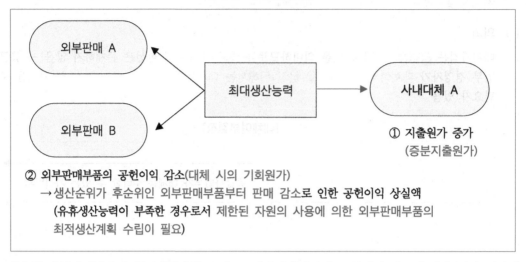

② **외부판매부품의 공헌이익 감소**(대체 시의 기회원가)
→ 생산순위가 후순위인 외부판매부품부터 판매 감소로 인한 공헌이익 상실액
(유휴생산능력이 부족한 경우로서 제한된 자원의 사용에 의한 외부판매부품의
최적생산계획 수립이 필요)

[절차] **외부판매부품의** 최적생산계획 수립 → **외부판매부품의** 공헌이익 감소액(대체 시의 기회원
가)계산 → 최소대체가격 계산

2. 수요사업부관점

(1) 의의

대체가격은 사내구입가격(원가)을 의미하므로 대체가격이 작을수록 좋으며, **하한선은 존재하지
않음** → 수요사업부 경영자가 대체여부 의사결정을 하기 위해서는 대체를 허용할 수 있는 **최대대
체가격을 구할 필요가 있음**

[대체여부결정]

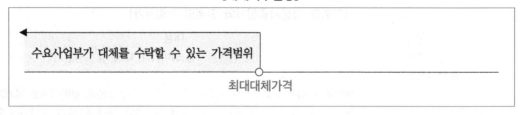

---

2) TOPIC 24에서 설명한 '제한된 자원의 사용 + 특별주문의 거절 또는 수락'과 매우 유사함

(2) 최대대체가격(최고대체가격)

[총액접근법] '비대체 시의 이익 = 대체 시의 이익'을 충족하는 단위당 대체가격

[증분접근법] 대체 시의 '증분이익 = ₩0'을 충족하는 단위당 대체가격

[공　식　법] 최대대체가격 = Min $\begin{bmatrix}$ (추가가공원가 차이금액을 조정한) 외부구입가격 \\ 완제품 판매가격 − 대체 시의 추가가공원가와 판매비 $\end{bmatrix}$

(추가가공원가 차이금액을 조정한) 외부구입가격은 다음 등식을 만족시키는 대체가격(x)임

$$\underbrace{대체가격(x) + 사내대체 \ 시의 \ 추가가공원가}_{사내대체 \ 시 \ 총원가} = \underbrace{외부구입가격 + 외부구입 \ 시의 \ 추가가공원가}_{외부구입 \ 시 \ 총원가}$$

3 기업전체관점에서의 대체여부 의사결정

기업전체관점에서는 대체가격이 동시에 수익(공급사업부)과 원가(수요사업부)가 되므로 서로 상쇄되어 대체가격 자체로 인하여 기업전체이익이 직접적인 영향을 받지는 않지만 대체가격에 따라 각 사업부 경영자의 대체여부 의사결정이 달라지며, 그 결과 기업전체이익에도 영향을 미침(목표일치성 충족이 중요함)

1. 최소대체가격 < 최대대체가격

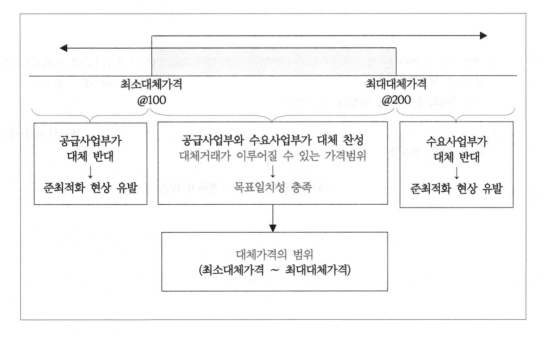

① 기업전체관점에서는 실제대체가격에 관계없이 대체가 유리함(실제대체가격에 관계없이 1단위 대체 시 최대대체가격에서 최소대체가격을 차감한 금액인 @200 − @100 = @100만큼 기업 전체이익이 비대체 시보다 증가함)

② 대체가격의 범위(대체거래가 이루어질 수 있는 가격범위)가 존재하고, 대체가격의 범위에서는 목표일치성을 충족함

$$\text{최소대체가격} \leq \text{대체가격의 범위} \leq \text{최대대체가격}$$

2. 최대대체가격 < 최소대체가격

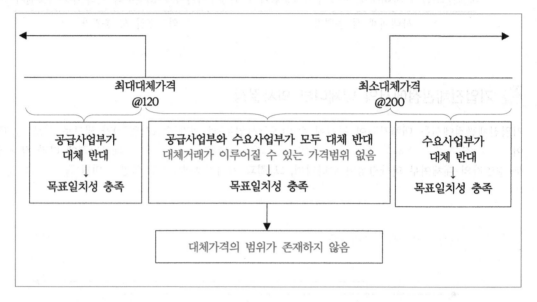

① 기업전체관점에서는 실제대체가격에 관계없이 비대체가 유리함(실제대체가격에 관계없이 1단위 대체 시 최소대체가격에서 최대대체가격을 차감한 금액인 @200 − @120 = @80만큼 기업전체이익이 비대체 시보다 감소함)

② 대체가격의 범위(대체거래가 이루어질 수 있는 가격범위)가 존재하지 않고, 목표일치성(비대체)은 항상 충족함

$$\text{대체가격의 범위 : 존재하지 않음}$$

[기업전체관점 풀이법]

[공식법]

최소대체가격	최대대체가격	기업전체관점
xxx	xxx	최소TP < 최대TP : 대체가 (최대 − 최소)만큼 유리
xxx	xxx	최소TP > 최대TP : 비대체가 (최소 − 최대)만큼 유리

- **최소대체가격** = 단위당 증분지출원가 + 단위당 기회원가

- **최대대체가격** = Min $\left[\begin{array}{l} \text{(추가가공원가 차이금액을 조정한) 외부구입가격} \\ \text{완제품 판매가격 − 대체 시의 추가가공원가와 판매비} \end{array}\right.$

[총액접근법]

	대체 시		비대체 시	
	공급사업부	수요사업부	공급사업부	수요사업부
매출액	xxx	xxx	xxx	xxx
변동원가	xxx	xxx	xxx	xxx
공헌이익	xxx(A)	xxx(B)	xxx(A')	xxx(B')
기업전체공헌이익	xxx(C)		xxx(D)	

(C > D : 대체가 유리, C < D : 비대체가 유리)
- **최소대체가격** : A = A'인 대체가격
- **최대대체가격** : B = B'인 대체가격

3. 기업전체관점의 심화내용

(1) 최적대체수량의 결정

① 최소대체가격 또는 최대대체가격이 달라지는 구간 결정

② 구간별로 최소대체가격과 최대대체가격 비교 → 기업전체관점에서 대체가 유리한 구간까지의 대체수량이 최적대체수량임

(2) 최소대체가격 또는 최대대체가격이 불확실한 경우의 목표일치성을 충족하는 대체가격

① 최소대체가격이 불확실한 경우 : 공급사업부의 생산량 또는 외부판매가격 등이 불확실한 경우로서 일반적으로 목표일치성을 충족하는 대체가격은 최대대체가격임

② 최대대체가격이 불확실한 경우 : 부품의 외부구입가격 또는 완제품의 외부판매가격 등이 불확실한 경우로서 일반적으로 목표일치성을 충족하는 대체가격은 최소대체가격임

4 다국적기업의 대체가격결정

1. 의의

다국적기업은 소재하는 국가마다 법인세율이 다르므로 기업전체가 부담하는 법인세를 최소화하여 기업전체의 세후이익을 최대화할 수 있도록 대체가격을 결정하는 것이 유리함(대체가격과 관계없이 대체 시 기업전체의 세전이익은 일정하기 때문)

2. 다국적기업의 대체가격결정

기업전체가 부담하는 법인세를 최소화하기 위해서는 법인세율이 낮은 국가에 소재하는 사업부의 세전이익을 최대한 증가시키도록 대체가격을 결정하여야 함

[다국적기업의 대체가격결정]

구분	내용
공급사업부의 법인세율이 더 낮은 경우	대체가격이 클수록 기업전체가 부담하는 법인세가 최소화(세후이익이 최대화)됨
수요사업부의 법인세율이 더 낮은 경우	대체가격이 작을수록 기업전체가 부담하는 법인세가 최소화(세후이익이 최대화)됨

㈜관정은 밸브 제조업체로서 이제까지 밸브를 외부에 개당 ₩70에 판매하였으며, 최대 생산능력은 연간 50,000개이다. 표준밸브의 개당 원가자료는 아래와 같으며, 고정원가는 최대 밸브 생산능력을 고려하여 계산하였다.

외부판매가격		₩70
원가		
변동원가	₩42	
고정원가	18	₩60
영업이익		₩10

㈜관정은 최근에 펌프 제조기업을 사들여서 밸브 사업부와 펌프 사업부로 조직을 개편하였다. 이 펌프 사업부는 이제까지 해외에서 밸브 5,000개를 개당 ₩63에 수입하여 펌프를 제조하고 있었다.

(물음 1) 최근까지 밸브 사업부가 최대 생산량 전부를 판매하고 있었다고 가정하자.

(1) 본사의 요청에 의하여 밸브 사업부는 펌프 사업부에게 수입가격보다 ₩4이 싼 ₩59에 표준밸브 5,000개를 공급하기로 결정하였다. 이 결정이 밸브 사업부, 펌프 사업부, 본사의 총이익에 미치는 영향을 각각 계산하시오.

(2) 위의 (1)의 상황 하에서 펌프 사업부가 추가로 고압밸브 4,000개를 주문하고자 한다. 이 고압밸브를 생산할 경우 고정원가는 ₩20,000이 증가하며, 표준밸브 생산능력이 40,000개로 감소한다. 밸브 사업부가 받아들일 수 있는 고압밸브의 개당 최저 대체가격은 얼마인가?

(3) 펌프 사업부가 협상을 통하여 밸브 사업부로부터 표준밸브를 5,000개 구매하고자 할 때 협상이 가능한 개당 대체가격의 범위는 얼마인가?

(물음 2) 최근까지 밸브 사업부가 43,000개를 판매하고 있었다고 가정하자.

(1) 본사의 요청에 의하여 밸브 사업부는 펌프 사업부에게 수입가격보다 ₩4이 싼 ₩59에 표준밸브 5,000개를 공급하기로 결정하였다. 이 결정이 밸브 사업부, 펌프 사업부, 본사의 총이익에 미치는 영향을 각각 계산하시오.

(2) 위의 (1)의 상황 하에서 펌프 사업부가 추가로 고압밸브 4,000개를 주문하고자 한다. 이 고압밸브를 생산할 경우 고정원가는 변화가 없지만 변동원가가 ₩4 증가하며, 표준밸브 생산능력이 40,000개로 감소한다. 밸브 사업부가 받아들일 수 있는 고압밸브의 개당 최저 대체가격은 얼마인가?

(3) 펌프 사업부가 협상을 통하여 밸브 사업부로부터 표준밸브를 5,000개 구매하고자 할 때 협상이 가능한 개당 대체가격의 최솟값과 최댓값은 얼마인가?

(4) 본사의 총이익 관점에서 볼 때, (1)의 본사 결정 대체가격과 (3)의 협상 대체가격 중에서 어떤 대체가격이 더 좋은가?

해답

[흐름도]

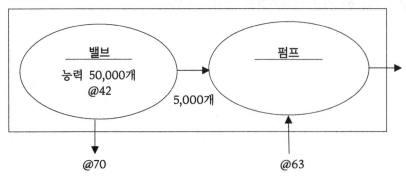

(물음 1) 유휴생산능력이 부족한 경우

(1) ₩59에 대체 시 각 사업부 및 본사의 이익에 미치는 영향

최소대체가격		최대대체가격	회사전체관점
$42 + (70 - 42) = @70$	$>$	$@63$	비대체가 유리 $(@7)$

∴ 밸브 사업부 : 5,000개 × (70 − 59) = **₩55,000만큼 이익 감소**
    펌프 사업부 : 5,000개 × (63 − 59) = **₩20,000만큼 이익 증가**
    본   사 : 5,000개 × 7 = **₩35,000만큼 이익 감소**

(2) 고압밸브의 최소대체가격

$$\text{최소대체가격} : \underbrace{(42 + \frac{20,000}{4,000개})}_{\text{@증분지출원가}} + \underbrace{\frac{10,000개 \times (70 - 42)}{4,000개}}_{\text{@기회원가}} = @117$$

(3) 대체가격의 범위

최소대체가격(₩70)이 최대대체가격(₩63)보다 더 높으므로 **협상이 가능한 대체가격의 범위는 존재하지 않는다.**

(물음 2) 유휴생산능력이 충분한 경우 등

(1) ₩59에 대체 시 각 사업부 및 본사의 이익에 미치는 영향

최소대체가격		최대대체가격	회사전체관점
$42 + 0 = @42$	$<$	$@63$	대체가 유리 $(@21)$

∴ 밸브 사업부 : 5,000개 × (59 − 42) = **₩85,000만큼 이익 증가**
    펌프 사업부 : 5,000개 × (63 − 59) = **₩20,000만큼 이익 증가**
    본   사 : 5,000개 × 21 = **₩105,000만큼 이익 증가**

(2) 고압밸브의 최소대체가격

$$\text{최소대체가격} = \underbrace{(42 + 4)}_{\text{@증분지출원가}} + \underbrace{\frac{8,000개 \times (70 - 42)}{4,000개}}_{\text{@기회원가}} = @102$$

(3) 대체가격의 범위

협상이 가능한 개당 대체가격의 최솟값은 ₩42(최소대체가격)이고, 최댓값은 ₩63(최대대체가격)이다.

(4) 대체가격의 선택 – 기업전체관점

본사 결정 대체가격(₩59)이 협상이 가능한 대체가격의 범위(₩42 ~ ₩63) 내이므로 **본사의 총이익 관점에서 볼 때, 본사 결정 대체가격과 협상 대체가격은 무차별하다.**

(물음 1) (2) 고압밸브의 최소대체가격

	비대체 시		대체 시	
매출액	$\begin{pmatrix} 45,000개 \times 70 \\ + 5,000개 \times 59 \end{pmatrix}$ =	₩3,445,000	$\begin{pmatrix} 35,000개 \times 70 \\ + 5,000개 \times 59 \\ + 4,000개 \times p \end{pmatrix}$ =	$4,000p + 2,745,000$
변동원가	$50,000개 \times 42$ =	2,100,000	$\begin{pmatrix} 40,000개 \times 42 \\ + 4,000개 \times 42 \end{pmatrix}$ =	1,848,000
공헌이익		1,345,000		$4,000p + 897,000$
고정원가	$50,000개 \times 18$ =	900,000	$900,000 + 20,000$ =	920,000
영업이익		₩445,000		$4,000p - 23,000$

$4,000p - 23,000 = 445,000$　　　　　∴ p = @117

(물음 2) (2) 고압밸브의 최소대체가격

	비대체 시		대체 시	
매출액	$\begin{pmatrix} 43,000개 \times 70 \\ + 5,000개 \times 59 \end{pmatrix}$ =	₩3,305,000	$\begin{pmatrix} 35,000개 \times 70 \\ + 5,000개 \times 59 \\ + 4,000개 \times p \end{pmatrix}$ =	$4,000p + 2,745,000$
변동원가	$48,000개 \times 42$ =	2,016,000	$\begin{pmatrix} 40,000개 \times 42 \\ + 4,000개 \times 46 \end{pmatrix}$ =	1,864,000
공헌이익		₩1,289,000		$4,000p + 881,000$

$4,000p + 881,000 = 1,289,000$　　　　　∴ p = @102

별해 [증분접근법]

(물음 1) (2) 고압밸브의 최소대체가격

[내부대체 시 증분이익]

관련항목	금액	계산내역
(+) 매출액 증가	$4,000p$	$= 4,000개 \times p$
(-) 변동원가 증가	(168,000)	$= 4,000개 \times 42$
(-) 고정원가 증가	(20,000)	
(-) 공헌이익 감소(표준밸브)	(280,000)	$= 10,000개 \times (70 - 42)$
	$4,000p - 468,000$	

$4,000p - 468,000 = 0$ $\therefore \ p = @117$

(물음 2) (2) 고압밸브의 최소대체가격

[내부대체 시 증분이익]

관련항목	금액	계산내역
(+) 매출액 증가	$4,000p$	$= 4,000개 \times p$
(-) 변동원가 증가	(184,000)	$= 4,000개 \times (42 + 4)$
(-) 공헌이익 감소(표준밸브)	(224,000)	$= 8,000개 \times (70 - 42)$
	$4,000p - 408,000$	

$4,000p - 408,000 = 0$ $\therefore \ p = @102$

POINT

(물음 1) (2), (물음 2) (2)

1. '(1)의 상황 하에서 펌프 사업부가 추가로 고압밸브 4,000개를 주문하고자 한다'
   → (1)의 상황 하에서란 ₩59에 표준밸브 5,000개를 공급하기로 결정한 상황을 말함

2. 상황별 표준밸브 판매량

구분	표준밸브 판매량		비고
	고압밸브 비대체 시 (표준밸브 생산능력 50,000개)	고압밸브 대체 시 (표준밸브 생산능력 40,000개)	
(물음 1) (2)	외부판매 45,000개 내부대체 5,000개	외부판매 35,000개 내부대체 5,000개	외부판매 10,000개 감소
(물음 2) (2)	외부판매 43,000개 내부대체 5,000개	외부판매 35,000개 내부대체 5,000개	외부판매 8,000개 감소

(물음 2) (4)

대체가격의 범위(최소대체가격 ~ 최대대체가격) 내에서 대체가격을 결정하면 기업전체관점에서는 실제대체가격에 관계없이 대체가 유리함(1단위 대체 시 @63 - @42 = @21만큼 기업전체이익이 비대체 시보다 증가함)

하이텍사의 B사업부는 매년 10,000개의 휴대용 CD플레이어를 생산하여 개당 ₩90에 판매하고 있다. B사업부는 CD플레이어의 중요 부품인 재생장치를 같은 회사의 A사업부 또는 외부공급업체인 C사로부터 구입하여 개당 ₩40씩 추가가공원가(전액 변동원가)를 투입하여 완성한다.

현재 C사는 하이텍사의 품질 조건을 모두 충족시키는 데 동의했으며, 개당 ₩38부터 ₩45까지의 가격구간에서 10,000개의 재생장치를 공급할 것을 하이텍사의 B사업부와 협상하는 중이다. 재생장치의 중요 부품은 CD를 읽는 헤드장치이다. 휴대용 CD플레이어의 품질을 보증하기 위해서, 만일 C사가 재생장치의 공급계약을 따낸다면, C사는 하이텍사의 A사업부로부터 헤드장치를 개당 ₩20에 구입하여야 한다.

A사업부는 연간 12,000개의 재생장치를 생산할 수 있는 능력과, 필요한 수량만큼 헤드장치를 생산할 수 있는 능력을 보유하고 있다. 헤드장치의 변동제조원가는 개당 ₩15이고, 재생장치의 변동제조원가(헤드장치의 원가를 포함)는 개당 ₩25이다. 재생장치는 외부시장에 개당 ₩35에 판매할 수 있고, 외부시장수요는 무한하다.

(물음 1) 만일 A사업부가 10,000개의 재생장치를 B사업부에 대체하고, 남는 2,000개의 재생장치를 외부시장에 판매한다면, 회사전체이익은 얼마인가?

(물음 2) 만일 A사업부가 12,000개의 재생장치를 외부시장에 판매하고, B사업부가 C사로부터 재생장치 10,000개를 개당 각각 (1) ₩38, (2) ₩45에 공급받는다면, 회사전체이익은 각각 얼마인가?

(물음 3) 만일 A사업부가 10,000개의 재생장치를 B사업부에 대체한다면, 재생장치 개당 최소대체가격은 얼마인가?

(물음 4) A사업부와 B사업부가 내부대체 시에 대체가격을 ₩41으로 결정하였고, 외부공급업체인 C사는 재생장치를 개당 ₩40.5에 공급할 의사가 있다고 가정하자.

    (1) B사업부의 경영자는 어떤 결정을 내리겠는가?

    (2) 회사전체관점에서 최적의 의사결정은 무엇인가? B사업부 경영자의 결정은 회사전체관점에서 최적인가?

(3) 회사전체관점에서 C사에 지급할 수 있는 개당 최대 외부구입가격은 얼마인가?

(4) C사의 공급가격이 ₩38부터 ₩45까지의 가격구간에서 불확실한 경우에 사업부와 회사전체의 목표일치성을 충족시키기 위해서는 대체가격을 얼마로 결정하여야 하는가?

해답

[흐름도]

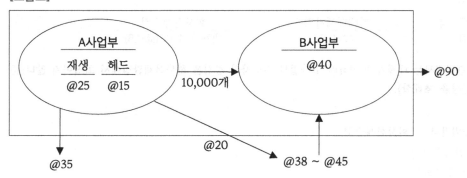

(물음 1) 대체 시 회사전체이익

매출액	2,000개 × 35(A) + 10,000개 × 90(B) =	₩970,000
변동원가	12,000개 × 25(A) + 10,000개 × 40(B) =	700,000
공헌이익		**₩270,000**

(물음 2) 비대체 시 회사전체이익

(1) 외부구입가격이 ₩38인 경우

매출액	12,000개 × 35 + 10,000개 × 20(A) + 10,000개 × 90 (B) =	₩1,520,000
변동원가	12,000개 × 25 + 10,000개 × 15(A) + 10,000개 × (38 + 40)(B) =	1,230,000
공헌이익		**₩290,000**

(2) 외부구입가격이 ₩45인 경우

매출액	12,000개 × 35 + 10,000개 × 20(A) + 10,000개 × 90 (B) =	₩1,520,000
변동원가	12,000개 × 25 + 10,000개 × 15(A) + 10,000개 × (45 + 40)(B) =	1,300,000
공헌이익		**₩220,000**

(물음 3) 최소대체가격

최소대체가격 : $\underline{25}$ + $\underline{\{(35 - 25) + (20 - 15)^*\}}$ = **@40**

$\qquad\qquad$ @증분지출원가 $\qquad\qquad$ @기회원가

* A사업부가 C사에 헤드장치를 판매할 수 있는 기회를 상실함

(물음 4) 사업부관점과 회사전체관점

(1) 수요사업부관점

최대대체가격 : Min $\begin{bmatrix} @40.5 \\ 90 - 40 = @50 \end{bmatrix}$ = @40.5 < @41(실제대체가격)

∴ B사업부 경영자는 C사로부터 외부구입하려 할 것이다.

(2) 회사전체관점

최소대체가격		최대대체가격		회사전체관점
@40	<	@40.5		대체가 유리 (@0.5)

∴ 회사전체관점에서는 대체가 유리하며, B사업부 경영자의 결정은 회사전체관점에서 최적이지 않다(준최적화 현상을 초래함).

(3) 최대 외부구입가격 – 회사전체관점

최대 외부구입가격 = p,

[외부구입 시 증분이익]

관련항목	금액	계산내역
(-) 구입원가 증가	(10,000p)	= 10,000개 × p
(+) 매출액 증가	550,000	= 10,000개 × 35 + 10,000개 × 20
(-) 변동원가 증가(헤드)	(150,000)	= 10,000개 × 15
	−10,000p + 400,000	

−10,000p + 400,000 = 0 $\qquad$ ∴ p = **@40**

(회사전체관점에서 C사에 지급할 수 있는 개당 최대 외부구입가격은 최소대체가격 @40과 일치한다.)

(4) 목표일치성을 충족하는 대체가격

수요사업부의 외부구입가격이 불확실한 경우에 사업부와 회사전체의 목표일치성을 충족시키기 위해서는 최소대체가격을 대체가격으로 결정하여야 한다(수요사업부의 외부구입가격이 불확실하면 최대대체가격도 불확실하므로 최대대체가격이 최소대체가격보다 크거나 작을 수 있는데 어떤 경우이건 최소대체가격을 대체가격으로 결정하면 준최적화 현상이 발생하지 않기 때문).

별해

(물음 1) 대체 시 회사전체이익

	A사업부		B사업부	
매출액				
외부	2,000개 × 35 =	₩70,000	10,000개 × 90 =	₩900,000
내부	10,000개 × x =	$10,000x$		−
변동원가				
A	12,000개 × 25 =	300,000 →		$10,000x$
B		−	10,000개 × 40 =	400,000
공헌이익		$10,000x - 230,000$		$500,000 - 10,000x$

회사전체 **₩270,000**

(물음 2) 비대체 시 회사전체이익

(1) 외부구입가격이 ₩38인 경우

	A사업부		B사업부	
매출액	$\left(\begin{array}{c}12{,}000개 \times 35 \\ + 10{,}000개 \times 20\end{array}\right) =$	₩620,000	10,000개 × 90 =	₩900,000
변동원가				
A	$\left(\begin{array}{c}12{,}000개 \times 25 \\ + 10{,}000개 \times 15\end{array}\right) =$	450,000		−
B		−	10,000개 × (38 + 40) =	780,000
공헌이익		₩170,000		₩120,000

회사전체 **₩290,000**

(2) 외부구입가격이 ₩45인 경우

	A사업부		B사업부	
매출액	$\left(\begin{array}{c}12{,}000개 \times 35 \\ + 10{,}000개 \times 20\end{array}\right) =$	₩620,000	10,000개 × 90 =	₩900,000
변동원가				
A	$\left(\begin{array}{c}12{,}000개 \times 25 \\ + 10{,}000개 \times 15\end{array}\right) =$	450,000		−
B		−	10,000개 × (45 + 40) =	850,000
공헌이익		₩170,000		₩50,000

회사전체 **₩220,000**

(물음 3)

대체 시 A사업부가 C사에 헤드장치를 판매할 수 있는 기회를 상실함 → 대체 시의 기회원가에 반영함
(∵ 대체함으로써 상실되는 모든 이익을 고려하여야 하기 때문)

(물음 4)

1. 지급할 수 있는 최대 외부구입가격 : 회사전체관점에서 '외부구입 시 증분이익(비대체 시 증분이익)
   = 0'을 충족하는 가격 → 최대대체가격과 외부구입가격이 같다면, '최소대체가격 = 최대대체가격(외
   부구입가격)'을 충족하는 가격
2. 수요사업부의 외부구입가격이 불확실(최대대체가격이 불확실)한 경우에 사업부와 회사전체의 목표
   일치성을 충족하는 대체가격은 최소대체가격임

최소대체가격		최대대체가격[*]	회사전체관점		사업부관점
@40	<	@40보다 큼	대체 유리	=	@40에 대체 가능
@40	>	@40보다 작음	대체 불리	=	@40에 대체 불가능

[*] 불확실한 외부구입가격임

홍덕회사는 독립적인 이익중심점으로 운영되는 반도체사업부와 공정통제사업부로 구성되어 있다. 반도체사업부는 첨단 고품질의 반도체칩 A, B를 생산하는 사업부이다. 두 제품의 개당 제조원가는 다음과 같다.

	제품 A	제품 B
직접재료원가	₩2	₩1
직접노무원가	28	7

반도체사업부는 공장이 매우 자동화되어 있으므로 연간 ₩400,000의 제조간접원가를 모두 고정원가로 간주한다. 직접노무원가는 기술진에게 지급되는 노무비이며 직접노무시간당 임률은 ₩14이다. 기술진에게 요구되는 고도의 숙련도로 인해 반도체사업부의 연간 이용가능한 직접노무시간은 50,000시간이다. 제품 A는 외부의 광교회사가 개당 ₩60의 가격으로 매년 15,000개를 구입할 예정이다. 만일 홍덕회사가 광교회사의 수요를 충족시키지 못하면, 광교회사는 자신의 생산량을 감소시킬 것이다. 제품 B는 개당 ₩12의 가격으로 판매되며 시장수요는 무한하다.

공정통제사업부는 회로판을 가공하여 공정통제장치를 생산하는 사업부이다. 공정통제장치의 개당 제조원가는 다음과 같다.

직접재료원가 (회로판 1개)	₩60
직접노무원가 (4.5시간 × ₩10)	45

공정통제사업부의 생산과정 또한 매우 자동화되어 있기 때문에 제조간접원가를 모두 고정원가로 간주한다. 연간 제조간접원가는 ₩80,000이다. 공정통제장치의 개당 판매가격은 ₩132이다. 공정통제사업부의 기술팀은 공정통제장치를 생산함에 있어 현재 사용 중인 회로판을 반도체사업부의 제품 A로 대체할 수 있는지를 검토하였다. 검토한 결과 제품 A 1개가 회로판 1개를 대체가능한 것으로 파악되었다. 그러나 제품 A를 사용하기 위해서는 공정통제장치 개당 직접노무시간이 0.5시간 더 소요될 것이라고 한다.

(물음 1) 제품 A와 B를 외부에 판매할 경우 직접노무시간당 공헌이익을 계산하고, 사내대체를 고려하지 않을 경우 반도체사업부의 최적생산·판매량을 구하시오.

(물음 2) 공정통제사업부는 연간 5,000개의 공정통제장치를 판매할 것으로 예상하고 있다고 가정하자. 회사전체관점에서 5,000개의 제품 A를 공정통제사업부에 사내대체해야 하는가?

(물음 3) 공정통제사업부는 연간 12,000개의 공정통제장치를 판매할 것으로 예상하고 있다고 가정하자. 회사전체의 이익극대화를 위한 최적의 대체수량을 구하시오. 단, 사업부 간 부분대체가 가능하다고 가정한다.

(물음 4) 공정통제장치의 연간 수요량은 5,000개로 확실하지만 판매가격이 불확실하다고 가정하자. 사업부 경영자의 행동이 회사전체의 이익극대화를 가져올 수 있기 위해서는 제품 A의 대체가격을 얼마로 결정해야 하는가? 그 이유는?

[흐름도]

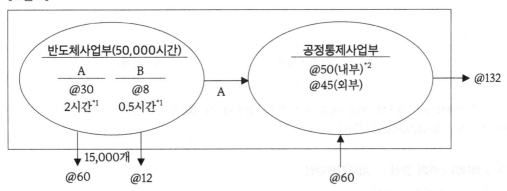

*1 단위당 직접노무시간(= 단위당 직접노무원가 ÷ 직접노무시간당 임률)

   A : 28 ÷ 14 = 2시간

   B : 7 ÷ 14 = 0.5시간

*2 45 + 0.5시간 × 10 = @50

(물음 1) 외부판매제품의 최적생산계획

	A (15,000개)	B (무한)
단위당 판매가격	@60	@12
단위당 변동원가	30	8
단위당 공헌이익	30	4
단위당 직접노무시간	÷ 2시간	÷ 0.5시간
직접노무시간당 공헌이익	**@15**	**@8**
생산순위	1순위	2순위
직접노무시간 (50,000시간)	② 30,000시간	③ 20,000시간
최적생산·판매량	① **15,000개**	④ **40,000개**

(물음 2) 대체여부결정 – 회사전체관점

① 제한된 자원의 사용 + 최소대체가격

   사내대체 5,000개 × 2시간 = 10,000시간 필요 → 2순위인 제품 B를 10,000시간(20,000개) 감소(대체시의 기회원가)

$$\text{최소대체가격}: \quad \underbrace{30}_{@증분지출원가} \quad + \quad \underbrace{\frac{20,000개 \times 4}{5,000개}}_{@기회원가} = @46$$

② 최대대체가격 : $Min \begin{bmatrix} @55^* \\ 132 - 50 = @82 \end{bmatrix} = @55$

$*$ 대체가격 + 50   =   60 + 45   ∴ 대체가격 = @55
    <u>사내대체 시 총원가</u>   <u>외부구입 시 총원가</u>

③ 대체여부결정

최소대체가격		최대대체가격	기업전체관점
@46	<	@55	대체가 유리 (@9)

∴ 회사전체관점에서 5,000개의 제품 A를 공정통제사업부에 사내대체해야 한다(사내대체하면 이익이 5,000개 × 9 = ₩45,000만큼 증가).

(물음 3) 최적대체수량의 결정 – 회사전체관점

① 최소대체가격이 달라지는 구간

0 ~ 10,000개[*]	대체수량 1개당 2순위인 제품 B의 판매량을 4개 감소
10,001 ~ 12,000개	대체수량 1개당 1순위인 제품 A의 판매량을 1개 감소

   * 20,000시간(2순위 직접노무시간) ÷ 2시간 = 10,000개

② 최적대체수량

	최소대체가격		최대대체가격	회사전체관점
최초 10,000개 대체분	30 + 4개 × 4 = @46	<	@55	대체가 유리 (@9)
추가 2,000개 대체분	30 + 1개 × 30 = @60	>	@55	비대체가 유리 (@5)

∴ 회사전체의 이익극대화를 위한 최적의 대체수량은 10,000개이다.

(물음 4) 목표일치성을 충족하는 대체가격

수요사업부의 최종판매가격이 불확실한 경우에 사업부 경영자의 행동이 회사전체의 이익극대화를 가져올 수 있기 위해서는(목표일치성을 충족시키기 위해서는) 최소대체가격을 대체가격으로 결정하여야 한다(수요 사업부의 최종판매가격이 불확실하면 최대대체가격도 불확실하므로 최대대체가격이 최소대체가격보다 크 거나 작을 수 있는데 어떤 경우이건 최소대체가격을 대체가격으로 결정하면 준최적화 현상이 발생하지 않기 때문).

<대체 시>

매출액	15,000개 × 60 + 20,000개 × 12(반도체) + 5,000개 × 132(공정통제) =	₩1,800,000
변동원가	20,000개 × 30 + 20,000개 × 8(반도체) + 5,000개 × 50(공정통제)	1,010,000
공헌이익		₩790,000

<비대체 시>

매출액	15,000개 × 60 + 40,000개 × 12(반도체) + 5,000개 × 132 (공정통제) =	₩2,040,000
변동원가	15,000개 × 30 + 40,000개 × 8(반도체) + 5,000개 × (60 + 45)(공정통제) =	1,295,000
공헌이익		₩745,000

∴ **회사전체관점에서 5,000개의 제품 A를 공정통제사업부에 사내대체해야 한다**(사내대체하면 이익이 790,000 − 745,000 = ₩45,000만큼 증가).

참고 **(물음 3) 최적대체수량의 결정**

최초 10,000개를 대체하면 비대체 시보다 10,000개 × 9 = ₩90,000만큼 유리하고, 추가로 2,000개를 대체하여 총 12,000개를 대체하면 10,000개 대체 시보다 2,000개 × 5 = ₩10,000만큼 불리하다는 의미이다. 이를 증명하면 아래와 같다.

<비대체 시>

매출액	15,000개 × 60 + 40,000개 × 12(반도체) + 12,000개 × 132 (공정통제) =	₩2,964,000
변동원가	15,000개 × 30 + 40,000개 × 8(반도체) + 12,000개 × (60 + 45)(공정통제) =	2,030,000
공헌이익		₩934,000

<10,000개 대체 시>

매출액	15,000개 × 60(반도체) + 12,000개 × 132 (공정통제) =	₩2,484,000
변동원가	25,000개 × 30(반도체) + 10,000개 × 50 + 2,000개 × (60 + 45)(공정통제) =	1,460,000
공헌이익		₩1,024,000

∴ 비대체 시보다 1,024,000 − 934,000 = ₩90,000만큼 유리함

<12,000개 대체 시>

매출액	13,000개 × 60(반도체) + 12,000개 × 132(공정통제) =	₩2,364,000
변동원가	25,000개 × 30(반도체) + 12,000개 × 50(공정통제) =	1,350,000
공헌이익		₩1,014,000

∴ 10,000개 대체 시보다 1,014,000 − 1,024,000 = ₩(10,000) → ₩10,000만큼 불리함

(물음 2)

1. 제한된 자원의 사용 + 최소대체가격

   대체 시의 기회원가 : 생산순위가 후순위인 외부판매제품부터 판매 감소로 인한 공헌이익 상실액

2. 사내대체 시와 외부구입 시의 추가가공원가가 다른 경우의 최대대체가격

$$\text{최대대체가격} = \text{Min}\begin{bmatrix} \text{(추가가공원가 차이금액을 조정한) 외부구입가격}^* \\ \text{완제품 판매가격} - \text{대체 시의 추가가공원가와 판매비} \end{bmatrix}$$

* 다음 등식을 만족시키는 대체가격(x)임

$$\underbrace{\text{대체가격}(x) + \text{사내대체 시의 추가가공원가}}_{\text{사내대체 시 총원가}} = \underbrace{\text{외부구입가격} + \text{외부구입 시의 추가가공원가}}_{\text{외부구입 시 총원가}}$$

(물음 3)

① 우선 최소대체가격이 달라지는 구간 결정

② 구간별로 최소대체가격과 최대대체가격 비교 → 회사전체관점에서 대체가 유리한 구간까지의 대체수량이 최적대체수량임

(물음 4)

일반적으로 목표일치성을 충족시키는 대체가격은 다음과 같음

① 최대대체가격이 불확실한 경우 : 최소대체가격

② 최소대체가격이 불확실한 경우 : 최대대체가격

K사의 완성품사업부(이하 '중국사업부')는 중국에 소재하며, 반제품사업부(이하 '한국사업부')는 한국에 있다. 중국사업부가 제품X 1단위를 생산하기 위해서는 한국사업부가 생산하는 반제품A 1단위를 수입하거나, 중국내에서 반제품A의 대체품 1단위를 구입해야 한다.

한국사업부는 반제품A를 단위당 변동원가 ₩12,000에 생산할 수 있으며 기타 원가는 발생하지 않는다. 아울러, 반제품A의 생산이 다른 제품 생산에는 아무런 영향을 주지 않는다. 중국사업부 이외에 반제품A의 수요처는 없다. 중국사업부가 한국사업부로부터 반제품A를 수입할 때 발생하는 단위당 운송비 ₩2,000은 중국사업부가 부담하며, 반제품A를 가공하여 완성하는데 소요되는 원가는 단위당 ₩16,000이다. 제품X의 중국내 연간 수요는 1,000단위이며 판매가격은 단위당 ₩48,000이다.

20×1년까지 중국사업부는 중국내에 반제품A를 대신할 수 있는 대체품 공급처가 없어 한국사업부로부터 반제품A 전량을 이전받은 바 있다. 그러나 20×2년초 중국사업부는 중국내의 다른 기업으로부터 반제품A를 대신할 수 있는 대체품 600단위를 단위당 ₩17,000에 공급할 수 있다는 제안을 받았다. 이 대체품을 사용할 경우 운송비는 발생하지 않으나 이를 가공하여 완성하는데 소요되는 원가는 기존의 단위당 ₩16,000 외에 추가로 ₩1,000이 더 발생한다. 중국사업부가 이 공급제안을 수락하면 한국사업부로부터는 잔여물량만 공급받으면 된다.

한편, K사는 한국사업부와 중국사업부의 성과평가 및 보상을 각 사업부의 영업이익에 따라 결정하며, 이전가격에 있어서는 양 사업부가 모두 수용할 수 있는 가격 범위에서 K사 전체의 세후 영업이익을 최대화하는 수준으로 정하고 있다.

한국과 중국의 법인세율은 각각 22%와 25%이다. 각 사업부에는 이전거래여부와 관계없이 납부할 법인세가 존재하며, 양국 세무당국은 국제이전가격과 관련하여 특별한 제한을 두지 않고 있다고 가정하라.

(물음 1) 다음은 20×1년 이전가격에 대한 물음이다.

  (1) 양 사업부가 모두 수용할 수 있는 이전가격의 범위를 구하시오.

  (2) K사 전체의 세후 영업이익을 최대화하는 이전가격은 얼마인가?

(물음 2) 다음은 20×2년 이전가격에 대한 물음이다.

  (1) K사의 전체적인 이익관점에서 중국사업부가 중국내에서 반제품A의 대체품을 구입하는 것이 합리적인지 여부를 결정하고 그 근거를 제시하시오.

  (2) (1)에서의 의사결정을 따를 경우, 양 사업부가 모두 수용할 수 있는 이전가격의 범위를 구하시오.

[흐름도]

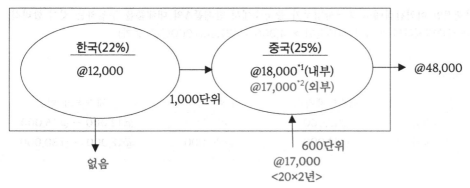

*1 16,000 + 2,000 = @18,000
*2 16,000 + 1,000 = @17,000

(물음 1) 외부구입시장이 존재하지 않는 경우

(1) 대체가격의 범위

　① 최소대체가격 : $\underline{12,000}$ + $\underline{0}$ = @12,000
　　　　　　　　　@증분지출원가　@기회원가

　② 최대대체가격 : Min $\left[\begin{array}{c} - \\ 48,000 - 18,000 = @30,000 \end{array}\right]$ = @30,000

　③ 대체가격의 범위 : **@12,000 ~ @30,000**

(2) 다국적기업의 대체가격결정

　공급사업부(한국)의 법인세율이 더 낮으므로 대체가격이 클수록 기업전체가 부담하는 법인세가 최소화
　(세후영업이익이 최대화)된다. 따라서 대체가격의 범위 중 가장 큰 **최대대체가격 ₩30,000으로 대체가
　격을 결정한다.**

(물음 2) 외부구입시장이 존재하는 경우

(1) 대체여부결정 – 기업전체관점

　① 최소대체가격 : $\underline{12,000}$ + $\underline{0}$ = @12,000

　② 최대대체가격 : Min $\left[\begin{array}{c} @16,000^* \\ 48,000 - 18,000 = @30,000 \end{array}\right]$ = @16,000

　* 대체가격 + 18,000 = 17,000 + 17,000　　　　　∴ 대체가격 = @16,000
　　$\underbrace{}$　$\underbrace{}$
　　사내대체 시 총원가　외부구입 시 총원가

③ 기업전체관점

최소대체가격		최대대체가격		기업전체관점
@12,000	<	@16,000		대체가 유리 (@4,000)

∴ **K사의 전체적인 이익관점에서 중국사업부가 중국내에서 반제품A의 대체품을 구입하는 것이 합리적이지 않다**(사내대체하면 이익이 600단위 × 4,000 = ₩2,400,000만큼 증가).

(2) 대체가격의 범위

구분	최소대체가격	최대대체가격	대체가격의 범위
600단위(외부구입가능)	@12,000	@16,000	**@12,000 ~ @16,000**
400단위(외부구입불가능)	@12,000	@30,000	**@12,000 ~ @30,000**

별해 **(물음 2) (1) 대체여부결정 – 기업전체관점**

[외부구입(비대체) 시 증분이익]

	관련항목	금액	계산내역
(-)	구입원가 증가(중국)	(10,200,000)	= 600단위 × 17,000
(-)	추가가공원가 증가(중국)	(600,000)	= 600단위 × 1,000
(+)	변동원가 감소(한국)	7,200,000	= 600단위 × 12,000
(+)	운송비 감소(중국)	1,200,000	= 600단위 × 2,000
		₩(2,400,000)	

∴ **K사의 전체적인 이익관점에서 중국사업부가 중국내에서 반제품A의 대체품을 구입하는 것이 합리적이지 않다.**

POINT

(물음 1)

1. 20×1년은 반제품A의 외부구입시장이 없는 경우임

2. 대체가격과 관계없이 대체 시 기업전체의 세전이익은 일정하기 때문에 세후이익을 최대화하기 위해서는 기업전체가 부담하는 법인세를 최소화하여야 함 → 법인세를 최소화하기 위해서는 법인세율이 낮은 국가에 소재하는 사업부의 세전이익을 최대한 증가시키도록 대체가격을 결정하여야 함 → 공급사업부의 법인세율이 더 낮으므로 대체가격이 클수록 기업전체가 부담하는 법인세가 최소화됨

(물음 2)

20×2년은 반제품A의 외부구입시장이 있는 경우임

다국적기업의 대체가격결정 - 투자중심점, 관세

㈜대한은 한국에 있는 사업부(국내사업부)와 말레이시아에 있는 사업부(해외사업부)로 구성되어 있으며, 국내사업부에서는 단일제품인 제품A를 생산하고 있다. 20×1년도 원가와 관련된 자료는 다음과 같으며, 재고의 변화는 없다고 가정한다.

1) 국내사업부는 제품A를 생산하여 국내에서 연간 20,000단위(단위당 판매가격 ₩10,000)를 안정적으로 판매하며, 해외사업부로 일정 단위를 대체하여 해외에서 판매할 수도 있다. 제품A와 관련된 원가자료는 다음과 같다.

단위당 변동제조원가	₩6,000
단위당 변동판매관리비	₩600
연간 고정제조원가	₩50,000,000
연간 최대조업도	25,000단위

2) 국내사업부는 제품A를 해외사업부로 대체하는 경우 단위당 변동판매관리비는 ₩600에서 ₩200으로 감소되는 것으로 파악하였다.

3) 해외사업부는 제품A를 한국에서 수입하여 현지에서 재가공 없이 연간 5,000단위(단위당 판매가격 ₩12,000)를 안정적으로 판매 가능하다. 다만, 해외사업부는 제품A를 현지에서 판매하기 위해서 국내사업부로부터 대체받는 가격의 20%에 해당하는 관세를 말레이시아 정부에 납부하여야 하는데, 관세는 모두 해외사업부에서 부담한다.

4) 해외사업부는 제품A에 대한 재고를 보유하지 않기 때문에 고정원가는 발생하지 않는다. 한편, 해외사업부는 제품A를 국내사업부로부터 대체받아 판매하지 못할 경우 국내의 다른 공급업자로부터 단위당 ₩9,600(관세 포함)에 구입하여 판매할 수도 있다.

5) 국내사업부와 해외사업부의 책임자는 각 사업부 경영에 관해 자율적 의사결정을 할 수 있는 권한을 갖고 있으며, 사업부의 성과는 경제적 부가가치(EVA : Economic Value Added)에 의해 평가하도록 규정되어 있다. 국내사업부의 투하자본은 ₩100,000,000이며, 경제적 부가가치를 계산함에 있어서 적용하는 가중평균자본비용은 6%이라고 가정한다.

6) 국내사업부와 해외사업부의 법인세율은 각각 20%와 10%의 단일비례세율을 적용하며, 주어진 자료 이외에는 추가되는 수익과 비용은 없다고 가정한다.

(물음 1) 국내사업부가 제품A를 국내에서만 판매할 경우 경제적 부가가치 ₩2,960,000을 달성하기 위한 목표판매수량은 몇 단위인가?

(물음 2) 해외사업부의 책임자는 국내사업부의 책임자에게 외부에서 구입할 수 있는 가격인 단위당 ₩8,000(관세 불포함)에 5,000단위를 해외사업부로 대체해 줄 것을 제안하였다. 다만, 국내사업부가 해외사업부의 제안을 받아들여 25,000단위(최대조업도)를 안정적으로 생산하기 위해서는 현재 제조설비에 ₩20,000,000 추가 투자를 해야 하는 것으로 분석되었다. 추가 시설 투자로 인해 투하자본은 ₩120,000,000으로 변동되고, 투하자본 증가에 따라 제품A를 해외사업부로 대체하는 기간에 국내사업부는 연간 ₩3,000,000의 고정제조원가가 추가 발생하는 것으로 분석되었다. 국내사업부의 책임자가 해외사업부로 5,000단위 대체하기로 결정하는 경우 국내사업부의 세후 영업이익과 경제적 부가가치의 증감은 각각 얼마인가?

(물음 3) 경제적 부가가치에 의해 사업부의 성과평가를 하는 경우 국내사업부의 입장에서 해외사업부로 5,000단위를 대체함에 있어서 받고자 하는 단위당 최소대체가격은 얼마인가? (단, 국내의 판매환경에는 변화가 없으며, 투하자본의 증가액과 연간 고정제조원가의 증가액은 (물음 2)의 자료와 동일하다고 가정한다.)

(물음 4) 한국과 말레이시아는 양국 협의에 의해 제품A에 대한 관세를 철폐하기로 하였다. (단, 국내사업부는 해외사업부로 제품A를 대체하기로 결정한 상태이며, 투하자본의 증가액과 연간 고정제조원가의 증가액은 (물음 2)의 자료와 동일하다고 가정한다.)

(1) 기업 전체의 세후영업이익을 극대화시키는 단위당 대체가격은 얼마인가?

(2) 관세를 부과하는 시기에도 기업 전체의 세후영업이익을 극대화시키는 방향으로 대체가격을 결정하였다면 관세 철폐 후 기업 전체의 세후영업이익은 얼마나 증감하였는가?

[흐름도]

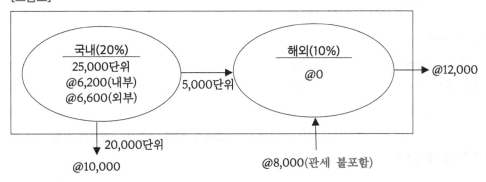

(물음 1) 목표판매량

목표판매량 = x,

① 세전영업이익 : $x \times (10{,}000 - 6{,}600) - 50{,}000{,}000 = 3{,}400x - 50{,}000{,}000$

② EVA : $(3{,}400x - 50{,}000{,}000) \times (1 - 0.2) - 100{,}000{,}000 \times 6\% = 2{,}720x - 46{,}000{,}000$

$\qquad\qquad = 2{,}960{,}000 \qquad\qquad\qquad\qquad\qquad\qquad\qquad \therefore\ x = \textbf{18,000단위}$

(물음 2) 대체 시 증분세후영업이익과 증분EVA

① 대체 시 증분세후영업이익

$\quad$: $\{5{,}000단위 \times (8{,}000 - 6{,}200) - 3{,}000{,}000\} \times (1 - 0.2) = $ **₩4,800,000 증가**

② 대체 시 증분EVA : $4{,}800{,}000 - 20{,}000{,}000 \times 6\% = $ **₩3,600,000 증가**

(물음 3) 최소대체가격 – 투자중심점(EVA)

[증분접근법]

최소대체가격 = x,

① 대체 시 증분세후영업이익

$\quad$: $\{5{,}000단위 \times (x - 6{,}200) - 3{,}000{,}000\} \times (1 - 0.2) = 4{,}000x - 27{,}200{,}000$

② 대체 시 증분EVA

$\quad$: $(4{,}000x - 27{,}200{,}000) - 20{,}000{,}000 \times 6\% = 4{,}000x - 28{,}400{,}000 = 0 \quad \therefore\ x = $ **@7,100**

(물음 4) 기업전체관점

(1) 다국적기업의 대체가격결정

① 최대대체가격 : $\text{Min}\begin{bmatrix} @8,000 \\ 12,000 - 0 = @12,000 \end{bmatrix} = @8,000$

② 대체가격의 범위

최소대체가격	최대대체가격	대체가격의 범위
@7,100(물음 3)	@8,000	@7,100 ~ @8,000

∴ 수요사업부(해외사업부)의 법인세율이 더 낮으므로 대체가격이 작을수록 기업전체가 부담하는 법인세가 최소화(세후이익이 최대화)된다. 따라서 대체가격의 범위 중 가장 작은 **최소대체가격 ₩7,100**으로 대체가격을 결정한다.

(2) 기업전체의 증분세후영업이익

① 관세 부과 시 기업전체의 세후영업이익을 극대화시키는 대체가격 : ₩7,100[(1)과 동일함]
→ 계산과정은 [별해] 참조

② 관세 철폐 후 기업전체의 증분세후영업이익(= 수요사업부의 증분세후영업이익)

: $\underbrace{5,000단위 \times 7,100 \times 20\%}_{\text{관세}} \times (1 - 0.1) = \textbf{₩6,390,000 증가}$

[별해]

(물음 2) 대체 시 증분세후영업이익과 증분EVA

① 세후영업이익

비대체 시 : {20,000단위 × (10,000 − 6,600) − 50,000,000} × (1 − 0.2) = ₩14,400,000

대체 시 : {20,000단위 × (10,000 − 6,600) + 5,000단위 × (8,000 − 6,200) − 53,000,000} × (1 − 0.2) = ₩19,200,000

∴ 19,200,000 − 14,400,000 = **₩4,800,000 증가**

② EVA

비대체 시 : 14,400,000 − 100,000,000 × 6% = ₩8,400,000

대체 시 : 19,200,000 − 120,000,000 × 6% = ₩12,000,000

∴ 12,000,000 − 8,400,000 = **₩3,600,000 증가**

(물음 3) 최소대체가격 – 투자중심점(EVA)

[총액접근법]

최소대체가격 = x,

① 대체 시 세후영업이익

: {20,000단위 × (10,000 − 6,600) + 5,000단위 × (x − 6,200) − 53,000,000} × (1 − 0.2)
= 4,000x − 12,800,000

② 대체 시 EVA

: (4,000x − 12,800,000) − 120,000,000 × 6% = 4,000x − 20,000,000

③ $\underset{\text{비대체 시 EVA}}{\underline{8,400,000}}$ = $\underset{\text{대체 시 EVA}}{\underline{4,000x − 20,000,000}}$ ∴ x = **@7,100**

(물음 4) (2) 기업전체의 증분세후영업이익

① 관세 부과 시 기업전체의 세후영업이익을 극대화시키는 대체가격

ㄱ. 최대대체가격 : Min $\begin{bmatrix} 9,600/1.2 = @8,000 \\ 12,000/1.2 = @10,000 \end{bmatrix}$ = @8,000

(관세 20%를 제외하고 계산하여야 함)

ㄴ. 대체가격의 범위

최소대체가격	최대대체가격	대체가격의 범위
@7,100(물음 3)	@8,000	@7,100 ~ @8,000

∴ 수요사업부(해외사업부)의 법인세율이 더 낮으므로 대체가격이 작을수록 기업전체가 부담하는 법인세가 최소화(세후이익이 최대화)된다. 따라서 대체가격의 범위 중 가장 작은 **최소대체가격 ₩7,100으로 대체가격을 결정한다.**

② 수요사업부의 증분세후영업이익

관세 부과 시 : 5,000단위 × (12,000 − 7,100 × 1.2) × (1 − 0.1) = ₩15,660,000

관세 철폐 시 : 5,000단위 × (12,000 − 7,100) × (1 − 0.1) = ₩22,050,000

∴ 22,050,000 − 15,660,000 = **₩6,390,000 증가**

대체가격결정 문제는 대부분 각 사업부를 이익중심점으로 운영한다고 보나 여기에서는 각 사업부를 투자중심점으로 운영한다고 봄(사업부의 성과는 EVA에 의해 평가함)

(물음 3)

공급사업부의 최소대체가격 구하는 방법

[총액접근법] '비대체 시 EVA = 대체 시 EVA'를 충족하는 단위당 대체가격

[증분접근법] '대체 시 증분EVA = ₩0'을 충족하는 단위당 대체가격

(물음 4)

국내사업부는 해외사업부에 제품A를 대체하기로 결정한 상태이므로 대체가격의 범위 중 기업전체의 세후영업이익을 극대화시키는 대체가격을 정하면 됨

(물음 4) (2)

1. 관세를 부과하여도 최소대체가격과 최대대체가격은 (1)과 같으므로 기업전체의 세후영업이익을 극대화시키는 방향으로 대체가격을 결정하였다는 것은 결국 ₩7,100으로 대체가격을 결정하였다는 것임

2. 관세는 수요사업부에서 부담하므로 관세 철폐 후 기업 전체의 증분세후영업이익은 수요사업부가 관세를 부담하지 않음에 따라 증가하는 세후영업이익과 같음

활동기준경영(ABM)

[핵심성공요인과 전략적 관리회계기법]

구분	핵심성공요인	전략적 관리회계기법
전략적 원가관리	원가	활동기준경영(ABM), 제품수명주기원가계산(LCC), 목표원가계산, 카이젠원가계산
	품질	품질원가계산(COQ)
	시간	시간원가계산(COT)
	원가 + 품질 + 시간 (재고)	재고관리와 적시생산시스템(JIT), 제약이론(TOC)
전략적 성과평가	원가 + 품질 + 시간 + 혁신	균형성과표(BSC), 영업이익변화의 전략적분석

1. 활동자원소비모형

(1) 의의

활동자원소비모형(ARU)이란 활동이 자원을 소비하는 관계를 정교하게 분석하고, 이를 미사용 능력 관리에 이용하여 원가절감을 얻고, 의사결정에 이용하여 기업의 수익성을 향상시키려는 이론을 말함 → 미사용 능력원가를 별도로 파악할 수 있음

(2) 자원의 분류

[유동자원과 계약자원 비교]

구분	유동자원(신축자원)	계약자원(구속자원)
의의	필요할 때마다 필요한 만큼 즉시 획득할 수 있는 자원	필요할 때마다 필요한 만큼 즉시 획득할 수 없는 자원 • 최소 획득 단위가 존재 • 사람, 기계와 관련된 자원
원가행태	변동활동원가	고정활동원가
미사용 능력	존재하지 않음 (획득된 능력 = 사용된 능력)	존재함 (획득된 능력 ≥ 사용된 능력)

(3) 미사용 능력

> 미사용 능력 = 획득된 능력 − 사용된 능력

(4) 미사용 능력원가

$$미사용\ 능력원가 = 미사용\ 능력 \times 획득된\ 능력\ 단위당\ 원가^*$$

$$^*\ 획득된\ 능력\ 단위당\ 원가 = \frac{고정활동원가}{획득된\ 능력}$$

[미사용 능력원가의 처리방법]

구분	제품원가로 처리(기존의 방법)	기간원가로 처리(ARU)
의의	미사용 능력원가를 별도로 계산하지 않고 고정활동원가를 전부 제품원가로 처리함	미사용 능력원가를 별도로 계산하여 기간원가로 처리함
고정활동원가 배부율	사용된 능력 단위당 원가 $= \dfrac{고정활동원가}{사용된\ 능력}$	획득된 능력 단위당 원가 $= \dfrac{고정활동원가}{획득된\ 능력}$
제품원가 (사용된 능력원가)	사용된 능력 × 사용된 능력 단위당 원가	사용된 능력 × 획득된 능력 단위당 원가
미사용 능력원가	–	미사용 능력 × 획득된 능력 단위당 원가

2. 활동자원소비모형을 이용한 의사결정

[활동자원소비모형을 이용한 특별주문 거절 또는 수락 의사결정]

구분	내용
변동활동원가 (유동자원)	특별주문에 필요한 자원량만큼 원가가 증가함
고정활동원가 (계약자원)	특별주문에 필요한 수량을 충족할만한 미사용 능력이 존재하는 경우에는 원가가 전혀 증가하지 않음
	특별주문에 필요한 수량을 충족할만한 미사용 능력이 존재하지 않는 경우에는 추가로 획득해야 하는 자원량만큼 원가가 증가함(최소 획득 단위 고려)

3. 프로세스가치분석

프로세스가치분석은 원가를 절감하려는 목적에서 '어떤 활동들이 수행되는가?(what)', '활동들이 왜 수행되는가?(why)', '활동들이 얼마나 잘 수행되었는가?(how well)'와 관련하여 ① 활동분석 ② 원가동인분석 ③ 성과측정을 지속적으로 수행하여 활동 및 프로세스를 개선하려는 것을 말함

[원가관점과 프로세스관점]

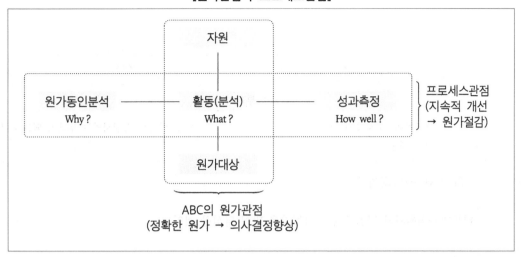

(1) 활동분석

[부가가치활동과 비부가가치활동]

구분	내용
부가가치활동	고객가치를 증가시키는 활동
비부가가치활동	고객가치를 증가시키지 못하고 자원만 낭비하는 활동(검사, 이동, 대기, 저장)

(2) 원가동인분석

원가를 절감하려는 목적에서 활동을 유발하는 근본원인(root causes)을 파악하는 것

(3) 성과측정

활동이 얼마나 잘 수행되어, 원가절감을 얼마나 많이 달성했는지를 평가하는 것

① 부가가치원가와 비부가가치원가

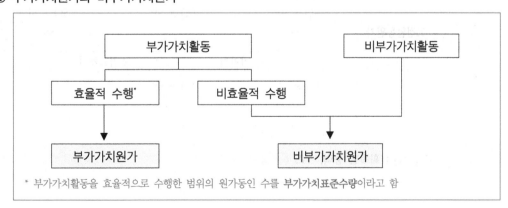

② 비부가가치원가 분석

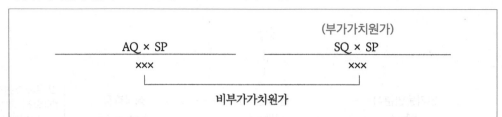

AQ : 유동자원 → 사용된 능력, 계약자원 → 획득된 능력(∵ 원가를 발생시키는 토대가 되는 수량
이기 때문)
SQ : 부가가치표준수량
SP : 단위당 표준가격

비부가가치원가가 낮을수록 원가절감을 많이 달성한 것임 → 최종 목표는 지속적 개선을 통하
여 비부가가치원가를 ₩0으로 만드는 것임

③ 활동기준변동예산에 의한 활동원가차이분석
ㄱ. 변동활동원가차이 - 유동자원

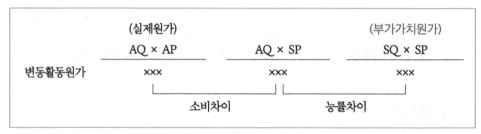

• 소비차이 : AQ(획득된 능력 = 사용된 능력)에 대한 가격차이
• 능률차이 : 변동활동원가의 비부가가치원가를 의미

ㄴ. 고정활동원가차이 - 계약자원

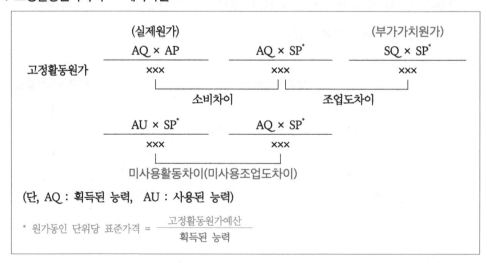

- 소비차이 : AQ(획득된 능력)에 대한 가격차이
- 조업도차이 : 고정활동원가의 비부가가치원가를 의미
- 미사용활동차이 : 미사용 능력원가를 의미하고, 원가절감을 위해서는 미사용 활동의 재배치와 감소(다운사이징)가 필요하나 미사용 능력은 계약자원에서만 발생하므로 즉시 감소시킬 수는 없으며, 일정크기로만 감소시키는 것이 가능함. 미사용활동차이가 고정활동원가를 효율적으로 사용한 결과 나타난 차이라면 유리한 차이를 의미하며, 유리한 미사용활동차이가 불리한 조업도차이와 같은 금액이 되면 비부가가치원가를 완전히 제거할 수 있게 됨

[활동기준변동예산에 의한 활동원가차이분석 정리]

구분	내용
목적	원가절감
AQ의 의미	변동활동원가 : 사용된 능력(= 획득된 능력) 고정활동원가 : 획득된 능력
SQ의 의미	부가가치표준수량(비부가가치활동은 개념적으로는 '0'이나 문제에서 부가가치표준수량이 주어질 수 있음)
능률차이의 의미	변동활동원가의 비부가가치원가를 의미
조업도차이의 의미	고정활동원가의 비부가가치원가를 의미
ARU 적용여부	적용함
시간적 관점	장기적 관점

㈜레드는 책상과 의자를 제조, 판매하는 회사로서 원가계산을 위해 활동기준원가계산제도 (ABC)를 채택하고 있다. 연초에 추정한 20×1년도 제품별 예상 손익은 다음과 같다. (본 문제 전체적으로 기초와 기말에 재공품과 제품의 재고는 없다고 가정한다.)

(단위 : 원)

	책상 (3,000개)	의자 (3,400개)
수익		
책상 (개당 3,000)	9,000,000	–
의자 (개당 2,000)	–	6,800,000
직접재료원가 및 직접노무원가		
책상 (개당 1,500)	4,500,000	–
의자 (개당 1,000)	–	3,400,000
고정제조간접원가		
작업준비(set up)원가	1,406,250	1,593,750
재료취급(material handling)원가	937,500	1,062,500
본사 관리비용 배부액	156,250	443,750
총비용	7,000,000	6,500,000
영업이익(손실)	2,000,000	300,000

고정제조간접원가를 발생시키는 작업준비활동과 재료취급활동은 뱃치수준활동으로서, 각 활동의 원가동인은 작업준비횟수와 재료이동횟수이며, 각 활동의 뱃치크기(batch size)는 각각 제품 20개와 40개이다. 위에서 고정제조간접원가는 다음의 각 제품별 활동소비량에 기초하여 배분되었으며, 동일한 수량의 책상과 의자는 동일한 수준의 활동을 소비한다. (즉, 책상과 의자는 활동 소비에 있어서 무차별하다)

	작업준비 활동	재료취급 활동
활동별 총원가 예산	₩3,000,000	₩2,000,000
제품별 활동소비량		
책상	150회	75회
의자	170회	85회
합계	320회	160회
원가배부율	₩9,375/회	₩12,500/회

각 활동별 연간 실제최대조업도(획득된 능력)는 다음과 같다.

	작업준비 활동	재료취급 활동
활동별 실제최대조업도		
작업준비횟수	600회	–
재료이동횟수	–	200회

20×1년도 말 활동별 총원가, 제품별 활동소비량 및 제품별 손익이 연초에 추정된 대로 실현되는 경우에 다음의 질문에 답하시오.

(물음 1) 활동별 연간 실제최대조업도(획득된 능력)에 의한 활동별 고정제조간접원가배부율을 계산하시오.

(물음 2) 작업준비활동과 재료취급활동의 미사용 능력원가를 계산하시오.

※ ㈜레드는 ㈜그린으로부터 기존에 생산하고 있는 것과 동일한 책상 2,200개를 연말까지 생산해 달라는 1회성 특별주문을 받았다. 이 주문은 정상적으로 생산, 판매되고 있는 제품의 수요와 공급에는 아무런 영향을 주지 않는다. ㈜레드의 원가/비용 항목은 다음과 같은 특성을 지닌다.

- 직접재료원가와 직접노무원가는 회피가능한 변동원가이다.
- 작업준비활동의 원가는 회피불가능원가이다. 단, 200회의 작업준비활동을 수행할 수 있는 관련 장비 1대를 ₩500,000에 ㈜블루에 연말까지 임대할 수 있다.
- 재료취급활동의 원가는 회피불가능하며, 이 활동과 관련하여 발생하는 잉여자원은 모두 유휴자원(idle resources)이 된다.
- 작업준비활동과 재료취급활동에 투입되는 자원은 해당 활동을 위해서만 사용된다. ㈜블루에 대한 임대를 제외하고는 모든 잉여자원의 외부 처분가치는 없다.
- 본사 관리비용은 고정비용으로서 직접노무원가 기준으로 배부하고 있다.

위 자료를 근거로 다음의 질문에 답하시오.

(물음 3) ㈜그린으로부터의 주문을 처리하는 데 소요되는 작업준비활동의 관련원가(relevant cost)를 계산하시오. 작업준비활동의 수행을 위한 자원의 추가 구입은 다음 년도에 잉여자원이 과도하게 발생할 우려가 있어 고려하지 않는다.

(물음 4) ㈜그린으로부터의 주문을 처리하는 데 소요되는 재료취급활동의 관련원가(relevant cost)를 계산하시오. 재료취급활동 수행을 위해 자원(장비)을 추가 구입할 경우 장비 추가 구입가격은 1대당 ₩150,000이고, 새로 구입한 장비는 연말에 1대당 ₩50,000씩 모두 외부에 매각할 수 있다. 단, 장비는 1대당 재료취급활동을 10회 수행할 수 있다.

해답

(물음 1) 고정제조간접원가배부율(획득된 능력 단위당 원가)

작업준비 : $\dfrac{3,000,000}{600회}$ = @5,000/회

재료취급 : $\dfrac{2,000,000}{200회}$ = @10,000/회

(물음 2) 미사용 능력원가

작업준비 : (600회 - 320회) × 5,000 = **₩1,400,000**
 　　　　　 미사용 능력　 획득된 능력 단위당 원가

재료취급 : (200회 - 160회) × 10,000 = **₩400,000**
 　　　　　 미사용 능력　 획득된 능력 단위당 원가

(물음 3) 작업준비활동의 관련원가 - 활동자원소비모형

① 미사용 능력 : 600회 - 320회 = 280회

② 특별주문의 작업준비횟수 : 2,200개 ÷ 20개 = 110회 → 특별주문 수락 시 미사용 능력이 280회 - 110회 = 170회에 불과하여 ㈜블루에 장비 1대(장비 1대당 작업준비 200회 수행)를 ₩500,000에 임대할 기회를 상실하게 된다(특별주문 수락 시의 기회원가).

∴ 작업준비활동의 관련원가 : 　　0　　 + 　500,000　 = **₩500,000**
 　　　　　　　　　　　　　 증분지출원가　　기회원가

(물음 4) 재료취급활동의 관련원가 - 활동자원소비모형

① 미사용 능력 : 200회 - 160회 = 40회

② 특별주문의 재료이동횟수 : 2,200개 ÷ 40개 = 55회 → 특별주문 수락 시 미사용 능력이 55회 - 40회 = 15회 부족하여 관련 장비 2대(장비 1대당 재료취급활동 10회 수행)를 1대당 ₩150,000에 구입하여야 하고, 구입한 장비는 1대당 ₩50,000에 매각하여야 한다(특별주문 수락 시의 증분지출원가).

∴ 재료취급활동의 관련원가 : 2대 × (150,000 - 50,000) + 　　0　　 = **₩200,000**
 　　　　　　　　　　　　　　 　　증분지출원가　　　　　 기회원가

POINT

(물음 3), (물음 4)

활동자원소비모형을 이용한 특별주문 수락 시의 관련원가를 묻는 물음으로서 고정활동원가(계약자원)의 증분지출원가는 다음과 같이 파악하여야 함

① 특별주문에 필요한 수량을 충족할만한 미사용 능력이 존재하는 경우에는 원가가 전혀 증가하지 않음 → (물음 3)

② 특별주문에 필요한 수량을 충족할만한 미사용 능력이 존재하지 않는 경우에는 추가로 획득해야 하는 자원량만큼 원가가 증가함(최소 획득 단위 고려) → (물음 4)

㈜석일의 20×1년도 두 개의 활동수준(원가동인수)별 제조원가에 대한 예산은 다음과 같다.

	활동수준	
<원가동인 : 직접노무시간>	50,000시간	100,000시간
직접재료	₩300,000	₩600,000
직접노무	200,000	400,000
감가상각(공장)	100,000	100,000
	₩600,000	₩1,100,000
<원가동인 : 기계시간>	200,000시간	300,000시간
수선유지	₩360,000	₩510,000
기계가공	112,000	162,000
	₩472,000	₩672,000
<원가동인 : 이동횟수>	20,000회	40,000회
재료이동	₩165,000	₩290,000
<원가동인 : 검사횟수>	100회	200회
제품검사	₩125,000	₩225,000
합계	₩1,362,000	₩2,287,000

20×1년에 직접노무시간 80,000시간, 기계시간 250,000시간, 이동횟수 32,000회, 검사횟수 120회를 사용했으며 실제원가는 다음과 같다.

직접재료	₩440,000
직접노무	355,000
감가상각	100,000
수선유지	425,000
기계가공	142,000
재료이동	232,500
제품검사	160,000

회사는 직접노무시간, 기계시간, 이동횟수, 검사횟수를 기준으로 제조간접원가를 배부한다.

위의 표에서 오른쪽에 해당하는 활동수준은 획득된 활동능력을 의미한다.

(물음 1) 20×1년 원가동인의 실제사용량에 근거한 활동기준변동예산을 편성하고, 제조원가에 대한 성과보고서를 작성하시오.

> ※ 다음은 (물음 2)부터 (물음 6)까지와 관련된 추가자료이다.
>
> 회사의 원가관리부서에서는 재료이동활동의 예산을 심층적으로 분석한 결과 다음과 같은 사항을 밝혀냈다. 재료이동활동의 자원은 지게차와 지게차를 운행하는 운전기사 및 연료이다. 회사는 4대의 지게차를 보유할 예정(지게차 1대당 연간 10,000회의 이동이 가능)이다. 지게차의 5년 동안 1대당 연간 임차료는 ₩10,000으로 예상된다(5년 이내 임차계약을 해지할 수는 없음). 지게차의 운전기사 1인당 연간 최대 이동가능횟수는 5,000회로 예상되므로 4대의 지게차를 완전 운행하기 위해서 8명의 운전기사를 고용할 예정이다. 운전기사 1인당 예상 연봉은 ₩30,000이며, 필요한 경우 고용계약은 해지할 수 있다. 또한, 이동횟수 1회당 ₩0.25의 연료비가 발생할 것으로 예상된다. 오직 이들 3종류의 자원만 있다고 가정한다.

(물음 2) 다음에 답하시오.

   (1) 재료이동활동의 자원을 유동자원과 계약자원으로 분류하시오.

   (2) 재료이동활동원가를 원가행태별로 분류하시오.

   (3) 재료이동활동수준 20,000회와 40,000회 각각에 대한 예산원가를 자원원가별로 상세하게 나타내시오.

(물음 3) 재료이동활동은 부가가치활동인가? 아니면 비부가가치활동인가? 만약 비부가가치활동이라면 장기적 관점에서 봤을 때 부가가치표준수량은 어떻게 되는가?

(물음 4) 당해연도 재료이동활동의 이동횟수가 32,000회이고, 자원별 실제원가는 연료비가 ₩9,600, 운전기사급여가 ₩260,000, 지게차임차료가 ₩40,000이었다고 가정하자. 각 자원별 실제원가와 부가가치표준의 차이를 상세히 분석하되, 미사용활동차이도 나타내시오.

(물음 5) 활동기준경영의 중요한 성과측정방법인 부가가치원가와 비부가가치원가분석에 따르면 향후 절감해야 할 재료이동활동의 비부가가치원가는 얼마인가?

(물음 6) 원가절감을 위해서 미사용활동의 관리를 어떻게 하겠는가? (물음 4)를 근거로 구체적으로 설명하시오.

(물음 1) 활동기준변동예산과 성과보고서

① 혼합원가의 원가행태(고저점법)

ㄱ. 수선유지

원가동인당 변동활동원가 : $\dfrac{510{,}000 - 360{,}000}{300{,}000시간 - 200{,}000시간}$ = @1.5/시간

연간 고정활동원가 : $360{,}000 - 1.5 \times 200{,}000시간 = ₩60{,}000$

ㄴ. 기계가공

원가동인당 변동활동원가 : $\dfrac{162{,}000 - 112{,}000}{300{,}000시간 - 200{,}000시간}$ = @0.5/시간

연간 고정활동원가 : $112{,}000 - 0.5 \times 200{,}000시간 = ₩12{,}000$

ㄷ. 재료이동

원가동인당 변동활동원가 : $\dfrac{290{,}000 - 165{,}000}{40{,}000회 - 20{,}000회}$ = @6.25/횟수

연간 고정활동원가 : $165{,}000 - 6.25 \times 20{,}000회 = ₩40{,}000$

ㄹ. 제품검사

원가동인당 변동활동원가 : $\dfrac{225{,}000 - 125{,}000}{200회 - 100회}$ = @1,000/횟수

연간 고정활동원가 : $125{,}000 - 1{,}000 \times 100회 = ₩25{,}000$

② 활동기준변동예산

직접재료	80,000시간 × 6 =	₩480,000
직접노무	80,000시간 × 4 =	320,000
감가상각		100,000
수선유지	60,000 + 250,000시간 × 1.5 =	435,000
기계가공	12,000 + 250,000시간 × 0.5 =	137,000
재료이동	40,000 + 32,000회 × 6.25 =	240,000
제품검사	25,000 + 120회 × 1,000 =	145,000
		₩1,857,000

③ 성과보고서

	실제원가	변동예산	변동예산차이
직접재료	₩440,000	₩480,000	**₩40,000 F**
직접노무	355,000	320,000	**35,000 U**
감가상각	100,000	100,000	–
수선유지	425,000	435,000	**10,000 F**
기계가공	142,000	137,000	**5,000 U**
재료이동	232,500	240,000	**7,500 F**
제품검사	160,000	145,000	**15,000 U**
	₩1,854,500	₩1,857,000	**₩(2,500) F**

(물음 2) 자원원가

(1) 유동자원과 계약자원

유동자원 : 연료

계약자원 : 운전기사(단기공급계약), 지게차(장기공급계약)

(2) 원가행태

변동활동원가 : 연료비

고정활동원가 : 운전기사급여, 지게차임차료

(3) 자원원가

	20,000회			40,000회		
연료비	20,000회 × 0.25 =	₩5,000		40,000회 × 0.25 =	₩10,000	
운전기사급여	4명* × 30,000 =	120,000		8명 × 30,000 =	240,000	
지게차임차료	4대 × 10,000 =	40,000		4대 × 10,000 =	40,000	
		₩165,000			₩290,000	

* 자원수요가 감소하면 4명에 대한 고용계약을 해지할 것이다.

(물음 3) 비부가가치활동

재료이동활동은 비부가가치활동이다. 장기적 관점에서 활동기준경영의 주요목적은 비부가가치활동을 완전히 제거하는 것이므로 부가가치표준수량은 0회이다.

(물음 4) 활동기준경영에서의 활동원가차이분석

① 변동활동원가차이

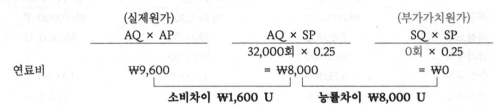

	(실제원가) AQ × AP	AQ × SP 32,000회 × 0.25	(부가가치원가) SQ × SP 0회 × 0.25
연료비	₩9,600	= ₩8,000	= ₩0

소비차이 ₩1,600 U   능률차이 ₩8,000 U

② 고정활동원가차이

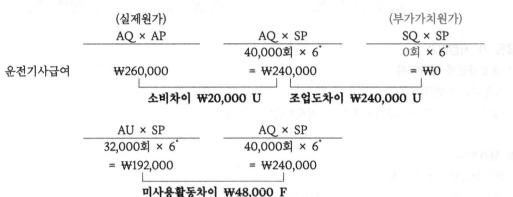

	(실제원가) AQ × AP	AQ × SP 40,000회 × 6*	(부가가치원가) SQ × SP 0회 × 6*
운전기사급여	₩260,000	= ₩240,000	= ₩0

소비차이 ₩20,000 U   조업도차이 ₩240,000 U

	AU × SP 32,000회 × 6*	AQ × SP 40,000회 × 6*
	= ₩192,000	= ₩240,000

미사용활동차이 ₩48,000 F

* 원가동인 단위당 표준가격 : $\dfrac{8명 \times 30,000}{8명 \times 5,000회}$ = @6

	(실제원가) AQ × AP	AQ × SP 40,000회 × 1*	(부가가치원가) SQ × SP 0회 × 1*
지게차임차료	₩40,000	= ₩40,000	= ₩0

소비차이 ₩0   조업도차이 ₩40,000 U

	AU × SP 32,000회 × 1*	AQ × SP 40,000회 × 1*
	= ₩32,000	= ₩40,000

미사용활동차이 ₩8,000 F

* 원가동인 단위당 표준가격 : $\dfrac{4대 \times 10,000}{4대 \times 10,000회}$ = @1

(물음 5) 부가가치원가와 비부가가치원가분석

변동활동원가의 능률차이와 고정활동원가의 조업도차이는 비부가가치원가를 의미한다. 따라서 **비부가가치원가는 8,000 + 240,000 + 40,000 = ₩288,000이다.**

(물음 6) 미사용활동의 관리

계약자원 중 장기공급계약으로 획득되는 지게차는 5년 동안 감소가 불가능하나, 단기공급계약으로 획득되는 운전기사는 미사용활동이 40,000회 - 32,000회 = 8,000회 존재하므로 1명을 해고할 수 있을 것이다. 따라서 운전기사 1명을 해고하여 ₩30,000의 원가절감을 얻거나, 운전기사 1명을 다른 작업에 배치하여 원가절감을 얻을 수 있다.

1 제품수명주기원가계산

1. 의의

제품수명주기원가계산(LCC)이란 제품수명주기 동안 가치사슬 각 단계에서 발생하는 모든 원가를
제품별로 집계하는 원가계산을 말함

[제품수명주기 손익계산서]

작성대상기간 : 제품수명주기		
수익		×××
원가		
연구개발	×××	
설계	×××	
제조	×××	
마케팅	×××	
유통	×××	
고객서비스	×××	×××
이익		×××

[가치사슬]

2. 확정원가

제조이전단계에서 제품수명주기원가의 약 80% ~ 90%가 확정(확정원가, 고착원가)되므로 대폭적
인 원가절감을 위해서는 제조이전단계에서의 원가절감노력이 중요하다는 것을 알 수 있음

3. 유용성

① 제품의 수익성분석과 장기적 의사결정에 유용함

② 제조이전단계에서 대부분의 원가가 확정되므로 제조이전단계에서의 원가절감노력을 강조함

③ 각 단계별 원가 사이의 상호관계를 파악할 수 있어서 이를 활용하여 원가를 절감하고 수익성을 향상시킬 수 있음

2 목표원가계산

1. 의의

목표원가계산(target costing)은 제조이전단계에서 목표가격으로부터 목표원가를 결정하고, 가치공학 등을 수행하여 목표원가를 달성하고자 하는 원가관리기법(원가기획)

2. 목표원가계산의 절차

[목표원가계산의 절차]

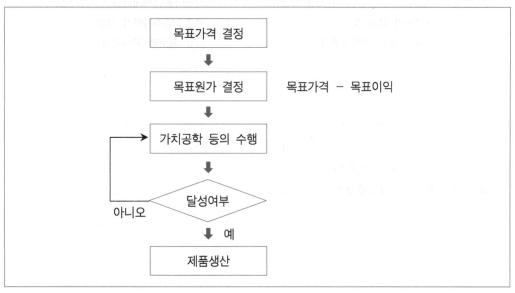

(1) 목표가격 결정

(2) 목표원가 결정

목표원가 = 목표가격 − 목표이익[*]

[*] 목표가격 × 매출액이익률

(3) 가치공학 등의 수행(목표원가 달성노력)

구분	내용
가치공학 (value engineering)	제품의 기능에서 얻을 수 있는 효용과 그 기능을 실현하기 위한 원가를 비교하는 기능분석 등
동시공학 (concurrent engineering)	제품의 기획, 설계단계부터 모든 부서를 참여시켜 동시에 제품을 개발하는 기법
게스트 엔지니어링 (guest engineering)	제품의 기획, 설계단계부터 부품업체를 참여시켜 공동으로 부품을 개발하는 기법

(4) 목표원가 달성여부

가치공학 수행 후의 예상원가(보통 ABC를 이용하여 계산)와 목표원가를 비교

3. 표준원가계산과 비교

구분	표준원가계산	목표원가계산
목적	제조단계에서의 원가통제(원가절감)	제조이전단계에서의 원가절감노력
대상	제조원가 통제(절감)	제품수명주기원가 절감
관점	기업 내부의 생산자관점	기업 외부의 고객관점

4. 한계점

① 설계담당자 등 관련된 종업원들의 심리적 중압감이 큼
② 목표원가를 세분화하는 과정에서 각 당사자들 사이에 갈등을 초래할 수 있음
③ 납품가격의 인하로 인하여 부품공급업체의 경영악화를 초래할 수 있음
④ 가치공학 등의 반복수행으로 인하여 제품출시까지 시간이 많이 소요될 수 있음

3 카이젠원가계산

1. 의의

카이젠원가계산은 제조단계에서 원가절감목표를 설정하고 이를 달성할 수 있도록 제조공정을 지속적으로 개선해 나가는 원가관리기법(개선원가계산)

2. 목표원가계산과의 비교

구분	목표원가계산	카이젠원가계산
적용시점	제조이전단계에서의 원가절감노력	제조단계에서의 원가절감
대상	제품수명주기원가 절감	제조원가 절감
정도	대폭적 절감	소폭적 절감
방법	혁신적인 변화	지속적인 개선

3. 표준원가계산과의 비교

구분	표준원가계산	카이젠원가계산
목적	제조단계에서의 원가통제(원가절감) (표준원가 달성)	제조단계에서의 원가절감 (원가절감목표 달성)
원가절감지식	관리자와 공학자가 가장 많이 안다고 가정	실작업자가 가장 많이 안다고 가정
제조공정	안정적인 제조공정	지속적인 개선이 가능한 제조공정
차이분석	실제원가와 표준원가의 비교	실제절감액과 원가절감목표의 비교

해커스 강경태 CPA 파이널 2차 원가관리회계

하남전자㈜는 100개의 부품을 조립하여 에어컨 OAC를 생산하여 단위당 판매가격 ₩530으로 매월 5,000단위씩 중국 바이어에게 수출하고 있다. OAC(old air conditioner)의 단위당 제조원가는 ₩485이며 매월 제조원가는 ₩2,425,000이고, 이에 대한 자료는 다음과 같다.

직접재료원가	₩1,500,000
직접노무원가	300,000
기계가공원가	250,000
검사원가	100,000
재작업원가	15,000
엔지니어링원가	260,000
총제조원가	₩2,425,000

하남전자㈜의 경영진이 확인한 결과 활동원가집합, 각 활동별 원가동인 및 각 간접원가 집합별 원가동인 단위당 원가는 다음과 같다.

제조활동 원가집합	내용	원가동인	원가동인의 단위원가
기계가공원가	부품기계조립	기계시간	기계시간당 ₩50
검사원가	부품과 제품검사	검사시간	검사시간당 ₩10
재작업원가	불합격품의 수리	OAC의 재작업량	단위당 ₩30
엔지니어링원가	제품과 공정의 설계·관리	엔지니어링시간	엔지니어링시간당 ₩400

위에서 설명한 바와 같이 각 활동원가는 해당 원가동인에 따라 변화한다.

또한 OAC의 설계에 관한 추가정보는 아래와 같다.

① 단위당 검사시간은 2시간, 단위당 기계가공시간은 1시간이다. 이때 부품과 제품검사는 모든 단위에 대한 전수검사가 실시된다.
② 기존 제조공정 하에서는 OAC 생산량의 10%가 재작업대상이다.

최근 중국산 경쟁제품이 저가격 파상공세로 대량 출하되면서 가격경쟁이 치열해지고 있다. 경영진은 이에 대한 대응방안을 모색한 결과 가격경쟁력을 유지하기 위해서는 단위당 판매가격을 ₩480 수준으로 인하할 필요가 있다고 판단하였다. 그러나 가격인하조치에도 불구하고 판매증가는 없을 것이며, 만일 현행가격을 그대로 유지한다면 엄청난 수출 감소의 충격이 발생할 것으로 예상된다. 이러한 위기상황에서 경영진은 원가관리회계팀장에게 단위당 제조원가를 ₩50만큼 절감할 수 있는 구체적인 방안을 강구하라고 요구하였다. 원가회계팀장이 판단하기에는 충분하지 않지만 제조공정의 혁신이나 표준원가방식에 의해 기존 제조공정의 효율성을 개선한다면 단위당 ₩30 정도를 절감할 수 있을 것으로 예상된다. 이와 달리 엔지니어링팀장은 가치공학과 목표원가방식을 도입하여 기존 OAC의 부품을 10% 수준으로 줄여 검사를 단순화시켜줄 설계변경을 제안하였다. 즉 설계변경을 통하여 기존 OAC를 대체할 신형 NAC(new air conditioner)를 내놓는 일이다. 설계변경에 따른 NAC의 구체적인 원가절감의 기대효과는 아래와 같다.

① NAC의 직접재료원가 절감액 : 단위당 ₩30
② NAC의 직접노무원가 절감액 : 단위당 ₩10
③ NAC 기계가공시간은 10% 감소되며, 미사용 기계가공 생산능력(capacity)은 선풍기의 제조용으로 활용된다.
④ NAC의 검사 소요시간 감소 : 10%
⑤ NAC의 재작업 감소 : 10% 수준에서 5% 수준으로 대폭 감소
⑥ 엔지니어링 생산능력은 설계변경전과 동일한 수준으로 유지

OAC의 원가동인 단위당 원가는 그대로 NAC에도 적용되는 것으로 가정한다.

(물음 1) NAC의 단위당 제조원가를 계산하라.

(물음 2) 설계변경에 따른 NAC에 대해 책정된 단위당 원가절감목표를 달성할 것으로 보는가? (계산과정을 제시할 것)

(물음 3) 위의 상황에서는 원가절감을 위한 전략으로 ① 기존 제조공정의 효율성을 개선하는 방안과 ② 설계변경에 따른 대체품 NAC를 개발하는 방안이 제안되고 있다. ①과 ② 중에서 원가절감의 효과가 보다 큰 전략은 어느 것인가? 그 이유에 대해서 설명하라. (5줄 내외)

(물음 4) 최근 디지털기기 등 첨단제품의 가격이 급락하고, 제품·제조기술을 혁신하여 시장경쟁력을 획기적으로 높이는 기업들이 다수 출현하고, 장기불황 하에서 제조기술을 개발하고 제조공정을 혁신해 온 일본기업들이 경쟁력을 회복하면서 이들 선진기업과의 기술격차가 국내 기업들에게 큰 위협요인으로 작용하고 있다. 결과적으로 이러한 경영환경의 변화하에 실무계와 학계로부터 표준원가 중심의 전통적인 원가절감 사고에 대한 한계가 지적되었고, 그 대안으로 부상되고 있는 원가기획, 즉 가치공학과 목표원가 중심의 새로운 원가절감 사고에 대한 관심이 커지고 있다.

과연 전통적 원가절감사고와 새로운 원가절감사고에는 어떤 차이가 있는가? 수명주기원가의 관점에서 보면, 원가기획에서는 원가절감에 대한 발상의 대전환이 필요하다는 점을 알 수 있는데, 이러한 원가기획의 구체적인 시각은 무엇인가에 대해서 간략하게 설명하라. (5줄 내외)

(물음 5) 원가기획은 저원가와 고품질을 양립시킬 수 있는 탁월한 전략적 원가관리이지만, 이 우수한 특질로 인하여 필연적으로 수반되는 역기능은 ① 부품공급회사의 경영악화 우려, ② 다품종소량생산에 따른 설계업무내용의 다양화와 설계업무량의 과다 및 이를 충족시켜야 할 설계기술의 지속적인 갱신요구 등으로 인한 담당엔지니어의 심리적 중압감 가중, ③ 확정된 목표원가의 준수에 따른 가격결정능력의 상실 등 다양하게 존재한다. 특히 조직간 원가관리 분야에 있어서 위의 ①에 해당하는 완제품조립회사와 부품공급회사 간의 구체적인 역기능의 예와 그에 대한 해소방안을 간략하게 제시하라. (5줄 내외)

(물음 6) 기업의 실무현장에서 어떤 원가시스템을 도입하느냐에 따라 원가절감에 대한 견해, 실행방안 및 그 효과가 크게 달라진다. 특히 채택된 원가시스템에 따라 "누가 원가절감에 가장 적합한 지식을 가지고 있느냐?"에 대한 시각차이 때문에 원가절감의 임무를 주도하는 신분이 달라진다. 왜 그런지 전통적인 원가관리기법에 해당하는 표준원가와 카이젠원가를 비교하여 간략하게 설명하라. (3줄 내외)

해답

(물음 1) NAC의 단위당 제조원가

직접재료원가	5,000단위 × (300 − 30) =	₩1,350,000
직접노무원가	5,000단위 × (60 − 10) =	250,000
기계가공원가	5,000단위 × 1시간 × 90% × 50 =	225,000
검사원가	5,000단위 × 2시간 × 90% × 10 =	90,000
재작업원가	5,000단위 × 5% × 30 =	7,500
엔지니어링원가		260,000
총제조원가		₩2,182,500
생산량		÷ 5,000개
단위당 제조원가		**@436.5**

(물음 2) 원가절감목표 달성여부

① 설계변경으로 인한 단위당 원가절감액 : 485 − 436.5 = @48.5

② $\underline{\text{₩48.5}}$ < $\underline{\text{₩50}}$ → ∴ **달성하지 못한다.**

　단위당 원가절감액　　단위당 원가절감목표

(물음 3) 원가절감의 효과가 큰 전략 – 확정원가

②의 설계변경에 따른 대체품 NAC를 개발하는 방안이 원가절감의 효과가 보다 큰 전략이다. 그 이유는 제조이전단계에서 수명주기원가의 약 80% ~ 90%가 확정되므로 제조단계에서 기존 제조공정의 효율성 개선으로는 대폭적인 원가절감이 어렵기 때문이다.

(물음 4) 표준원가계산과 원가기획의 차이점 및 원가기획의 시각

전통적 원가절감사고는 제조단계에서 제조공정의 효율성을 증대시켜 원가절감을 달성하려는 것이나, 새로운 원가절감사고는 고객관점에서 도출된 목표원가를 달성하기 위해 제조이전단계에서 설계변경 등 혁신적 방법을 사용하여 원가절감을 달성하려는 것이다. 원가기획의 시각은 제조이전단계에서 수명주기원가의 대부분이 확정되므로 원가가 확정되기 전에 원가절감노력을 기울여야 한다는 것이다.

(물음 5) 부품공급회사와의 구체적인 역기능의 예와 해소방안

목표원가달성을 위해 부품공급회사에게 일방적으로 지나친 가격인하를 요구하게 되면 부품공급회사와 마찰을 초래할 수 있으며, 부품공급회사가 경영악화로 인하여 도산에 이를 수 있다. 이에 대한 해소방안에는 부품공급회사와 협상을 통하여 가격을 결정하고, 부품공급회사와 표준 부품을 공동으로 개발하여 부품공급회사가 원가절감을 할 수 있도록 하는 것이 있다(게스트 엔지니어링).

(물음 6) 표준원가계산과 카이젠원가계산의 차이점

표준원가계산은 원가절감에 가장 적합한 지식을 가지고 있는 자는 관리자라고 가정하므로 관리자에게 원가통제에 대한 책임을 부여하는데 반하여, 카이젠원가계산은 원가절감에 가장 적합한 지식을 가지고 있는 자는 실작업자라고 가정하므로 실작업자에게 원가절감에 대한 책임을 부여한다.

POINT

(물음 1)

엔지니어링 생산능력은 설계변경전과 동일한 수준으로 유지 → 엔지니어링원가는 고정원가로서 총액이 동일하다는 의미

(물음 3) ~ (물음 6)

서술형은 물음의 취지에 부합되는 핵심용어를 기술하는 것이 중요함

TOPIC 30 품질원가계산, 시간원가계산

1 품질원가계산

1. 품질원가의 의의

품질원가(COQ)란 불량품과 관련된 모든 원가(기회원가를 포함)를 말하며, 적합품질과 관련된 원가임

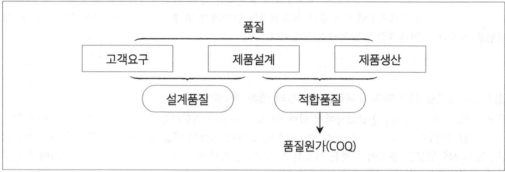

[설계품질과 적합품질]

2. 품질원가의 종류(범주)

종류		의의	예시
통제원가	예방원가	예방하기 위하여 발생하는 원가	**품질엔지니어링(품질개선)**, **설계엔지니어링(설계개선)**, **공정엔지니어링(공정개선)**, 품질교육, 공급업체 평가, 생산설비의 유지보수
	평가원가	적발하기 위하여 발생하는 원가	원재료검사, 재공품검사, 제품검사, 제품시험, 검사 설비유지, 현장 및 라인검사
실패원가	내부 실패원가	고객에게 인도되기 전에 발견됨으로써 발생하는 원가	**공손**, **재작업(재작업후 재검사 포함)**, **작업폐물**, 작업중단
	외부 실패원가	고객에게 인도된 후에 발견됨으로써 발생하는 원가	반품(반품의 재작업 및 재검사 포함), **고객지원**, 보증수리, 손해배상, 제조물책임, 판매기회상실에 따른 기회원가

3. 품질원가 최소화관점

허용가능품질관점	무결점관점
• 품질원가를 최소화하기 위하여 어느 정도의 불량률은 허용되어야 한다는 것으로서 전통적으로 지지를 받던 관점 • 통제원가와 실패원가 사이에는 상충관계(상반관계, trade - off)가 존재함 • 통제원가와 실패원가가 만나는 불량률수준이 품질원가를 최소화시키는 최적수준(허용가능품질수준)	• 품질원가를 최소화하기 위해서는 불량률이 0이 되어야 한다는 것으로서 최근에 많은 지지를 받는 관점 • 통제원가와 실패원가는 불량률의 일정수준에서는 상충관계를 갖지만 통제원가를 증가시켜 불량률이 0에 가깝게 되면 통제원가와 실패원가가 함께 감소할 수 있음 • 불량률이 0이 되는 무결점수준이 품질원가를 최소화시키는 최적수준

4. 품질원가보고서

품질원가보고서란 매출액에 대한 총품질원가 및 각 종류별 품질원가의 비율을 나타낸 보고서임

① 품질원가를 최소화하기 위해서는 예방원가의 지출을 늘려서 평가원가와 실패원가를 감소(또는 통제원가의 지출을 늘려서 실패원가를 감소)시키는 것이 더 바람직함

② 품질원가의 종류별 바람직한 분포는 일반적으로 '예방원가 > 평가원가 > 내부실패원가 > 외부실패원가'의 순서임

5. 품질개선여부 의사결정

품질개선여부 의사결정에서는 품질개선을 위해 증가되는 통제원가와 이를 통해 절감되는 실패원가를 고려하여야 함

2 시간원가계산

1. 고객대응시간

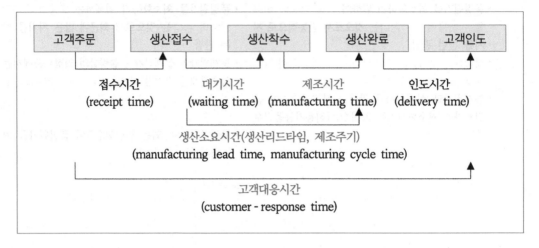

2. 제조주기효율성

제조주기효율성은 생산소요시간(제조주기) 중 부가가치시간이 차지하는 비율을 말함

$$제조주기효율성 = \frac{공정시간}{공정시간 + 검사시간 + 이동시간 + 대기시간}$$

3. 시간원가 및 의사결정

시간원가(COT)란 시간의 지연과 관련된 모든 원가(기회원가 포함)를 말하며, 가장 대표적인 생산소요시간의 지연으로 인한 시간원가는 다음과 같음

생산소요시간의 지연으로 인한 시간원가
= 판매가격하락으로 인한 수익의 감소 + 재고유지원가의 증가

신규주문의 수락여부(또는 신제품의 도입여부) 의사결정 시 생산소요시간의 지연으로 인한 시간원가를 고려하여야 함

㈜대한과 ㈜민국은 자동차를 제조하여 판매하고 있다. 두 회사는 모두 단일 제품을 생산하고 있으며, 오래 전부터 품질의 중요성을 인식하고 품질향상을 위한 노력을 지속해오고 있다. 또한 각 사는 자체개발한 품질원가계산 프로그램을 가동하고 있다. 다음은 두 회사의 20×1년과 20×2년의 품질과 관련한 활동내역에 대한 자료이다. 두 회사 모두 품질교육훈련의 시간당 원가는 ₩300이고, 검사활동의 시간당 임률은 ₩80으로 동일하다.

품질 관련 활동	㈜대한		㈜민국	
	20×1년	20×2년	20×1년	20×2년
품질교육 훈련시간	6,000시간	9,400시간	2,100시간	4,400시간
단위당 검사시간	0.8시간	1.4시간	1시간	0.8시간
완성품 재작업비율	8%	5%	9%	6%
단위당 재작업원가	₩1,000	₩1,000	₩800	₩1,600
사후수리(A/S) 비율	9%	4%	8%	5%
단위당 사후수리(A/S) 원가	₩1,400	₩1,050	₩1,300	₩1,400

20×1년과 20×2년 각각에 대한 회사별 생산량, 제품 단위당 판매가격 및 변동원가는 동일하며 아래와 같다.

원가관련 정보	㈜대한	㈜민국
생산량(또는 판매량)	20,000대	16,000대
단위당 판매가격	₩4,000	₩2,500
단위당 변동원가	₩2,400	₩1,600

(물음 1) ㈜대한과 ㈜민국의 20×2년 품질원가보고서를 품질원가의 범주별로 금액과 매출액 대비 비율을 포함하여 작성하시오. 단, 비율은 백분율(%)로 표시하되 소수점 셋째 자리에서 반올림하시오.

(답안작성양식)

품질원가 범주	금액		매출액 대비 비율	
	㈜대한	㈜민국	㈜대한	㈜민국
예방원가				
평가원가				
내부실패원가				
외부실패원가				
계				

(물음 2) ㈜대한과 ㈜민국의 20×2년 품질경영 활동을 평가하고자 한다. 다음 물음에 답하되 주어진 정보 하에서는 알 수 없는 경우 "판단불가"라고 답하고 그 이유를 간단히 서술하시오.

(1) 설계품질(quality of design)이 우수하다 판단되는 회사는 어디인지 답하고, 그 이유를 간단히 설명하시오.

(2) 적합품질(quality of conformance)을 높이기 위해 더 노력하고 있다고 판단되는 회사는 어디인지 답하고, 그 이유를 간단히 설명하시오.

(물음 3) ㈜대한과 ㈜민국의 품질원가와 관련된 아래의 물음에 답하시오.

(1) 20×2년 적합품질을 개선하기 위한 원가의 상대적 지출 비율 측면에서 바람직한 회사는 어디인지 답하고, 그 이유를 간단히 설명하시오.

(2) 20×1년 대비 20×2년의 품질원가를 종합적으로 고려하였을 때 ㈜대한과 ㈜민국 중 어느 회사의 품질활동 성과가 개선되었는지 답하고, 그 이유를 간단히 설명하시오.

(물음 4) 다음의 각 사항은 품질원가에 어떻게 영향을 미치는지 답하시오.

(1) 20×2년 현재 ㈜민국은 높은 불량률 발생에 의한 기업이미지 실추로 인해 다음 해에 판매대수가 600대 줄어들 것을 예상하고 있다. 이러한 사항을 알게 된 담당자는 이를 품질원가보고서에 반영할 필요가 있는가? 없다면 그 이유를 설명하고, 있다면 이를 반영했을 때 매출액 대비 총품질원가의 비율은 몇 %포인트 증가하는지 구하시오.

(2) ㈜대한에서 예상치 못한 일이 발생했다. 자동차 판매 시 회사가 제작하여 경품으로 제공한 장난감의 불량으로 제조물책임법에 따른 손해배상금 500만원을 지급했다. 동 사건은 품질원가보고서에 반영해야 될 사항인가? 그렇다면 어느 범주 품질원가에 영향을 미치는가를 밝히고, 아니라면 간단히 그 이유를 설명하시오.

(물음 5) ㈜민국의 원가담당자는 20×2년 통제원가에 사용된 자원의 30%를 추가로 투자하는 경우 실패원가를 50% 절감할 수 있다고 분석하였다. 이를 20×2년에 적용한다면 연간 이익은 얼마나 증가(또는 감소)하는지 구하시오.

(물음 6) ㈜대한은 조사를 해 본 결과 그 밖에도 많은 품질관리 활동이 있었다는 것을 알게 되었다. 다음은 그 활동 내역이다. 이와 관련하여 발생이 예상되는 원가를 품질원가의 범주별로 분류하시오.

(1) 제품 리콜사태가 발생하여 신차로 교환해주었다.
(2) 원자재 단가는 좀 올랐지만 공급처를 변경하여 원자재와 부품의 질을 높였다.
(3) 제조공정에 사용되는 검사장비를 최신식으로 교체하여 검사의 성능을 대폭 향상시켰다.
(4) 비정상공손원가가 전년보다 소폭 증가했다.
(5) 고객서비스센터의 운영비를 증가시켰다.
(6) 소비자들이 품질 불만으로 인한 불매운동에 나서는 바람에 매출이 감소했다.
(7) 불량품을 폐기처분하였다.
(8) 완성품의 품질검사 인력을 대폭 보강했다.
(9) 우수협력업체를 선정하기 위해 다수의 회의를 거친 후 여러 회사를 방문하였다.

(답안작성양식) : 해당란에 √체크 표시

품질원가 범주	(1)	(2)	(3)	(4)	(5)	(6)	(7)	(8)	(9)
예방원가									
평가원가									
내부실패원가									
외부실패원가									

(물음 1) 20×2년 품질원가보고서

품질원가 범주	금액		매출액 대비 비율	
	㈜대한	㈜민국	㈜대한	㈜민국
예방원가	9,400시간 × 300 = ₩2,820,000	4,400시간 × 300 = ₩1,320,000	3.53%	3.30%
평가원가	20,000대 × 1.4시간 × 80 = ₩2,240,000	16,000대 × 0.8시간 × 80 = ₩1,024,000	2.80%	2.56%
내부실패원가	20,000대 × 5% × 1,000 = ₩1,000,000	16,000대 × 6% × 1,600 = ₩1,536,000	1.25%	3.84%
외부실패원가	20,000대 × 4% × 1,050 = ₩840,000	16,000대 × 5% × 1,400 = ₩1,120,000	1.05%	2.80%
계	₩6,900,000	₩5,000,000	8.63%	12.50%
매출액	20,000대 × 4,000 = ₩80,000,000	16,000대 × 2,500 = ₩40,000,000		

(물음 2) 품질경영 활동 평가

(1) 설계품질이 우수한 회사

  "**판단불가**"이다. 그 이유는 설계품질이란 고객요구와 제품설계와의 일치성을 말하는데 문제에 제시된 자료는 모두 제품설계와 생산된 제품과의 일치성을 의미하는 적합품질과 관련된 것이기 때문이다.

(2) 적합품질의 향상을 위해 더 노력하는 회사

  ㈜대한이다. 그 이유는 ㈜대한이 매출액 대비 통제원가(예방원가와 평가원가)의 비율이 더 높고 실패원가(내부실패원가와 외부실패원가) 및 총품질원가의 비율이 더 낮기 때문이다.

(물음 3) 품질원가 분석

(1) 원가의 상대적 지출 비율 측면에서 바람직한 회사

  ㈜대한이다. 그 이유는 ㈜대한의 매출액 대비 품질원가 범주가 차지하는 비율이 "예방원가 > 평가원가 > 내부실패원가 > 외부실패원가" 순이기 때문이다.

(2) 품질활동 성과가 개선된 회사

  20×1년 대비 20×2년에 **㈜대한의 품질활동 성과가 개선**되었다. 그 이유는 20×1년 대비 20×2년에 ㈜대한은 통제원가의 지출을 증가시켜 실패원가를 낮추고 총품질원가를 낮췄기 때문이다.

품질원가 범주	금액	
	㈜대한	㈜민국
예방원가	6,000시간 × 300 = ₩1,800,000	2,100시간 × 300 = ₩630,000
평가원가	20,000대 × 0.8시간 × 80 = ₩1,280,000	16,000대 × 1시간 × 80 = ₩1,280,000
내부실패원가	20,000대 × 8% × 1,000 = ₩1,600,000	16,000대 × 9% × 800 = ₩1,152,000
외부실패원가	20,000대 × 9% × 1,400 = ₩2,520,000	16,000대 × 8% × 1,300 = ₩1,664,000
계	₩7,200,000	₩4,726,000

20×1년과 20×2년의 각 회사별 매출액이 동일한 상황에서 20×1년 대비 20×2년에 총품질원가가 ㈜대한은 ₩300,000 감소하였고, ㈜민국은 ₩274,000 증가하였다.

(물음 4) 품질원가에 미치는 영향

(1) 판매기회상실에 따른 기회원가

높은 불량률 발생에 의한 기업이미지 실추로 인해 다음 해에 판매대수가 600대 줄어들 것을 예상한다면, 이를 **품질원가보고서에 외부실패원가(판매기회상실에 따른 기회원가)로 반영할 필요가 있다.**

이를 반영했을 때 매출액 대비 총품질원가의 비율은 $\dfrac{600대 \times (2,500 - 1,600)}{40,000,000}$ = **1.35% 증가**한다.

(2) 제조물책임법에 따른 손해배상금

회사가 제작하여 경품으로 제공한 장난감의 불량으로 제조물책임법에 따른 손해배상금 500만원을 지급한 것은 **품질원가보고서에 반영해야 될 사항**이다. 이는 **외부실패원가** 범주에 영향을 미친다.

(물음 5) 품질개선여부 의사결정 – 증분이익

[㈜민국의 통제원가 투자 증가 시 증분이익]

관련항목	금액	계산내역
(-) 통제원가 증가	(703,200)	= (1,320,000 + 1,024,000) × 30%
(+) 실패원가 감소	1,328,000	= (1,536,000 + 1,120,000) × 50%
	₩624,800	

(물음 6) 품질원가 범주별 분류

품질원가 범주	(1)	(2)	(3)	(4)	(5)	(6)	(7)	(8)	(9)
예방원가		√							√
평가원가			√					√	
내부실패원가				√			√		
외부실패원가	√				√	√			

고객의 주문을 접수하여 생산한 제품을 고객에게 제공하기까지 소요된 전체 시간을 고객대응시간(customer - response time)이라고 한다. 고객대응시간은 크게 세 단계로 구분할 수 있다. 첫 번째 단계는 영업부서가 주문을 접수하여 생산부서에 전달하는데 소요되는 접수시간(receipt time)이다. 두 번째 단계는 생산부서가 영업부서로부터 주문을 전달받아 생산을 완료하는데 소요되는 생산리드타임(manufaturing lead time)이다. 생산리드타임은 생산을 준비하는 생산대기시간(manufaturing waiting time)과 생산시간(manufacturing time)으로 세분할 수 있다. 세 번째 단계는 생산부서에서 생산을 완료한 제품을 고객에게 전달하는데 소요되는 배송시간(delivery time)이다.

㈜한국은 1대의 기계를 이용하여 고객의 주문에 따라 제품A를 생산하고 있으며, 수요가 공급을 초과함에 따라 생산이 완료된 제품을 주문한 고객이 공장에서 직접 인도해가기 때문에, 고객대응시간에서 접수시간과 배송시간은 없다고 가정한다. ㈜한국은 제품A에 대해 연간 30회의 주문을 예상하고 있다. 1회 주문량은 100개이며, 1회 주문량을 생산하는데 소요되는 평균생산시간은 80시간이다. 기계의 연간최대가동시간은 3,000시간이다. ㈜한국의 연간 생산시간은 기계의 연간 최대가동시간보다 적지만, 고객들의 주문이 언제 발생할지 모르며 다른 주문을 처리하고 있는 동안 새로운 주문이 접수될 수도 있기 때문에 생산대기현상이 발생할 수 있다.

㈜한국은 신제품B를 제품A와 마찬가지로 고객의 주문을 통해 생산할 것을 계획하고 있다. 연간주문횟수는 10회이며 1회 주문량은 80개로 예상된다. 제품B의 1회 주문량을 생산하기 위해서는 평균적으로 40시간의 생산시간이 소요되며, 제품A와 동일하게 접수시간과 배송시간은 없다고 가정한다. 고객주문이 포아송(Poisson)분포를 따르며 주문물량이 선입선출법(FIFO)으로 처리된다는 가정 하에, ㈜한국의 관리부서는 주문별 평균 생산대기시간을 계산할 수 있는 다음 산식을 도출하였다.

$$\text{주문별 평균생산대기시간} = \frac{(AO \times AMT^2) + (BO \times BMT^2)}{2 \times [MCT - (AO \times AMT) - (BO \times BMT)]}$$

AO : 제품A의 연간주문횟수
BO : 제품B의 연간주문횟수
AMT : 제품A의 1회 주문량 평균생산시간
BMT : 제품B의 1회 주문량 평균생산시간
MCT : 기계의 연간최대가동시간

(물음 1) ㈜한국이 제품A만 생산하는 경우와 비교하여 제품A와 제품B를 함께 생산한 경우의 주문별 평균생산대기시간 증감률(%)을 계산하시오.

(물음 2) ㈜한국이 제품A와 제품B를 함께 생산하는 경우에 주문별 평균생산리드타임에서 평균 생산대기시간이 차지하는 비중(%)을 제품별로 각각 계산하시오. 단 소수점 이하 셋째 자리에서 반올림하시오.

(물음 3) 제품A의 주문별 평균생산시간은 100시간, 제품B의 주문별 평균생산시간은 50시간이 소요되고, 제품A만 생산할 경우에는 주문별 평균생산대기시간이 150시간, 제품A와 제품B를 함께 생산할 경우에는 제품 종류에 관계없이 주문별 평균생산대기시간이 400시간 소요된다고 가정한다. 고객은 주문 후 신속한 납품을 선호하기 때문에 ㈜한국은 주문별 평균생산리드타임이 400시간 이하인 경우에는 400시간을 초과하는 경우보다 더 높은 판매가격을 받을 수 있다. 제품 B를 추가할 경우에 직접재료원가와 재고유지원가만 변하고, 나머지 원가는 변하지 않는다고 가정한다. 직접재료는 주문접수와 동시에 구매가 이루어지고, 재고유지원가는 생산리드타임에 비례하여 발생한다. 다음 자료는 제품별 예상자료이다. 제품B를 추가할 경우, 평균생산리드타임의 증감과 직접적으로 관련되어 증가하거나 감소하는 원가를 구하시오.

구분	연간 주문횟수	주문별 판매가격		주문별 직접재료원가	주문별 시간당 재고유지원가
		평균생산리드타임 400시간 이하	평균생산리드타임 400시간 초과		
A	30	₩4,500	₩4,400	₩2,000	₩2
B	10	₩3,000	₩2,900	₩1,000	₩1

(물음 4) ㈜한국은 (물음 3)의 가정과 자료에 의하여 제품B에 대한 주문생산계획의 실행여부를 판단하고자 한다. 재료처리량 공헌이익(throughput contribution) 및 평균생산리드타임의 증감과 직접적으로 관련된 관련수익, 관련원가 및 관련손익을 제시하고 제품B에 대한 주문생산여부를 판단하시오.

(물음 1) 평균생산대기시간 증감률

AO : 30회, BO : 10회, AMT : 80시간, BMT : 40시간, MCT : 3,000시간

<A만 생산> 주문별 평균생산대기시간 : $\dfrac{30 \times 80^2}{2 \times [3{,}000 - (30 \times 80)]}$ = 160시간

<A + B 생산> 주문별 평균생산대기시간 : $\dfrac{30 \times 80^2 + 10 \times 40^2}{2 \times [3{,}000 - (30 \times 80) - (10 \times 40)]}$ = 520시간

∴ 주문별 평균생산대기시간 증감률 : $\dfrac{520 - 160}{160}$ = **225%**

(물음 2) 평균생산리드타임에서 평균생산대기시간이 차지하는 비중

A : $\dfrac{520}{520 + 80}$ = **86.67%**

B : $\dfrac{520}{520 + 40}$ = **92.86%**

(물음 3) 생산리드타임의 지연으로 인한 시간원가

① 주문별 판매가격

	주문별 평균생산리드타임		주문별 판매가격
<A만 생산>			
A	150시간 + 100시간 = 250시간	→	@4,500
<A + B 생산>			
A	400시간 + 100시간 = 500시간	→	@4,400
B	400시간 + 50시간 = 450시간	→	@2,900

② 평균생산리드타임의 증가와 직접적으로 관련되어 증가하는 원가(시간원가)

A 매출액 감소	30회 × (4,500 − 4,400) =	₩3,000
재고유지원가 증가		
A	30회 × (500시간 − 250시간) × 2 =	15,000
B	10회 × 450시간 × 1 =	4,500
		₩22,500

(물음 4) 신제품 도입여부

[신제품B 주문생산 시 증분이익]

	관련항목	금액	계산내역
(+)	재료처리량 공헌이익 증가	19,000	= 10회 × (2,900 − 1,000)
(−)	시간원가 증가	(22,500)	
		₩(3,500)	

∴ **신제품B를 주문생산하지 않는 것이 좋다.**

POINT

(물음 1)
평균생산대기시간을 구하는 공식은 암기할 필요가 전혀 없음

(물음 2)
평균생산리드타임(생산소요시간, 제조주기) = 평균생산대기시간 + 평균생산시간(제조시간)

(물음 3)

1. 평균생산리드타임의 증가와 직접적으로 관련되어 증가하는 원가 → 평균생산리드타임의 증가에 따른 시간원가

2. 평균생산리드타임의 증가에 따른 시간원가

= <u>제품A의 매출액 감소</u> + <u>(제품A의 재고유지원가 증가 + 제품B의 재고유지원가)</u>
   판매가격하락으로 인한 수익의 감소   재고유지원가의 증가

1. 재고관리

(1) 의의

재고관리의 목표는 주문시기와 주문량을 관리하여 재고를 적정하게 보유함으로써 재고관련원가를 최소화시키는 것임

(2) 재고관련원가

재고관련원가 = 주문원가 + 재고유지원가 + 재고부족원가

2. 경제적 주문량

경제적 주문량(EOQ)이란 재고관련원가(경제적 주문량에서는 재고부족원가는 없다고 가정함)를 최소화하는 1회 주문량을 말함(상품, 원재료, 부품의 1회 주문량을 구하는 데 사용됨)

$$EOQ = \sqrt{\frac{2 \times 연간\ 사용량 \times 1회\ 주문원가}{단위당\ 재고유지원가}}$$

$$주문원가 = 주문횟수 \times 1회\ 주문원가$$
$$= \frac{연간\ 사용량}{1회\ 주문량} \times 1회\ 주문원가$$

$$재고유지원가 = 평균재고량 \times 단위당\ 재고유지원가$$
$$= \frac{1회\ 주문량}{2} \times 단위당\ 재고유지원가$$

(어떤 문제에서는 재고유지원가를 '평균재고액 × %'로 계산하기도 함)

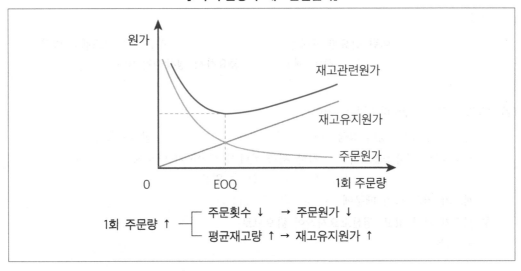

[1회 주문량과 재고관련원가]

1회 주문량 ↑ ⎰ 주문횟수 ↓ → 주문원가 ↓
⎱ 평균재고량 ↑ → 재고유지원가 ↑

3. 생산관련원가와 경제적 생산량

(1) 생산관련원가

$$생산관련원가 = 작업준비원가 + 재고유지원가$$

(2) 경제적 생산량(economic production quantity, EPQ)

생산관련원가를 최소화하는 1회 생산량을 말함

$$EPQ = \sqrt{\frac{2 \times 연간\ 생산량 \times 1회\ 작업준비원가}{단위당\ 재고유지원가}}$$

(EOQ에서 사용량 대신에 생산량, 주문원가 대신에 작업준비원가를 대입하면 됨)

$$\begin{aligned}작업준비원가 &= 작업준비횟수 \times 1회\ 작업준비원가 \\ &= \frac{연간\ 생산량}{1회\ 생산량} \times 1회\ 작업준비원가\end{aligned}$$

$$\begin{aligned}재고유지원가 &= 평균재고량 \times 단위당\ 재고유지원가 \\ &= \frac{1회\ 생산량}{2} \times 단위당\ 재고유지원가\end{aligned}$$

4. 적시생산시스템

(1) 의의

적시생산시스템(JIT)이란 필요한 제품을 적시에 적량만큼 생산하는 관리시스템을 말함(재고는 가장 큰 낭비로서 최소화되어야 하며 재고관리를 중요하게 생각하지 않음)

(2) JIT가 원가계산제도에 미치는 영향

① 원가의 추적가능성이 향상되어 제품원가계산을 보다 정확히 할 수 있음
② 서로 다른 제품들일지라도 동일한 제조 셀에서 생산하기 때문에 개별원가계산 대신에 더 적은 비용이 소요되는 종합원가계산을 사용할 수 있음
③ 재고가 거의 없기 때문에 원가흐름가정과 완성품환산량의 중요성이 감소함
④ 재고가 거의 없고, 생산소요시간이 짧으므로 제조원가의 회계처리를 일부 생략하여 단순화할 수 있음

(3) JIT 도입여부 의사결정

> JIT 도입 시 : 주문원가 증가, 재고유지원가 대폭 감소, 재고부족원가 증가

[주의할 기회원가 개념의 재고관련원가]

> • 재고유지원가 감소 : 재고투자에 대한 자본비용 감소
> • 재고부족원가 증가 : 재고품절로 인한 공헌이익 상실

(4) 역류원가계산

역류원가계산이란 제조원가를 순차적으로 모두 추적하지 않고 회계처리를 일부 생략하여 단순화한 원가계산을 말하며, JIT를 도입하여 재고가 매우 적은 기업에 특히 적합한 방법임

동천회사는 분권화된 사업부제로 운영되는 회사이다. 회사의 서울사업부에서는 자동차부품을 생산하여 판매하고 있다. 부품과 관련된 자료는 다음과 같다.

연간 생산량	20,000개
단위당 판매가격	₩1,000
단위당 직접재료원가	₩250
단위당 직접노무원가	₩200
단위당 변동제조간접원가(생산관련원가 제외)	₩50

제품생산과 관련된 생산관련원가는 다음과 같다.

작업준비원가	작업준비횟수당 ₩10,000
재고유지원가	재고 단위당 ₩100

재고유지원가 ₩100은 재고투자에 대한 자본비용 15%에 해당하는 ₩75(= 변동제조원가 × 15%)과 기타재고유지원가 ₩25을 합한 것이다.

서울사업부 경영자는 생산관련원가를 줄이기 위해서 적시생산시스템(JIT)를 도입하려고 한다. JIT를 도입할 경우의 효과는 다음과 같을 것으로 예상된다.

① JIT는 신속한 생산을 요구하므로 작업준비는 불필요하다.
② JIT는 필요시에 필요한 양만큼 생산하게 되므로 1회 생산규모가 현재의 1/4로 축소된다 (서울사업부는 현재 회사전체관점에 의한 경제적 생산량에 따른 생산을 하고 있다고 가정한다).
③ JIT는 품질향상을 가져오므로 재작업을 감소시킨다. 현재 재작업수량은 연간 생산량의 3%수준이나 JIT를 도입하면 1%수준으로 낮아진다. 재작업품 단위당 재작업원가는 ₩80 이다.
④ JIT를 도입하면 부품의 단위당 판매가격을 ₩20만큼 인상할 수 있다.
⑤ JIT를 도입하면 긴급생산 등으로 인한 초과작업수당이 연간 ₩600,000만큼 추가로 발생한다.

사업부경영자의 성과평가를 할 경우에는 영업이익을 기준으로 하므로 재고투자에 대한 자본비용은 고려하지 않는다. 기타 위에서 언급하지 않은 사항은 무시하시오.

(물음 1) 생산관련원가란 생산과 관련하여 발생하는 작업준비원가와 재고유지원가의 합을 말한다. JIT를 도입하기 전 회사전체관점에서 서울사업부의 경제적 생산량(EPQ)을 구하고 생산관련원가를 계산하시오.

(물음 2) 자신의 성과극대화를 목표로 하는 서울사업부 경영자관점에서는 JIT를 도입하려 하겠는가? 계산근거를 제시하시오.

(물음 3) 회사전체관점에서는 JIT를 도입하여야 하는가? 계산근거를 제시하시오.

(물음 4) (물음 2)와 (물음 3)의 결론은 일치하는가? 만약 일치하지 않는다면 성과평가방법을 어떻게 개선해야 하겠는가?

(물음 5) 정확한 원가계산이 가능하다는 활동기준원가계산의 유용성이 JIT에서는 감소될 수 있다. 원가계층 중 주로 어디에서 이러한 현상이 나타나겠는가?

(물음 1) 경제적 생산량과 생산관련원가

① 경제적 생산량 : $\sqrt{\dfrac{2 \times 20,000개 \times 10,000}{100}} = 2,000개$

② 생산관련원가(= $\dfrac{연간\ 생산량}{1회\ 생산량} \times 1회\ 작업준비원가 + \dfrac{1회\ 생산량}{2} \times 단위당\ 재고유지원가$)

$: \dfrac{20,000개}{2,000개} \times 10,000 + \dfrac{2,000개}{2} \times 100$

$= \underbrace{100,000}_{작업준비원가} + \underbrace{100,000}_{재고유지원가} = \mathbf{₩200,000}$

(물음 2) 사업부경영자관점

[JIT 도입 시 증분이익]

관련항목	금액	계산내역
(+) 매출액 증가	400,000	= 20,000개 × 20
(+) 작업준비원가 감소	100,000	
(+) 재고유지원가 감소	18,750	= (1,000개[*1] − 250개[*1]) × 25[*2]
(+) 재작업원가 감소	32,000	= 20,000개 × (3% − 1%) × 80
(−) 초과작업수당 증가	(600,000)	
	₩(49,250)	

[*1] 평균재고량(= 1회 생산량 ÷ 2)
　　현재 : 2,000개 ÷ 2 = 1,000개
　　JIT : (2,000개 × 1/4) ÷ 2 = 250개

[*2] 사업부경영자의 성과평가를 할 경우 재고투자에 대한 자본비용은 고려하지 않으므로 서울사업부 경영자는 재고투자에 대한 자본비용을 무시하고 단위당 재고유지원가를 ₩25으로 간주할 것이다.

∴ **서울사업부 경영자관점에서는 JIT를 도입하려 하지 않을 것이다.**

해커스 강경태 CPA 파이널 2차 원가관리회계

(물음 3) 회사전체관점

[JIT 도입 시 증분이익]

관련항목	금액	계산내역
(+) 매출액 증가	400,000	= 20,000개 × 20
(+) 작업준비원가 감소	100,000	
(+) 재고유지원가 감소	75,000	= (1,000개 − 250개) × 100*
(+) 재작업원가 감소	32,000	= 20,000개 × (3% − 1%) × 80
(−) 초과작업수당 등 증가	(600,000)	
	₩7,000	

* 회사전체관점에서는 재고투자에 대한 자본비용을 고려하여 단위당 재고유지원가를 ₩100으로 간주할 것이다.

∴ **회사전체관점에서는 JIT를 도입하여야 한다.**

(물음 4) 성과평가방법의 개선

사업부경영자관점과 회사전체관점의 결론이 일치하지 않는다. 이러한 준최적화 현상을 방지하기 위해서는 사업부경영자의 성과평가 시 재고투자에 대한 자본비용을 고려하여야 한다.

(물음 5) 활동기준원가계산과 JIT

뱃치수준원가와 제품유지원가는 JIT에서 많은 부분이 직접원가로 분류될 수 있으므로 활동기준원가계산의 유용성이 감소될 수 있다.

POINT

(물음 2), (물음 3)

사업부경영자관점에서 의사결정할 경우에는 재고투자에 대한 자본비용을 고려하지 않아야 하나, 회사 전체관점에서 의사결정할 경우에는 재고투자에 대한 자본비용을 고려하여야 함

TOPIC 32 제약이론(TOC)

1. 의의

제약이론(TOC)이란 모든 기업은 성과를 제약하는 요인이 반드시 하나 이상은 존재하므로 이러한 제약요인들을 파악하고, 집중적으로 개선하여 기업의 성과를 향상시키려는 이론을 말함

2. 집중개선 프로세스 5단계

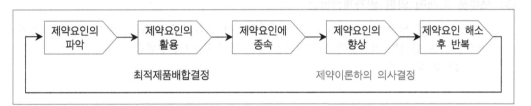

3. 쓰루풋 회계

쓰루풋회계(현금창출률회계, throughput accounting)는 제약이론에서 기업의 경영성과를 측정하려는 방법으로서, 직접재료원가만을 변동원가로 보고, 나머지 모든 원가(직접노무원가, 제조간접원가, 판매관리비)를 고정원가로 간주함

(1) 운영지표

① 재료처리량 공헌이익[1]

매출액에서 직접재료원가를 차감한 금액을 말하며, 판매를 통해서 들어오는 돈을 뜻함

$$재료처리량\ 공헌이익\ =\ 매출액\ -\ 직접재료원가$$

② 재고 또는 투자

기업이 장래에 판매를 통해서 돈을 벌기 위해 투자된(들어간) 돈을 말하며, 기업 내부에 잠겨 있는 돈을 뜻함

$$재고(투자)\ =\ 설비\ 등\ 투자액\ +\ 재고자산\ 투자액$$

---

1) 현금창출률(throughput) 또는 현금창출 공헌이익이라고도 함

③ 운영비용

직접재료원가를 제외한 나머지 모든 비용(직접노무원가, 제조간접원가, 판매관리비)을 말하며, 재고(투자)를 재료처리량 공헌이익으로 전환하기 위하여 나가는 돈을 뜻함

> 운영비용 = 직접노무원가 + 제조간접원가 + 판매관리비

(2) 기업의 목표 달성방법

기업의 목표인 돈을 많이 벌기 위해서는 재료처리량 공헌이익을 증가시키고, 재고(투자)를 감소시키고, 운영비용을 감소시켜야 함

(3) 쓰루풋 회계에 의한 원가계산방법

쓰루풋 회계에 의하면 직접재료원가만 제품원가에 포함되고 직접노무원가, 제조간접원가 등의 나머지 모든 원가는 기간원가로 처리되는데, 이러한 원가계산방법을 초변동원가계산(스루풋원가계산)이라고 함

4. 제약이론하의 의사결정

제약요인의 능력을 향상시키기 위한 원가와 그로 인해 증가하는 재료처리량 공헌이익을 비교하여 원가가 재료처리량 공헌이익보다 작으면 방안을 실행함(만일 복잡한 경우라면, 재료처리량 공헌이익을 매출액과 직접재료원가로 분리하여 파악하는 것이 바람직함) → 쓰루풋 회계에 따라 직접재료원가만이 변동원가이고 운영비용은 고정원가로 보고 의사결정을 함

5. 제약이론의 장단점

구분	내용
장점	① 부문의 효율성보다 조직전체의 효과성(최적화)을 중시함 ② 불필요한 재고자산 보유를 억제함 ③ 전부원가계산의 문제점(과잉생산을 하도록 유인 제공)을 방지할 수 있음 ④ 원가를 직접재료원가와 운영비용으로 구분하면 되므로 적용이 용이함
단점	① 직접재료원가만을 변동원가로 보고 나머지 모든 원가를 고정원가로 간주하므로 장기적 관점의 원가관리에는 유용성이 감소함 ② 운영비용을 고정원가로 간주하므로 운영비용에 대한 활동과 원가동인을 분석하는데 관심이 없음 ③ 재고자산의 보유에 대하여 지나치게 부정적임

㈜매봉은 두 개의 제조부문(조립부, 도색부)을 가지고 있으며, 조립부를 먼저 거친 뒤 도색부의 작업을 거쳐 제품을 완성한다. ㈜매봉은 제품M 한 가지만 제조하고 있으며, 제품수요에 특별한 제약이 없는 것으로 가정한다. 제품 판매가격은 100원이다.

㈜매봉은 각 제조부문의 작업이 종료된 후에 품질검사를 실시하고 있으며, 발견된 불량품은 추가적인 비용과 처분가치 없이 폐기된다. 아래 표에 나타난 바와 같이, 두 제조부문의 연간 생산가능 시간은 각각 6,000시간이며, 두 제조부문에서 투입하는 재료원가는 제품 단위당 각각 50원과 20원이다. 두 제조부문의 원가는 재료원가를 제외하고는 모두 고정원가로서, 각각 연간 총 720,000원과 1,080,000원이다.

구분	조립부	도색부
연간 생산가능시간	6,000시간	6,000시간
제품 단위당 재료원가	50원	20원
연간 고정원가	720,000원	1,080,000원

※ 다음 물음은 서로 독립적이다.

(물음 1) 조립부와 도색부의 시간당 생산능력(capacity)이 각각 20단위와 15단위일 때, 조립부의 작업과정에서 발생하는 불량품이 연간 1,000단위라고 하자(도색부에서는 추가적인 불량이 발생하지 않는 것으로 가정함). ㈜매봉이 조립부의 불량을 완전히 차단하기 위해 연간 지출할 용의가 있는 최대금액은 얼마인가?

(물음 2) 위와 같이 조립부와 도색부의 시간당 생산능력(capacity)이 각각 20단위와 15단위일 때, 도색부의 작업과정에서 발생하는 불량품이 연간 600단위라고 하자(조립부에서는 불량이 발생하지 않는 것으로 가정함). ㈜매봉이 도색부의 불량을 완전히 차단하기 위해 연간 지출할 용의가 있는 최대금액은 얼마인가?

(물음 3) 이제 조립부와 도색부의 시간당 생산능력(capacity)이 각각 20단위와 24단위일 때, 조립부의 작업과정에서 발생하는 불량품이 연간 1,000단위라고 하자(도색부에서는 추가적인 불량이 발생하지 않는 것으로 가정함). ㈜매봉이 조립부의 불량을 완전히 차단하기 위해 연간 지출할 용의가 있는 최대금액은 얼마인가?

(물음 4) 위와 같이 조립부와 도색부의 시간당 생산능력(capacity)이 각각 20단위와 24단위일 때, 도색부의 작업과정에서 발생하는 불량품이 연간 600단위라고 하자(조립부에서는 불량이 발생하지 않는 것으로 가정함). ㈜매봉이 도색부의 불량을 완전히 차단하기 위해 연간 지출할 용의가 있는 최대금액은 얼마인가?

(물음 5) 위와 같이 조립부와 도색부의 시간당 생산능력(capacity)이 각각 20단위와 24단위라고 하자. 최근 ㈜양재는 ㈜매봉에게 6,000단위의 조립 작업을 해주겠다는 제안을 했다. ㈜매봉에서 조립 작업에 필요한 재료를 제공하면 ㈜양재가 이를 단위당 20원에 조립 작업을 해주겠다는 것이다. ㈜매봉이 ㈜양재의 제안을 받아들일 것인지 계산근거와 함께 답하시오. 본 의사결정 시에 제조공정의 불량품 발생가능성은 고려하지 않는다.

(물음 6) 현재 ㈜매봉은 각 제조부문의 작업이 종료된 후에 품질검사를 실시하고 있는데, 위의 (물음 1)의 경우로 판단하면 조립부 작업 종료 후 실시하고 있는 품질검사의 연간 원가(고정원가)는 얼마 이하인 것으로 추정할 수 있는가?

해답

(물음 1) 병목공정 - 도색부

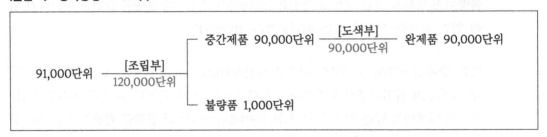

불량을 차단하기 위해 연간 지출할 용의가 있는 최대금액 = x,
[불량을 완전히 차단 시 증분이익]

	관련항목	금액	계산내역
(-)	지출원가 증가	(x)	
(+)	재료원가 감소(조립)	50,000	= 1,000단위 × 50
		$-x + 50,000$	

$-x + 50,000 = 0$ ∴ $x =$ **₩50,000**

(물음 2) 병목공정 - 도색부

불량을 차단하기 위해 연간 지출할 용의가 있는 최대금액 = x,

[불량을 완전히 차단 시 증분이익]

	관련항목	금액	계산내역
(-)	지출원가 증가	(x)	
(+)	매출액 증가	60,000	= 600단위 × 100
		$-x + 60,000$	

$-x + 60,000 = 0$ $\qquad \therefore \; x = ₩60,000$

(물음 3) 병목공정 - 조립부

불량을 차단하기 위해 연간 지출할 용의가 있는 최대금액 = x,

[불량을 완전히 차단 시 증분이익]

	관련항목	금액	계산내역
(-)	지출원가 증가	(x)	
(+)	매출액 증가	100,000	= 1,000단위 × 100
(-)	재료원가 증가(도색)	(20,000)	= 1,000단위 × 20
		$-x + 80,000$	

$-x + 80,000 = 0$ $\qquad \therefore \; x = ₩80,000$

(물음 4) 병목공정 - 조립부

120,000단위 $\dfrac{[조립부]}{120,000단위}$ 중간제품 120,000단위 $\dfrac{[도색부]}{144,000단위}$ ┌ 완제품 119,400단위

└ 불량품 600단위

불량을 차단하기 위해 연간 지출할 용의가 있는 최대금액 = x,

[불량을 완전히 차단 시 증분이익]

관련항목	금액	계산내역
(−) 지출원가 증가	(x)	
(+) 매출액 증가	60,000	= 600단위 × 100
	$-x + 60,000$	

$-x + 60,000 = 0$ ∴ x = **₩60,000**

(물음 5) 병목공정 - 조립부

120,000단위 $\dfrac{[조립부]}{120,000단위}$ 중간제품 120,000단위 $\dfrac{[도색부]}{144,000단위}$ 완제품 120,000단위

[㈜양재의 제안 수락 시 증분이익]

관련항목	금액	계산내역
(+) 매출액 증가	600,000	= 6,000단위 × 100
(−) 변동원가 증가	540,000	= 6,000단위 × (50 + 20 + 20)
	₩60,000	

∴ ㈜매봉은 ㈜양재의 제안을 받아들일 것이다.

(물음 6) 병목공정 - 도색부

```
                                    [도색부]
                   중간제품 90,000단위 ─────── 완제품 90,000단위
                                    90,000단위
        [조립부]
91,000단위 ───────
        120,000단위
                   불량품 1,000단위
```

조립부 품질검사의 연간 허용가능한 최대 검사원가 = x,

[조립부에서 품질검사 실시 시 증분이익]

	관련항목	금액	계산내역
(-)	검사원가 증가	(x)	
(+)	매출액 증가	100,000	= 1,000단위 × 100
(-)	재료원가 증가(조립)	(50,000)	= 1,000단위 × 50
		$-x + 50,000$	

$-x + 50,000 = 0$ ∴ x = ₩50,000

(자세한 설명은 [point]를 참조하세요.)

POINT

(물음 1) ~ (물음 5)
제약이론하의 의사결정 문제는 특별히 다른 언급이 없으면 재고를 보유하지 않는 것으로 보고 풀어야 함

(물음 6)
1. '조립부 작업 종료 후 실시하고 있는 품질검사의 연간 원가(고정원가)는 얼마 이하인 것으로 추정할 수 있는가?' → 조립부 품질검사의 연간 허용가능한 최대 검사원가는 얼마인가? → 병목공정(도색부) 이전에 품질검사를 실시함으로써 증가하는 이익만큼 검사원가로 최대한 허용가능함
2. 병목공정(도색부) 이전에 품질검사를 실시함(병목공정이 1,000단위의 불량품을 가공하지 않게 됨)으로써 품질검사를 실시하지 않는 경우와 비교하여 검사원가를 제외하고 다음과 같은 차이가 발생함
   ① 판매량이 1,000개만큼 증가함(품질검사를 실시하지 않으면 도색부에서 불량품이 1,000개 생산됨에 따라 최종적으로 89,000단위가 판매가능하나 품질검사를 실시하면 도색부에서 불량품이 생산되지 않음에 따라 최종적으로 90,000단위가 판매가능하게 됨)
   ② 조립부의 재료원가가 1,000개만큼 증가함(품질검사를 실시하지 않으면 조립부에서는 90,000단위를 생산하게 되나 품질검사를 실시하면 조립부에서 90,000단위 이외에 불량품 1,000단위를 더 생산하게 됨)
3. 도색부의 재료원가는 차이가 없음에 주의함

1 전략적 성과평가의 의의

[전통적 성과평가와 전략적 성과평가의 차이점]

구분	전통적 성과평가(TOPIC 21, 22)	전략적 성과평가(TOPIC 33)
전략과의 연계	전략과 연계되지 않음	전략과 연계됨
강조점	부문의 효율성을 강조	경쟁우위의 확보(기업전체의 효과성을 강조)
성과측정치	재무적 측정치	재무적 측정치 + 비재무적 측정치
기간	단기성과	단기성과 + 장기성과
시점	과거 결과 측정	과거 결과 측정 + 미래 성과동인 측정
보상	개인보상 위주	개인보상 + 집단보상

[경쟁전략]

구분	내용
차별화전략	독특하고 우월하다고 인정되는 제품이나 서비스를 제공하는 전략
원가우위전략	더 낮은 원가를 달성하여 더 낮은 가격으로 제품이나 서비스를 제공하는 전략

2 균형성과표

1. 의의

균형성과표(BSC)는 조직의 비전과 전략을 네 가지 관점에 의한 성과측정치로 구체화하고, 재무적 측정치와 비재무적 측정치를 균형 있게 사용하여 전략이 얼마나 잘 실행되었는지를 평가하기 위한 전략적 성과평가시스템임

2. 균형성과표의 관점

[네 가지 관점]

관점	내용
재무적 관점	• 주주의 부를 극대화하려는 관점 • 영리기업은 재무적 관점의 성과지표를 가장 중시함 • ROI, RI, EVA 등
고객 관점	• 목표시장의 고객만족에 대한 성과를 측정하려는 관점 • 재무적 관점의 성과지표에 대한 선행지표 • 고객만족도, 신규고객확보율, 기존고객유지율, 고객수익성, 시장점유율 등
내부프로세스 관점	• 기업내부의 프로세스가 효율적으로 수행되고 있는지를 측정하려는 관점 • 고객 관점과 재무적 관점의 성과지표에 대한 선행지표 • 수율, 불량률, 재작업률, 생산소요시간, 납기 등
학습과 성장 관점	• 기존의 프로세스와 제품에 만족하지 않고 기술 및 제품의 혁신적인 발전을 추구하는 정도를 측정하는 관점 • 나머지 세 가지 관점의 성과지표에 대한 선행지표 • 종업원만족도, 종업원 이직률, 사내훈련시간, 전략적 직무충족도 등

3. 인과관계

(1) 비전과 전략과의 연계

성과지표는 기업의 비전과 전략에 연계되어 선정되어야 함

(2) 인과관계가설

네 가지 관점의 성과지표가 인과관계에 의한 일련의 가설에 의하여 서로 연결됨[선행지표(원인이 되는 지표) → 후행지표(결과가 되는 지표)]

[비전과 전략과의 연계 및 네 가지 관점 간의 인과관계]

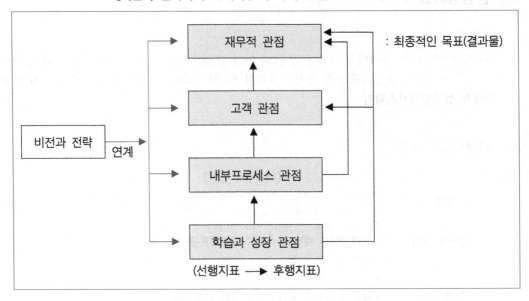

4. 장점

① 기업의 비전 및 전략과 연계하여 성과평가를 할 수 있음

② 재무적 관점과 비재무적 관점(고객, 내부프로세스, 학습과 성장 관점) 간의 균형을 추구함

③ 단기관점(재무적 관점)과 장기관점(고객, 내부프로세스, 학습과 성장 관점) 간의 균형을 추구함

④ 외부관점(재무적, 고객 관점)과 내부관점(내부프로세스, 학습과 성장 관점) 간의 균형을 추구함

⑤ 과거노력에 의한 결과 측정치와 미래성과를 유발하는 성과동인 간의 균형을 추구함(즉, 후행지표와 선행지표 간의 균형을 추구함)

⑥ 객관적 측정치와 주관적 측정치 간의 균형을 추구함

문제 01   균형성과표 - 네 가지 관점별 성과측정치, 전략과의 연계

대한회사는 정제부문에서 휘발유를 정제하여 주유소부문에서 휘발유를 판매하고 있다. 시장조사에 따르면, 전체 휘발유시장 고객의 60%는 휘발유의 품질이 높고 주유소의 서비스가 좋으면 보다 높은 가격을 지불할 용의가 있는 '품질과 서비스지향 고객'이며, 나머지 40%는 가격이 싼 휘발유를 선호하는 '가격지향 고객'인 것으로 밝혀졌다. 대한회사는 '품질과 서비스지향 고객'에 초점을 두고 경쟁전략을 수립하였다. 대한회사의 20×1년도 균형성과표는 다음과 같다.

목표	성과측정치	목표치	실제치
재무적 관점			
주주가치증가	가격인상으로 인한 영업이익의 증가	₩1,800,000	₩1,900,000
	판매량증가로 인한 영업이익의 증가	₩1,300,000	₩1,320,000
고객관점			
시장점유율 증가	'전체 휘발유시장'의 시장점유율	9.5%	9.3%
내부프로세스 관점			
휘발유 품질향상	품질지표	96점	97점
정제공정 개선	정제신뢰성지표	93%	94%
휘발유 품질보증	휘발유 품질보증지표	98%	99%
학습과 성장 관점			
정제프로세스능력 증대	고도의 통제능력을 갖춘 정제프로세스의 비율	90%	92%

(물음 1) 20×1년도에 ① 대한회사의 전략은 무엇인가? ② 대한회사는 전략을 성공적으로 실행하였는가?

(물음 2) 학습과 성장 관점에 종업원교육과 종업원만족도에 대한 성과측정치를 추가로 포함하는 것이 좋겠는가?

(물음 3) ① 내부프로세스 관점과 고객 관점의 성과측정치 간에 긴밀한 인과관계가 존재하는가? ② 내부프로세스 관점에 어떤 성과측정치를 추가하는 것이 좋겠는가?

(물음 4) 대한회사는 '전체 휘발유시장'의 목표시장점유율을 달성하지 못하였으나 재무적 관점의 목표는 초과달성하였다. ① 초과달성한 주요 원인은 무엇 때문인가? ② '전체 휘발유시장'의 시장점유율은 고객 관점의 성과측정치로서 타당한가? ③ 시장점유율 이외에 고객 관점의 성과측정치로 포함하여야 할 것은 무엇인가?

(물음 5) 재무적 관점의 성과측정치에 생산성향상으로 인한 영업이익의 증가를 포함시키지 않은 대한회사의 결정에 동의하는가?

해답

(물음 1) 전략의 실행평가

① 대한회사의 전략은 '품질과 서비스지향 고객'에게 높은 품질의 휘발유를 좋은 서비스로 제공하면서 가격을 높게 책정하는 것이다.

② 대한회사는 재무적 관점, 내부프로세스 관점, 학습과 성장 관점에서의 목표는 달성하였으나 고객 관점에서의 목표는 달성하지 못했다. 그렇지만 고객 관점의 성과측정치인 '전체 휘발유시장'의 시장점유율은 '품질과 서비스지향 고객'에 초점을 두고 경쟁전략을 수립한 대한회사 입장에서는 중요하다고 볼 수 없다. 따라서 20×1년도에 대한회사는 전략을 성공적으로 실행하였다고 할 수 있다.

(물음 2) 학습과 성장 관점의 성과측정치

학습과 성장 관점에 종업원교육과 종업원만족도에 대한 성과측정치를 추가로 포함하는 것이 좋다. 그 이유는 '품질과 서비스지향 고객'에게 높은 품질의 휘발유를 좋은 서비스로 제공하기 위해서는 잘 교육되고 자신의 직무에 만족도가 높은 종업원이 필요하고 중요하기 때문이다.

(물음 3) 내부프로세스 관점의 성과측정치 – 전략과의 연계

① 내부프로세스 관점의 목표를 초과달성하였으나 고객 관점의 목표를 달성하지 못했으므로 내부프로세스 관점과 고객 관점의 성과측정치 간에 긴밀한 인과관계가 존재하지 않는다.

② 현재 내부프로세스 관점의 성과측정치는 높은 품질의 휘발유를 제공하는 것과 관련이 있다. '품질과 서비스지향 고객'은 높은 품질의 휘발유를 제공받기를 원할 뿐만 아니라 좋은 서비스를 제공받기를 원하므로 주유소의 청결상태, 주유시간, 종업원들의 친절함 등 주유소부문에서 좋은 서비스를 제공하는 것에 대한 성과측정치를 추가하여야 한다.

(물음 4) 고객 관점의 성과측정치 – 전략과의 연계

① 재무적 관점의 목표를 초과달성한 주요 원인은 가격을 높게 책정하였기 때문이다(가격인상으로 인한 영업이익의 증가가 목표치를 상회).

② '전체 휘발유시장'의 시장점유율은 고객 관점의 성과측정치로서 타당하지 않다. 왜냐하면 대한회사는 '품질과 서비스지향 고객'에 초점을 두고 있으므로 '전체 휘발유시장'의 시장점유율이 아닌 '품질과 서비스지향 고객'의 시장점유율을 성과측정치로 사용하는 것이 더 타당하기 때문이다. 즉, '가격지향 고객'의 시장점유율을 포함해서는 안 된다.

③ 시장점유율 이외에 고객 관점의 성과측정치로 포함하여야 할 것은 고객만족도에 대한 성과측정치이다. 고객만족도는 대한회사가 제공하는 것에 대한 고객반응을 총체적으로 반영한 것으로서 '품질과 서비스지향 고객'의 시장점유율에 대한 선행지표가 될 수 있기 때문이다.

(물음 5) 재무적 관점의 성과측정치 – 전략과의 연계

동의한다. 대한회사의 전략은 '품질과 서비스지향 고객'에게 높은 품질의 휘발유를 좋은 서비스로 제공하면서 가격을 높게 책정하는 것이므로 생산성향상으로 인한 영업이익의 증가는 중요하지 않기 때문이다.

POINT

(물음 1)

대한회사의 전략은 차별화전략과 원가우위전략 중 차별화전략에 해당됨

(물음 3)

전략과의 연계를 고려하면, 높은 품질의 휘발유를 제공하는 것(정제부문)에 대한 성과측정치만 있고, 좋은 서비스를 제공하는 것(주유소부문)에 대한 성과측정치가 없음

(물음 4)

전략과의 연계를 고려하면, '전체 휘발유시장'의 시장점유율이 아닌 '품질과 서비스지향 고객'의 시장점유율(목표시장의 시장점유율)을 성과측정치로 사용하는 것이 더 타당함

(물음 5)

만일 대한회사의 전략이 '가격지향 고객'에게 저렴한 휘발유를 제공하는 것이라면 생산성향상으로 인한 영업이익의 증가는 중요함

1. 의의

영업이익변화의 전략적 분석은 전략실행의 성공여부를 평가하려는 목적으로 영업이익변화를 분석하고, 기업이 채택한 경쟁전략(차별화전략과 원가우위전략)의 실행과 관련하여 변화한 금액을 구하려는 것임

2. 영업이익변화의 요소별 구분

기준연도와 분석연도의 영업이익은 ① 판매량 변화(성장요소) ② 판매량과 투입량의 가격 변화(가격회복요소) ③ 생산성 변화(생산성요소)로 인하여 변함

[영업이익변화의 요소별 구분][1]

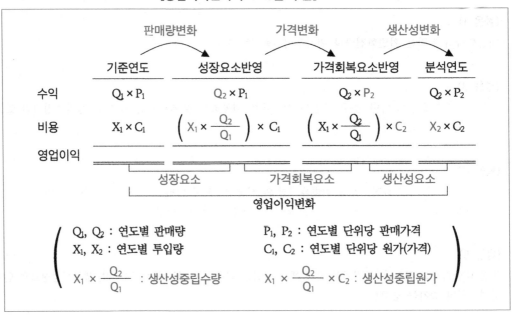

(1) 성장요소

성장요소는 판매량의 변화가 영업이익에 미치는 영향을 나타내며, 기준연도 영업이익과 성장요소를 반영한 영업이익의 차이임

---

[1] Horngren, Datar, Foster교수는 영업이익을 변화시키는 요소를 위와 같이 3가지로 분류하고 있는데 반하여 Hansen, Mowen교수는 영업이익을 변화시키는 요소를 가격회복요소와 이익연계생산성의 2가지로 분류함. 이때 **가격회복요소**란 성장요소와 가격회복요소를 합한 것과 같고, 이익연계생산성이란 생산성요소와 같음

(2) 가격회복요소

가격회복요소는 판매량과 투입량의 가격 변화가 영업이익에 미치는 영향을 나타내며, 성장요소를 반영한 영업이익과 가격회복요소를 반영한 영업이익의 차이임

(3) 생산성요소

생산성요소는 생산성의 변화가 영업이익에 미치는 영향을 나타내며, 가격회복요소를 반영한 영업이익과 분석연도의 영업이익의 차이임

3. 영업이익변화의 전략적 분석

영업이익변화의 세 가지 요소(성장요소, 가격회복요소, 생산성요소)는 크게 시장규모의 변화로 인한 효과와 전략실행으로 인한 효과로 구분할 수 있고, 전략실행으로 인한 효과는 또 다시 차별화효과와 원가우위효과로 구분할 수 있음

(1) 시장규모효과

시장규모효과란 전략실행과 무관하게 시장규모의 변화로 인해 영향을 받은 영업이익변화액을 말하며, 성장요소 중 시장규모 증가분임

(2) 차별화효과

차별화효과란 차별화요인으로 인해 영향을 받은 영업이익변화액을 말하며, 일반적으로 가격회복요소는 차별화효과로 분류함

(3) 원가우위효과

원가우위효과란 원가우위요인으로 인해 영향을 받은 영업이익변화액을 말하며, 생산성요소는 항상 원가우위효과임

한 가지 주의할 점은 성장요소 중 시장점유율 증가분은 기업이 채택한 경쟁전략이 차별화전략인지 원가우위전략인지 여부에 따라 달라지는데, 일반적으로 차별화전략을 채택한 경우라면 차별화효과로 보고, 원가우위전략을 채택한 경우라면 원가우위효과로 봄

[영업이익변화의 전략적 분석[2]]

구분	차별화전략을 채택한 경우	원가우위전략을 채택한 경우
시장규모효과	성장요소 중 시장규모 증가분	
차별화효과	성장요소 중 시장점유율 증가분 + 가격회복요소	가격회복요소
원가우위효과	생산성요소	성장요소 중 시장점유율 증가분 + 생산성요소

---

2) 일반적으로 성립하는 내용임

㈜여천은 차별화전략에 따라 고품질의 가죽벨트를 생산하여 경쟁사보다 높은 가격으로 판매하고 있는 중이다. 회사의 20×1년과 20×2년 자료는 다음과 같다.

	20×1년	20×2년
판매량	3,000개	3,600개
단위당 판매가격	₩500	₩600
원재료 투입량	9,000m	9,500m
1m당 재료원가	₩40	₩42
생산능력	5,000개	4,800개
생산능력 단위당 가공원가	₩80	₩85
고객능력	50명	45명
고객능력 1인당 고객원가	₩8,500	₩9,000

가공원가는 생산능력과, 고객원가는 고객능력과 관련되어 발생한다. 회사의 고객은 20×1년에는 35명, 20×2년에는 40명이다. 공정의 특성상 공손품은 발생하지 않는다. 회사는 JIT를 도입하여 재고를 보유하지 않으며, 균형성과표를 도입하여 성과평가를 실시하고 있다.

(물음 1)　회사의 균형성과표에 포함되어야 할 성과지표를 네 가지 관점에 따라 간략히 서술하시오.

(물음 2)　기준연도(20×1년)와 분석연도(20×2년)의 영업이익변화를 성장요소, 가격회복요소, 생산성요소로 구분하시오.

(물음 3)　20×1년에 비하여 20×2년에 가죽벨트의 시장규모가 5% 증가했다. 영업이익변화를 시장규모효과, 차별화효과, 원가우위효과로 구분하고, ㈜여천이 전략을 성공적으로 실행했는지를 평가하시오.

(물음 1) 차별화전략의 균형성과표에 포함될 성과지표

① 재무적 관점 : 가격인상으로 인한 영업이익변화, 판매량증가로 인한 영업이익변화

② 고객 관점 : 목표시장의 시장점유율, 고객만족도

③ 내부 프로세스 관점 : 제품품질, 고객대응시간, 정시납품률, 신제품개발시간, 추가된 제품특징

④ 학습과 성장 관점 : 종업원교육, 종업원만족도

(물음 2) 영업이익변화

	20×1년	성장요소반영	가격회복요소반영	20×2년
수익	3,000개 × 500 = ₩1,500,000	3,600개 × 500 = ₩1,800,000	3,600개 × 600 = ₩2,160,000	3,600개 × 600 = ₩2,160,000
비용				
재료원가	9,000미터 × 40 = 360,000	10,800미터[*1] × 40 = 432,000	10,800미터 × 42 = 453,600	9,500미터 × 42 = 399,000
가공원가	5,000개 × 80 = 400,000	5,000개[*1] × 80 = 400,000	5,000개 × 85 = 425,000	4,800개 × 85 = 408,000
고객원가	50명 × 8,500 = 425,000	50명[*1] × 8,500 = 425,000	50명 × 9,000 = 450,000	45명 × 9,000 = 405,000
	1,185,000	1,257,000	1,328,600[*2]	1,212,000
영업이익	₩315,000	₩543,000	₩831,400	₩948,000

성장요소 ₩228,000 F　가격회복요소 ₩288,400 F　생산성요소 ₩116,600 F

영업이익변화　₩633,000 F

[*1] 생산성중립수량

재료 : 9,000미터 × $\dfrac{3,600개}{3,000개}$ = 10,800미터

가공 : 5,000개(∵ 고정원가)

고객 : 50명(∵ 고정원가)

[*2] 생산성중립원가임

(물음 3) 영업이익변화의 전략적분석

① 성장요소 구분

시장규모 증가	3,000개 × 0.05 =	150개
시장점유율 증가	(3,600개 − 3,000개) − 150개 =	450개
총 증가		600개

② 전략적 분석

시장규모효과			
성장요소	228,000(F) × 150개/600개 =		₩57,000 F
차별화효과			
성장요소	228,000(F) × 450개/600개 =	₩171,000 F	
가격회복요소		288,400 F	459,400 F
원가우위효과			
생산성요소			116,600 F
영업이익변화			**₩633,000 F**

③ 평가

차별화효과로 인한 영업이익변화액이 ₩459,400 유리하므로 ㈜여천은 전략을 매우 성공적으로 실행하였다.

POINT

(물음 3)

회사는 차별화된 제품을 제공하기 위해서 단위당 투입원가를 증가시켰으나, 가격을 인상시키고 시장점유율을 증가시켜서(즉, 두 마리 토끼를 다 잡은 경우) 영업이익을 증가시킬 수 있었음

TOPIC 35 보상계약과 진실유도 보상계획

1 보상제도

1. 보상의 유형

구분	내용
단기보상	• 단기성과를 기초로 지급되는 보상
장기보상	• 장기성과를 기초로 지급되는 보상(주식가격을 기준으로 지급되는 보상)
재무적 성과에 기초한 보상	• 재무적 측정치를 기초로 지급되는 보상 • 장기성과가 희생될 수 있음
비재무적 성과에 기초한 보상	• 비재무적 측정치를 기초로 지급되는 보상 • 장기성과를 향상시킬 수 있지만 객관적 측정이 어려움
개인 성과에 기초한 보상	• 개인의 노력에 대한 동기부여는 확실하지만 기업전체의 성과가 희생될 수 있음
집단 성과에 기초한 보상	• 기업전체의 성과를 향상시키도록 유도하지만 개인의 노력에 대한 동기부여가 불확실하며 타인의 노력에 무임승차할 가능성이 있음

2. 주식가격을 기준으로 지급되는 보상

경영자가 장기성과에 관심을 갖도록 동기부여하나 다음과 같은 문제점이 있음

① 주식가격은 경영자가 통제할 수 없는 외부시장의 영향을 많이 받음
② 위험회피형 경영자는 위험프리미엄을 요구하게 되므로 성과급 보상이 증가함
③ 재무적 성과의 향상을 가져오지만 주식가격의 상승과 관련 없는 사안에 대하여 경영자가 무관심할 수 있음

2 대리인 이론과 보상계약

1. 의의

주인과 대리인이 각각 자신의 이익이나 효용을 극대화하려고 하기 때문에 발생하는 이해관계의 상충문제를 다루는 이론

2. 대리인 문제

주인과 대리인 간의 정보의 비대칭으로 인하여 주인이 자신의 이익이나 효용을 충분히 확보하지 못하게 되는 역선택, 도덕적 해이 등의 문제

3. 대리인 문제를 해결하기 위한 보상계약

(1) 기본가정

① 주인(주주)은 위험중립적임
② 대리인(경영자)은 위험회피적임
③ 대리인은 보상에 대해 (+)의 효용, 노력에 대해 (−)의 효용
④ 성과는 대리인의 노력과 외부적인 요인에 의하여 결정(대리인이 동일한 노력을 투입하여도 외부적인 요인에 의하여 성과가 달라지는 불확실성이 존재함)
⑤ 주인과 대리인이 모두 관찰가능한 변수에 의하여 보상기준을 정함
⑥ 대리인이 외부노동시장에서 얻을 수 있는 기대효용(기회원가)이 존재함

(2) 제약조건

구분	내용
참여제약	대리인을 고용계약에 참여시키기 위해서는 대리인이 주인과의 보상계약을 통하여 얻을 수 있는 기대효용이 외부노동시장에서 얻을 수 있는 기대효용 이상이어야 함
유인제약	대리인의 노력을 유인하기 위해서는 높은 노력을 하는 경우의 기대효용이 낮은 노력을 하는 경우의 기대효용 이상이어야 함

(3) 보상계약

[외부적인 요인의 위험]

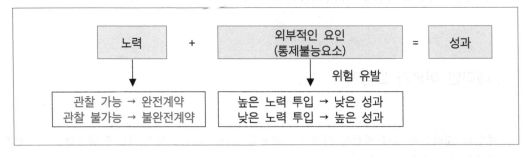

구분	완전계약	불완전계약
의의	주인이 대리인의 노력을 관찰할 수 있는 경우의 보상계약	주인이 대리인의 노력을 관찰할 수 없는 경우의 보상계약
도덕적 해이	발생하지 않음	발생
대리인의 노력	강제가 가능	유인이 필요
보상계약 방식	외부노동시장에서 얻을 수 있는 기대효용을 보상하는 고정급 계약	관찰 가능한 성과를 기준으로 보상하는 성과급 계약
외부적인 요인에 의한 위험부담	주인이 부담($\because$ 고정급)	대리인이 부담($\because$ 성과급)
대리인의 위험프리미엄	요구하지 않음	요구
참여제약	필요	필요
유인제약	불필요	필요

3 진실유도 보상계획

진실유도 보상계획(truth inducing pay scheme)이란 참여예산에서 예산슬랙을 방지함과 동시에 성과를 극대화시키기 위하여 조직구성원들이 사적 정보를 진실하게 보고하도록 유도하는 보상계획을 말함

1. 기본모형

$$
\text{보상} = \begin{cases} \text{기본급} + b \times (y' - y'') + a \times (y - y') & \text{단, } y \geq y' \text{ (예산달성)일 경우} \\ \text{기본급} + b \times (y' - y'') + c \times (y - y') & \text{단, } y < y' \text{ (예산미달)일 경우} \end{cases}
$$

y : 실제판매량 ($y \geq 0$)
y' : 참여예산을 통한 (하급자의) 목표판매량 ($y' \geq 0$)
y'' : (상급자가 설정한) 최소판매목표
a, b, c : 보상계수 ($a, b, c > 0$)

2. 보상계수의 크기

① $a < b$

예산달성이 예상되는 경우, 하급자가 참여예산을 통한 목표판매량 y'을 부당하게 낮게 설정하는 예산슬랙을 방지하기 위해서 $a < b$로 설정하여야 함(목표판매량 y'을 높게 설정할수록 보상 감소액보다 증가액이 더 커지도록 함)

② $b < c$

예산미달이 예상되는 경우, 하급자가 참여예산을 통한 목표판매량 y'을 부당하게 높게 설정하여 보상을 높이는 것을 방지하기 위해서 $b < c$로 설정하여야 함(목표판매량 y'을 높게 설정할수록 보상 증가액보다 감소액이 더 커지도록 함)

∴ $0 < a < b < c$

3. 진실유도 보상계획의 긍정적 측면

진실유도 보상계획 하에서 하급자들은 ① 사적 정보를 진실하게 보고하여 예산편성에 참여하고 ② 성과를 높여서 목표판매량을 초과 달성할수록 보상을 많이 받게 됨

4. 진실유도 보상계획의 한계점

① 진실유도 보상계획을 도입하면 위험중립형 하급자들의 예산슬랙은 현저히 감소하지만, 위험회피형 하급자들은 미래의 불확실성을 더 싫어하기 때문에 예산슬랙이 그다지 감소하지 않음(즉, 위험회피형 하급자들에게는 진실유도 보상계획도 그다지 효과적이지 않음)

② 분석기간을 다기간으로 확장하면, 래칫 효과(톱니효과, ratchet effect)로 인하여 하급자들의 예산슬랙은 커지고 성과는 낮아짐(래칫 효과란 올라간 목표치가 좀처럼 낮아지지 않고 지속적으로 높아지는 것을 말함)

㈜코리아는 전자 부품을 생산·판매하는 회사이다. ㈜코리아는 소유지분이 분산되어 지배주주는 없으며 전문경영인을 고용하여 운영되고 있다. 전문경영인이 경영활동에 투입하는 노력은 높은 수준의 노력 H와 낮은 수준의 노력 L 두 가지만 가능하다.

㈜코리아의 최종성과(outcome)는 전문경영인의 노력 여하에 따라 ₩10 혹은 ₩30 둘 중 하나로만 나타난다. 전문경영인이 높은 수준의 노력 H를 기울일 경우 최종성과가 ₩10이 될 확률은 0.1, ₩30이 될 확률은 0.9이다. 그리고, 전문경영인이 낮은 수준의 노력 L을 기울일 경우 최종성과가 ₩10이 될 확률은 0.8, ₩30이 될 확률은 0.2이다.

㈜코리아의 위험행태는 위험중립적이며, 전문경영인은 위험회피적이다. 전문경영인의 효용은 급여와 노력의 함수이다. 그 구체적인 내용은 아래의 효용함수 $U(w, e)$와 같다. 효용함수의 첫째 항은 급여에 대한 효용, 둘째 항은 노력으로 인한 비효용을 나타낸다.

$$U(w, e) = \sqrt{w} - V(e)$$

여기에서, w = 회사가 전문경영인에게 지급하는 급여

　　　　e = 전문경영인의 노력 H 혹은 L

　　　　$V(\cdot)$ = 노력으로 인한 비효용함수로서, $V(L) = 1$, $V(H) = 2$라고 가정한다.

전문경영인이 외부노동시장에서 받을 수 있는 기회임금의 효용은 1이라고 가정한다.

(물음 1)　전문경영인의 노력 수준 H 또는 L이 객관적으로 관찰가능하다고 가정하자.

　　(1)　㈜코리아는 전문경영인의 도덕적 해이를 완화하는 데 있어서 '전문경영인의 노력' 또는 '최종성과' 중 어느 변수를 기초로 전문경영인과 고용계약을 체결하는 것이 보다 효과적인가?

　　(2)　전문경영인이 높은 수준의 노력(H)을 투입했을 때 회사가 일정액의 고정급을 지급하기로 하는 고용계약을 체결하고자 한다면, ㈜코리아는 최소 얼마 이상의 고정급을 지급해야 하는가?

　　(3)　전문경영인이 낮은 수준의 노력(L)을 투입했을 때 회사가 일정액의 고정급을 지급하기로 하는 고용계약을 체결하고자 한다면, ㈜코리아는 최소 얼마 이상의 고정급을 지급해야 하는가?

(물음 2) 전문경영인의 노력 수준에 대해서는 객관적인 관찰이 불가능하지만, 최종성과는 객관적으로 관찰 가능하다고 가정하자. ㈜코리아는 최종성과에 기초해 성과급을 지급하는 고용계약을 전문경영인과 체결하려고 한다. 전문경영인으로 하여금 높은 수준의 노력(H)을 투입하도록 동기부여하기 위해서는 최종성과가 ₩10일 경우에는 성과급 ₩3을, 그리고 최종성과가 ₩30일 경우에는 성과급 ₩10을 지급하는 것이 최적으로 분석되었다고 하자.

(1) 이때 전문경영인이 높은 수준의 노력(H)을 투입했을 때의 기대급여가 (물음 1)의 (2)에서 계산한 고정급보다 큰 이유를 4줄 이내로 간략히 설명하시오.

(2) 회사가 전문경영인으로 하여금 높은 수준의 노력(H)을 투입하도록 성과급을 지급하는 것이 최소 고정급을 지급함으로써 전문경영인이 낮은 수준의 노력(L)을 투입했을 경우에 비해 기대이익(= 최종성과 − 급여)이 증가하는가? 그렇다면, 그 증가금액은 얼마인가?

해답

(물음 1) 완전계약

(1) 도덕적 해이를 완화시키기 위한 보상기준

'전문경영인의 노력'을 기초로 고용계약을 체결하는 것이 보다 효과적이다. '최종 성과'는 전문경영인의 노력과 자신이 통제할 수 없는 외부적인 요인에 의하여 결정되므로 전문경영인이 동일한 노력을 투입하여도 외부적인 요인에 의하여 달라진다. 따라서 최종 성과를 기초로 고용계약을 체결하면 전문경영인의 도덕적 해이를 배제하기 힘들다.

(2) 높은 수준의 노력(H)을 투입했을 때의 최소 고정급(w)

$$U(w, H) = \sqrt{w} - V(H) = \sqrt{w} - 2 = 1 \qquad \therefore w = ₩9$$

(3) 낮은 수준의 노력(L)을 투입했을 때의 최소 고정급(w)

$$U(w, L) = \sqrt{w} - V(L) = \sqrt{w} - 1 = 1 \qquad \therefore w = ₩4$$

(물음 2) 불완전계약

(1) 기대성과급이 고정급보다 큰 이유

① 높은 수준의 노력(H)을 투입했을 때의 기대성과급 : $3 \times 0.1 + 10 \times 0.9 = ₩9.3 > ₩9$

② 성과급방식으로 고용계약을 체결하면, 전문경영인은 자신이 통제할 수 없는 외부적인 요인에 의하여 급여가 달라지는 위험에 노출되는데, 전문경영인은 위험회피형이므로 위험 부담에 대하여 추가적인 보상(위험프리미엄)을 요구하게 된다. 따라서 기대성과급이 고정급보다 큰 것이다.

(2) ㈜코리아의 기대이익 증가금액

① 성과급을 지급함으로써 높은 수준의 노력(H)을 투입했을 때의 기대이익

: $(10 - 3) \times 0.1 + (30 - 10) \times 0.9 = ₩18.7$

② 최소 고정급을 지급함으로써 낮은 수준의 노력(L)을 투입했을 때의 기대이익

: $(10 - 4) \times 0.8 + (30 - 4) \times 0.2 = ₩10$

∴ 기대이익이 증가하며, 그 증가금액은 $18.7 - 10 = ₩8.7$이다.

POINT

(물음 1)

전문경영인의 노력을 관찰할 수 있는 완전계약에서의 최적의 보상계약은 외부노동시장에서 받을 수 있는 기회임금의 효용을 보상하는 고정급 계약임

(물음 2) (1)

1. 전문경영인의 노력을 관찰할 수 없는 불완전계약에서의 최적의 보상계약은 관찰 가능한 성과를 기준으로 보상하는 성과급 계약임

2. (1) 높은 수준의 노력(H)을 투입했을 때의 위험프리미엄

: $\underset{\text{기대성과급}}{₩9.3} - \underset{\text{고정급}}{₩9} = ₩0.3$

(물음 2) (2)

최소 고정급을 지급함으로써 전문경영인이 낮은 수준의 노력(L)을 투입했을 경우 → 여기서 최소 고정급이란 낮은 수준의 노력(L)을 투입했을 때의 최소 고정급을 의미함

월드전기㈜는 전자제품에 사용되는 배터리를 생산·판매하며 생산1팀, 생산2팀, 엔지니어링 지원팀, 마케팅팀의 네 팀으로 조직되어 있다. 생산1팀은 카메라용 배터리를, 생산2팀은 핸드폰용 배터리를 각각 생산한다. 엔지니어링지원팀은 두 생산팀을 위해 기술·전산서비스 등을 지원하고 마케팅팀은 제품 홍보 및 판매 활동을 수행한다.

(물음 1) 책임회계와 부서의 성과평가에 관한 다음 물음에 답하시오.

(1) 두 생산팀은 각각 원가중심점(cost center)으로 설정되어 원가에 대해 책임을 진다. 이 경우 회사 전체의 관점에서 발생할 수 있는 문제점을 3줄 이내로 간략히 답하시오.

(2) 엔지니어링지원팀은 예산 지출액 대비 실제 지출액으로 성과를 평가받는다. 최근 수년간 엔지니어링지원팀은 소비부서인 생산팀의 수요 증가로 인해 예산 증액을 지속적으로 요구해왔다. 그러나 월드전기㈜의 최고경영자는 엔지니어링지원팀의 예산이 과다하게 책정되어 있다고 추정하고 이를 통제하기 위한 방안을 검토 중이다. 최고경영자의 입장에서 적절한 개선방안을 3줄 이내로 간략히 제시하시오.

(물음 2) 월드전기㈜의 최고경영자는 마케팅팀의 판매예산에 슬랙(slack)이 있다고 판단하고 있다. 최고경영자는 판매예산 수립 시 마케팅팀이 성실하게 판매예측 정보를 제공하도록 유도하기 위해 마케팅팀 직원들에게 다음과 같은 선형보상계획에 기초한 인센티브 급여를 지급할 계획이다. 기본급은 고정급이고, 최소판매목표는 회사가 설정한다. 판매예산·최소판매목표·판매실적은 판매금액으로 측정한다. 마케팅팀이 다음 분기의 판매를 100% 정확하게 예측한다고 가정하자.

예산 초과 달성 시 : 총급여 = 기본급 + α × (판매예산 - 최소판매목표)
　　　　　　　　　　　　　　　　　 + β × (판매실적 - 판매예산)

예산 미달 시　　　 : 총급여 = 기본급 + α × (판매예산 - 최소판매목표)
　　　　　　　　　　　　　　　　　 - γ × (판매예산 - 판매실적)

단, $\alpha, \beta, \gamma > 0$.

---

(1) 위 인센티브 보상계획이 진실을 유도하도록 만들려면 α, β, γ의 값을 어떤 순서로 설정해야 할 지 답하고 그 이유를 3줄 이내로 간략히 설명하시오.

(2) 만약 회사가 최소판매목표를 마케팅팀의 과거 실적에 기초해 설정한다면 발생할 수 있는 역기능을 3줄 이내로 간략히 설명하시오.

(물음 3) 마케팅팀의 직원 갑·을·병은 회사와 개별적으로 (물음 2)의 급여계약을 협상할 수 있고 각각 자신의 기대효용을 극대화하고자 한다. 세 직원의 위험에 대한 반응 행태는 순서대로 각각 위험회피형·위험중립형·위험선호형에 속하고 회사는 위험중립적이라고 가정하자. (여기에서는 (물음 2)와 달리 마케팅팀이 다음 분기의 판매를 100% 정확하게 예측한다고 가정하지 않는다.)

(1) 세 직원 중 기본급보다 성과급의 비중을 높이고자 할 가능성이 가장 큰 직원은? 그 이유를 3줄 이내로 간략히 답하시오.

(2) (물음 2)의 급여계약에서 회사로부터 위험프리미엄을 지급받는 직원은? 그 이유를 3줄 이내로 간략히 답하시오.

해답

(물음 1) 성과평가 시 문제점과 개선방안

(1) 문제점

두 생산팀이 자기 팀의 원가만 책임질 경우에는 엔지니어링지원팀의 서비스를 과도하게 사용하여 회사 전체의 원가가 증가할 수 있다. 이를 방지하기 위하여 엔지니어링지원팀의 원가에 대하여도 책임질 경우에는 엔지니어링지원팀의 비능률이 생산팀에 전가될 수 있다.

(2) 예산슬랙의 개선방안

엔지니어링지원팀이 목표를 쉽게 달성하기 위하여 예산 지출액을 높이는 예산슬랙을 발생시키는 것을 통제하기 위한 방안으로 참여예산에서 조직구성원들이 사적 정보를 진실하게 보고하도록 유도하는 진실유도 보상계획을 도입하는 방안이 있다.

(물음 2) 진실유도 보상계획

(1) 보상계수의 크기

$\beta < \alpha < \gamma$**의 순서이다.** $\beta < \alpha$인 이유는 예산 초과 달성이 예상될 때 판매예산을 부당하게 낮게 설정하는 예산슬랙을 방지하기 위함이고, $\alpha < \gamma$인 이유는 예산 미달이 예상될 때 판매예산을 부당하게 높게 설정하여 총급여를 높이는 것을 방지하기 위함이다.

(2) 래칫 효과

회사가 최소판매목표를 마케팅팀의 과거 실적에 기초해 설정한다면 올라간 목표치가 좀처럼 낮아지지 않고 지속적으로 높아지는 래칫 효과가 발생하여 예산슬랙은 더 커지고 성과는 낮아지는 역기능이 발생할 수 있다.

(물음 3) 위험선호도에 따른 보상계약

(1) 위험선호형의 보상계약

병이다. 위험선호형인 병은 동일한 기대급여에서 위험이 커질수록 기대효용이 커지게 되는데, 기본급보다 성과급의 비중이 높아질수록 자신이 통제할 수 없는 외부적인 요인에 의한 위험이 커지게 되기 때문이다.

(2) 위험회피형의 보상계약

갑이다. 위험회피형인 갑은 동일한 기대급여에서 위험이 커질수록 기대효용이 작아지게 되는데, 고정급계약에 비해 (물음 2)의 급여계약은 성과급으로 인하여 위험이 커지게 되므로 위험프리미엄을 추가로 요구할 것이기 때문이다.

POINT

(물음 2) (1)

> ① 예산 초과 달성 시 : 총급여 = 기본급 + α × (판매예산 − 최소판매목표)
> + β × (판매실적 − 판매예산)

예산 초과 달성이 가능하므로 총급여를 높이기 위한 목적으로 판매예산을 부당하게 낮게 설정할 수 있음 → 이러한 예산 슬랙을 방지하기 위해서는 $\beta < \alpha$이어야 함(판매예산을 높게 설정할수록 총급여 감소액보다 증가액이 더 커지도록 함)

> ② 예산 미달 시 : 총급여 = 기본급 + α × (판매예산 − 최소판매목표)
> − γ × (판매예산 − 판매실적)

예산 달성이 어려우므로 총급여를 높이기 위한 목적으로 판매예산을 부당하게 높게 설정할 수 있음 → 이를 방지하기 위해서는 $\alpha < \gamma$이어야 함(판매예산을 높게 설정할수록 총급여 증가액보다 감소액이 더 커지도록 함)

(물음 3) 보상계약과 위험부담(통제할 수 없는 외부적인 요인에 의한 위험부담)

보상계약	위험부담	비고
고정급 계약	주인(회사)이 부담	
성과급 계약	대리인(직원)이 부담	• 위험선호형 대리인 → 선호 • 위험회피형 대리인 → 추가로 위험프리미엄을 요구함

해커스
강경태
CPA 파이널
2차 원가관리회계

초판 4쇄 발행 2024년 6월 10일
초판 1쇄 발행 2023년 3월 3일

지은이	강경태
펴낸곳	해커스패스
펴낸이	해커스 경영아카데미 출판팀

주소	서울특별시 강남구 강남대로 428 해커스 경영아카데미
고객센터	02-537-5000
교재 관련 문의	publishing@hackers.com
학원 강의 및 동영상강의	cpa.Hackers.com

ISBN	979-11-6880-998-7 (13320)
Serial Number	01-04-01

**회계사 · 세무사 · 경영지도사
단번에 합격,**
해커스 경영아카데미 cpa.Hackers.com

해커스 경영아카데미

- 강경태 교수님의 **본 교재 인강**(교재 내 할인쿠폰 수록)
- **공인회계사 기출문제, 시험정보/뉴스** 등 추가학습 콘텐츠
- 선배들의 성공 비법을 확인하는 **시험 합격후기**